Hans Albert

Kritik des theologischen Denkens

Aufklärung

Band 2

LIT

Hans Albert

Kritik des theologischen Denkens

LIT

Bibliografische Information der Deutschen Nationalbibliothek
Die Deutsche Nationalbibliothek verzeichnet diese Publikation in der
Deutschen Nationalbibliografie; detaillierte bibliografische Daten sind
im Internet über http://dnb.d-nb.de abrufbar.

ISBN 978-3-643-12153-0

© **LIT** VERLAG Dr. W. Hopf Berlin 2013
Verlagskontakt:
Fresnostr. 2   D-48159 Münster
Tel. +49 (0) 2 51-62 03 20   Fax +49 (0) 2 51-23 19 72
E-Mail: lit@lit-verlag.de   http://www.lit-verlag.de

Auslieferung:
Deutschland: LIT Verlag Fresnostr. 2, D-48159 Münster
Tel. +49 (0) 2 51-620 32 22, Fax +49 (0) 2 51-922 60 99, E-Mail: vertrieb@lit-verlag.de
Österreich: Medienlogistik Pichler-ÖBZ, E-Mail: mlo@medien-logistik.at
Schweiz: B + M Buch- und Medienvertrieb, E-Mail: order@buch-medien.ch
E-Books sind erhältlich unter www.litwebshop.de

INHALT

Vorwort	iii
Einleitung	v
Richard Schröders Kritik des neuen Atheismus	1
Wolfgang Hubers christlicher Glaube	25
Walter Kaspers Apologie des christlichen Glaubens	43
Der Kardinal und der Darwinismus	51
Abtprimas Notker Wolf als Ratgeber	69
Ein Versuch zur Rettung des christlichen Glaubens	79
Missverständnisse eines katholischen Aufklärers	93
Träume eines Geistersehers	109
Religiöse Einsichten eines Benediktiners	129
Thomas Rentsch als philosophischer Theologe	143
Der religiöse Glaube und die Religionskritik der Aufklärung	159
Zur Problematik des religiösen Denkens seit der Aufklärung	159
Theologische Reaktionen: Rudolf Bultmann, Joseph Ratzinger und Hans Küng	161
Das „nachmetaphyische Denken" von Jürgen Habermas und die Religionsproblematik	170
Zum Dialog zwischen Joseph Ratzinger und Jürgen Habermas	177
Hans Küngs Rettung des christlichen Glaubens.	197
Hans Küng und der kritische Rationalismus	197
Zur Kritik der Küng'schen Trilogie über den christlichen Glauben	198
Küngs Untersuchung des Verhältnisses von Naturwissenschaft und Religion	212

Inhalt

Der Charakter der Küng'schen Bemühungen um die Rettung des Glaubens ... 232

Joseph Ratzingers Apologie des Christentums ... 237
Frühe Weltauffassungen und das wissenschaftliche Weltbild ... 237
Ratzingers Grundentscheidung für eine spiritualistische Metaphysik ... 238
Die Lösung des Gottesproblems auf biblischer Grundlage ... 240
Das Problem der Gottessohnschaft Jesu ... 249
Der Heilige Geist und die Kirche ... 255
Ratzingers Apologie des Christentums im Lichte der Kritik ... 257

Kritischer Rationalismus und christlicher Glaube ... 261
Der kritische Rationalismus ... 261
Der christliche Glaube und seine verschiedenen Versionen ... 262
Der Charakter und die Leistung religiöser Auffassungen ... 263
Die Frage der Beurteilung religiöser Auffassungen und die Idee der reinen Religion ... 265
Zur Kritik des Naturalismus auf der Basis spiritualistischer Metaphysik ... 267
Das Theodizeeproblem ... 269
Fazit: Warum ich kein Christ bin ... 270

Die dualistische Metaphysik von Jürgen Habermas ... 273

Personenregister ... 287

Vorwort

In dieses Buch habe ich einige Aufsätze aufgenommen, die ich in den letzten Jahren in der Zeitschrift „Aufklärung und Kritik" und an anderen Stellen veröffentlicht hatte. Es handelt sich dabei um kritische Stellungnahmen zu Büchern und Aufsätzen einiger bekannter evangelischer und katholischer Theologen, Bischöfe oder christlicher Professoren.

Vermutlich werden viele Leser erstaunt sein, dass ich mich in diesem Buch auch mit dem Philosophen Jürgen Habermas auseinandergesetzt habe, der weder Bischof noch Theologe oder christlicher Professor ist. Ich habe aber einen guten Grund dafür. Bekanntlich plädiert Habermas in den letzten Jahren, seit er den Preis der Frankfurter Buchmesse erhalten hat, dafür, die „Sinnressourcen" des religiösen Lebens für unsere Gesellschaft fruchtbar zu machen. Habermas, der in früherer Zeit als Aufklärer posiert hatte, ist in der letzten Zeit der Aufklärung in den Rücken gefallen. Ich betrachte ihn als einen roten Theologen, der sich mit den Kirchen arrangiert hat.

Heidelberg, im Dezember 2012
Hans Albert

Einleitung

Die Theologen, deren Werke ich in diesem Buche bespreche, haben alle etwas gemeinsam: Sie sind nicht imstande, das Theodizeeproblem zu lösen. Entweder sie befassen sich mit diesem Problem, können aber keine Lösung des Problems anbieten, oder sie vermeiden es, auf dieses Problem einzugehen. Das ist auch verständlich, denn bekanntlich gibt es keine positive Lösung dieses Problems, also eine Lösung, die mit dem christlichen Glauben vereinbar ist. Es gibt bekanntlich Theologen, die zugeben, dass es keine solche Lösung dieses Problems gibt. Aber ich habe in diesem Buch keine ihrer Arbeiten einer Kritik unterzogen.

Einer der Aufsätze in diesem Buch beschäftigt sich mit einen Buch des evangelischen Theologen Richard Schröder, ein anderer mit einem Buch des Wiener Kardinals Christoph Schönborn. Der erste der beiden Aufsätze enthält eine sehr milde Kritik an den Auffassungen Schröders, der zweite eine scharfe Kritik an den Auffassungen Schönborns.

Ich habe dem evangelischen Theologen damals meine Kritik zusammen mit einem freundlichen Brief übersandt, in dem ich ihm meine Auffassungen noch einmal erläutert habe und ihn gefragt habe, ob er Verständnis dafür aufbringen konnte. Schröder hat mich bisher keiner Antwort gewürdigt.

Ganz anders war die Reaktion des Wiener Kardinals. Ich hatte ihm nur meinen Aufsatz übersandt, hatte ihm aber keinen Brief geschrieben. Der Kardinal hat mir nämlich einen freundlichen Brief geschrieben, in dem er sich ausdrücklich dafür bedankt, dass ich mir die Mühe gemacht habe, auf seine Auffassungen einzugehen.

Offenbar haben die beiden Theologen eine sehr unterschiedliche Erziehung genossen, was die Höflichkeit im Umgang mit ihren Mitmenschen angeht. Auch Schröders Vorgänger Martin Luther war ja bekanntlich ein Grobian.

Richard Schröders Kritik des neuen Atheismus

Ein kritischer Kommentar

Vor kurzem ist ein Buch erschienen, das sich gegen den neuen Atheismus und den damit verbundenen wissenschaftlichen Fanatismus wendet.[1] Der Autor dieses Buches ist der Theologe Richard Schröder, der einen Lehrstuhl für Philosophie an der Berliner Humboldt-Universität hat. Schröder sagt in seinem Vorwort[2], dass er sich durch Richard Dawkins' Buch „Der Gotteswahn"[3] veranlasst sah, dieses Buch zu verfassen. Die Art, wie Dawkins frage und antworte, so meint er weiter, könne beanspruchen, für viele Zeitgenossen repräsentativ zu sein. Andererseits lese sich ein Buch, das vor allem gegen die christlichen Fundamentalisten in den USA und gegen islamische Fundamentalisten gerichtet sei, vor dem Erfahrungshintergrund eines Christen in einer postkommunistischen, immer noch atheistisch geprägten Gesellschaft sehr viel anders als in Oxford. Er möchte, wie er weiter sagt, nicht bekehren, sondern über die Themen des Streits informieren. Und er möchte daran erinnern, dass jenseits der naturwissenschaftlichen Forschung nicht das freie Feld wilden Mutmaßens beginne, sondern auch dort die Sorgfalt des Denkens, der Wahrnehmung und des Unterscheidens unerlässlich sei. Auch wer die Religion und das Christentum bekämpfen und zum Atheismus bekehren möchte, sollte seine Gegner erst studieren und dann polemisieren. Dieser Forderung kann man wohl ohne weiteres zustimmen.

Richard Schröder ist ein Mann, der unseren Respekt verdient, vor allem wegen seiner Haltung und seinem Verhalten in der ehemaligen DDR. Auch wer sich nicht zum christlichen Glauben bekennt, wird meines Erachtens sein Buch mit Gewinn lesen können und er wird ihm in manchen Punkten recht geben müssen. Soweit ich sehe, hat er vor allem mit seiner Kritik an den Auffassungen von Richard Dawkins weitgehend recht. Mit seinem Buch über den Gotteswahn hat Dawkins der von ihm vertretenen Sache, wie Schröder mit Recht meint, keinen guten Dienst erwiesen. Auch wer seine wissenschaftlichen Leistungen nicht in Frage stellt, wird meines Erachtens feststellen können, dass die Auffassungen, die er in seinem Buch über den Gotteswahn vertritt, in erkenntnistheoretischer Hinsicht fragwürdig sind. Und Schröder versucht darüber hinaus zu zeigen, dass Dawkins viele historische Tatsachen nicht berücksichtigt hat, die ihm selbst als ehemaligem Bürger der DDR, der unter der Herrschaft einer programmatisch atheistischen Partei gelebt hatte[4], deutlich vor Augen stehen. Dawkins hätte uns, wie Schröder meint, erklären müssen, dass er uns nicht zu jeder Art von Atheismus bekehren möchte, sondern zu einem humanen, liberalen, sozusagen britischen. Es gebe nämlich mehrere Arten von Atheismus. Der Atheismus habe auf sehr ähnliche Weise wie die Religion längst seine Unschuld verloren, als er nämlich für mörderische Machtkämpfe instrumentalisiert wurde.[5] Und was die Wissenschaft angehe, mit deren Hilfe die Religion widerlegt werden solle, so finde sich bei Dawkins nur ein „zur Weltanschauung erweiterter Darwinismus".[6]

In diesem Zusammenhang geht Schröder auf die Theorie der Meme ein, die Kulturtheorie, die Dawkins in Analogie zur Theorie der Gene entwickelt hat.[7] Er analysiert sie im Detail und zeigt ihre Unbrauchbarkeit für die Erklärung kultureller Prozesse. Es ist keineswegs so, dass ich alles, was Schröder in diesem Teil und in anderen Teilen seines Buches sagt, akzeptieren kann. Ich werde später teilweise darauf zurückkommen. Aber seine Kritik an den Dawkins'schen Auffassungen halte ich im Wesentlichen für akzeptabel. Im ersten Teil seines Buches, das den Titel „Eine Welt ohne Religion?" hat, geht Schröder im Anschluss an seine Kritik der Dawkins'schen Memtheorie auf dessen Identifizierung des menschlichen Bewusstseins mit dem Gehirn und seinen Aktivitäten ein[8] und sucht zu zeigen, dass sie auf einem Missverständnis dessen beruht, was von der Gehirnforschung zu erwarten ist. Dann wendet er sich dem Problem der Verantwortung zu und unterscheidet dabei zwischen der naturwissenschaftlichen und der lebensweltlichen Perspektive.[9] Er wendet sich gegen den weit verbreitetem Irrtum, wissenschaftliche Erfahrungen könnten die lebensweltlichen ersetzen. Neben dem wissenschaftlichen Wissen, so meint er, gebe es noch andere Weisen des Wissens, die für uns sogar noch gewichtiger seien. Auf seine Behandlung erkenntnistheoretischer Probleme werde ich noch zurückkommen. In dieser Beziehung habe ich einige Bedenken. Sein nächstes Thema ist die Pluralität der Religionen.[10] Auch diese Pluralität, so meint er, habe Dawkins nicht genügend berücksichtigt. Die in dieser Hinsicht heute auftretenden Probleme stellten sich auf zwei Ebenen: der Ebene des Zusammenlebens und der Ebene konkurrierender Wahrheitsansprüche. Und für beide Probleme habe Dawkins nichts Konstruktives und Weiterführendes vorzutragen. Was die erste Ebene angeht, so kann ich dem, was Schröder dazu sagt, im Wesentlichen zustimmen. Auf das Problem der konkurrierenden

Wahrheitsansprüche werde ich später eingehen, wenn es um die erkenntnistheoretische Problematik geht. Im nächsten Abschnitt geht es um die absolute Grenze darwinistischer Erklärungen.[11] Hier stellt Schröder die These auf, für Erklärungen von Überzeugungen aus Ursachen statt aus Gründen gebe es eine absolute Grenze ihrer Universalisierbarkeit, und geht dann kritisch auf die Dawkins'sche Art der Argumentation ein. Auch hier geht es wieder um erkenntnistheoretische Probleme, auf die ich später zurückkommen werde. Im letzten Abschnitt des ersten Teils, der den Titel hat „Im Osten liest sich manches anders"[12], wirft Schröder Dawkins vor, dass er ebenso inkonsequent ist wie die Kreationisten, weil er für sich, nämlich den Erklärer, faktisch eine Ausnahme vom naturwissenschaftlichen Erklären zulässt. Und außerdem habe er sein Religionsverständnis ganz auf die fundamentalistischen Kreationisten zugeschnitten. Es handle sich seiner Auffassung nach nämlich bei der Religion um kosmologische Hypothesen, die einer wissenschaftlichen Überprüfung zugänglich seien. Auch auf diese Problematik werde ich später zurückkommen. Schröder hat also im Rahmen seiner Kritik an Dawkins einige Probleme behandelt, die ganz unabhängig von der Frage, wie Dawkins mit ihnen umgegangen ist, im Zusammenhang mit der Beurteilung religiöser Überzeugungen von Bedeutung sind. Meine Stellungnahme zur Schröder'schen Behandlung dieser Probleme habe ich zunächst aufgeschoben.

Der zweite Teil des Schröder'schen Buches ist der Religion als einem widerborstigen Phänomen gewidmet.[13] Zunächst geht es um die Definition des Religionsbegriffs.[14] Schröder gibt fünf Merkmale an, die uns, wie er sagt, nicht grundlos vorschweben, wenn wir von Religion sprechen:

1. den Bezug auf übermenschliche Macht, Unbedingtes, Heiliges oder Transzendentes;
2. einen Bezug auf Traditionen, also eine Generationskontinuität;
3. einen Gemeinschaftsbezug, der in der Regel die Grenzen des Standes überschreitet, bei den sogenannten Weltreligionen auch nationale Grenzen;
4. Lebensorientierung, und zwar sowohl im Alltag als auch besonders in den sogenannten Grenzsituationen des menschlichen Lebens, wie Krankheit, Schicksalsschläge, Tod und Schuld; und
5. eine religiöse Praxis, und zwar sowohl gemeinschaftliche, wie etwa den Gottesdienst, als auch individuelle, wie das Gebet.

Er erörtert dann die Schwierigkeiten, die mit der Bestimmung eines adäquaten Religionsbegriffs verbunden sind, und geht im zweiten Abschnitt dieses Teils auf die Wortgeschichte von Religion ein[15], aus der sich eine gewisse Klärung ergeben soll. Erst im christlichen Sprachraum werde, so stellt er fest, die Unterscheidung von religio vera et falsa entscheidend. Religion stehe in neuartiger Weise unter der Wahrheitsfrage. Entscheidend sei nun die personale Beziehung zu Gott, das Gottvertrauen. Die eine christlich wahre Gottesverehrung werde, wie er dann sagt, zu Beginn der Neuzeit durch drei Erfahrungen problematisiert, und zwar durch die Erfahrung mit der Pluralität christlicher Konfessionen, durch die Erfahrung mit Fremdreligionen und durch die Religionskritik der europäischen Aufklärung. Diese Religionskritik habe die Religion vorrangig nach ihrer kognitiven Leistung beurteilt. Inzwischen habe aber die aufklärerische Idee einer wissenschaftlichen Weltauffassung ihre Plausibilität weithin verloren. Verstehe man nämlich unter Wissenschaft nicht mehr, wie noch Hegel, das Wissen vom Ganzen, sondern das institutionalisierte Verfahren zur Feststellung von Regelmäßigkeiten (Gesetzmäßigkeiten) in Natur und Gesellschaft, dann ergebe sich, dass die so verstandene Wissenschaft zwar unser Verfügungswissen erweitern, aber doch keine Ziele setzen könne. Nun ist allerdings die Auffassung, dass eine wissenschaftliche Weltauffassung auch Sollensprobleme lösen müsse, keineswegs selbstverständlich. Die Idee einer praktischen Erkenntnis, die Schröder hier offenbar akzeptiert, ist durch die moderne Erkenntnislehre in Frage gestellt worden.[16] Der Konstruktivismus von Paul Lorenzen und Jürgen Mittelstraß, der darauf abzielte, nicht nur wissenschaftliche Theorien, sondern darüber hinaus Normen absolut zu begründen, hat sich als unhaltbar erwiesen. Dass die werturteilsfreien Wissenschaften dennoch für die Lebensorientierung relevant sein können, darauf hat schon Max Weber hingewiesen.[17]

Im dritten Abschnitt geht es um verschiedene Perspektiven auf Religion.[18] Die grundlegende Unterscheidung sei, so meint Schröder, die zwischen Binnenperspektive und Außenperspektive, also Religion, wie sie als Lebensorientierung erlebt, verstanden und vollzogen werde, und Religion, wie sie sich einem Beobachter von außen darstelle. Auch die Reflexion, ja die Kritik an überlieferter oder vorfindlicher Religion könne aus der Binnenperspektive gelebter Religion vollzogen werden, als theologische oder religiöse Religionskritik. Die Außenperspektive eines Betrachters von Religion könne entweder die eigene Lebensorientierung dabei ausklammern, um bloß zu beschreiben, wie andere sich verstehen, aber auch die Absicht verfolgen, zu erklären, warum sich andere in einer gewissen Weise verstehen. Erklärungen folgen, wie er dann feststellt, immer dem Schema: x ist von y abhängig. Deshalb setze jedes Erklären eine Entscheidung darüber voraus, was als Konstante und was als Variable in Betracht komme. Erklärungen suchten wir für das, was sich für uns nicht von selbst versteht. Wer also selbstverständlich an Gott glaube, frage nicht, warum ein anderer das auch tut, wohl aber, warum er etwa ganz anders von Gott redet und denkt als er. Wer dagegen davon überzeugt sei, dass es Gott gar nicht gibt, suche nach Erklärungen dafür, dass Menschen an Gott glauben. Was auch immer er als Erklärung dafür angebe, jedenfalls könne er nicht erwarten, dass jemand, der an Gott glaubt, derartige Erklärungen für sich akzeptiert. Ein Christ, ein Jude, ein Muslim wird seinen Glauben an Gott immer zuerst aus Gott erklären und wird niemals Erklärungen akzeptieren, die ihn wegerklären.

Dieser Passus enthält eine Reihe von Missverständnissen, die zu klären sind. Beginnen wir mit den letzten Sätzen. Zunächst sind Erklärungen keineswegs ohne weiteres stets „Wegerklärungen" im Schröder'schen Sinne. Wer zu erklären sucht, wie jemand zu seinem Glauben an Gott gekommen ist, kann zum Beispiel die Argumente und andere Teile seiner Motivation zur Erklärung heranziehen, die ihn veranlasst haben, an Gott zu glauben. Das Gleiche gilt natürlich für Erklärungen dafür, wie jemand zum Atheismus gekommen ist. Ich kann mich noch gut daran erinnern, aus welchen Gründen ich Atheist geworden bin. Eine Erklärung, in der diese Gründe vorkommen, ist für mich durchaus akzeptabel.[19]

Auch die These, dass man Erklärungen nur für das sucht, was sich nicht von selbst versteht, ist keineswegs richtig. Es war zu Newtons Zeit durchaus selbstverständlich, dass Äpfel von den Bäumen fallen. Diese Tatsache wurde dann mit Hilfe seiner Gravitationshypothese erklärt. Natürlich gibt es auch Erklärungen ihres Glaubens, die für Leute, die einen bestimmten Glauben haben, nicht akzeptabel sind. Das gilt zum Beispiel für Christen, denen man zumutet, Gott für eine gesellschaftlich oder gnoseologisch bedingte Projektion oder Illusion zu halten, wie Schröder mit Recht feststellt. Allerdings ist damit über die Wahrheit der betreffenden These und die Gültigkeit der mit ihrer Hilfe zustande gekommenen Erklärung noch nichts gesagt.

Nach einer Erörterung der möglichen sozialen Funktionen und Wirkungen von Religionen stellt der Autor fest, es müsse einen waschechten Rationalisten ungemein stören, dass es auf dem Feld unserer grundlegenden Lebensorientierungen kein rationales Verfahren zur definitiven Klärung aller anstehenden Fragen geben solle, dass also auf diesem Felde unaufhebbar Entscheidungen im Spiele seien. Das ließe sich aber plausibel machen. In den Naturwissenschaften werden, so meint er, gesicherte Erkenntnisse durch Experimente gewonnen. Diese seien dadurch charakterisiert, dass sie wiederholt werden können. Mit unserem Leben im Ganzen könnten wir aber nicht experimentieren, weil es einmalig sei.

Im nächsten Abschnitt sucht Schröder die unaufhebbare Pluralität von Religionen durch einen Vergleich mit den Sprachen zu erhellen.[20] Und im letzten Abschnitt dieses Teiles beschäftigt er sich dann mit der Zukunft der Religionen.²¹ In diesem Zusammenhang geht er auf die Problematik des Fundamentalismus ein und stellt mit Recht fest, dass Fundamentalismus in allen Religionen auftreten kann. Dann wendet er sich der für Europa charakteristischen antiinstitutionalistischen Tendenz zu, die die Gefahr einer Überlastung des Individuums durch Dauerreflexion mit sich bringe.

Und schließlich geht er im letzten Abschnitt auf die Frage ein, ob sich Religion durch Ethik ersetzen lasse.²² Es geht ihm dabei darum, ob etwas Unersetzbares verschwinde, wenn die Religion verschwindet. Mit der Religion, so meint er, würde die Art von Vergewisserung unseres Weltaufenthaltes durch Geschichten, gemeinschaftliche Handlungsweisen und Vollzüge, Feiern und Feste im Kreise Gleichgesinnter, die Intensivierung durch Wiederholung, die heimisch werden lasse in einer Überlieferung, und das Gespräch mit den Vorgängern im Glauben, die in Texten und Liedern präsent sind, verschwinden. Außerdem würde eine erhebliche Dimension unseres kulturellen Gedächtnisses verloren gehen. Es würde die religiöse Einsicht in den Zusammenhang von Sünde, Schuld und Vergebung, Gott als die untrügliche Instanz menschlicher Letztverantwortung, ein durch nichts ersetzbarer Grund der Dankbarkeit verschwinden. Weiter würde ein Grund zur Gelassenheit und zu einer Zufriedenheit verloren gehen, die der unerschütterte Hintergrund für die unvermeidlichen und auch berechtigten Unzufriedenheiten bleibe. Und schließlich würde die Verheißung verschwinden von der Auflösung aller Widersprüche, die, wenn sie hier und jetzt gefordert werde, zerstörerisch wirke. Einiges davon wird der Atheist kaum vermissen. Anderes wird er vermutlich substituieren können. Aber es muss wohl zugestanden werden, dass der Verzicht auf bestimmte Aspekte des religiösen Lebens in emotionaler Hinsicht als Verlust empfunden werden kann.²³

Der dritte Teil des Schröder'schen Buches ist dem Thema Wissen, Meinen und Glauben gewidmet.²⁴ Im ersten Abschnitt dieses Teils macht der Autor uns mit der Unterscheidung zwischen Orientierungs- und Verfügungswissen bekannt²⁵, die er im Einklang mit Jürgen Mittelstraß trifft, dem wir diese beiden Ausdrücke verdanken. Die beiden Wissensarten gehen nach Schröder auf zwei verschiedene Erkenntnisinteressen zurück, die sich aus zwei den Menschen gemeinsamen Interessen ergeben: nämlich einerseits dem Interesse daran, sich in der Welt zurechtzufinden und zu verstehen, was um sie herum und mit ihnen geschieht, und dem Interesse, sich vor Gefahren zu schützen und sich beschaffen zu können, was sie zum Überleben und zum guten Leben brauchen. Während sich aus dem Orientierungswissen die Ziele ergeben, die wir anstreben, können wir dem Verfügungswissen entnehmen, wie diese Ziele am besten zu erreichen sind. Was die Einordnung der Wissenschaften in dieses dichotome

Schema angeht, so ist sie, wie er zu zeigen versucht, unmöglich. Überdies seien sie für unser Orientierungswissen nicht die originäre Quelle. Wir gewönnen es zunächst in der Lebenspraxis der Kommunikation mit unseren Nächsten.

Es folgt ein Abschnitt über Wissen, Experimentieren und Glauben[26], in dem er zunächst im Anschluss an Kant auf das Experiment eingeht, das für die moderne Naturwissenschaft charakteristisch sei. Er sagt mit Recht, dass diese Naturwissenschaft kein voraussetzungsloses Sich-Umsehen in der Natur ist, sondern dass sie mit starken Voraussetzungen arbeitet und dass das Experiment nur der Entscheidung über die Geltung der von ihr entworfenen Gesetzmäßigkeiten diene. Dann kommt er auf die Grenzen der experimentellen Methode zu sprechen und behauptet, dass sich einmalige Ereignisse nicht als solche experimentell erforschen lassen und dass das ganze Weltgeschehen aus singulären Ereignissen bestehe und als Ganzes singulär sei. Experimentell erforschen lasse sich also immer nur das in vielen singulären Ereignissen Konstante, indem mit ausgewählten Faktoren unter Ausschluss anderer (externer) Faktoren in einem geschlossenen Raum (Labor) ein künstliches Ereignis (Experiment) initiiert werde.

Nun hatte Schröder, wie schon erwähnt, auf die Rolle von Experimenten für die Beurteilung allgemeiner Theorien hingewiesen. Diese Theorien lassen sich aber gerade für die Erklärung singulärer Ereignisse verwerten. Die moderne Kosmologie, in der die Entwicklung der Welt beschrieben und erklärt wird, also ein singuläres Phänomen, wäre sonst nicht möglich. Erklärt werden nicht nur Experimente, sondern auch andere Ereignisse, die in den Erklärungsrahmen der betreffenden Theorien fallen. Auch die Geschichtswissenschaft kommt für die kausale Erklärung der singulären Phänomene, mit denen sie es zu tun hat, nicht ohne allgemeine Theorien aus, auch wenn solche Theorien natürlich im Rahmen der historischen Forschung nicht experimentell überprüft werden.[27] Dass das für die Archäologie gilt, bedarf wahrscheinlich keiner Erläuterung. Es gilt aber auch für alle anderen Bereiche dieser Wissenschaft. Schröder hat durchaus recht, wenn er auf die Schwierigkeiten hinweist, die mit der Vorhersage singulärer Ereignisse verbunden sind. Aber das Problem der Erklärung ist von dem der Vorhersage zu unterscheiden, obwohl in beiden Fällen der Rückgriff auf Gesetzmäßigkeiten eine Rolle spielt.

Der Autor unterscheidet dann zwischen dem objektiven, dem subjektiven Wissen und dem Wissen aus interpersonalen Erfahrungen und beschäftigt sich in diesem Zusammenhang mit der Problematik des zwischenmenschlichen Vertrauens. Er meint, dass Dawkins in seiner Polemik gegen „Glauben" doch wenigstens unterscheiden solle zwischen etwas glauben (vermuten) und jemandem glauben (vertrauen), glauben also in der objektivierenden und der interpersonalen Perspektive. Die interpersonale Perspektive sei Dawkins offenbar verschlossen. Hier könnte man übrigens noch ergänzend darauf hinweisen, dass das Problem des Vertrauens natürlich auch im Zusammenhang mit dem sogenannten objektiven Wissen eine Rolle spielt. Denn wir sind darauf angewiesen, den Forschern mehr oder weniger zu vertrauen, die uns die Resultate ihrer Forschung mitteilen.

Dann geht Schröder auf die Problematik des Anthropomorphismus ein und wirft Dawkins, der den Glauben an Gott oder an Götter als Infantilismus kritisiert, vor, er praktiziere selbst eine andere Art von Anthropomorphismus, denn er spreche von Begriffen wie von handelnden Personen, zum Beispiel wenn er vom egoistischen Gen rede. Dawkins habe sich allerdings mit dieser Redeweise auseinandergesetzt, indem er zwischen „bildhafter Sprache" und der „Sprache der Realität" unterscheide. Die physikalischen und chemischen Formelsprachen, an die Dawkins wohl denke, wenn er von der Sprache der Realität spreche, seien, so meint Schröder, künstliche Sprachen, mit denen sich Gegebenes so verstehen lässt, dass wir in natürliche Zusammenhänge zu unserem Nutzen eingreifen und Natürliches uns dienstbar machen können.

Ich bin mir nicht klar darüber, ob Schröder diese Charakterisierung wissenschaftlicher Aussagen für hinreichend hält und ob er damit eine antirealistische Position hinsichtlich des von ihm sogenannten objektiven Wissens vertreten möchte, das ja mit Hilfe solcher Sprachen formuliert zu werden pflegt. Da er sich im Zusammenhang mit der Problematik der Experimente auf Kant berufen hat, liegt es nahe, das zu vermuten. Nun ist die Kant'sche Erkenntnislehre, der transzendentale Idealismus, bekanntlich mit den erkenntnistheoretischen Auffassungen unvereinbar, die etwa von Einstein und den meisten Vertretern der modernen Naturwissenschaften akzeptiert werden.[28] Schröder hat in seinem Buch, soweit ich sehe, diese Problematik nicht erörtert.

Die Biologie, so meint er, gehöre nicht zu den mathematischen Naturwissenschaften, da sie nicht über eine exakte Formelsprache verfüge. Nun wird seit längerer Zeit eine mathematisch formulierte Theorie, nämlich die von Neumann und Morgenstern entwickelte Theorie der strategischen Spiele, erfolgreich in der Biologie und auch in den Sozialwissenschaften verwendet. Die Mathematik ist bekanntlich eine sehr innovative Wissenschaft, in der sich immer wieder neue Disziplinen entwickeln, die dann teilweise auch Verwendung in den Realwissenschaften finden. Und die Formelsprache der mathematischen Logik ist prinzipiell in allen Bereichen des menschlichen Denkens anwendbar.

Die Schröder'sche Kritik an der anthropomorphen und auch an der technomorphen Sprache, deren sich Dawkins bedient, ist sicherlich teilweise berechtigt. Dawkins, so meint er, stolpere über seinen Metaphernsalat, ohne es zu merken. Fragwürdig ist allerdings der Körper-Seele-Dualismus, den Schröder dann vertritt und den er für selbstverständlich hält. Unter Seele, so meint er, hätten die Alten das verstanden, was der Leiche fehlt. Bei Tieren sei das die Lebendigkeit und die Intentionalität des Strebens und Meidens, beim Menschen zudem das Bewusstsein. Dass der Leiche etwas fehlt, könne doch wohl schlecht bestritten werden. Und was ihr fehle, sei jedenfalls nicht ein Stück des Körpers.

Das Leib-Seele-Problem ist bekanntlich ein philosophisches Problem, das eine lange Geschichte hinter sich hat. Auf den heutigen Stand dieser Diskussion über mögliche Lösungen dieses Problems geht Schröder mit keinem Wort ein. Ich habe den Eindruck, dass er einen Substanz-Dualismus vertritt, wie er für das christliche Denken charakteristisch ist. Er hält seine Auffassung für selbstverständlich: Das ist aber keineswegs der Fall. Die Leser seines Buches tun gut daran, sich anhand der neueren Literatur über den Stand der Diskussion zu informieren.[29]

Im dritten Abschnitt dieses Teiles geht es um die Evolution und die damit vielfach verbundene Idee des Fortschritts.[30] Nach einer historischen Betrachtung über den Begriff der Entwicklung und die unterschiedlichen Auffassungen, in denen er eine Rolle gespielt hat, und über die moderne Fortschrittsidee, die vor allem im Marxismus eine wirkungsmächtige Gestalt gewonnen habe, stellt er fest, dass es nach dem 20. Jahrhundert mit Auschwitz und Hiroshima auf eine Wahrnehmungsverweigerung hinauslaufe, einen unaufhaltsamen moralischen Fortschritt der Menschheit zu postulieren.

In diesem Sinne wendet er sich dann gegen den Dawkins'schen Fortschrittsoptimismus. Auch die wachsende Anerkennung der Menschenrechte, so meint er, sei kein unerschütterlicher Besitz. Und was die unstreitig größten Fortschritte angeht, die wir in Wissenschaft und Technik erreicht haben, so seien sie ambivalent. Darwins Evolutionstheorie, so stellt er fest, kenne keine „notwendige" Höherentwicklung auch im Sinne eines moralischen Fortschritts und einer Vergeistigung. Seine Theorie argumentiere lediglich mit der „vollkommenen" Anpassung an die Umwelt.

Gegen die Dawkins'sche These, die Evolution im Sinne des Darwinismus sei ebenso wahr wie die Tatsache, dass Neuseeland auf der Südhalbkugel liegt, wendet Schröder ein, man solle doch mal nach Evolution fahren und die Evolution besichtigen. Die Evolution sei natürlich die These einer wissenschaftlichen Theorie. Aber auch durch eine erdrückende Vielzahl von Sachverhalten, die mit ihr plausibel gedeutet werden können, verwandele sie sich nicht in eine Tatsache, sondern sie werde nur zu einer sehr erfolgreichen Theorie.

Soweit ich sehe, beruht sowohl die Dawkins'sche These als auch der

Schrödersche Einwand auf anfechtbaren Formulierungen. Zunächst ist nicht die Evolution wahr, sondern bestenfalls die Evolutionstheorie, zu deren Objektbereich die Evolution gehört. Und die These, dass Neuseeland auf der Südhalbkugel liegt, ist wahr und beschreibt daher eine Tatsache. Aber bei der Darwin'schen Theorie und der Dawkins'schen These geht es um Aussagen, die im gleichen Sinne wahr sind. Das ist es, was Dawkins wohl sagen wollte. Wer das bestreitet, müsste für die betreffenden Aussagen unterschiedliche Wahrheitstheorien vertreten. Ich bevorzuge wie zum Beispiel auch Karl Popper die Korrespondenztheorie der Wahrheit, die natürlich für alle wahrheitsfähigen Aussagen gilt. Die Frage, wie man dazu kommen kann, die Wahrheit einer Aussage zu akzeptieren, eine Frage, die offenbar für den Schröder'schen Einwand entscheidend ist, ist eine methodologische Frage, die nicht identisch ist mit der Wahrheitsfrage, obwohl sie mit ihr zusammenhängt.

Dass der Erfolg der Darwin'schen Theorie nicht dazu berechtigt, sie auf andere Gebiete unbesehen anzuwenden, ist allerdings ein berechtigter Einwand gegen Dawkins. Jedenfalls ist die Berechtigung einer solchen Anwendung in jedem Falle zu überprüfen.

Nun gibt es, wie wir aus der Geschichte der Wissenschaften wissen, für fast alle oder sogar für alle Theorien Probleme, die bisher nicht gelöst wurden. Das ist kein Grund, solche Theorien aufzugeben, vor allem dann, wenn es keine besseren Alternativen gibt.[31] Was die Evolutionstheorie angeht, so stimmt Schröder in diesem Punkte Dawkins zu. Nur eine bessere naturwissenschaftliche Theorie, also eine mit einer größeren Erklärungsleistung, könne, so sagt er mit Recht, die derzeitige Evolutionstheorie erweitern oder ersetzen. Prognosen der betreffenden Forschungsergebnisse seien allerdings kaum möglich. Im Übrigen habe Darwin den Unterschied zwischen der natürlichen Zuchtwahl und der kulturellen Entwicklung gesehen.

Schließlich vergleicht Schröder noch das Darwin'sche mit dem Marx'schen Entwicklungsverständnis und weist auf wesentliche Unterschiede hin. Im Schlussabschnitt dieses Teils geht es um Dawkins' weltanschauliche Interpretation des Darwinismus.[32] Schröder analysiert hier die Umkehrung der Biologie vom Kopf auf die Füße, seine Weltbetrachtung nicht mehr aus der Sicht der Individuen, sondern aus der Sicht der Gene, die Dawkins in seinem Buch über das egoistische Gen vorgenommen hat. Ich begnüge mich damit, dem Leser des Schröder'schen Buches die Lektüre dieses Abschnitts zu empfehlen, der die Dawkins'sche Betrachtungsweise als eine Karikatur der üblichen Betrachtungsweise erscheinen lässt. Er sagt dazu, dass er es den Genetikern überlässt, zu beurteilen, ob diese Operation ihnen zu neuen Einsichten verhilft, das heißt zu Thesen, die man experimentell überprüfen kann. Er könne nur prüfen, ob seine Darlegungen in sich stimmig sind, und das seien sie, was den Begriff des Gens betrifft, leider nicht. Und er könne auch prüfen, ob seine Rekonstruktion der Wirklichkeit mit unseren elementaren Selbsterfahrungen kompatibel sei. Und das sei sie hinsichtlich unseres Selbstverständnisses als Individuen und als bewusste Wesen sicher nicht. Und er müsse entscheiden, ob er sich so verstehen will, wie es sich nach seinen Darlegungen ergebe. Da müsse er ihm leider einen Korb geben. Er bleibe lieber Christ. Ihn habe er nicht bekehrt. Was uns Dawkins vortrage, halte er für schlechte Metaphysik und für Pseudoreligion.

Ich kann diese Reaktion durchaus verstehen, auch wenn ich den christlichen Glauben, den Schröder der Dawkins'schen Auffassung entgegensetzt, nicht teile. Viele seiner Einwände gegen die Dawkins'sche Betrachtungsweise scheinen mir richtig zu sein. Es wäre vermutlich besser gewesen, wenn er sein Buch über das egoistische Gen nicht in anthropomorpher Sprache geschrieben hätte. Dann hätte man das, was an seinem Ansatz haltbar ist, vermutlich leichter identifizieren können. Und was seinen Atheismus angeht, so lässt er sich ohnehin nicht ohne weiteres aus den Resultaten seiner biologischen Forschungen ableiten.

Damit kommen wir zum vierten Teil des Schröder'schen Buches, der dem Atheismus gewidmet ist.[33] Tatsächlich geht es um verschiedene Arten des Atheismus, die im Laufe der Geschichte vertreten wurden. Zunächst geht es um den Atheismus in der Antike.[34] Schröder stellt fest, dass die religionskritischen Thesen aus der vorchristlichen antiken Kultur mindestens größerenteils in der Kritik unwürdiger Gottesvorstellungen und nicht in der Leugnung des Göttlichen ihre Pointe haben. Auch Aristoteles habe die Evidenz des Göttlichen vorausgesetzt. Aber er möchte als Philosoph die Wirklichkeit durch Vernunft begreifen. Dadurch sei ein neuer Kontext für die Gottesfrage entstanden, nämlich was die Stoiker natürliche Theologie nannten. Die aristotelischen Gottesbeweise seien nicht, wie Dawkins behauptet, Fehlschlüsse und dummes Zeug, sondern unter einem anderen Wirklichkeitsverständnis als dem unseren durchaus plausibel. Diese „Gottesbeweise" seien nicht zwingende Beweise zur Widerlegung des Atheismus, sondern eher Hinweise auf Gott aus der philosophischen Rekonstruktion der Wirklichkeit. Für die christliche Theologie seien die Voraussetzungen dieser Gottesbeweise aber nicht unproblematisch. Sie setzten nämlich die Ewigkeit der Welt und der Arten voraus und die ewige Wiederkehr des Gleichen. Und Aristoteles kenne auch nicht die grundsätzliche Unterscheidung von Gott und Welt. Gott sei für ihn das Höchste der Welt und von der Mitte zur Peripherie aufsteigend werde für ihn die Welt immer göttlicher.

Dann beschäftigt sich Schröder mit dem Atheismus als Unmoral.[35] Bis ins neunzehnte Jahrhundert meine der Vorwurf der Gottlosigkeit zumeist gar nicht Atheismus im Sinne einer theoretischen Leugnung der Existenz Gottes, sondern ein falsches Gottesverständnis oder praktische Gottlosigkeit, also Sittenlosigkeit, Skrupellosigkeit. Weiter geht es um den antiken Atheismusvorwurf gegen die Christen.[36] Seit Kaiser Decius (249) sei die Weigerung, den römischen Staatsgöttern zu opfern, zum entscheidenden Kriterium geworden. Den Christen wurde vorgeworfen, wegen ihres „Atheismus" den Zorn der Götter verursacht zu haben, auf den man die damalige Krise des römischen Reiches zurückführte. Das sei der rechtliche Zusammenhang der Christenverfolgungen. Schröder geht dann im Detail auf die Schrift des nichtchristlichen Philosophen Kelsos gegen die Christen ein. Dabei zeige sich, dass das für Kelsos Vernünftige uns keineswegs immer überzeuge. In diesem Punkt muss man ihm ohne Zweifel zustimmen.

In diesem Zusammenhang behandelt Schröder auch das Theodizeeproblem, ein Problem, das sich aus dem jüdischen und dem christlichen Gottesverständnis ergebe. Er weist auf das Hiobbuch des Alten Testaments hin, in dem dieses Problem behandelt werde. Die neutestamentliche Antwort auf die Theodizeefrage sei die folgende. Gott habe selbst am Kreuz das Leiden zu seiner Sache gemacht. Leiden sei kein Beweis mehr für Gottferne. Schröder räumt ein, dass das christliche Gottesverständnis tatsächlich im Theodizeeproblem eine offene Flanke habe. Wer aber Gott leugne, weil er für das Leiden verantwortlich wäre, sei zwar das Theodizeeproblem los, bekomme aber als Nachfolgeproblem das Problem der Anthropodizee, nämlich die Frage, warum die Menschen so seien, wie sie seien.

Ich muss gestehen, dass ich nicht erkennen kann, inwiefern hier ein Problem entsteht, das in ähnlichem Sinne unlösbar ist wie das Theodizeeproblem. Schröder formuliert folgende mögliche Antworten auf diese Frage: „Die Menschen sind schlecht, sie denken an sich, nur ich denke an mich", oder: „Der und der ist für mich kein Mensch mehr", oder: „Wir können unser Leben großartig gestalten", oder: „Wir schaffen eine neue Welt, den neuen Menschen ohne Leiden", oder: „Versuchen wir, Menschen im Leiden zu helfen" (die christliche Antwort). Die möglichen Antworten, die Schröder hier formuliert, sind, soweit ich sehe, keine Antworten auf seine Frage, die eine Frage nach dem Grund oder der Ursache eines Soseins ist, das nicht weiter spezifiziert wird. Also ist weder seine Frage klar, noch ist ein Zusammenhang der Antworten mit seiner Frage erkennbar. Auf das Theodizeeproblem werde ich noch zurückkommen.

Dann wendet sich Schröder der Frage zu, warum sich das Christentum innerhalb von dreihundert Jahren trotz staatlicher Verfolgung und kräftiger Polemik im gesamten römischen Weltreich so stark ausgebreitet hat, dass der römische Staat in der konstantinischen Wende von der Verfolgung zur Duldung und Förderung überging, und liefert dafür plausible Argumente.

Im vierten Abschnitt dieses Teils behandelt er den Zerfall des mittelalterlichen Konsenses.[37] Voraussetzung dafür, dass es im Westen zu der Singularität eines theoretischen Atheismus als systematischer Weltdeutung oder Weltanschauung im Namen der Vernunft gekommen sei, so meint er, sei der Verfall des mittelalterlichen Konsenses gewesen, einerseits durch die Renaissance, andererseits durch die Reformation und die konfessionelle Spaltung. Seitdem gebe es „Religionskritik" als innerkirchliche Kirchen- und Dogmenkritik. Dadurch sei einerseits der Skeptizismus, andererseits der Spiritualismus, und schließlich auch die Toleranz gefördert worden. Außerdem verweist er auf die neuzeitliche Naturwissenschaft, die, wie er mit Recht feststellt, nicht von Atheisten betrieben wurde und die eine Vorgeschichte in der mittelalterlichen Scholastik gehabt habe.

Im nächsten Abschnitt geht er auf Spinozas „Atheismus" ein.[38] Im Widerspruch zum traditionellen, christlich geprägten Gottesverständnis habe Spinoza Gott als erste Ursache in einem streng kausalen Sinne verstanden, also nicht als Person und Gegenüber der Menschen, zu dem sie beten können, aber auch nicht als Gegenüber zur von ihm geschaffenen Welt. Außerdem habe er eine nach geometrischer Ordnung bewiesene Ethik formuliert und habe dadurch die Systemidee, die Idee eines deduzierten eindimensionalen Systems des Wissens, attraktiv gemacht, eine Idee, die später immer wieder unter anderen Vorzeichen verwertet wurde.

Im Laufe des neunzehnten Jahrhunderts habe der idealistische Systemgedanke, wie Schröder meint, unter dem Eindruck eines neuen Schubs naturwissenschaftlicher Erkenntnisse dann schnell an Kredit verloren. Diese These ist meines Erachtens nicht haltbar. Man findet diesen Gedanken sowohl in Einsteins Relativitätstheorie als auch in anderen Bereichen der Wissenschaft, und er findet sich darüber hinaus auch in einer Philosophie, die sich bemüht, der wissenschaftlichen Erkenntnis gerecht zu werden.[39]

Schröder weist dann auf das Problem „wissenschaftlicher Weltanschauungen" hin, die sich bloß als additive Zusammenfügung (menschlicher) wissenschaftlicher Erkenntnisse verstehen. Es bestehe darin, dass sie ohne ein Einheitsprinzip auskommen müssten, wie es ein bestimmtes Gottesverständnis darstellt. Dann aber müssten sie korrekterweise die verschiedenen menschlichen Erkenntnisperspektiven unterscheiden und ins Verhältnis setzen, statt einfach Erkenntnisse von hier und da zu sammeln und auf einen Haufen zu schütten.

Das scheint mir allerdings eine Karikatur dessen zu sein, was in den philosophischen Beiträgen zu einer wissenschaftlichen Wirklichkeitsauffassung enthalten ist, wie sie zum Beispiel von Bertrand Russell, Karl Popper, John L. Mackie, Alan Musgrave und anderen angeboten wurden. Auf keinen dieser Beiträge ist Schröder in seinem Buch eingegangen.

Am Schluss dieses Abschnitts stellt er fest, dass Spinoza noch in anderer Hinsicht für die Geschichte des Atheismus wichtig geworden sei. Ein Atheist, dem niemand Unmoral und Unsittlichkeit vorwerfen kann, das kannte das Publikum bisher nicht. Im nächsten Abschnitt beschäftigt unser Autor sich mit der Vernunftreligion.[40] Für die Aufklärung, so stellt er fest, sei die Idee einer „natürlichen" oder Vernunftreligion charakteristisch gewesen, die von den positiven Religionen zu unterscheiden wäre. Diese Vernunftreligion sei niemals über den Status eines Konstrukts hinausgelangt und habe nirgends gemeinschaftsbildend gewirkt. Konstruiert wurde sie, wie er sagt, als eine um die „vernunftwidrigen" Lehrstücke gekürzte christliche Dogmatik, Lehrstücke wie die Trinitätslehre und die Lehre von der Menschwerdung Gottes, von der Sünde und der Erlösung. Übrig geblieben sei Gott als Gesetzgeber der Natur und als moralischer Gesetzgeber und Vergelter, also Kosmologie und Moral.

Es sei deutlich zu erkennen, meint er dann, dass Dawkins' Religionsverständnis dieser Konzeption einer (deistischen) Vernunftreligion weitestgehend entspricht. Man könne ihn daher genauer als „ADeisten" bezeichnen. Es solle bei der Religion um kosmologische Thesen gehen, die mit der „Wissenschaft" konkurrieren, und um die Behauptung, dass man ohne Religion kein guter Mensch sein könne. Die Konzeption der einen Vernunftreligion hinter oder in allen positiven Religionen sei längst aufgegeben worden, weil sich ein solcher vernünftiger Kern an Lehren gar nicht in allen positiven Religionen nachweisen lasse.

Nun folgt ein Abschnitt über Gottesbeweise,[41] die, wie Schröder feststellt, für die Konstruktion einer Vernunftreligion bzw. einer vernünftigen Theologie von grundlegender Bedeutung sein mussten. Sie gewinnen, wie er weiter sagt, tatsächlich in der neuzeitlichen Philosophie, die sich von der christlichen Theologie emanzipiert, eine herausragende Bedeutung, die ihnen weder im Mittelalter noch in der Bibel zukommt, denn in der Bibel sei die Gottesgewissheit an geschichtlichen und existentiellen Erfahrungen festgemacht. Die Rezeption der Gottesbeweise aus der philosophischen Tradition habe diesen Beweisen lediglich zugedacht, die Existenz dessen beweisen zu können, „was wir Gott nennen", nicht aber Gottes Wesen, also was und wer Gott ist. In diesem Zusammenhang geht Schröder wieder auf Dawkins ein, der behauptet, die Frage, ob Gott existiert, sei eine wissenschaftliche Frage, und wir könnten heute schon einige sehr stichhaltige Aussagen über die Wahrscheinlichkeit machen. Dazu meint Schröder, wer Gott als Teil der Welt in der Welt suche, dem könne man schon heute sagen, dass er nichts finden werde. Er fragt dann, wie wissenschaftlich über die Existenz Gottes entschieden werden könne. Wir könnten, so meint er, auf Sachverhalte stoßen, die sich ohne die Hypothese „Gott" nicht erklären lassen. Das könne er aber heute bereits ausschließen. Der Rekurs auf Gott sei keine zugelassene naturwissenschaftliche Antwort.

Ist das so selbstverständlich, wie Schröder annimmt? Er hat offenbar vergessen, dass Isaak Newton, der wohl einer der bedeutendsten Vertreter der Naturwissenschaften war, für seine Erklärungen nicht ohne die Annahme der Existenz Gottes auskam. Es konnte sogar gezeigt werden, dass zentrale Komponenten seines theoretischen Systems auf seine theologischen Auffassungen zurückzuführen sind.[42] Die Newton'sche Physik ist offenbar eng mit seiner religiösen Metaphysik verbunden.

Wie Schröder feststellt, bestreitet Dawkins, dass es relevante Fragen gebe, die die Wissenschaft nicht beantworten könne. Damit hat er natürlich recht, denn die Frage nach der Existenz Gottes ist ein metaphysisches Problem, und sowohl eine positive wie eine negative Antwort auf diese Frage ist eine metaphysische Aussage. Das bedeutet allerdings nicht, dass Resultate der Wissenschaft nichts zur Beantwortung dieser Frage beitragen können. Aber diese Resultate bedürfen der Einbettung in eine metaphysische Auffassung, zum Beispiel der Einbettung in einen metaphysischen Realismus. Wenn Dawkins allerdings die Frage stellt: „Und wer hat Gott erschaffen?", dann lässt sich diese Frage nicht einfach durch den Hinweis auf einen logischen Fehler zurückweisen, wie Schröder das versucht. Dawkins hat ja keineswegs einen infiniten Regress vorgeschlagen. Es ist nur keineswegs selbstverständlich, dass man den kausalen Regress abbrechen muss, wenn man bei Gott angelangt ist. Eine Art, diesen Regress abzubrechen, wäre natürlich die, Gott als die Ursache seiner selbst, also eine „causa sui", zu charakterisieren. Darüber hat sich bekanntlich Schopenhauer lustig gemacht.

Schröder geht nun auf die Kant'schen Auffassungen zur Gottesproblematik ein. Nach Kant konnte es bekanntlich weder einen Beweis für die Existenz Gottes noch einen Beweis für den Atheismus geben. Sein Postulat der Existenz Gottes gehört in seine Lehre von der praktischen Vernunft. Schröder weist überdies darauf hin, dass Kant in der Nichtbeweisbarkeit Gottes einen Beweis für Gottes Güte gesehen habe. Er habe dadurch unsere Freiheit ermöglicht. Es gebe, so meint Schröder dazu, theologische Gründe für die Unbeweisbarkeit Gottes.

Nun gibt es bekanntlich auch im Bereiche der Wissenschaft keine Beweise im strengen Sinne, das heißt deduktive Verfahren, die einer Aussage objektive Gewissheit verschaffen.[43] Es gibt sie nicht einmal in der Mathematik, so dass Bertrand Russell, der früher angenommen hatte, dass die Mathematik die letzte Provinz der Gewissheit ist, später auf Grund der Resultate seiner Untersuchungen diese Auffassung aufzugeben gezwungen war. Damit ist das methodologische Problem, auf welche Weise man feststellen kann, welche Auffassungen mehr oder weniger akzeptabel sind, nicht beiseite geschafft. Das gilt auch für metaphysische Auffassungen und damit auch für Auffassungen über die Gottesproblematik. Ich werde darauf zurückkommen.

Im nächsten Abschnitt geht es um Feuerbach und Marx,[44] deren Auffassungen Schröder „spekulativen Atheismus" nennt, weil sie sich auf die Hegel'sche Philosophie beziehen, die sich selbst spekulativ nannte. Sie wollen ihn, wie er sagt, „umkehren oder vom Kopf auf die Füße stellen". Das geschehe so, dass das evolutionistische Paradigma der Selbstverwirklichung auf dem Umweg der Selbstentäußerung von Gott auf die Menschheit übertragen werde. Die Religion ist nach Feuerbach „das Bewusstsein des Menschen von seinem, und zwar nicht endlich beschränkten, sondern unendlichen Wesen, aber dieses als fremdes Wesen verehrt". Als Beleg diene ihm die Religionsgeschichte, die er als Höherentwicklung bis zum Christentum verstehe und in deren Zentrum ja die „Menschwerdung Gottes" stehe. Außerdem erstrebe der religiöse Mensch die Vereinigung mit Gott, nämlich in der mystischen Tradition, die Feuerbach von Jugend an fasziniert habe.

Dass das Christentum die vollendete Religion sei, diese These ist, wie Schröder feststellt, für Religionswissenschaftler völlig unbrauchbar und anmaßend eurozentrisch. Dass Gott als der Andere meiner selbst nur Schein sei, negiere gerade das Denkwürdige der religiösen Erfahrung: etwas Höheres als sich selbst anerkennen zu können. Und schließlich sei es menschliche Hybris, „die Menschheit als den ursprünglichen und legitimen Träger der klassischen Gottesprädikate zu verstehen."

Dass hier Religion nicht nur abgewiesen, sondern ihr wahrer Gehalt beerbt werde, dürfte, wie er meint, die Plausibilität des spekulativen Atheismus befördert haben. Karl Marx, so meint er weiter, habe Feuerbachs Interpretation der Religion übernommen, habe ihm aber vorgeworfen, dass er immer noch zu sehr Theologe sei, denn die religiöse Entfremdung sei bloß Ausdruck der ökonomischen Entfremdung, durch die die Selbstentäußerung des menschlichen Wesens durch die Arbeit ihn in Gestalt einer fremden Macht, nämlich des Kapitals, beherrsche. Deshalb könne die Befreiung des menschlichen Wesens nur durch eine Revolution zustande kommen.

Es sei, so meint Schröder, das Hauptgebrechen des Marx'schen Denkens, dass es Unterscheidungen nur als aufzuhebenden Widerstreit deuten kann, was sich in der politischen Praxis des Marxismus-Leninismus verheerend ausgewirkt habe.

Im nächsten Abschnitt wendet sich Schröder dem methodischen Atheismus zu.[45] Damit sei gemeint, dass die modernen Wissenschaften in ihren Forschungen nicht auf Gott rekurrieren. Darauf hatte er schon im Rahmen seiner Analyse der Gottesbeweise hingewiesen. Und ich hatte dagegen eingewendet, dass diese These falsch ist, weil sie die Auffassungen Newtons nicht berücksichtigt. Schröder geht in diesem Abschnitt außerdem auf Hugo Grotius ein, der mit seinem Buch „Über das Recht des Krieges und des Friedens" die Geltung des Rechts dem konfessionellen Dissens entzogen habe. Dabei habe er allerdings nicht den methodischen Atheismus im Blick gehabt.

Im letzten Abschnitt dieses Teils behandelt er den Atheismus der Gleichgültigkeit.[46] Dieser verneine und bejahe nichts. Er sei an keinem Selbstverständnis interessiert. Nietzsche habe wohl einen solchen Menschentyp bei seiner Schilderung des „letzten Menschen" vor Augen gehabt.

Eine vollständige Systematik von Atheismen hat Schröder, wie er uns mitteilt, nicht beabsichtigt. Der Atheismus, den ich vertrete, ist bei ihm denn auch nicht zu finden. Und ich kenne eine ganze Reihe von Personen, die eine ähnliche Auffassung vertreten wie ich. Soweit ich mich erinnere, bin ich bisher auch noch nie jemandem begegnet, der einen der von ihm analysierten Atheismen vertritt. Ich wundere mich darüber, dass Schröder niemanden zu kennen scheint, der eine ähnliche Auffassung vertritt wie die meine, zumal sie in der modernen Philosophie sehr häufig anzutreffen ist. Ich werde darauf zurückkommen.

Der letzte Teil seines Buches hat den Titel: Das Christentum, „die blutigste Religion aller Zeiten?"[47] Dass es so sei, ist nämlich eine These von Dawkins. Dass die Geschichte der christlichen Welt auch eine Geschichte der Gewalt ist, bedürfe, wie Schröder sagt, keines Beweises. Er weist hin auf: Zwangstaufe, Missionskriege, die Kreuzzüge, die Inquisition, die Ketzerverfolgung, die Hexenverfolgung und die Religionskriege. Ihn interessiere aber eine andere Frage, nämlich die, ob es einen konstitutionellen Zusammenhang zwischen Christentum und Gewalt gibt. Er nennt drei Prüfinstanzen für die Beantwortung dieser Frage: Erstens, ob im Neuen Testament Tendenzen zur Gewalt erkennbar seien. Zweitens, ob die aufgezählten Gewaltexzesse durch innerchristliche Selbstkritik oder dadurch ihr Ende gefunden haben, dass das Christentum an Einfluss verlor. Und drittens, ob diese Gewaltphänomene nur in der lateinischen Kirchengeschichte aufgetreten sind und auf Besonderheiten dieser

Geschichte zurückzuführen sind oder ob sie auch in den anderen christlichen Kirchen auftraten.

Zunächst geht er auf das Neue Testament ein.[48] Es zeigt sich, dass bestimmte Deutungen der Texte des Neuen Testaments zur Rechtfertigung von Gewalt herangezogen wurden. Aber solchen Deutungen wurden andere entgegengehalten. Im nächsten Abschnitt geht er auf die Kreuzzüge ein.[49] Sie wurden, wie er feststellt, nur von der lateinischen Kirche veranstaltet. In den Ostkirchen sei es nicht zu Kreuzzügen gekommen. Außerdem habe Luther die Kreuzzugsidee einer vernichtenden christlichen Kritik unterzogen. Auf Luthers Äußerungen gegen die Juden geht Schröder nicht ein. Sie haben allerdings nichts mit der Kreuzzugsidee zu tun. Im dritten Abschnitt geht es um die Hexenverfolgung.[50] Auf die Frage nach der intensivsten Hexenverfolgung werden, wie Schröder meint, die meisten antworten: Sie habe in Europa und im Mittelalter stattgefunden. Das sei doppelt falsch. Die intensivste Hexenverfolgung, von der er wisse, habe im Jahre 2001 stattgefunden, und zwar im staatsfreien Gebiet des östlichen Kongo, wo in vierzehn Tagen über 900 Menschen als Hexen umgebracht wurden. Zwischen 1970 und 1984 wurden, wie er weiter feststellt, in Tansania 3000 Menschen als Hexen umgebracht, und dergleichen mehr.

Der Hexenglaube sei also kein europäisches Proprium. Allerdings habe er in der frühen europäischen Neuzeit aufgrund einer spezifischen Hexenideologie und der Verrechtlichung des Verfahrens eine besondere Intensität entfaltet. Dann wendet sich der Autor gegen ein zweites weit verbreitetes Vorurteil, nämlich die Auffassung, dass die christliche Kirche, ja der christliche Glaube prinzipiell und von Anfang an für den europäischen Hexenwahn verantwortlich sei. Bis ins 13. Jahrhundert habe die Kirche den Hexenwahn bekämpft. Und auch während der Massenverfolgungen sei der innerkirchliche Protest gegen die Hexenprozesse nie verstummt. Aber die lateinische Kirche habe ihre Haltung zum volkstümlichen Hexenglauben vom Hochmittelalter an in verhängnisvoller Weise sukzessiv geändert und eine kirchliche Hexentheorie entwickelt. Erstaunlicherweise seien die ersten Weichen für diese Ideologie schon im Hochmittelalter gestellt worden, aber die Massenverfolgung habe erst zu Beginn der Neuzeit eingesetzt. Das hinge damit zusammen, dass der Ruf nach Hexenverfolgungen zumeist „von unten" kam. Das heißt, dass die Bevölkerung sich an die Herrschaft wandte mit der Forderung, den Hexen das Handwerk zu legen. Dass der Hexenwahn durch die Aufklärung sein Ende fand, stimmt nach Schröder nicht. Er sei nämlich schon im 17. Jahrhundert zum Erliegen gekommen. Die Gegner seien Theologen und Juristen gewesen, die sich als Christen verstanden. Das theologische Hauptargument sei der Einspruch gegen das Gottesverständnis der Verfolger gewesen.

Damit schließt Schröder die Prüfung der Frage ab, ob es einen konstitutionellen Zusammenhang zwischen Christentum und Gewalt gibt. Seine Antwort auf diese Frage ist, wenn ich ihn recht verstanden habe, negativ. Aber diese Antwort ist, wie wir gesehen haben, davon abhängig, wie die betreffenden Texte des Neuen Testaments gedeutet werden.

Nun folgt eine Schlussbemerkung zur Frage: Was ist reiner Altruismus?[51] Es hat nach Schröder etwas Anrührendes, wie Dawkins vom reinen Altruismus fasziniert sei und wie er im Namen dieses Altruismus die Revolte gegen die egoistischen Gene postuliere. Er selbst könne aber leider nicht verstehen, was reiner Altruismus sei. Bei Jesus heiße es: Liebe Gott und deinen Nächsten wie dich selbst. Da sei also auch eine Art Selbstliebe im Spiel, die ihren Grund darin habe, dass die Christen sich von Gott bejaht und angenommen wissen. Das Tun des Guten sei dann Antwort und nicht Selbstverwirklichung und frei von der krampfhaften Suche nach dem reinen Altruismus.

Dann kommt er wieder auf eine Frage zurück, die er schon früher einmal beantwortet hatte, nämlich die Frage, wie Gott das Böse zulassen könne, also das Theodizeeproblem. Wer diese Frage wegen Gottes Existenz negiere, werde von einer anderen Frage beunruhigt, nämlich, wie das Gute möglich sei, wenn die gottlose Natur dem unbarmherzigen Gesetz der Effektivität folge. Dawkins gebe zwei Antworten. Der Atheismus sei eine lebensbejahende, also optimistische Weltanschauung, und: Wir müssten den reinen Altruismus erschaffen. Die erste hält Schröder für Kitsch, die zweite für Krampf. Seine eigene Antwort ist die folgende: „Warum es das Böse gibt – du, Gott, weißt es, ich nicht. Ich weiß nur, dass es nach Deinem Willen nicht sein und mich nicht beherrschen soll. Gib mir bitte so viel Verstand, dass ich erkenne, was ich meiden sollte". Das ist also seine Lösung des Theodizeeproblems.

Wie ich schon erwähnt habe, ist Schröder in diesem Buch auf meine Art von Atheismus nicht eingegangen. Ich bin als Sohn eines Studienrats aufgewachsen, der nach seinem Studium der Theologie und der Altphilologie evangelischen Religions- und Latein-Unterricht erteilte. Mein Vater war wegen Glaubenszweifeln nicht Pfarrer geworden. Als ich konfirmiert wurde, erwartete ich von dem Pfarrer, der den Konfirmandenunterricht erteilte, dass er mir Gründe für den Glauben an Gott lieferte. Aber auf diese Frage wurde nicht eingegangen. Auch im Religionsunterricht an meiner Schule erfuhr ich nicht, warum ich an Gott glauben sollte. Ich wurde also Atheist, weil ich keine Gründe dafür fand, an Gott zu glauben. Ich habe mich dann in meiner eigenen Studienzeit intensiv mit philosophischen Problemen befasst und bin schließlich auf den kritischen Rationalismus Karl Poppers gestoßen, dessen Kernthesen ich heute noch akzeptiere. Im Gegensatz zu Popper habe ich außerdem theologische Studien betrieben. Die Lektüre theologischer Texte hat mich in meiner atheistischen Auffassung bestärkt. Schröder berührt in seinem Buch immer wieder Probleme, die mit der Begründungsproblematik zusammenhängen, aber nicht in einer Weise, die mich zufrieden stellt. Das hängt vermutlich damit zusammen, dass er sich vor allem auf Dawkins'sche Thesen konzentriert. Und das Dawkins'sche Buch über den Gotteswahn ist von einer Naivität in erkenntnistheoretischer Hinsicht geprägt, die ihn zu einem Gegner macht, der leicht angreifbar ist. Wie dem auch sei, ich möchte jedenfalls versuchen, in aller Kürze meine Auffassungen zu den betreffenden Problemen darzustellen und in diesem Zusammenhang auf die Schröder'sche Kritik des Atheismus einzugehen.

Das Problem der Existenz Gottes ist ein metaphysisches Problem, also kein Problem, das sich allein auf Grund von Resultaten der wissenschaftlichen Forschung lösen lässt. Karl Popper hat unter anderem gezeigt, wie es möglich ist, in rationaler Weise zwischen alternativen metaphysischen Auffassungen zu entscheiden. Eine Möglichkeit ist natürlich die, dass man Widersprüche in einer dieser Auffassungen entdeckt.

Was die für den christlichen Glauben zentrale Annahme der Existenz eines allwissenden, allgütigen und allmächtigen Gottes angeht, so kommt ein solcher Widerspruch darin zum Ausdruck, dass das Theodizeeproblem sich nicht lösen lässt.[52] Schröder ist in seinem Buch zweimal auf dieses Problem eingegangen. Er hat eingeräumt, dass das christliche Gottesverständnis tatsächlich im Theodizeeproblem eine offene Flanke habe. Das ist aber nur eine abmildernde Formulierung dafür, dass an diesem Problem die christliche Antwort auf die Gottesfrage scheitert, und zwar gleichgültig, ob es, wie er behauptet, ein Nachfolgeproblem gibt. Und in seiner zweiten Antwort räumt er sogar ein, dass es das Böse gibt und dass nur Gott weiß, warum das der Fall ist. Damit gibt er zu, dass der allmächtige Gott das Böse zugelassen hat. Wie man leicht sieht, ist das mit einer positiven Lösung des Theodizeeproblems unvereinbar.[53]

Die metaphysische These der Existenz eines Gottes, also einer Person, die bestimmte Eigenschaften hat, ist eine These, die innerhalb der christlichen Wirklichkeitsauffassung unter anderem auch eine Erklärungsfunktion hat. Der Schöpfungsglaube soll ja die Entstehung der Welt erklären. Diese Existenzthese ist also Teil einer spiritualistischen Metaphysik. Und es stellt sich die Frage, wie sich die metaphysischen Komponenten des christlichen Glaubens mit den Resultaten der modernen Wissenschaften vereinbaren lassen.[54] Der Versuch, diese Frage zu beantworten, hat Rudolf Bultmann bekanntlich dazu veranlasst, diese Komponenten zu eliminieren und die wissenschaftliche Weltauffassung anzuerkennen, ein Versuch, der meines Erachtens missglückt ist.[55] Die Möglichkeit, über die Gültigkeit von Existenzthesen zu entscheiden, ist ein methodologisches Problem. Die Lösung dieses Problems besteht darin, zu prüfen, ob sich mit Hilfe einer solchen These etwas erklären lässt. Auch beim Theodizeeproblem geht es ja um eine solche Erklärung, nämlich die Erklärung des Auftretens bestimmter Übel im Weltgeschehen. Man kann nun ganz allgemein die Frage stellen, ob mit Hilfe der Annahme der Existenz Gottes irgendwelche anderen Tatsachen erklärt werden können. Wie ich schon erwähnt habe, hatte Newton noch versucht, bestimmte Tatsachen auf diese Weise zu erklären. Aber in dieser Hinsicht hat sich die Hypothese der Existenz Gottes schließlich als entbehrlich erwiesen.[56] Weder für die Erklärung bestimmter Tatsachen noch für die Erklärung der Erkenntnis bestimmter Tatsachen braucht man heute auf diese metaphysische Hypothese zurückzugreifen.

Nun hat der christliche Gottesglaube auf Grund der Tatsache, dass Jesus in ihm eine bestimmte Rolle spielt, auch eine historische Dimension. In dieser Hinsicht hat die eschatologische Interpretation der Botschaft des Neuen Testaments durch Johannes Weiß und Albert Schweitzer zu einer Problemsituation geführt, die negative Konsequenzen für diesen Glauben hat.[57] Offenbar hat sich Jesus, soweit wir wissen, in einem zentralen Punkt seines Glaubens geirrt. Daher hat Albert Schweitzer aus den Ergebnissen seiner Forschungen glaubenskritische Konsequenzen gezogen. Auf dieses Problem ist Schröder in seinem Buch nicht eingegangen. Es gibt weitere Gründe, die mich veranlasst haben, an meiner atheistischen Auffassung festzuhalten. Ich bin in vielen meiner Arbeiten darauf eingegangen. Aber ich will es dabei bewenden lassen. Ich hoffe jedenfalls, dass ich Richard Schröder davon überzeugen konnte, dass es eine Art von Atheismus gibt, für den er vielleicht Verständnis aufbringen kann.

ANMERKUNGEN

[1] Vgl. Richard Schröder, Abschaffung der Religion? Wissenschaftlicher Fanatismus und die Folgen, Herder Verlag, Freiburg/Basel/Wien, 2008, 2. Auflage 2009.
[2] a.a.O., S. 9.
[3] Richard Dawkins, Der Gotteswahn (2006), 6. Auflage, Berlin 2009.
[4] Vgl. Schröder, a.a.O., S. 10.
[5] a.a.O., S. 21.
[6] a.a.O., S. 26.
[7] a.a.O., S. 28-37.
[8] a.a.O., S. 37-45.
[9] a.a.O., S. 45-57.
[10] a.a.O., S. 57-72.
[11] a.a.O., S. 73-80.

[12] a.a.O., S. 80-86.
[13] a.a.O., S. 87-105.
[14] a.a.O., S. 87-90.
[15] a.a.O., S. 90-94.
[16] Vgl. dazu mein Buch: Traktat über kritische Vernunft (1968), 5. erw. Auflage, Tübingen 1991, Kap. III, Erkenntnis und Entscheidung, S. 66-95 und passim.
[17] Vgl. dazu auch mein oben erwähntes Buch.
[18] Vgl. dazu Schröder, a.a.O., S. 94-99.
[19] Übrigens ist darauf hinzuweisen, dass die scharfe Unterscheidung zwischen Gründen und Ursachen, die Schröder getroffen hat, insofern problematisch ist, als Gründe selbst kausalen Einfluss auf das Denken und Handeln zu haben pflegen und daher als eine bestimmte Art von Ursachen anzusehen sind, wie schon Schopenhauer festgestellt hat. Auch in der modernen Diskussion über diese Probleme hat sich, soweit ich sehe, diese Auffassung durchgesetzt.
[20] Vgl. Schröder, a.a.O., S. 99-101.
[21] a.a.O., S. 101-103.
[22] a.a.O., S. 103-105.
[23] Vgl. dazu z.B. die „persönlich-sachliche Schlussbetrachtung", die Helmut Groos, dem wir das grundlegende Buch über Albert Schweitzer verdanken – Albert Schweitzer, Größe und Grenzen, München/Basel 1974 –, am Ende seines Buches: Christlicher Glaube und intellektuelles Gewissen. Christentumskritik am Ende des zweiten Jahrtausends, Tübingen 1987, angestellt hat. Groos ist Sohn eines evangelischen Pfarrers, der während seines Studiums der protestantischen Theologie zum Atheisten wurde.
[24] Vgl. Schröder, a.a.O., S. 106-149.
[25] a.a.O., S. 106-108.
[26] a.a.O., S. 108-121.
[27] Vgl. dazu das IV. Kapitel: Hermeneutik, Historiographie und Geschichte: Die Rekonstruktion des Geschehens und seine verstehende Erklärung, in meinem Buch: Kritik der reinen Hermeneutik. Der Antirealismus und das Problem des Verstehens, Tübingen 1994, S. 113-135, das eine Kritik des methodologischen Historismus enthält.
[28] Dass die Relativitätstheorie statt der Euklidischen die Riemann'sche Geometrie enthielt, hatte bekanntlich die Konsequenz, dass die Kant'sche Erkenntnislehre nicht mehr akzeptiert werden konnte.
[29] Vgl. dazu Volker Gadenne, Philosophie der Psychologie, Berlin/Göttingen/Toronto/Seattle 2004.
[30] Vgl. Schröder, a.a.O., S. 121-134.
[31] Für eine Untersuchung der Rolle von Alternativen für die Beurteilung von Theorien vgl. Alan Musgrave: Why invent alternatives to unrefuted theories, in seinem Buch: Secular Sermons, Essays an Science and Philosophy, Otago 2009, S. 87-96.
[32] Vgl. Schröder, a.a.O., S. 135-149.
[33] a.a.O., S. 150-190.
[34] a.a.O., S. 152-159.
[35] a.a.O., S. 160-161.
[36] a.a.O., S. 161-169.
[37] a.a.O., S. 170-171.
[38] a.a.O., S. 171-174.
[39] Vgl. dazu z.B. Martin Morgenstern, Metaphysik in der Moderne. Von Schopenhauer bis zu Gegenwart, Stuttgart 2008, S. 269-280 und passim.
[49] Vgl. Schröder, a.a.O., S. 174-176.

[41] a.a.O., S. 176-182.
[42] Vgl. dazu Harro Heuser, Der Physiker Gottes. Isaac Newton oder die Revolution des Denkens, Freiburg/Basel/Wien 2005.
[43] Vgl dazu mein oben erwähntes Buch: Traktat über kritische Vernunft, S. 13-18, wo ich gezeigt habe, dass der Versuch einer Begründung in diesem Sinne zum von mir so genannten Münchhausen-Trilemma führen muss.
[44] Vgl. Schröder, a.a.O., S. 182-186.
[45] a.a.O., S. 186-188.
[46] a.a.O., S. 189-190.
[47] a.a.O., S. 191-221.
[48] a.a.O., S. 193-200.
[49] a.a.O., S. 200-207.
[50] a.a.O., S. 207-221.
[51] a.a.O., S. 222-224.
[52] Vgl. dazu: Gerhard Streminger, Gottes Güte und die Übel der Welt. Das Theodizeeproblem, Tübingen 1992, und Norbert Hoerster, Die Frage nach Gott, 2. Auflage, München 2007.
[53] Bekanntlich hat Jonas Cohn zur Lösung des Problems vorgeschlagen, einen ohnmächtigen Gott vorauszusetzen. Diese Lösung würde Schröder wohl nicht akzeptieren.
[54] Dass diese Resultate dazu im Rahmen einer realistischen Metaphysik interpretiert werden müssen, habe ich schon erwähnt.
[55] Vgl. dazu mein Buch: Traktat über kritische Vernunft, a.a.O., S. 129-137.
[56] Vgl. dazu Alexandre Koyre, Von der geschlossenen Welt zum unendlichen Universum, Frankfurt 1969.
[57] Vgl. dazu Johannes Weiß, Die Predigt Jesu vom Reiche Gottes (1892), 3. Auflage, Göttingen 1954, und Albert Schweitzer, Geschichte der Leben-Jesu-Forschung (1906), 6. Auflage, Tübingen 1951, sowie das in Anm. 23 oben erwähnte Buch von Helmut Groos über Albert Schweitzer.

WOLFGANG HUBERS CHRISTLICHER GLAUBE
APOLOGETISCHE BEMÜHUNGEN EINES EVANGELISCHEN THEOLOGEN

Der evangelische Theologe und Bischof Wolfgang Huber, den wir immer wieder im deutschen Fernsehen präsentiert bekommen, hat uns in einem neuen Buch mit seinen theologischen Auffassungen bekannt gemacht[1]. In den fünf Kapiteln dieses Buches möchte er seinen Glaubensbrüdern eine evangelische Orientierung bieten. In der Einleitung seines Buches findet man die folgende Erläuterung seines Glaubensbegriffs: „Unter Glauben verstehe ich die Gewissheit, die mein Leben trägt. Diese Gewissheit bezieht sich auf Gott und die Welt zugleich. Sie äußerst sich in einem Vertrauen auf Gott, in dem alle Dinge ihren Ursprung und ihr Ziel haben, und sie äußert sich in einem Vertrauen auf die Welt, in der ich zu Hause sein kann, weil ich mich auf Gott verlasse. Unter Glauben verstehe ich zu allererst nicht ein Gebäude von Lehrsätzen, sondern einen Lebensvollzug. Genauer gesagt ist der Glaube ein Aspekt dieses Lebensvollzugs. Denn zu der Gewissheit, die mein Leben trägt, muss eine Zuversicht treten, die mir hilft, mit der Endlichkeit meines Lebens umzugehen. Und schließlich brauche ich eine Kraft, von der mein Verhältnis zu mir selbst wie zu meinem Mitmenschen, zu der Welt, in der ich lebe, wie zu Gott bestimmt ist."[2] Auf diese Weise charakterisiert Huber den „Dreiklang von Glaube, Hoffnung und Liebe", der bei Paulus zu finden ist und um den es ihm in seinem Buch geht.[3]

Nachdem er uns in dieser Weise erläutert hat, was er unter Glaube versteht, stellt er fest, dass es Leute gibt, die seinen Glauben nicht teilen, die behaupten, mit dem Christentum fertig zu sein. Wer sich in dieser Weise äußert, so meint er, signalisiere, dass er nicht verstanden habe, was der Glaube sei: „ein Weg, eine Wanderung, ein bis zu unserem Tode nie abgeschlossener Prozess – und zugleich der entscheidende Halt, ohne den wir ins Bodenlose versinken, der wichtigste Trost, der entscheidende Impuls". Auch ein Leser, der den oben erwähnten Glaubensbegriff durchaus verstanden hat, braucht offenbar keineswegs die Auffassung des Verfassers zu teilen, dass ihm der „entscheidende Halt" fehlt, ohne den er „ins Bodenlose versinken" muss. Um das zu zeigen, müsste Huber mehr bieten als eine Definition seines Glaubensbegriffs. Dass er dazu in der Lage ist, wird er wohl in diesem Buche noch zeigen müssen. Dass man „niemandem das Recht absprechen" kann, „die Frage der Religion für sich selbst als erledigt anzusehen", räumt Huber natürlich sein.

Obwohl der Glaube für Huber „zu allererst" nicht ein Gebäude von Lehrsätzen ist, so involviert er doch, wie man sieht, eine Reihe von Aussagen, die ohne Zweifel kognitiven Charakter haben und daher mit einem Anspruch auf Wahrheit verbunden sind, und zwar Aussagen metaphysischen Charakters. Dazu gehört, wie das im christlichen Denken üblich ist, die These der Existenz eines Gottes, der bestimmte Eigenschaften und Wirkungsmöglichkeiten hat, und die These, dass Jesus, der Sohn Gottes, nach seinem Tode auferstanden ist und durch ihn zum Erlöser wurde. Diese beiden Thesen müsste uns der Theologe in seinem Buch plausibel machen. Sie sind, wie ich meine, mit dem wissenschaftlichen Weltbild unvereinbar. Aber wir werden sehen, dass Huber in dieser Hinsicht anderer Auffassung ist. Bevor ich darauf eingehe, welche Auffassung Huber vertritt, möchte ich das wissenschaftliche Weltbild skizzieren. Hinsichtlich unseres Alltagswissens, das sich auf eine anschauliche Welt der mittleren Dimensionen bezieht, gibt es keine wesentlichen interkulturellen Unterschiede. Die primäre Theoriebildung, die sich auf diese Welt bezieht, ist auf die Bewältigung unserer alltäglichen Probleme zugeschnitten.[4] Was die darauf aufbauende sekundäre Theoriebildung angeht, so gibt es dagegen beträchtliche Unterschiede zwischen den Kulturen. Während für die meisten Kulturen Theorien charakteristisch sind, die mit einer spiritualistischen Ontologie verbunden sind und daher auf Götter und andere personale Wesenheiten zurückgreifen, ist das moderne Weltbild, das auf den Resultaten wissenschaftlicher Forschung basiert, durch die Wirksamkeit unpersönlicher Faktoren charakterisiert.[5] Alle sekundären Theorien arbeiten mit „verborgenen" und damit unsichtbaren Wesenheiten. Sie pflegen auf die Erfassung von Wirkungszusammenhängen abzuzielen, die über das hinausgeht, was primäre Theorien leisten können, und haben unter Umständen mehr oder weniger radikale Korrekturen des Alltagswissens zur Folge.

Weltauffassungen, die auf einer spiritualistischen Metaphysik basieren, pflegen das Weltgeschehen nicht nur als einen Wirkungszusammenhang, sondern darüber hinaus als einen Sinnzusammenhang aufzufassen, der durch personale Wesen gestiftet wurde und in den das menschliche Leben eingebettet ist.[6] Eine Weltauffassung dieser Art eröffnet die Möglichkeit, menschliche Handlungsweisen und Lebensordnungen durch Verankerung in einem kosmischen Sinn zu rechtfertigen und sie dadurch zu stabilisieren. Auch die im Abendland herrschende Weltauffassung hat durch das Christentum eine solche

Prägung erhalten. Aber diese Prägung ist unter dem Einfluss der modernen Wissenschaften verschwunden. Und die Vereinbarkeit der Religion mit dem modernen Weltbild kann daher mit Recht in Frage gestellt werden.

Nun zurück zur Huber'schen Darstellung des christlichen Glaubens. Im ersten Kapitel seines Buches geht es um Gott als den Schöpfer der Welt, wie er uns in den biblischen Erzählungen begegnet. Diese Erzählungen sind, wie uns der Autor mitteilt, „Gotteswort im Menschenwort"[7]. Man sollte sie daher nicht „wortwörtlich" für wahr halten, „sondern in ihnen eine Wahrheit entdecken, die über ihre zeitgebundene Gestalt hinausweist". Dann konfrontiert er die biblische Sicht der Welt mit unserem heutigen Bild der Welt. „Besonders beeindruckend" sei, so stellt er in seiner Erläuterung der ersten Schöpfungserzählung fest, „dass diese Welt durch das schöpferische Wort Gottes ins Leben gerufen wird." Und von Anfang an sei „Gott mit der Güte der Schöpfung verbunden". Er sei „als der verstanden, der es mit seiner Welt und dem Menschen in ihr gut meint".

In seiner Darstellung unseres heutige Weltbildes finden wir einen Überblick über die Resultate der wissenschaftlichen Forschung hinsichtlich der Entstehung der Welt, der Entstehung des Lebens und der Entstehung und Entwicklung des Menschen. Dann wendet er sich dem Verhältnis des Schöpfungsglaubens zur Naturwissenschaft zu.[8] Unser „Wissen über die Geschichte des Universums" sei nicht hinreichend, daraus „einen Glauben an die Erschaffung der Welt abzuleiten", aber es schließe „das Bekenntnis zu Gott als dem Schöpfer auch nicht aus. Im Gegenteil: In einer bestimmten Hinsicht" trete „die Berührung zwischen beiden deutlicher hervor". „Die Vorstellung von Unendlichkeit und Ewigkeit kann nicht mit der Welt verbunden werden; man muss sie vielmehr mit einem der Welt gegenüber Anderen verbinden, mit Gott".

Diese beiden Huber'schen Thesen sind aber keineswegs selbstverständlich. Erstens lässt die moderne Kosmologie durchaus die Möglichkeit weiterer Universen zu. Und zweitens ist es keineswegs notwendig, die Vorstellung von Ewigkeit und Unendlichkeit mit Gott zu verbinden. Der Buddhismus, der diese Vorstellung enthält, ist bekanntlich eine atheistische Religion. Wie der Autor mit Recht feststellt, kam es nach der kopernikanischen Wende „zu einer wachsenden Konkurrenz zwischen dem biblischen Schöpfungsgedanken und dem naturwissenschaftlichen Weltbild" und dieser Gedanke schien sich „unweigerlich in der Defensive und auf dem Rückzug" zu befinden. „Was man in der jüdisch-christlichen Tradition unmittelbar auf das Schöpferwirken Gottes zurückgeführt hatte, wurde immer detaillierter aus Kräften und Gesetzen der Natur erklärt". Aber in dieser Entgegensetzung kommt nach Huber ein grundlegender Fehler zum Ausdruck. Und zwar liege dieser Fehler darin, „dass der

Schöpfungsgedanke mit den weltbildhaften Vorstellungen gleichgesetzt" werdet, „in denen die biblischen Texte ihn präsentieren". Die Schöpfung werde „nicht als Thema des Glaubens, sondern des Wissens angesehen. Der Glaube richte(t) sich auf die Wirklichkeit im Ganzen", er habe es „mit dem Grund der Welt wie meines persönlichen Lebens zu tun, dem ich die Weltgewissheit und die Daseinsgewissheit verdanke, die meinem Leben Sinn verleihen. Unter Wissen dagegen ist in solchen Fällen das Erfahrungswissen zu verstehen, das wir mit den Mitteln von Beobachtung und Experiment erwerben. Dieses Erfahrungswissen ist an die Bedingungen von Raum und Zeit gebunden; der Glaube dagegen richtet sich auf die Wirklichkeit Gottes, die Raum und Zeit umgreift und übersteigt".

Diese Art, einen Unterschied zwischen Glauben und Wissen zu machen, der eine Konkurrenz zwischen beiden ausschließen soll, ist äußerst fragwürdig. Auch die wissenschaftliche Weltauffassung macht nämlich den Anspruch, sich auf die Wirklichkeit im Ganzen zu beziehen, zu der raumzeitliche Zusammenhänge gehören. Für die Erklärung des Geschehens in dieser Wirklichkeit greift sie zwar nicht auf göttliche Eingriffe zurück. Aber das war nicht immer so.

Noch Newton hat einen solchen Rückgriff benötigt, um die Stabilität des Planetensystems zu erklären. Und bis zu Kant hat die Philosophie auf Gott als Garanten der Gültigkeit unserer Erkenntnisse zurückgegriffen.[9] Erst seit dieser Zeit wird die These der Existenz Gottes weder für die Erklärung realer Zusammenhänge noch für die Erklärung unseres Wissens über solche Zusammenhänge benötigt. Huber wendet sich dagegen, dass man den Schöpfungsglauben „als eine Form der Welterklärung betrachtet". Man solle ihn vielmehr „als Grundlage einer Daseinsgewissheit" ansehen, „die unserem Leben verlässlichen Halt gibt".

Aber dieser Glaube war, wie ich oben erläutert habe, von Anfang an eine Form der Welterklärung und wurde als solche verstanden. Er war jahrhundertelang Bestandteil der abendländischen Kosmosmetaphysik, die eine Erklärung der Entstehung der Welt und des Weltgeschehens zu sein beanspruchte.

Dass Gott in dieses Geschehen eingreift und auf Gebete der Gläubigen reagiert, war den Menschen dieser Zeit selbstverständlich. Und es dürfte auch für viele heutige Christen noch selbstverständlich sein. Wenn Huber das in Frage stellt, versucht er eine Umdeutung dieses Glaubens, die offenbar nur durch das Streben diktiert ist, eine mögliche Konkurrenz zwischen seiner religiösen Weltauffassung und dem wissenschaftlichen Weltbild zu vermeiden.

Im Gegensatz zu Huber hat sich vor einiger Zeit sein Kollege Wolfhart Pannenberg bereitgefunden, die überlieferten Glaubensannahmen einschließlich der Annahme der Existenz Gottes als Hypothesen zu behandeln, die sich zu bewähren haben, wie das in anderen Wissenschaften üblich ist.[10] Er hat allerdings die „Bewährung des Redens von Gott" darin gesehen, dass „alles Wirkliche sich als Spur der göttlichen Wirklichkeit erweisen müsste". Sein Versuch lief darauf hinaus, ad hoc einen Sinnzusammenhang in das kosmische Geschehen zu projizieren, wie das später Hans Küng getan hat.

Dass man das tun kann, ist natürlich nicht zu bestreiten. Aber die spiritualistische Metaphysik, die Grundlage für eine derartige Deutung war, ist durch die Entwicklung der Wissenschaften obsolet geworden. Wer die These der Existenz Gottes aufrechterhalten und plausibel machen möchte, hätte zu zeigen, dass er in der Lage ist, mit Hilfe dieser These etwas zu erklären, was man anhand der Resultate der wissenschaftlichen Forschung nicht erklären kann. Daraus ergibt sich im Gegensatz zur Meinung Hubers eine Konkurrenz zwischen dem wissenschaftlichen Weltbild und der von ihm vertretenen religiösen Wirklichkeitsauffassung.

Anders als Huber scheinen sich Ratzinger und Küng grundsätzlich darüber klar zu sein, dass sie diese Erklärungsaufgabe übernehmen müssen. Sie bemühen sich deshalb auch um den Nachweis, dass sie diese These benötigen, um eine für den christlichen Glauben wichtige Erklärung zu liefern. Die These der Existenz Gottes und der damit verbundene Schöpfungsglaube ist ein wesentlicher Bestandteil der spiritualistischen Metaphysik, die sie beide vertreten. Und sie bemühen sich zu zeigen, wie die Erklärung aussieht, die mit Hilfe dieser These möglich ist. Nur scheitern ihre Bemühungen schon daran, dass sie nicht in der Lage sind, einen dazu brauchbaren Gottesbegriff zu bestimmen.[11]

Allerdings sind auch die beiden katholischen Theologen bemüht, die Bereiche des Glaubens und des Wissens so gegeneinander abzugrenzen, dass ihre Glaubensaussagen gegen mögliche Kritik auf Grund der Resultate wissenschaftlicher Forschung immun zu sein scheinen. Hans Küng hat diesen Versuch in einem Buch unternommen, der dem Verhältnis zwischen Naturwissenschaft und Religion gewidmet ist.[12] Er hat versucht, das Verhältnis der beiden Bereiche des menschlichen Denkens so zu bestimmen, dass die Problemlösungen, die in ihnen angeboten werden, miteinander inkommensurabel sind, so dass keine Widersprüche zwischen ihnen auftreten können. Wie ich gezeigt habe, ist dieser Versuch gescheitert.[13] Einen analogen Versuch findet man in einem Buch Joseph Ratzingers.[14] Dieser Versuch ist ebenfalls gescheitert.[15] Die beiden Bereiche sind also keineswegs inkommensurabel. Damit ist die Möglichkeit gegeben, dass die Resultate des Denkens in ihnen einander widersprechen.

Der Huber'sche Versuch, Glaube und Wissen so voneinander abzugrenzen, dass sie inkommensurabel sind, ist zwar weniger detailliert als die Versuche der beiden katholischen Theologen, aber er geht in dieselbe Richtung. Huber scheint nicht zu sehen, dass die Resultate der Wissenschaften legitimerweise realistisch gedeutet und damit im Rahmen einer realistischen Metaphysik und Erkenntnislehre Platz finden können, die mit der spiritualistischen Metaphysik der religiösen Weltauffassung unvereinbar ist.

Dass er im Zusammenhang mit der Unterscheidung von Glaube und Wissen nicht auf den Charakter und die Rolle metaphysischer Aussagen eingeht, hängt vermutlich damit zusammen, dass er sich in dieser Hinsicht als Kantianer versteht. Er zitiert die berühmte Stelle aus der „Kritik der reinen Vernunft", in der Kant erklärt, er habe das Wissen aufheben müssen, um zum Glauben Platz zu bekommen, und stellt fest, dass Kant „den Gottesbegriff aus der Umklammerung durch das an die Kategorien Raum und Zeit gebundene Erfahrungswissen befreien" wollte, „damit der Begriff Gottes als der alles umfassenden Wirklichkeit überhaupt wieder zur Geltung kommen konnte". „Hinter diese Befreiung Gottes aus der Vorherrschaft des Erfahrungswissens" falle man „wieder zurück, wenn man die Notwendigkeit des Gottesbegriffs auf der Ebene des Erfahrungswissens festzuhalten und zu beweisen" versuche.[16]

Dann geht Huber auf Kants Widerlegung der Gottesbeweise ein und stellt fest, dass man der Wissenschaft „nicht verbieten" könne, „dass sie die Ursache für die Entstehung der Welt in anderen als theologischen Kategorien" erkläre. „Der Glaube an Gott aber" müsse „so gefasst werden, dass er an solchen Erklärungen nicht zerschellt". Deshalb könne „er sich nicht auf einen kosmologischen Gottesbeweis stützen". Dass der Glaube so gefasst werden müsse, ist aber keineswegs selbstverständlich. Es ist nur eine Konsequenz der Huber'schen Absicht, ihn gegen mögliche Kritik auf Grund von Resultaten der wissenschaftlichen Forschung zu immunisieren.

Mit seinem „transzendentalen Idealismus" hat Kant übrigens eine Deutung der wissenschaftlichen Erkenntnis geliefert, derzufolge die durch sie erfasste Realität durch das menschliche Erkenntnisvermögen „konstituiert" sei, und hat damit ihre Interpretation im Rahmen eines kritischen Realismus ausgeschlossen. Diese Konstitutionstheorie war von vornherein problematisch, und die Entwicklung der Naturwissenschaften im 19. und 20. Jahrhundert hat gezeigt, dass die betreffenden Kant'schen Thesen unhaltbar sind. Die realistische Metaphysik und Erkenntnislehre, die vom ihm zurückgewiesen wurde, wurde rehabilitiert.

Soweit ich sehe, möchte Huber die Beschränkungen des wissenschaftlichen Denkens, die aus der Kant'schen Lehre folgen, für seinen Gottesglauben ausnutzen. Die „Befreiung des Gottesglaubens aus der Vorherrschaft des Erfahrungswissens", die er Kant zuschreibt, dient ihm nur dazu, die mögliche Konkurrenz zwischen der religiösen Weltauffassung und dem wissenschaftlichen Weltbild auszuschalten. Hubers These, dass die Verfechter des neuen Atheismus „die Grenzen der Wissenschaft überschreiten"[17], ist nur eine Konsequenz der willkürlichen Beschränkung der möglichen Tragweite der wissenschaftlichen Forschung für den Aufbau unseres Weltbildes.

Zu der Frage, welche metaphysische Auffassung er vertritt, hat sich Huber bisher nicht geäußert. Möglicherweise geht seine Zurückhaltung in dieser Hinsicht darauf zurück, dass er der Kant'schen Erkenntnislehre zustimmt. Aber seine Annahme der Existenz Gottes ist, wie ich oben gezeigt habe, nur auf dem Hintergrund einer spiritualistischen Metaphysik verständlich, wie sie von katholischen Theologen – zum Beispiel von Küng und Ratzinger – akzeptiert zu werden pflegt. Und diese Metaphysik ist jedenfalls unvereinbar mit dem wissenschaftlichen Weltbild, das mit einer realistischen Deutung der wissenschaftlichen Erkenntnis verbunden ist. Seine metaphysische Auffassung geht auch daraus hervor, wie er uns seinen Schöpfungsglauben erläutert. Wenn wir „die Welt als Schöpfung verstehen", gewinnen wir, so meint er, „einen Zugang zu ihrem inneren Sinn. Gerade weil sich das Ziel, um dessentwillen die Welt entstand und das Leben sich auf der Erde bildete, nicht aus den naturwissenschaftlichen Einsichten selbst erschließt, brauchen wir einen Zugang zu dem Sinn des Ganzen, der den Raum des unserem Wissen Zugänglichen überschreitet"[18]. Diese Akzentuierung eines Sinnzusammenhangs ist, wie ich betont habe, charakteristisch für die spiritualistische Kosmosmetaphysik, die das abendländische Denken bis zur Aufklärung geprägt hat.

Im zweiten Kapitel seines Buches geht Huber auf die Problematik des Leides und der Leiderfahrungen und in diesem Zusammenhang auch auf das Theodizeeproblem ein. „Der Blick auf den leidenden Christus am Kreuz", so sagt er, „kann das Zutrauen dazu wachrufen, dass Gott dem menschlichen Leiden nicht gleichgültig zuschaut, sondern dieses Leiden mitleidet"[19]. Deshalb sei es „nicht sinnlos, sich im Leiden an ihn zu wenden". Dafür gebe es „in der Gestalt Hiobs ein großes biblisches Beispiel". Er schildert uns dann die Prüfungen für seinen Glauben, die Hiob erlitten hat, und seine Reaktionen darauf. „Die Passion Jesu und die Gestalt Hiobs", so meint er schließlich, seien „die beiden wichtigsten biblischen Sinnbilder für den Umgang mit dem Leiden. Die Frage, wie Gott das Leiden zulassen und dem Unglück Raum geben kann", so meint er weiter, werde „in diesen beiden Sinnbildern nicht theoretisch erörtert, sondern durch die Gewissheit aufgenommen, dass Gott auf die Seite des Leidenden tritt und sich seiner Not annimmt". Man könne „diese Antwort als eine authentische Theodizee bezeichnen. Die Frage nach der Rechtfertigung Gottes angesichts des Leidens – also die Theodizeefrage – werde „dadurch beantwortet, dass Gott selbst das Leiden auf sich nimmt und sich mit dem Leidenden identifiziert". Nach einer Erörterung der vielen Versuche, die Theodizeefrage „als eine grundsätzliche, also eine theoretische Frage" zu behandeln, kommt er zu dem Schluss, dass es eine „abschließende Antwort auf die Theodizeefrage nicht geben" könne. „Die Präsenz des Übels" bleibe „das Rätsel jeder Gegenwart. Über die authentische Theodizee" führe „keine Spekulation hinaus". Diese Theodizee helfe dabei, „auch im eigenen Lebens mit der Erfahrung des Leidens umzugehen".

Diese Art der Bewältigung des Theodizeeproblems spottet, wie ich meine, jeder Beschreibung. Außerdem gibt es bekanntlich durchaus eine abschließende Antwort auf die Theodizeefrage. Sie besteht darin, dass es den christlichen Gott, der als allmächtig, allwissend und allgütig beschrieben wird, nicht geben kann.[20] Das ist allerdings eine Antwort, die unserem Theologen nicht behagt. Wolfgang Huber geht zwar nicht so weit wie Joseph Ratzinger, der jeden, der das Theodizeeproblem ernst nimmt, moralisch diffamiert. Aber man kann nicht sagen, dass er dieses Problem ernst genommen hat.

Sein Umgang mit diesem Problem ist ebenfalls skandalös. Er hat einen der wichtigsten Einwände gegen den christlichen Gottesglauben einfach beiseitegeschoben. Im zweiten Teil des Huber'schen Buches geht es um Jesus Christus. Wie ich oben erwähnt habe, ist die zweite metaphysische These, die zum christlichen Glauben gehört, die, dass Jesus, der Sohn Gottes, nach seinem Kreuzestod auferstanden ist und durch ihn zum Erlöser wurde. „Dass Menschen sich bis zum heutigen Tag an Jesus orientieren und in ihm den entscheidenden Halt für ihr Leben finden, hat zunächst", wie er meint, „mit der Botschaft von Kreuz und Auferstehung zu tun"[21]. In einem Abschnitt über den historischen Jesus und den Christus des Glaubens geht Huber unter anderem auf Albert Schweitzer und seine „Geschichte der Leben-Jesu-Forschung" ein. Er weist darauf hin, „dass Jesus es nach dem Zeugnis weit von sich weist, als Gott angesehen zu werden", und darauf, dass „Jesus selbst ... wahrscheinlich mit dem Kommen des Menschensohnes' zu seinen Lebzeiten gerechnet" hat.

Auch seine weiteren Ausführungen zu diesem Thema weisen darauf hin, dass er die auf Johannes Weiß und Albert Schweitzer zurückgehende Naherwartungsthese akzeptiert, die sich inzwischen im protestantischen Denken durchgesetzt hat.[22] Dass Jesus sich in einem zentralen Punkt seines Glaubens geirrt hat, scheint ihm aber offenbar keiner Erwähnung wert zu sein. Andere Denker haben daraus glaubenskritische Konsequenzen gezogen. Für Huber lässt sich der „Kern des Geschehens, das im Neuen Testament mit dem Leben Jesu von Nazareth verbunden ist, ... so beschreiben: Jesus bringt den Menschen Gott". Und er bringt ihnen auch, wie er später hinzufügt, ein neues Bild Gottes. Was den Kreuzestod Jesu angeht, so ist es nach Huber die „dem eigenen Widerstreben abgerungene freiwillige Selbstaufgabe", die dem Verständnis dieses Todes „einen guten theologischen Sinn gibt"[23]. „Von ihr aus", so meint er, „lassen sich Kreuzestod und Auferstehung als Akte der Versöhnung begreifen, einer Versöhnung der Welt und des Menschen mit Gott". Dieser Tod sei „nicht eine zwangsläufig geschuldete Sühneleistung zur Besänftigung eines zornigen Gottes, sondern eine aus Freiheit um der Liebe Gottes vollzogene Selbsthingabe".

Es ist erstaunlich, dass Huber ebenso wie sein katholischer Kollege Ratzinger nicht einmal auf die Idee kommt, dass der allmächtige Gott wohl in der Lage gewesen wäre, die Menschen zu erlösen und diese „Versöhnung" herbeizuführen, ohne seinen Sohn einen derart grausamen Tod sterben zu lassen. „Der Sinn des Leidens Jesu", so hatte er früher festgestellt, müsse „damit zusammenhängen, dass es ein unvermeidbares Leiden" sei.[24] Inwiefern dieses Leiden unvermeidbar war, erfahren wir von ihm nicht. Wie man leicht sieht, gehört dieses Problem zur Theodizeeproblematik, auf die ich schon eingegangen bin.

Im dritten Kapitel seines Buches beschäftigt sich Huber mit dem Heiligen Geist. Er stellt fest, dass uns manches an der Lehre von der Dreieinigkeit Gottes, der Trinitätslehre, „heute fremd geworden" ist.[25] Eher als „die in ihr vorgenommene Unterscheidung zwischen der einen göttlichen Substanz und den drei göttlichen Personen" leuchte es ein, „dass die enge Verbindung zwischen Vater, Sohn und Geist uns dabei hilft, Gottes Sein als lebendige Beziehung zu verstehen." Die Identifizierung einer Person mit einer Beziehung ist allerdings kaum verständlicher als die erwähnte Unterscheidung. Wie dem auch sei, nach Huber wird dadurch der „Abschied von einem statischen Gottesbild... erleichtert". Seine daran anschließende Darstellung eines dynamischen (?) Gottesbildes schließt mit der Aussage, dass der Geist Gottes ein „Geist der Freiheit ist vor allem darin, dass er Gottes Freiheit bezeugt". In seinen Betrachtungen über diesen Geist geht Huber unter anderem auch auf die Zukunft der Kirche, auf die Gemeinde als Gemeinschaft, als Leib Christi, als Volk Gottes und als Haus der lebendigen Steine, auf das Verhältnis von Kirche und Gemeinde, auf die Kirche als Institution, auf die Reform um des kirchlichen Auftrags und um der Ökumene willen und auf weitere Themen ein, die damit zusammenhängen. Dann wendet er sich der Problematik der Spiritualität zu und äußert sich kritisch über die vagabundierende Spiritualität, die heute zu beobachten sei und in der eine Suche nach klarer Orientierung zu erkennen sei.[26] In der „Gestaltung der Spiritualität" bestehe, so meint er, „die Gefahr, in die ‚Diesseitsfalle' zu tappen, die zu den großen Gefährdungen unserer Zeit" gehöre. Es gebe nämlich Formen der Religiosität, „die ohne den Bezug auf eine Transzendenz auskommen". „Ob die verfügbare Wirklichkeit als geschlossenes System verstanden wird oder ob sie in eine umfassendere Wirklichkeit eingebettet ist, der sie sich verdankt und vor der wir verantwortlich sind", das bestimme „das Lebensgefühl der Menschen grundlegend". Davon hänge ab, „wie sie ihren Ort im Kosmos finden". Die „Möglichkeit dazu, einen solchen Ort in der Wirklichkeit zu finden", werde „in den Erzählungen des Glaubens erschlossen". „Der Zugang dazu, unseren Ort in dieser größeren, von Gott bestimmten Wirklichkeit zu finden", erschließe sich, so meint er, „in der Feier des Glaubens". Wer die bisherigen argumentativen Leistungen unseres Autors zur Kenntnis genommen hat, wird zu der Konsequenz kommen, dass er uns dazu verleiten möchte, in eine „Jenseitsfalle" zu tappen. Am Ende des Kapitels befasst sich Huber mit dem Thema „Glaube und Vernunft". „Glaube und Vernunft", so hören wir von ihm, „gehören zusammen, weil Gott und Vernunft zusammengehören", aber der Glaube habe „gegenüber der Vernunft ein überschießendes Moment".[27] Er geht dann wieder auf die Probleme ein, die er schon früher behandelt hatte, als es ihm darum ging zu zeigen, dass es keine Konkurrenz zwischen der durch den Glauben geprägten Weltauffassung und dem wissenschaftlichen Weltbild geben könne. Wir haben aber gesehen, dass seine Deutung der Problemsituation, mit der wir konfrontiert sind, auf Missverständnissen beruht. Er beruft sich auf Schleiermacher, den „Kirchenvater des modernen Protestantismus", der zu erweisen gesucht habe, „dass Vernunft und Glaube grundsätzlich zusammengehören und deshalb auch im Leben zusammengehalten werden müssen". Nun hat Schleiermacher bekanntlich den Versuch gemacht, die Religion sowohl von der Metaphysik und der Wissenschaft als auch von der Moral zu lösen und ihr einen eigenen Bereich zuzuweisen, in dem das religiöse Bedürfnis befriedigt werden kann, ohne sich durch die Resultate kritischer Bemühungen in den anderen Bereichen stören zu lassen.[28] Im Zusammenhang mit seinem Begriff der reinen Religion hat er zwei Thesen formuliert, die man später immer wieder findet, wenn mit diesem Begriff operiert wird, nämlich die These, dass die Religion immun sei gegen metaphysische, wissenschaftliche und moralische Einwände jeder Art, und die These, dass sie unentbehrlich für den Menschen sei. Beide Thesen, die Immunitätsthese und die Unentbehrlichkeitsthese, sind heute noch die wirksamsten Werkzeuge der Verteidigung religiöser Auffassungen im Rahmen des modernen Denkens. Es ist daher gut zu verstehen, dass Huber sich auf ihn als protestantischen Kirchenvater beruft.

Wie aber aus der Simmel'schen Analyse der Religionsproblematik[29] hervorgeht, lässt sich die Immunitätsthese nur halten, wenn man den Kern der

Religion radikal subjektviert und ihn auf Religiosität reduziert. Damit hat man die Kritikimmunität durch kognitive Gehaltlosigkeit erkauft, weil der Darstellungssinn von Glaubensaussagen verschwunden ist. Die metaphysische Frage nach der Realität des Göttlichen wird damit letzten Endes mit dem Übergang zu einem religiösen Expressionismus beantwortet. Ich nehme an, dass Huber sich mit diesen Konsequenzen der Auffassungen seines Kirchenvaters nicht anfreunden könnte. Aber er scheint sie nicht zu kennen.

Wie dem auch sei, nach Huber ist die christliche Religion jedenfalls „eine Religion der Aufklärung und Vernunft, des freien Dienstes am Nächsten und der politischen Mitverantwortung". Er spricht dann von der „Ambivalenz der Aufklärung", die „auch das reformatorisch geprägte Christentum ... erfahren und erlitten" habe, denn „zu ihr gehörte, vor allem in Frankreich, ein philosophischer Materialismus, der den Glauben in den Bereich bloßer Irrationalität abschieben wollte. Darauf antworteten auf der Gegenseite Strömungen, die den Glauben gegen alle Infragestellungen zu immunisieren und damit auch gegen jeden Versuch der Auslegung durch eine kritische theologische Wissenschaft abzuschotten suchten".

Gegen beide Tendenzen, so meint er, müsse die Freiheit des christlichen Glaubens nicht nur verteidigt, sondern auch erneuert werden. Zu ihr gehöre „die Freiheit, sich seines Verstandes zu bedienen", aber „auch die Einsicht, dass die menschliche Vernunft endlich ist und das es sich beim Kult der Vernunft um eine Form des Götzendienstes handelt". Nach seinem Dafürhalten soll die Vernunft dem Glauben nachfolgen und in seinen Dienst treten. Vom Glauben her, so meint er, erschließe sich, „was die Vernunft im Kontext des Glaubens aufzuklären vermag". „Eine nicht durch den Glauben aufgeklärte Vernunft" bleibe, so meint der Autor, „unerfahren und unaufgeklärt, weil sie sich keine Rechenschaft über ihre Grenzen ablegt". „Ein nicht durch die Vernunft aufgehellter Glaube aber" trage „die Gefahr in sich, barbarisch und gewalttätig zu werden". Um den „inneren Zusammenhang von Glauben und Vernunft" aufzuklären, beruft er sich zum zweiten Mal in diesem Buch auf Kant und geht erneut auf seine Aussage ein, er habe „das Wissen aufheben" müssen, „um zum Glauben Platz zu bekommen", eine Aussage, die seines Erachtens vielfach missverstanden wurde. Kant stelle mit dieser Aussage, so meint er, keineswegs „den Gottesgedanken ... außerhalb des Denkens", sondern er befreie ihn „aus dem Einzugsbereich des Erfahrungswissens, das sich der Mittel der Beobachtung und des Beweises" bediene. Er zeige, „dass Gott den Rahmen unserer raumzeitlich geprägten Weltzugänge prinzipiell übersteigt." Damit werde „nicht die Idee Gottes, sondern die Reichweite der Erfahrungswissenschaften eingeschränkt".

Diese Erläuterung des Kant'schen Denkens hatten wir schon zur Kenntnis genommen, als es um die Abgrenzung von Glaube und Wissen ging. In der Tat sollte man sich „nicht auf die Aufklärung im kantischen Sinn des Wortes berufen, um die These zu begründen, die Aufklärung habe die Verbindung zwischen Vernunft und Glauben definitiv aufgelöst". Aber man sollte sich auch nicht auf Kant berufen, um wie Huber die Vernunft auf den „Kontext des Glaubens" einzuschränken und ihr zuzumuten, in den Dienst des Glaubens zu treten, denn die Kant'sche Erkenntnislehre hat sich angesichts der Entwicklung der Realwissenschaften als unhaltbar erwiesen. Huber wiederholt in diesem Teil seines Buches nur seine früheren Thesen zum Thema Glaube und Wissen und liefert uns keine neuen Argumente. Er verbindet sie nur mit einer Auffassung der Aufklärung, die de facto darauf hinausläuft, den Gebrauch der Vernunft im Dienste des Glaubens einzuschränken. In dieser Hinsicht stimmt er mit katholischen Theologen wie Ratzinger und Küng überein, die ebenfalls behaupten, einen aufgeklärten Glauben zu vertreten.

Im vierten Kapitel seines Buches geht es um die Hoffnung, die nach Huber „der Ernstfall des Glaubens" ist[30] und damit auch die „Hoffnung über den Tod hinaus"[31]. In diesem Zusammenhang geht er wieder auf den Kreuzestod Jesu und seine Auferstehung ein und wiederholt seine Aussage, dass Gott sich mit ihm identifiziert, „der so kläglich am Kreuz stirbt". Was dazu zu sagen ist, brauche ich hier nicht zu wiederholen. „Die Auferstehungsbotschaft bekräftigt", wie er dann sagt, „dass dieser eine Tod, der Tod Jesu am Kreuz, der Tod des Todes ist". Darin liege „das Zentrum der christlichen Botschaft". Der Tod, so meint er, habe „nicht mehr das letzte Wort", und darum kreise „sowohl das christliche Bekenntnis zur Auferstehung Christi wie auch die Hoffnung auf eine allgemeine Auferstehung". Man hätte erwarten können, dass sich Huber in diesem Zusammenhang mit Rudolf Bultmanns Bemühungen um die Entmythologisierung der Botschaft des Neuen Testaments auseinandersetzen würde. Im zweiten Kapitel seines Buches hatte er sich zwar kurz mit theologischen Versuchen der Entmythologisierung beschäftigt[32], aber da ging es nicht um Jesus, sondern um Gott und den Teufel. Bei Bultmann dagegen geht es um die Auferstehung, die dieser Theologe mit Recht für unvereinbar mit dem wissenschaftlichen Weltbild hält. Zwar ist sein Versuch misslungen, den kerygmatischen Kern des christlichen Glaubens zu retten[33], aber der Hubersche Versuch, die Konkurrenz des Glaubens mit diesem Weltbild auszuschalten, ist, wie wir gesehen haben, nicht weniger fragwürdig.

Wie sieht die Huber'sche Lösung des Problems aus? „Es wird", so meint er, „keine neue Glaubensgewissheit dafür in Anspruch genommen, dass wir uns auf die Auferstehung und das ewige Leben verlassen; es geht vielmehr und dieselbe Gewissheit, die uns auch schon in unserem zeitlichen Leben trägt. Wir konnen daran glauben, wenn wir die bleibende Identität nicht in unserem eigenen Sein verankern, sondern im Sein Gottes. Ich setze mein Vertrauen darauf, dass Gottes Geist die Beziehung Gottes zu meiner Person, zu meiner Lebensgeschichte und der Gestalt meines Lebens realisiert. Gottes Geist stellt die Gegenwart meines Lebens vor Gottes Ewigkeit. Weil wir durch Gottes Geist mit Gott selbst verbunden sind, bricht diese Verbindung mit unserem Tod nicht ab." „Nicht um eine Verlängerung des irdischen Lebens" gehe es, so meint Huber, „sondern um ein Geborgensein" dieses Lebens „in vollkommener Gemeinschaft mit Gott". „Die Teilhabe an Gottes Ewigkeit" beginne „dort, wo Menschen sich auf die Wirklichkeit Gottes einlassen, die Liebe ist". Aber „wo immer sie sich dieser Wirklichkeit verschließen", gewinne „der Tod Macht über sie". Ähnliche Aussagen findet man heute auch bei katholischen Theologen. Sie lassen sich nur im Rahmen einer spiritualistischen Metaphysik verstehen.

Huber unterscheidet nun zwischen einer personalen und einer kosmischen Dimension der christlichen Hoffnung. Die erstere werde, so meint er, im „Bekenntnis zur Auferstehung und zum ewigen Leben beschrieben", von dem oben die Rede war. Und letztere komme im „Bekenntnis zum Jüngsten Gericht und zum Reich Gottes zur Sprache".[34] Mit dieser Dimension beschäftigt er sich nun. Die beiden kosmischen Hoffnungsbilder, um die es hier geht, scheinen, wie er feststellt, „sich zu widersprechen" oder „zumindest ... in Spannung zueinander" zu stehen. Und er stellt die Frage, ob sich „die Spannung zwischen der definitiven Scheidung in Gute und Böse und der umfassenden Versöhnung in einem neuen Himmel und einer neuen Erde auflösen" lasse. Man darf sicher sein, dass der Theologe imstande sein wird, diese „Spannung" aufzulösen. Das Jüngste Gericht ist nach Huber „die Instanz, vor der klar wird, wie alles mit allem zusammenhängt. Angesichts dieser Transparenz", so teilt er uns mit, „werden wir uns für das verantworten, was wir in unseren Lebzeiten getan haben". „Was aber ist", so fragt er, „mit der Verdammnis, die in der Rede vom Jüngsten Gericht eine so gewichtige Rolle spielt?" Jesus selbst habe, so meint er, „schon das Gericht auf sich genommen", er sei den Weg in den Tod, den Weg der Verdammnis gegangen, und ihn habe Gott „in das Amt des Richters eingesetzt". Er spreche „das Urteil über unsere Taten, das er selbst, obgleich ohne jede Schuld, an seinem eigenen Leib schon vorweggenommen" habe. Und „auch als Verurteilte können wir uns zu dem flüchten, der das Urteil „selbst auf sich nahm". „Diese Bewegung von Christus dem Richter zu Christus dem Retter" sei „die Bewegung des Glaubens". In ihr „erfahren Christen sich als Sünder und Gerechtfertigte zugleich". Er wendet sich dagegen, „die Vorstellung von einem göttlichen Gericht als überholte Mythologie zu werten". „Der Gedanke des Gerichts" werde „nur dort in seiner wahren Bedeutung erfasst, wo er selbstkritisch verwendet" werde. „Auch die Kirche Jesu Christi" müsse „wissen, dass sie vor dem Richterstuhl ihres Herrn steht... Sie verkündigt das Gericht nicht nur anderen", sondern „sie lässt es auch für sich selbst gelten".

Näheres über die Verdammnis können wir, wie man sieht, von Huber nicht erfahren. Im Gegensatz zu katholischen Theologen ist bei ihm nicht von der Hölle und auch nicht vom Teufel die Rede, obwohl sich zum Beispiel Luther ebenso wie andere protestantische Theologen ausgiebig damit befasst haben. Im Übrigen spricht auch Jesus selbst etwa zwanzigmal von der Hölle und droht mit ewiger Verdammnis. Sogar in der Bergpredigt kommen solche Drohungen vor.[35] Hölle und Teufel gehörten stets zur Ausstattung der christlichen Weltauffassung, und die Dämonologie war eine anerkannte Teildisziplin der Theologie.

Dass es richtig ist, „dem Bösen die Würde des Personseins zu bestreiten" und damit die „Personifizierung des Bösen" zurückzuweisen, wie Huber es im zweiten Kapitel seinen Buches vorschlägt[36], dürfte als Antwort auf die Frage, was es mit der Verdammnis auf sich hat, kaum genügen. Außerdem hat die Personifizierung des Bösen in Gestalt des Teufels, wie ich erwähnt habe, eine biblische Grundlage. Huber löst sich in diesem Punkt ohne jeden Grund von biblischen Vorstellungen, weil sie ihm vermutlich peinlich sind, wofür ich volles Verständnis habe. Wie dem auch sei, seine Erörterungen zur Problematik des Jüngsten Gerichts tragen nichts zur Lösung der Probleme bei, die sich gerade auch für gläubige Christen in diesem Zusammenhang stellen müssen.

Im nächsten Abschnitt geht es um das Reich Gottes, auf das sich die christliche Hoffnung richtet. Im Blick auf diese Hoffnung liegt es nach Huber „nahe, die Orientierung an der Gemeinschaft und an der Person nicht gegeneinander zu stellen". Diese „Hoffnung über den Tod hinaus" sei „immer zugleich eine persönliche Hoffnung für jeden Einzelnen und eine gemeinschaftsorientierte Hoffnung auf die Verbundenheit mit Gott und seinem Reich". Wenn man „in Jesu Namen an der Hoffnung festhalte, dass auch die Sünder nicht vom Reiche Gottes ausgeschlossen sind, dann nur deshalb, weil sie von Jesus selbst ... zur Teilhabe an seinem Reich befreit werden". Aber weder „über die Zugehörigkeit noch über den Ausschluss aus dem Reich Gottes" sei „Menschen eine letztgültige Aussage möglich". Wer sich in der Lage sieht, aus diesen Ausführungen des Theologen zu entnehmen, dass sich die erwähnte Spannung auflösen lässt, dem darf man gratulieren.

Im fünften Kapitel seines Buches befasst sich Huber mit der Liebe. Er spricht vom Dreifachgebot der Liebe, nämlich dem Gebot der Liebe zu Gott, der Liebe zu sich selbst und der Liebe zum Nächsten.[37] Die Liebe zu Gott, so meint er, habe „in der Liebe Gottes zu uns Menschen ihren Grund. Die Sendung Jesu in die Welt" werde „mit Gottes Liebe zur Welt begründet". Darauf „antworte(t) die Liebe zu Gott wie zum Nächsten". Gottes Liebe verbürge, „dass Gott es mit seiner Welt trotz des abgründig Bösen, das in ihr begegnet, und mit dem Menschen trotz der Sünde, in die er verstrickt ist, gut meint". Wie schon erwähnt, lehnt Huber die „Personifizierung des Bösen" ab und spricht daher im Gegensatz zum biblischen Sprachgebrauch nicht vom Teufel. Auf die Frage, warum Gott „das abgründig Böse" zugelassen hat, mit anderen Worten: warum er also dem Teufel die Möglichkeit eingeräumt hat, den von ihm geliebten Menschen zu schaden, geht er nicht ein. Schon im Zusammenhang mit dem Theodizeeproblem habe ich darauf hingewiesen, dass es berechtigte Zweifel an der Liebe Gottes zu den Menschen gibt. Ich bin in meiner Analyse der Huber'schen Bemühungen, seinen Glauben zu erläutern und zu rechtfertigen, zunächst auf die Passagen seines Buches eingegangen, aus denen hervorgeht, wie er zentrale Probleme zu lösen sucht, die sich daraus ergeben, dass der christliche Glaube mit der durch die modernen Wissenschaften geprägten Weltauffassung konfrontiert wurde. Dabei hat sich herausgestellt, dass er die heute vorliegende Problemsituation erheblich verzeichnet und daher unhaltbare Lösungen angeboten hat. Huber scheint sich nicht darüber klar zu sein, dass sein Glaube nur im Rahmen einer spiritualistischen Metaphysik sinnvoll ist und dass er selbst metaphysische Thesen dieser Art vertritt. Seine These, dass sein Glaube mit dem wissenschaftlichen Weltbild nicht in Konflikt geraten kann, beruht ebenso wie seine Kritik des Atheismus darauf, dass er die metaphysische Bedeutung der Resultate wissenschaftlicher Forschungen nicht sieht.

Die Art und Weise seines Umgangs mit dem Theodizeeproblem zeigt, dass er dessen Bedeutung für die Beurteilung seines Glaubens offenbar nicht erkannt hat. Aus den Resultaten der Leben-Jesu-Forschung zieht er im Gegensatz zu anderen Theologen keine glaubenskritischen Konsequenzen, obwohl er die Naherwartungsthese anzuerkennen scheint. Man hat den Eindruck, dass er für die Bedenken, die diese Theologen haben, kein Interesse aufbringen kann. Mit der Bedeutung des Kreuzestodes und der Auferstehung Jesu für die Erlösung hat er wie andere Theologen keine Probleme. Über Widersprüche im biblischen Denken setzt er sich mit Formulierungen hinweg, die man nur als Ausreden ansehen kann. Und er vermeidet es wie andere Theologen, auf Bibelstellen einzugehen, die ihn in Verlogenheit bringen könnten. Sein Bekenntnis zur Aufklärung hängt offenbar mit seinem Vertrauen auf die Kritikimmunität des christlichen Glaubens zusammen. Man darf also wohl sagen, dass er mit seinen apologetischen Bemühungen ebenso wie seine katholischen Kollegen Küng und Ratzinger gescheitert ist.

ANMERKUNGEN

[1] Vgl. Wolfgang Huber, Der christliche Glaube. Eine evangelische Orientierung, Gütersloh 2008.

[2] Vgl. Huber, a.a.O., S. 10.

[3] Das Buch gliedert sich dementprechend in drei Hauptteile: Glaube (Kap. I. Gott – Schöpfer der Welt, Kap. II. Christus – Gott bei den Menschen, Kap. III. Der Heilige Geist – ein Geist der Freiheit), Hoffnung (Kap. IV. Zur Hoffnung bestimmt), Liebe (Kap. V. Zur Liebe berufen).

[4] Vgl. dazu Gerhard Vollmer, Mesokosmos und objektive Erkenntnis. Über Probleme, die von der evolutionären Erkenntnistheorie gelöst werden, in: Konrad Lorenz/Franz M. Wuketits (Hg.), Die Evolution des Denkens, München/Zürich 1983, S.51 ff.

[5] Vgl. dazu Robin Horton, Tradition and Modernity revisited, in: Martin Hollis/Steven Lukes (Hg.), Rationality and Relativism, Oxford 1983, S. 228 ff., wo die Unterscheidung zwischen primären und sekundären Theorien eingeführt wird.

[6] Vgl. dazu mein Buch: Kritik der reinen Erkenntnislehre. Das Erkenntnisproblem in realistischer Perspektive, Tübingen 1987, S. 148-157.

[7] Vgl. Huber, a.a.O., S. 18 ff.

[8] Vgl. Huber, a.a.O., S. 28-49.

[9] Vgl. Wolfgang Röd, Der Gott der reinen Vernunft. Die Auseinandersetzung um den ontologischen Gottesbeweis von Anselm bis Hegel, München 1992.

[10] Vgl. dazu Wolfhart Pannenberg, Wissenschaftstheorie und Theologie, Frankfurt 1973, S. 317 ff., und meine Kritik im Kapitel V, Theologie und Weltauffassung, meines Buches: Die Wissenschaft und die Fehlbarkeit der Vernunft, Tübingen 1982, S. 108 ff.

[11] Vgl. dazu meine Bücher: Das Elend der Theologie. Kritische Auseinandersetzung mit Hans Küng, zweite erweiterte Auflage, Aschaffenburg 2005, und: Joseph Ratzingers Rettung des Christentums. Beschränkungen des Vernunftgebrauchs im Dienste des Glaubens, Aschaffenburg 2008.

[12] Vgl. dazu Hans Küng, Der Anfang aller Dinge. Naturwissenschaft und Religion, München/Zürich 2005. Dieses Buch findet sich auch in den Literaturhinweisen des Huber'schen Buches. Aber leider geht Huber im Text seines Buches nicht auf das Küng'sche Buch ein.

[13] Vgl. dazu meinen Aufsatz: Hans Küngs Rettung des christlichen Glaubens. Ein Missbrauch der Vernunft im Dienste menschlicher Wünsche, Aufklärung und Kritik, 13, 2006.

[14] Vgl. dazu Joseph Ratzinger, Einführung in das Christentum. Vorlesungen über das apostolische Glaubensbekenntnis, München 1968 (Neuausgabe 2000).

[15] Vgl. dazu mein Buch: Joseph Ratzingers Rettung des Christentums, a.a.O., S. 28 ff. und passim.

[16] Vgl. Huber, a.a.O., S. 33.

[17] Vgl. Huber, a.a.O., S. 35.

[18] Vgl. Huber, a.a.O., S. 37.

[19] Vgl.Huber,a.a.O., S. 56.

[20] Vgl. dazu Gerhard Streminger, Gottes Güte und die Übel der Welt. Das Theodizeeproblem, Tübingen 1992, sowie Norbert Hoerster, Die Frage nach Gott, 2. Auflage, München 2005.

[21] Vgl. Huber, a.a.O., S. 84.
[22] Vgl. dazu Johannes Weiß, Die Predigt Jesu vom Reiche Gottes (1892), 3. Auflage, Göttinger 1954, Albert Schweitzer, Geschichte der Leben-Jesu-Forschung (1906), Tübingen 1951, sowie Helmut Groos, Albert Schweitzer, Größe und Grenzen, München/Basel 1974.
[23] Vgl. Huber, a.a.O., S. 126.
[24] Vgl. Huber, a.a.O., S. 65.
[25] Vgl. Huber, a.a.O., S. 137.
[26] Vgl. Huber, a.a.O., S. 178 ff.
[27] Vgl. Huber, a.a.O., S. 190 ff.
[28] Vgl. dazu Friedrich Schleiermacher, Über die Religion. Rede an die Gebildeten unter ihren Verächtern (1799), Hamburg 1958.
[29] Vgl. dazu Georg Simmel, Das Problem der religiösen Lage (1911), in: Simmel, Gesammelte Aufsätze zur Religionssoziologie, herausgegeben von Horst Jürgen Helle, Berlin 1989, S. 100-109, sowie das VII. Kapitel meines Buches: Kritik der reinen Hermeneutik. Der Antirealismus und das Problem des Verstehens, Tübingen 1994, S. 198-229.
[30] Vgl. Huber, a.a.O., S. 205.
[31] Vgl. Huber, a.a.O., S. 210ff.
[32] Vgl dazu Huber, a.a.O., S. 68.
[33] Vgl. dazu das V. Kapitel meines Buches: Traktat über kritische Vernunft (1968), 5. Auflage, Tübingen 1991.
[34] Vgl. dazu Huber, a.a.O., S. 226 ff.
[35] Darauf hat Gerhard Streminger hingewiesen in seinem Aufsatz: Die jesuanische Ethik, in: Edgar Dalil (Hg.), Die Lehre des Unheils. Fundamentalkritik am Christentum, Hamburg 1993.
[36] Vgl. dazu Huber, a.a.O., S. 68.
[37] Vgl. dazu Huber, a.a.O., S. 248 ff.

Walter Kaspers Apologie des christlichen Glaubens

Ein kritischer Kommentar

Eines der wichtigsten Probleme, auf das die Vertreter atheistischer Auffassungen einzugehen pflegen, ist bekanntlich das Theodizeeproblem.[2] Man darf erwarten, dass ein Theologe, der den christlichen Glauben rechtfertigen will, auf dieses Problem eingeht. Im Kasper'schen Buch sucht man aber vergebens nach einer Stelle, an der er sich damit befasst. Er weist zwar einmal auf „das Phänomen des Bösen, des ungerechten Leidens" hin[3] und er geht in einem Abschnitt seines Buches auf das Problem des Bösen ein[4], aber er versäumt es, darauf einzugehen, warum der allmächtige und allgütige Gott das Böse zugelassen hat. Unter anderem erwähnt er, dass das Neue Testament „an sehr vielen Stellen mit großem Nachdruck" vom „Teufel, vom Satan, von Dämonen, bösen Mächten und Gestalten" spricht, und er meint, dass wir heute „allen Grund haben, tiefer über ‚das Geheimnis der Bosheit' ... nachzudenken, um sowohl dem Zeugnis der Schrift wie der Abgründigkeit, dem Monströsen und Ungeheueren, das es in der Welt unbestreitbar gibt, gerecht zu werden". Gott, so sagt er, sei „der Herr aller Wirklichkeit", und „erst im Angesicht der Liebe und Güte Gottes" gehe „uns unsere Bosheit und Lieblosigkeit ganz auf. Es ist schwer zu verstehen, dass dem Kardinal in diesem Zusammenhang nicht auffällt, dass Gott die Möglichkeit gehabt hätte, seine Schöpfung so einzurichten, dass solche Phänomene nicht auftreten können. Er hätte nur die Literatur beachten müssen, die es zu dieser Problematik gibt.

Für Atheisten ist die Unmöglichkeit einer positiven Lösung des Theodizeeproblems ein hinreichender Grund, die These der Existenz eines allmächtigen, allgütigen und allwissenden Gottes abzulehnen. Mit der These der Existenz eines solchen Gottes beschäftigt sich Kasper in seinem Buche ebenfalls, da sie einer der zentralen Bestandteile des christlichen Glaubens ist. Es geht ihm also auch um die Wahrheit dieser These. Und er geht in diesem Zusammenhang darauf ein, was unter „Wahrheit" zu verstehen und wie der Glaube zu begründen ist. „Im Unterschied zu einem sonst weit verbreiteten Wahrheitsverständnis", so meint er, sei „die Wahrheit im Sinne der Bibel nicht einfach die Übereinstimmung zwischen dem Denken und der Wirklichkeit (adaequatio rei et intellectus)." Sie sei „vielmehr ein Geschehen, in dessen Vollzug sich die ursprüngliche Voraussetzung erst bewährt."[5] An anderer Stelle weist er darauf hin, dass der theologische Glaubensbegriff oft auf einen Aspekt eingeengt worden sei. „Glaube wurde oft einseitig als Dass-Glaube und als Fürwahrhalten von Sätzen und übernatürlichen Sachverhalten verstanden"[6]. Der „wahrhaft Gläubige" wisse aber, „dass Glauben weit mehr sei als das Fürwahrhalten von katechismusartigen Lehrsätzen". Der Glaube sei auch „ein Akt und Vollzug, ja eine das ganze Leben bestimmende Haltung".

Diesen Passagen kann man wohl entnehmen, dass der Glaube zumindest auch das Fürwahrhalten bestimmter Aussagen sein soll, wenn er sich auch nicht darin erschöpft. Und man kann ihnen weiter entnehmen, dass die Wahrheit, um die es dabei geht, auch die Übereinstimmung zwischen Denken und Wirklichkeit ist. Damit scheint Kasper die Korrespondenztheorie der Wahrheit zu akzeptieren.

Eine weitere Frage ist die einer möglichen Begründung der zentralen Aussagen des christlichen Glaubens. Kasper geht kritisch auf die „traditionellen Wege der Glaubensbegründung" ein[7] und kommt zu dem Schluss, dass die „Glaubwürdigkeit des Glaubens sich … in der Praxis des Glaubens, in der Liebe erweisen" müsse und dass sie „sich nicht rein abstrakt und intellektuell aufweisen" lasse. Aber auch Glaubwürdigkeitserweise dieser Art involvierten noch keinen Glaubensbeweis. „Das innere Motiv und der eigentliche Grund des Glaubens" sei „nach der traditionellen Lehre, welche in diesem Punkt in die Definition des Ersten Vatikanischen Konzils eingegangen" sei, „allein die Autorität des sich offenbarenden Gottes". Von ihr gelte, „dass sie weder irren noch andere in Irrtum führen" könne. „Die Wahrheit und Wahrhaftigkeit Gottes" sei also der letzte Gewissheitsgrund des Glaubens". „Wir glauben", so sagt er dann, „weil und insofern wir von der Wahrheit des sich offenbarenden Gottes überzeugt sind".

Das ist allerdings eine äußerst merkwürdige Lösung des Begründungsproblems. Die Aussage, dass es den christlichen Gott gibt, wird damit begründet, dass man davon überzeugt ist, dass also dieser Gott dem Gläubigen die Gewissheit verschafft hat, dass es ihn gibt! „Die Wahrheit und Wahrhaftigkeit Gottes" sei, so meint unser Autor, „der letzte Gewissheitsgrund des Glaubens". Die Frage war allerdings, ob es diesen wahrhaftigen Gott gibt. Die Antwort, dass man dessen gewiss sei und dass diese Gewissheit auf seine Wahrhaftigkeit zurückzuführen sei, enthält anstelle einer Begründung die Konstatierung eines subjektiven Zustandes verbunden mit einer Erklärung dieses Zustandes, in der die Behauptung der Existenz dieses Gottes vorausgesetzt wird. Wir haben es offenbar mit einem logischen Zirkel zu tun.

Es hätte nahegelegen, dieses Begründungsproblem auf andere Weise zu lösen, nämlich durch einen Versuch nachzuweisen, dass mit Hilfe der Annahme der Existenz Gottes wirkliche Zusammenhänge erklärt werden können. Im Alten Testament wird diese Annahme ja in dieser Weise verwendet, wenn Gott als der Schöpfer der Welt[1] erscheint Kasper sagt selbst an einer Stelle seines Buches: „Nur wenn Gott ist, der, weil er der Schöpfer der Wirklichkeit ist, über die Bedingungen des Ganzen der Wirklichkeit verfügt, welche sich dem Menschen entziehen, kann ein Vertrauen auf einen absoluten Sinn selbst sinnvoll sein"[8]. Er verwendet hier also die Annahme der Existenz Gottes in dieser Weise. Aber wer die christliche Schöpfungsidee ernst nimmt, hat Anlass, sich mit dem Theodizeeproblem auseinanderzusetzen und darauf einzugehen, dass die Schöpfung Züge hat, die mit den dem christlichen Gott zugeschriebenen Eigenschaften nicht vereinbar sind. Und dieser Auseinandersetzung ist Kasper, wie wir gesehen haben, ausgewichen.

Im Zusammenhang mit dem Begründungsproblem geht er dann auf den kritischen Rationalismus ein, dessen Vertreter „in jedem theologischen wie philosophischen Denken, das überhaupt nach eine letzten Grund der Gewissheit" frage, „einen Abbruch des Dialogs, eine Flucht ins Engagement" sehe, „und damit verbunden die Gefahr eines Weltanschauungsmonopols mit unfehlbaren Gehorsamsansprüchen, Verfolgung und Diskriminierung von Andersdenkenden. Einem solchen sich auf Infallibilität gründenden Denken" setzten sie, wie er weiter sagt, „das Prinzip des Fallibilismus entgegen". Es sollten „nicht dogmatische und absolute, sondern lediglich hypothetische, vorläufige und begrenzte Prinzipien aufgestellt werden, welche dann dem Experiment und der kritischen Prüfung unterworfen werden". „Diese Art zu denken", so stellt er weiter fest, entspreche „einer heute weit verbreiteten Mentalität." Man sei „des ewigen Weltanschauungsstreits müde und möchte sich auf konkrete, beantwortbare und rational entscheidbare Fragen beschränken. Die Abweisung der Frage nach einem letzten Grund" finde „sich auch in anderen philosophischen Richtungen, etwa der Spätphilosophie Martin Heideggers oder der negativen Dialektik Theodor W. Adornos". Hier deute „sich offensichtlich eine fundamentale Neuorientierung des Denkens an", die, wie er meint, „der Theologie nicht von vornherein und in jeder Hinsicht fremd zu sein" brauche. Er verweist dann auf ähnliche Denkansätze im früheren theologischen Denken.

Trotzdem, so meint er schließlich, werde „die Theologie am entscheidenden Punkt der Methode des ‚trial and error' widersprechen müssen, wenigstens dann, wenn diese Methode zu einer Letztposition gemacht" werde. Und er stellt dann Fragen, die das verdeutlichen sollen: „Ist denn diese Position so offen, wie sie sich ausgibt, oder verschließt sie den Menschen nicht mit geradezu dogmatischer Intoleranz in seine Endlichkeit hinein? Wird sie damit der Sinnfrage des Menschen, den Ansprüchen seiner Freiheit und seines Denkens gerecht? Stellt sie nicht Verbotsschilder auf, wo der menschliche Geist eben weiterfragen will und weiterfragen muss? Denn gehört es nicht zum Menschen, dass er aufs Ganze geht?" Und dergleichen mehr. Alle diese Fragen sind, wie er offenbar meint, mit „Ja" zu beantworten. Da er das für selbstverständlich hält, macht er sich keine Mühe, es zu zeigen. Was ist von dieser Charakterisierung des kritischen Rationalismus zu halten? Zunächst weisen seine Vertreter keineswegs irgendwelche Fragen wie die nach einem letzten Grund von vornherein zurück. Sie bestehen nur darauf, dass jede Antwort auf eine solche Frage kritisch geprüft werden kann und dass jeder, der an der Wahrheit einer solchen Antwort wirklich interessiert ist, Grand hat, einer solchen Prüfung zuzustimmen. Sie stellen also auch keine Verbotsschilder dagegen auf, dass an irgendeiner Stelle weitergefragt wird. Auch gegen Fragen nach dem Sinn haben sie nichts einzuwenden. Und was die Unterstellung dogmatischer Intoleranz angeht, so findet man bei Kasper keine Anhaltspunkte dafür, dass er damit recht hat. Ich selbst bin in meinem Arbeiten immer wieder auf theologische Probleme eingegangen und auf die Versuche von Theologen, diese Probleme zu lösen, so wie ich das auch jetzt wieder tue. Seine Charaktersierung der Auffassungen des kritischen Rationalismus ist eine bemerkenswerte hermeneutische Fehlleistung, und seine Einwände gegen diese Auffassungen beruhen auf Unterstellungen, die auf diese Fehlleistung zurückgehen. An einer anderen Stelle geht Kasper auf das von mir formulierte Münchhausen-Trilemma[9] und die Folgerungen ein, die daraus zu ziehen sind. Sie laufen, wie er sagt, „auf eine grundsätzliche Skepsis gegen jede endgültige Wahrheit und Letztbegründung hinaus". So gelte, wie er dann meint, „heute ein auf letzter Gewissheit beruhender religiöser Glaube vielen als ein überholtes Relikt früherer Zeiten und als ein versteinertes Fossil aus einer anderen, längst vergangenen Epoche". Irgendwelche Einwände gegen meine Argumentation sind bei ihm nicht zu finden. Oben hatte ich darauf hingewiesen, dass sein Argument für die Existenz des christlichen Gottes auf einen logischen Zirkel hinausläuft, also auf eine der drei Alternativen, die ich in meinem Münchhausen-Trilemma aufgezeigt hatte.[10] Was die Kasper'sche Analyse des kritischen Rationalismus angeht, so darf man also sagen: Wo unser Autor Einwände formuliert, beruhen sie auf Missverständnissen. Und die Tatsache, dass seine Behandlung des Glaubwürdigkeitsproblems auf ein Verfahren hinausläuft, das im Rahmen dieser Auffassung einer durchschlagenden Kritik unterworfen wurde, hat er offenbar nicht bemerkt.

Einer der wichtigsten Einwände gegen den christlichen Glauben ergibt sich bekanntlich aus der auf Albert Schweitzer und Johannes Weiß zurückgehenden eschatologischen Interpretation der Botschaft des Neuen Testaments. Dieser Interpretation zufolge hat Jesus angenommen, dass das Reich Gottes unmittelbar bevorstehe. Dass sich der Sohn Gottes in dieser Hinsicht offenbar geirrt hat, war für Albert Schweitzer und viele andere Theologen Anlass, glaubenskritische Konsequenzen zu ziehen.[11] Auch Kasper beschäftigt sich in seinem Buch mit der Naherwartungsthese. „Es war", wie er sagt, „die fundamentale Entdeckung von Albert Schweitzer und Johannes Weiß, dass in der Mitte der Botschaft Jesu die Eschatologie stand".[12] „Diese eschatologische Botschaft von der Zukunft Gottes" müsse, so sagt er mit Recht, „einem rein immanent orientierten geschichtlichen Denken nach wie vor als Mythologie erscheinen".

Er beschäftigt sich dann mit der späteren historischen Forschung und mit späteren theologischen Deutungsversuchen und liefert uns schließlich seine Deutung der Botschaft Jesu von der Herrschaft Gottes. „Gottes Herrschaft", so sagt er unter anderem, sei „innergeschichtlich völlig unableitbar", sie komme „nach Jesu Botschaft ‚wie der Blitz'... man weiß nicht wie ...". Sie sei „das Herrsein selbst, das Offenbar-Werden seiner Göttlichkeit, die Aufrichtung seines Rechts, seiner Gerechtigkeit und zugleich der Inbegriff menschlicher Heilserwartung" und dergleichen mehr. Die Entdeckung von Schweitzer und Weiß, dass sich Jesus in einem für den christlichen Glauben zentralen Punkt geirrt hat, spielt für Kasper offenbar keine Rolle.

An einer andere Stelle seines Buches kommt er noch einmal auf die Naherwartung zu sprechen.[13] „Für Jesus und die frühe Gemeinde", so sagt er da, „steht dieses Neue unmittelbar bevor. Die Naherwartung lässt sie alles andere vergessen und auf alles verzichten. Sie inspiriert sie zu einem uns kaum mehr vorstellbaren Enthusiasmus". „Bereits in der zweiten Generation lässt sich jedoch ein Nachlassen der eschatologischen Spannung feststellen. Immer mehr hat die Kirche den eschatologischen Enthusiasmus den Schwärmern überlassen. Sie selbst hat sich dagegen in der Welt eingerichtet". Dem kann man nur zustimmen. Aber offenbar hat der Kardinal wieder das Problem vergessen, das damit für die Glaubwürdigkeit des christlichen Glaubens verbunden ist.

Er geht dann noch einmal auf die Entdeckung der biblischen Eschatologie ein.[14] Es sei „kein Zufall, dass just in dem Augenblick, da die Schwächen und die Krise der bürgerlichen Welt der Neuzeit offenkundig waren", auch sie „neu entdeckt wurde". „Sie war", wie er sagt, „die Tat von Männern wie Albert Schweitzer, Johannes Weiß und Franz Overbeck. Sie erkannten, wie

–47–

Karl Barth später formulierte, dass ein Christentum, das nicht ganz und gar und restlos Eschatologie ist, mit Christus nichts zu tun hat. Es brauchte freilich noch lange, bis sich die exegetischen und historischen Einsichten, welche um die Jahrhundertwende aufkamen, in der systematischen Theologie durchsetzen konnten. In den großen Entwürfen von Barth und Bultmann, aber auch von Rahner und Balthasar, wurde die biblische Eschatologie nochmals in im Grunde ungeschichtlichen Kategorien eingefangen. Erst in der jüngsten Theologie versucht man ganz und gar ernst zu machen mit der Hoffnungsstruktur des christlichen Glaubens". Wieder liefert Kasper nur die Beschreibung einer historischen Entwicklung, ohne auf das Problem einzugehen, das sich aus der Naherwartungsthese für den Glauben ergibt.

In einem Abschnitt über die Vernünftigkeit des Glaubens[15] beschäftigt sich Kasper mit der Tatsache, dass man im Denken stets von Voraussetzungen irgendwelcher Art auszugehen pflegt. Er stimmt der These zu, dass jeder Mensch „in seinem Erkennen und in seinem Verhalten von letzten Voraussetzungen, von letzten Prinzipien und von Grundentscheidungen" ausgeht, die er „notwendigerweise nicht nochmal aus höheren Prinzipien ableiten" kann. „Diese letzten Prinzipien", so meint er, müsse „man vielmehr in einer Art Glauben voraussetzen und dann in der konkreten Erkenntnis und in der Praxis des Lebens als tragfähig erweisen". Man müsse sie „bewähren (verifizieren = wahr machen), beweisen" könne „man sie nicht". „Auch der Rationalismus", sagt er, mache „eine solche Voraussetzung. Denn wer alles rational erkennen und begründen" wolle, der müsse „angesichts des vielen Irrationalen, das es in der Welt gibt, zuerst ‚irgendwie' an den Sinn der Rationalität glauben. Wer dagegen nur das sinnenhaft Materielle und positiv Feststellbare gelten" lasse, der nehme „einen Standpunkt ein, den er nicht noch einmal sinnenhaft und positivistisch begründen" könne. Das gelte „schließlich selbst vom radikalen Skeptiker. Denn wer" sage, „man müsse und könne an allem zweifeln und es gebe keine sichere Wahrheitserkenntnis", der mache „ja selbst eine sichere Aussage, ganz abgesehen davon, dass es auch für den Skeptiker Aussagen" gebe, „die er nicht bezweifelt, ja sinnvollerweise gar nicht bezweifeln" könne. Dazu gehörten „nicht nur mathematische Wahrheiten, sondern auch die eigene Existenz und das eigene Denken". „Das ‚Cogito sum', ‚Ich denke, ich bin' war deshalb", so meint er, „schon für Augustinus und später in weit radikalerer Weise für Descartes der Angelpunkt aller Gewissheit".

Der Autor beschäftigt sich hier mit einer Problematik, auf die ich in meinen Arbeiten immer wieder eingegangen bin, und formuliert dabei unter anderem Aussagen, die ich für inakzeptabel halte. Dass man in Versuchen, Probleme irgendwelcher Art zu lösen, stets von Voraussetzungen ausgehen muss, habe ich selbst stets betont. Dass solche Voraussetzungen aber den Charakter „letzter" Voraussetzungen im Kasper'schen Sinne haben müssen, ist eine fragwürdige These. Denn es müsste gezeigt werden können, dass die betreffenden Aussagen sich nicht aus anderen Aussagen ableiten lassen, die logisch gehaltvoller sind. Außerdem ist die These der Kritikimmunität sogenannter letzter Voraussetzungen unhaltbar, von der Kasper offenbar ausgeht, und zwar deshalb, weil jede solche Voraussetzung eine unendlich große Folgerungsmenge hat und man nie vorhersehen kann, ob sich aus ihr nicht irgendwelche falsche Folgerungen ergeben. Und überdies kann es stets alternative Voraussetzungen geben, die eine bessere Erklärung der wirklichen Zusammenhänge ermöglichen.[16]

Was den radikalen Skeptiker angeht, so kann man ihm keinesfalls vorwerfen, dass er mit seiner These, es gebe keine sichere Wahrheitserkenntnis, selbst eine sichere Aussage mache, dass seine These also eine Paradoxie involvieren muss. Er muss nämlich für diese These keineswegs Gewissheit beanspruchen. Dass man mathematische Wahrheiten sinnvollerweise nicht bezweifeln kann, dürfte seit Bertrand Russells mathematischen Forschungen überholt sein. Und was die Descartes'sche Gewissheit der eigenen Existenz und des eigenen Denkens angeht, so hat bekanntlich Nietzsche auf ihre Fragwürdigkeit hingewiesen: „Wenn ich den Vorgang zerlege, der in dem Satz ‚ich denke' ausgedrückt ist, so bekomme ich eine Reihe von verwegenen Behauptungen, deren Begründung schwer, vielleicht unmöglich ist, zum Beispiel, dass *ich* es bin, der denkt, dass es überhaupt ein Etwas sein muss, das denkt, dass Denken eine Tätigkeit und Wirkung seitens eines Wesens ist, welches als Ursache gedacht wird, dass es ein ‚Ich' gibt, endlich, dass bereits feststeht, was mit Denken zu bezeichnen ist... An Stelle einer ‚unmittelbaren Gewissheit' ... bekommt dergestalt der Philosoph eine Reihe von Fragen der Metaphysik an die Hand"[17]. Der konsequente Fallibilismus, eine zentrale Komponente des kritischen Rationalismus, führt also keineswegs, wie Kasper zu glauben scheint, zu Widersprüchen.

Wie dem auch sei, der Kardinal folgt den Kirchenvätern und den mittelalterlichen Scholastikern und zieht die Konsequenz: „Der Glaube geht der Vernunft voraus ... Er lässt sich deshalb nicht rational ableiten. Aber der Glaube ist deshalb nicht irrational, er ist sogar höchst rational. Denn er sucht und fragt nach dem Erkennen und er ermöglicht sogar erst menschliche Erkenntnis". Diese Konsequenz folgt, wie wir gesehen haben, aus höchst fragwürdigen Voraussetzungen, die er für selbstverständlich hält.

Wie ich gezeigt habe, hat uns Kasper in seinem Buch keine akzeptable Lösung der zentralen Probleme des christlichen Glaubens geliefert. Sein Versuch, die These der Existenz Gottes zu begründen, ist gescheitert. Auf das Theodizeeproblem ist er nicht eingegangen, obwohl sich aus der Unmöglichkeit einer positiven Lösung dieses Problems ein wichtiges Argument für den Atheismus ergibt. Mit den Konsequenzen, die aus der eschatologischen Deutung der Botschaft des Neuen Testaments folgen, hat er sich nicht auseinandergesetzt. Und seine Kritik an den Auffassungen, die von den Verfechtern des kritischen Rationalismus vertreten werden, ist fehlgeschlagen. Sie beruht auf hermeneutischen Fehlleistungen und unhaltbaren Annahmen über die möglichen Leistungen der menschlichen Vernunft.

ANMERKUNGEN

[1] Vgl Walter Kasper, Das Evangelium Jesu Christi, Freiburg/Basel/Wien 2009.
[2] Vgl. dazu Gerhard Streminger, Gottes Güte und die Übel der Welt. Das Theodizeeproblem, Tübingen 1992, und Norbert Hoerster, Die Frage nach Gott, 2. Auflage, München 2005.
[3] Vgl. Kasper, a.a.O., S. 163.
[4] a.a.O., S. 219 ff.
[5] a.a.O., S. 66.
[6] a.a.O., S. 177 f.
[7] a.a.O., S. 66-71.
[8] a.a.O., S. 45.
[9] a.a.O., S. 184.
[10] Vgl. mein Buch: Traktat über kritische Vernunft, 5. erw. Auflage, Tübingen 1991, S. 13-18.
[11] Vgl. dazu Albert Schweitzer, Geschichte der Leben-Jesu-Forschung, 6. Auflage, Tübingen 1951; Johannes Weiß, Die Predigt Jesu vom Reiche Gottes, 3. Auflage, Göttingen 1954; sowie Helmut Groos, Albert Schweitzer. Größe und Grenzen, München/Basel 1974.
[12] Vgl. Kasper, a.a.O., S. 50.
[13] a.a.O., S. 158.
[14] a.a.O., S. 161 f.
[15] a.a.O., S. 190 ff.
[16] Vgl. mein Buch: Kritik der reinen Erkenntnislehre. Das Erkenntnisproblem in realistischer Perspektive, Tübingen 1987, S. 81-84.
[17] Vgl. dazu: Friedrich Nietzsche, Werke, herausgegeben von Karl Schlechta, Zweiter Band, Darmstadt 1966, Jenseits von Gut und Böse, Von den Vorurteilen der Philosophen, S. 579 f.

DER KARDINAL UND DER DARWINISMUS

CHRISTOPH SCHÖNBORNS BEITRAG ZUR EVOLUTIONSLEHRE

Der Wiener Kardinal Christoph Schönbom hat ein Buch verfasst, in dem er sich aus christlicher Sicht mit der Darwin'schen Lehre befasst.[1] Er hat, wie der Herausgeber des Buches sagt, in neun Schritten „den katholischen Glauben an Gott, den Schöpfer und das christliche Verständnis der Schöpfung und vom Menschen als Geschöpf Gottes" dargestellt.[2] Im ersten Kapitel des Buches geht es vor allem um das Verhältnis zwischen Theologie und Naturwissenschaft und von Glaube und Wissen. Dort behauptet Schönborn unter anderem, die Bibel sei die erste Aufklärerin. Sie entzaubere die Welt, sie entmythologisiere und entgöttere sie. Und er stellt die Frage, ob uns bewusst sei, „dass ohne diese Entgötterung der Welt auch die moderne Wissenschaft nicht möglich geworden wäre"[3].

Im Gegensatz dazu hat Karl Popper gezeigt[4], dass die moderne Wissenschaft in methodologischer und in inhaltlicher Hinsicht auf die Vorsokratiker zurückgeht. „Von den Vorsokratikern führt", wie er feststellt, „eine vollkommen kontinuierliche Entwicklungslinie zu den späteren Theorien der Physik. Ob wir sie Philosophen nennen, vorwissenschaftliche Denker oder Naturwissenschaftler, ist ziemlich gleichgültig. Aber ich behaupte, dass Anaximanders Theorie den Weg geebnet hat für die Theorien von Aristarch, Kepler und Galilei, und schließlich für die Theorie Newtons. Es ist eben nicht so, dass er diese späteren Denker lediglich ‚beeinflusst' hat; ‚Einfluss' ist ein sehr blasser Ausdruck. Ich würde eher so sagen: Anaximanders Leistung hat ihren eigenen Wert, genau wie ein Kunstwerk. Darüber hinaus aber hat seine Leistung jene anderen Leistungen möglich gemacht, und darunter die jener großen Wissenschaftler."

Auch die kritische Tradition, die Tradition der kritischen Diskussion von Theorien und überhaupt von Problemlösungen, die für die Entwicklung der Wissenschaften charakteristisch ist, geht, wie Popper gezeigt hat, auf die Vorsokratiker zurück.[5] Es ist eine „Tradition des kühnen Vermutens und des freien Kritisierens", eine „Tradition, die die rationale oder wissenschaftliche Methode hervorgebracht hat, und mit ihr die Zivilisation des Westens, die einzige Zivilisation, die auf Wissenschaft gegründet ist". Dass Kopernikus, Galilei und Newton „überzeugt waren, dass es in der Wissenschaft darum geht, im Buch der Schöpfung zu lesen"[6], hat weder inhaltliche noch methodologische Bedeutung für ihre wissenschaftliche Forschung. „Die weltanschauliche Auseinandersetzung um Darwins Theorie, um den Darwinismus" habe, so stellt Schönborn fest, „in den vergangenen fast 150 Jahren die Welt intensiv beschäftigt"[7]. Und er nennt dann drei Beispiele dafür und bezeichnet sie als philosophische, ideologische, weltanschauliche Aussagen, spricht sogar von einem „Glaubensbekenntnis zum Materialismus" und nennt sie „Grenzüberschreitungen".

Aber der Materialismus ist eine metaphysische Auffassung, die durchaus rational diskutierbar ist, ebenso wie der kritische Realismus, der mit dem modernen wissenschaftlichen Denken verbunden ist und der zum Beispiel von Albert Einstein ausdrücklich akzeptiert wurde. Die Schönborn'sche Auffassung, dass es sich dabei um Grenzüberschreitungen handele, ist daher nicht akzeptabel. Es gibt keine wissenschaftlichen Auffassungen ohne metaphysischen Hintergrund. Auch der Schönborn'sche Glaube an Gott hat metaphysischen Charakter. Seine Behauptung, dass die Naturwissenschaft „mit dem Glauben nicht in Konflikt kommen" könne, wenn sie sich „an ihre Methode" halte[8], ist daher inakzeptabel.

Im nächsten Kapitel geht es um die Frage, was „Schöpfung" bedeutet, wie der Begriff „Anfang" zu verstehen ist und was der christliche Glaube an den Schöpfer bedeutet.[9] „Die klassische katholische Lehre", so teilt uns Schönborn mit, „sei im Katechismus der Katholischen Kirche ... dargestellt"[10]. Sie enthalte vier Grundelemente: Die Schöpfungslehre besage erstens, „dass es einen absoluten Anfang" gebe und dass dieser „die freie, souveräne Setzung des Seins aus dem Nichts" sei. Zu dieser Lehre gehöre zweitens, „dass die Geschöpfe sich unterscheiden". Drittens gebe es nicht nur „einen absoluten Anfang", sondern auch „die Erhaltung der Schöpfung". Und viertens gehöre zur „Schöpfung auch die Lenkung". Gott führe „sein Werk zum Ziel".

„Gott", so stellt der Kardinal in diesem Kapitel fest, „sei die erste Ursache von allen Ursachen". Aber wenn man das Kausalprinzip akzeptiert, dann ergibt sich sofort die Frage, warum man den kausalen Regress bei Gott abbrechen muss. Man könnte nämlich auch weiter fragen, wer denn Gott erschaffen hat, denn seine Existenz ist ja keineswegs selbstverständlich. Joseph Ratzinger, der Chef des Kardinals, der zusammen mit ihm den Katechismus der katholischen Kirche fabriziert hat, hat eine Lösung dieses Problems vorgeschlagen, in der Gott als causa sui auftritt[11], eine Lösung, die seinerzeit Schopenhauer mit dem

Hinweis auf dem Versuch des Barons von Münchhausen persifliert hat, sich und sein Pferd am eigenen Schopf aus dem Sumpf zu ziehen.[12]

Schönborn weist dann auf einen Passus im katholischen Katechismus hin, demzufolge der Mensch in der Lage ist, das Dasein des Schöpfergottes dank dem Licht der Vernunft aus seinen Werken mit Gewissheit zu erkennen.[13] Und im Gegensatz zum menschlichen Schaffen gestalte der Schöpfungsakt Gottes nicht etwas Vorgegebenes. Gott schaffe „aus dem Nichts". „Alles, was ist", sei „von ihm ins Dasein gerufen." Das sei „das Großartige und Einzigartige am biblischen Schöpfungsglauben". Und Gott schaffe absolut frei, nichts zwinge ihn dazu.[14] „Weil Gott aus absoluter Freiheit geschaffen" habe, deshalb habe „er seinen Geschöpfen echte Selbständigkeit gegeben". Im Gegensatz dazu tue man sich in einem Evolutionismus „schwer, das Eigensein der Geschöpfe anzunehmen."

Dies alles wird dem Leser zugemutet, ohne dass man irgendein Argument dafür erkennen kann. Es ist eben der Glaube des Kardinals und seiner Kirche, der sich auf die Bibel stützt, und daher bedarf er keiner kritischen Prüfung. Die Existenz des von ihm charakterisierten Schöpfergottes ist für ihn so selbstverständlich, dass eine solche Prüfung nicht in Betracht kommt. Im Gegensatz dazu pflegt man in den Wissenschaften die Annahme der Existenz bestimmter Wesenheiten davon abhängig zu machen, dass man mit den Theorien, in denen diese Annahmen auftreten, bestimmte Tatsachen erklären kann.[15] Dass man in dieser Hinsicht religiösen Auffassungen eine Sonderbehandlung angedeihen lassen sollte, ist nicht einzusehen.

Im dritten Kapitel des Schönborn'schen Buches geht es um die Vielfalt der Schöpfung. Der Autor geht in ihm auf Darwin ein und konfrontiert dessen Theorie mit der biblischen Botschaft von der Schöpfung. Das Ziel des biblischen Textes, so sagt er, sei nicht, „uns darüber zu informieren, wie diese Welt entstanden ist". Es sei kein naturwissenschaftlicher Text.[16] Dafür beruft er sich auf Augustinus.

Dass es sich bei dem biblischen Bericht nicht um einen naturwissenschaftlichen Text handelt, ist unbestreitbar. Aber dass dieser Bericht nicht das Ziel gehabt habe, darüber zu informieren, wie diese Welt entstanden ist, ist eine seltsame Behauptung. Bekanntlich hat der evangelische Theologe Rudolf Bultmann, der sich mit der Entmythologisierung des Neuen Testaments beschäftigt hat, unter anderem gezeigt, dass das Weltbild zur Zeit der Entstehung dieser Schriften mit der modernen wissenschaftlichen Weltauffassung nicht vereinbar ist, und hat daraus theologische Konsequenzen gezogen, die allerdings teilweise problematisch sind.[17]

Dass die zu dieser Zeit lebenden Juden, die dieses Weltbild akzeptierten, die biblischen Texte als Informationen darüber betrachteten, wie diese Welt entstanden ist, scheint mir durchaus plausibel zu sein. Der Schönborn'sche Versuch, den biblischen Text anders zu interpretieren, ist dagegen völlig unplausibel. Er ist offenbar durch seine Zielsetzung diktiert, „fein säuberlich zu trennen" zwischen dem Glauben und seiner theologischen Reflexion einerseits und andererseits „der Naturwissenschaft, ihren Methoden, Hypothesen, Theorien, Experimenten, Beobachtungen und Ergebnissen"[18].

„Die Bibel", so stellt er fest, „bietet keine Theorie über die Entstehung der Welt und die Entwicklung der Arten. Aber die naturwissenschaftliche Betrachtungsweise ist nicht der einzige Zugang zur Wirklichkeit ... Es gibt verschiedene Zugänge zur Wirklichkeit ... Einer ist nicht weniger wirklich als der andere, es sind Zugänge zur selben Wirklichkeit". Damit sucht der Kardinal offenbar die Möglichkeit auszuschließen, dass sein religiöses Weltbild in Widerspruch zur modernen wissenschaftlichen Weltauffassung gerät.

Er geht dann auf die durch den Evolutionismus populär gewordene Sichtweise und auf das Werk Darwins ein.[19] Darwin wolle, so meint er, „eine möglichst ‚natürliche Erklärung' für die Entstehung der Arten geben". Dieses Anliegen sei völlig legitim. „Die naturwissenschaftliche Methode sucht natürliche Ursachen, und sie sucht die Zusammenhänge möglichst vollständig aus natürlichen Ursachen zu erklären." Das nennt er eine „methodische Einschränkung". Aber es bestehe die Gefahr, „dass die Grenzen dieser Methode in Vergessenheit geraten". Sie zeige „ein enges Segment sehr genau, aber man" dürfe „es nicht für die ganze Wirklichkeit halten"."Die biblische Sicht" dagegen zeige „eine Vielfalt, die weder Unfall noch Zufall" sei, „sondern Ausdruck von Wesen und Willen Gottes". Diese Vielfalt sei „eigenste Absicht des Schöpfers".

Im vierten Kapitel geht es um die fortgesetzte Schöpfung und die Vorsehung.[20] „Zu glauben, dass es Gott gibt", sagt Schönborn, „heißt auch zu glauben, dass er wirkt", und zwar „ständig, weil alles in ihm seinen Ursprung hat, weil er alles hält und allem sein Ziel gibt".[21] Dann stellt er die Frage, ob „dieser Glaube einfach eine willkürliche Annahme" sei, „eine Art Droge, um sich in der schwierigen Welt ein wenig zu betäuben". Und er stellt die weitere Frage, ob der poetische Zugang zur Wirklichkeit „unwirklicher" sei als der naturwissenschaftliche Zugang.

Schließlich geht er auf „das Zeugnis des großen russischen Religionsphilosophen und Theologen Sergej Bulgakow" ein, der „über seinen ‚Heimweg'" zum Glauben nach zehn Jahren der Wüstenwanderung durch den szientistischen Atheismus" berichtet hat. Er fragt dann, ob der „poetisch-religiöse Zugang einen anderen Wirklichkeitsbereich" eröffnet, „der nichts mit dem, für den sich die Naturwissenschaft interessiert, zu tun hat". Und er meint, dass

Der Kardinal und der Darwinismus

sich ihre Gegenstandsbereiche berühren müssen, ohne sich zu widersprechen. Dann wendet er sich der „*creatio continua* der fortdauernden Schöpfung zu, die „nicht mit empirischen Methoden gemessen werden" könne. „An Schöpfung als ein aktuelles, jetzt geschehendes Ereignis zu glauben", so meint er, sei „nicht nur sinnvoll, sondern auch die Voraussetzung dafür, dass Wissenschaft einen sinnvollen Grund hat".

Demnach könnte also ein atheistischer Wissenschaftler keinen sinnvollen Grund für seine Forschungen haben. Das ist eine merkwürdige Auffassung. Albert Einstein sah offenbar einen sinnvollen Grund für seine Forschungen darin, dass er auf diese Weise sich ein Bild von der Beschaffenheit wirklicher Zusammenhänge machen konnte. Das Streben nach Wahrheit war für ihn eine sinnvolle Aktivität. Schönborn geht dann auf den christlichen Glauben an die Vorsehung ein. Wenn „dieser Glaube und die naturwissenschaftliche Betrachtung nicht völlig berührungslos nebeneinanderstehen" sollen, dann, so meint er, „stellt uns das vor beachtliche denkerische Herausforderungen. Der Schöpfungsglaube und der naturwissenschaftliche Zugang können sich bestens ergänzen, ohne sich zu bevormunden. Aber das setzt intensive Denkarbeit voraus".[22] Dann geht er auf Darwin und den Darwinismus ein und stellt fest, dass, wer „aus der Frage nach der Evolution einen Glaubenskrieg" mache, „der Wissenschaft sicher nicht" diene.[23] „Dass die Fragen um die Evolution aber zu ‚Kriegsgeräten' gegen den Schöpfungsgedanken gemacht wurden", habe „mit Wissenschaftlichkeit wenig zu tun".

Hier wird also die Möglichkeit diffamiert, Ergebnisse der wissenschaftlichen Forschung zur Kritik des von der katholischen Kirche vertretenen religiösen Weltbildes zu verwenden. Diese Diffamierung kritischen Denkens hängt unter anderem mit der von Schönborn praktizierten sauberen Trennung von Gegenstandsbereichen zusammen, die ich oben kritisiert habe. Diese Trennung dient nur der Dogmatisierung des religiösen Denkens, seiner Immunisierung gegen mögliche Kritik, die mit der Suche nach Wahrheit wenig tun hat.[24] Der richtige Zugang zum Glauben an den Schöpfer, so stellt der Kardinal fest, sei der, „auf das zu schauen, was wir heute schon wissen"[25]. „Eine Gewissheit haben wir im Denken: Alles, was wir an Materiellem beobachten können, war einmal nicht". „Was einmal wurde", habe „seine Existenz nicht aus sich selber und" sei „in seiner Existenz labil". Daraus folge „eine sinnvolle und notwendige Frage: Was hält alles im Dasein?" „Dieses Im-Sein-Erhalten nennen die Philosophen und die Theologen die fortdauernde Schöpfung. Gott hält alles, was ist, im Sein".

Die „Kraft, die alles im Dasein hält", so meint der Kardinal, könne „nicht wieder eine materielle Kraft sein". Es müsse eine absolute Kraft sein, überzeitlich, unendlich". Und diese Eigenschaften seien wesentlich für Gott. „Diese Kraft nennen wir", wie er sagt, „die *creatio continua*, das fortdauernde Schöpferwirken... Würde Gott die Schöpfung loslassen, dann fiele sie in das zurück, woraus sie kommt, in das Nichts". Aber „nicht nur das Dasein aller Dinge" werde „von diesem Urquell, der Kraft des Schöpfers, gehalten, sondern auch das Wirken aller Dinge". Gott wirke, wie Paulus gesagt habe, „alles in allen", als „die alles Wirken tragende und ermöglichende Wirkursache". „Kein Zweifel", sagt der Kardinal dann, „unsere Welt" sei „eine Welt des Werdens, in der die kosmische Entwicklung und die Evolution unser heutiges menschliches Leben auf unserem Planeten ermöglicht haben"[26]. „Auf diesem Weg des Werdens" gebe es „das ‚Auftauchen' von wirklich Neuem." Könne „dieses ‚Mehr' aus dem ‚Weniger' entstanden sein?" Könne „das Niedrigere aus eigener Kraft das Höhere, Komplexere hervorbringen? Nichts in der Erfahrung" spreche „dafür, dass Niedrigeres ohne orientierendes, organisierendes Wirken Höheres hervorbringen" könne, „einfach aus sich heraus, und noch dazu ganz zufällig". Und er stellt die Frage, ob es also doch „einzelne Schöpfungsakte" seien.

Die Antwort, die er darauf gibt, beruht auf einer Unterscheidung zwischen Voraussetzungen und Ursachen. „Damit auf unserem Planeten Leben entstehen konnte", seien „eine ganze Reihe von Voraussetzungen notwendig" gewesen. Aber diese Voraussetzungen seien nur Rahmenbedingungen gewesen und nicht die schöpferische Ursache des Lebens. Zum Entstehen des Lebens bedürfe es „des schöpferischen Aktes Gottes, des ‚göttliche Funkens', um ins Dasein zu treten". Und diesem „göttlichen Funken" werde „die naturwissenschaftliche Forschung auf ihrer Ebene nicht begegnen". Diese Argumentation beruht wieder auf der sauberen Trennung zweier Gegenstandsbereiche, die ich oben kritisiert habe. Die Evolutionstheorie hat offenbar die Zusammenhänge, die sie erklären wollte, erklärt, und zwar im Sinne des Erklärungsbegriffs, der in den Naturwissenschaften üblich ist. Offenbar bedurfte sie dazu nicht der Annahme, dass dabei ein schöpferischer Akt Gottes im Spiele ist. Was der Kardinal uns hier vorführt, lässt sich etwa folgendermaßen charakterisieren. Er hat der erfolgreichen evolutionstheoretischen Erklärung einen theologischen Hut aufgesetzt, in der Meinung, er hätte damit etwas erklärt. Im Rest des Kapitels erläutert er diesen vermeintlichen Erfolg durch weitere Beispiele.

Im fünften Kapitel geht es darum, wie es trotz göttlicher Lenkung soviel Leid in der Welt geben könne. „Warum gibt es in einer guten Schöpfung Parasiten und ihr unvorstellbar grausames Wirken?"[27] „Wer hat nicht schon von der ‚Gottesanbeterin' gehört, die bei der Begattung das Männchen lebendig aufisst? ... Wo ist da ein guter und liebender Schöpfer, der von der Schöpfung sagen kann, dass sie gut ist? Was sollen wir schließlich von der nie endenden Kette an menschlichem Leid denken?" Schönborn berichtet von Briefen, die an ihn geschrieben wurden. In einem dieser Briefe wird die Frage gestellt: „Wie kann Gott, der Barmherzige, also die fürchterlichen Versuche und Irrwege, Tausende Tode, zulassen, und das soll womöglich das Mittel seines planenden Schaffens sein?"

Der Autor weist darauf hin, dass Dostojewski mit der Frage gerungen habe, „ob es auf die atheistischen Argumente aufgrund des schrecklichen Leidens von Unschuldigen überhaupt eine Antwort geben" könne. Er stellt dann fest, dass letztlich „nicht Argumente überzeugen" können, „dass die Übel dieser Welt nicht nur eine sinnlose Absurdität sind. Immer" seien es „Menschen, die die glaubwürdige Antwort gelebt haben. Mutter Theresa" sei „zum Beispiel eine solche lebendige Antwort auf die Herausforderung des Leides und des Übels in der Welt" gewesen. Nun ist die Tatsache, dass es in der Welt Menschen gibt, die sich bemühen, das Leid zu mindern, offenbar keine Entlastung für einen Schöpfergott, der dieses Leid zugelassen hat.

Das scheint der Autor eingesehen zu haben. Er bemüht sich daher darum, Argumente zu finden, die eine Antwort ermöglichen. „Die Antwort der großen christlichen Denktraditionen", so meint er, sei „tief und durchdacht." Und das Wichtigste sei in dem Katechismus der katholischen Kirche zu finden, den, wie ich schon erwähnt habe, Schönborn zusammen mit Joseph Ratzinger verfasst hat. Zunächst wendet sich der Kardinal nun gegen das „Missverständnis", dass dieser Gott diese Welt nur perfekt geschaffen haben könne. Er weist darauf hin, „dass Schöpfung einen Anfang" bedeute, dem „ein Werden" folge, „das schließlich in ein Ziel" münde. Der Schöpfer habe „mit dem, was er im Anfang schuf, einen Weg in Gang gesetzt, auf dem die Welt sich noch befindet und dessen Ziel noch nicht erreicht" sei. „In einer solchen Welt gäbe es ein ständiges Werden. Damit" sei „aber immer auch ein Vergehen mit eingeschlossen ... In einer ‚Werde-Welt'" gebe es „unweigerlich auch Untergang, Zerstörung und Tod". „Solange die Schöpfung noch nicht zur Vollendung gelangt" sei, gebe „es mit dem physisch Guten auch – das *physische Übel*. Was das physische Übel angeht, so bedarf es nach Auffassung des Kardinals einer Art „metaphysischer Grundeinsicht": Alles, was ist, sei gut. Alles, was ist, habe Sein, und das sei gut so. Das bedeute aber „nicht, dass alles, was ist, deshalb schon ‚das Best-Mögliche'" sei. „Gott könnte auch eine bessere Welt schaffen ... wenn er es wollte. Aber müsste er es nicht auch tun, wenn er es könnte?" Daran nähmen wir, so meint der Autor, leicht Anstoß. „Auch wenn die Welt noch viel besser, perfekter wäre", so meint unser Autor, „würde sie doch nie an Gottes Herrlichkeit herankommen. Sie" bleibe immer „ein Abglanz von der Größe des Schöpfers. Das" hänge „auch damit zusammen, dass alle Geschöpfe im Werden sind, einen Anfang, eine Entfaltung, ein Ende haben." Die entscheidende Frage, so stellt der Kardinal nun fest, stehe freilich noch aus[28], nämlich die Frage, woher das Übel komme. „Dass die Schöpfung gut, aber unvollkommen" sei, könnten wir verstehen. „Warum aber" gebe es „soviel scheinbar sinnlose Zerstörung und Grausamkeit?" Er geht dann auf die Erdbebenaktivität ein, die „nur die Kehrseite einer für das Leben auf unserem Planeten unerlässlichen Vorraussetzung" sei. „Ohne die ‚Plattentektonik', die Mobilität der Platten, die die Erdkruste bilden, gäbe es kein Leben auf der Erde". Sie sei „eine der Voraussetzungen dafür, dass die Erde über Milliarden von Jahren eine stabile Durchschnittstemperatur erhalten konnte, ohne die es keine Evolution des Lebens hätte geben können". Wir stünden, so meint er, vor einem „Paradox": „Das, was Erdbeben verursacht, die immer wieder zu Todesopfern führen, ist zugleich eine der Voraussetzungen dafür, dass es uns und alle komplexen Lebewesen auf dieser Erde geben kann".

Der Kardinal räumt schließlich ein, dass das Übel „groß" ist, „schrecklich und nicht wegzuerklären.[29] Aber das Gute" sei „dennoch immer größer und mächtiger". „Ein behindertes Kind... hat", wie er sagt, „als einmaliges Wesen sein eigenes Schicksal, gemeinsam mit dem seiner Eltern und Geschwister. Warum lässt Gott dies zu? Hüten wir uns vor glatten Antworten. Auf die Frage Warum? kann nur die Antwort der Solidarität überzeugen. Auch ich hätte dieses behinderte Kind sein können. Es hat dasselbe Menschsein und dieselbe Würde wie ich. Es ist ein lebender Anruf an mich: Sei zu mir so, wie du es dir wünschen würdest, wenn du in meiner Lage wärest. Wieviel an Liebe ist auf diesem schmerzlichen Wege in die Welt gekommen?"

Es bleibe schließlich „die lastende Frage, warum das Übel so sinnlos zuschlägt. Hier" sei „kein *design* zu erkennen, eher die Zerstörung von Sinn und Plan. Die Bibel" wisse davon, dass „die gesamte Schöpfung bis zum heutigen Tage seufzt und in Geburtswehen liegt". Aber es sei ihr „auch eine Verheißung gegeben: Die Schöpfung soll von der Sklaverei und Verlorenheit befreit werden zur Freiheit und Herrlichkeit der Kinder Gottes". Das also ist die Lösung des Theodizeeproblems, die uns der Kardinal anbietet. Immerhin hat er nicht in der Weise auf dieses Problem reagiert wie sein Vorgesetzter Joseph Ratzinger, der es fertiggebracht hat, diejenigen, die dieses Problem ernst nehmen und sich mit ihm auseinandersetzen, moralisch zu diffamieren.[30]

Aber die Schönborn'sche Lösung des Problems ist eine Zumutung für seine Leser. In den Ausführungen Schönborns zu diesem Problem wird deutlich, dass er die Allmacht des Schöpfergottes, an den er glaubt, nicht ernst genommen hat. Ein allmächtiger Gott hätte die Welt offenbar so einrichten können, dass keine behinderten Kinder auf die Welt kommen können. Er hätte sie so einrichten können, dass es keine Erdbeben gäbe und doch eine Evolution moglich gewesen wäre. Er hätte dafür sorgen können, dass es keine sinnlosen Grausamkeiten und Zerstörungen gäbe. Er hätte eine „Werde-Welt" ohne Zerstörung, Untergang und Tod schaffen können.

Seine Ausführungen zum Theodizeeproblem sind nichts als Ausreden, die jeder einigermaßen intelligente Leser als solche erkennen kann. Man hat den Eindruck, dass er sich mit diesem Problem und der dazu vorliegenden Literatur nicht ernsthaft auseinandergesetzt hat.[31] Es gibt offenbar keine positive Lösung dieses Problems. Die einzige vernünftige Antwort auf diese Frage ist die, dass es den allmächtigen, allgütigen und allwissenden Gott nicht gibt, an den die Christen glauben.

Im sechsten Kapitel geht es um den Menschen als Krone der Schöpfung. Den Menschen als „Krone der Schöpfung" zu sehen, sagt Christoph Schönborn, klinge „für viele heute wie eine hochmütige Selbstüberschätzung".[32] „Dreifach" sei er „als Krone der Schöpfung in Frage gestellt: „Erstens sei die Erde „aus der Mitte gerückt, in eine Umlaufbahn um die Sonne, irgendwo am Rand einer Galaxis von über hundert Milliarden Sternen, wiederum am Rand von über hundert Milliarden Galaxien des Universums." Zweitens sei „der Mensch aus dem Tierreich hervorgegangen" und „anstößig daran sei, dass es ... zwischen Mensch und Tier keine wesensmäßige Diskontinuität, keinen metaphysischen Unterschied geben soll." Und drittens wurde „die Seele des Menschen von ihrer geistigen Höhe heruntergestoßen und als Maske von unbewussten Trieben entlarvt".

In der Bibel dagegen finden wir, wie Schönborn feststellt, „eine ‚anthropozentrische' Sicht der Welt und eine ‚geozentrische' Sicht des Menschen".[33] „Der Mensch" sei Mittelpunkt und Höhepunkt der Schöpfung", eine Überzeugung, die das Christentum mit dem Judentum teile. Der Kardinal stellt dann die Frage, ob der Mensch „mit unveräußerlicher Würde ausgestattet" sei oder ob er „ein Etwas" sei, „das sich nur als Teil eines größeren Ganzen empfinden darf". „Alle großen Fragen bezüglich der Menschenwürde, der Menschenrechte" so meint er, „kreisen letztlich um diese Frage. Von ihrer Beantwortung" hänge ab, „wie mit der Menschenwürde und den Menschenrechten umzugehen ist". Und „die Antwort auf diese entscheidende Frage" könne „nicht in einem Gegeneinander von Glauben und Wissen, von Religion und Wissenschaft gefunden werden, sondern nur in einem gemeinsamen Bemühen des Denkens, Forschens und auch des Glaubens".[34] Nach einem Bericht über die Geschichte des Denkens über diese Problematik kommt Schönborn zu dem Schluss, dass das „Eingetauchtsein' in den Strom des Werdens" durchaus vereinbar ist

„mit der biblischen Sicht des Menschen".[35] Es gehöre „zu den wunderbaren Seiten unserer irdischen Existenz, dass wir als Menschen mit allen Geschöpfen verwandt sind". Es sei auch „keine Demütigung, wenn sich zeigt, dass das Auftreten des Menschen auf unserer Erde eine lange Geschichte hat".

Es gibt aber, wie Schönborn feststellt, „einen Wesensunterschied zwischen Tier und Mensch"[36]. Und zwar, bestehe er im „Personsein". Das „Spezifikum des Menschen" sei nämlich „die Fähigkeit zur Sachlichkeit", also „die Möglichkeit, über unmittelbare vitale Interessen und Bedürfnisse hinauszugehen und sich selber und Andere als sie selber und Anderes als es selber wahrzunehmen". „Ich bin nicht eingetaucht in meine Welt, ich kann sie mir ansehen, sie verändern, ihr kritisch gegenübertreten. Ich kann über sie und über mich selber nachdenken. All das", so meint der Autor, könne „nicht aus dem Lebensstoff, der belebten Materie stammen". Gegen die Beschreibung der Eigenschaften, die den Menschen von anderen Primaten unterscheiden, ist meines Erachtens nichts einzuwenden. Aber die Behauptung, dass all das nicht aus der belebten Materie stammen könne, ist keineswegs akzeptabel. Es gibt bekanntlich anthropologische Auffassungen, in deren Rahmen die Sonderstellung des Menschen im Kosmos biologisch erklärt wird.[37] Auch wer die betreffenden Erklärungsversuche nicht als gelungen ansieht, wird doch einräumen können, dass in ihnen Argumente eine Rolle spielen, die man nicht einfach beiseiteschieben kann. Und die Möglichkeit anderer derartiger Erklärungsversuche kann man nicht ohne weiteres ausschließen. Solchen Bemühungen einfach die Behauptung entgegenzuhalten, sie seien von vornherein zum Misserfolg verurteilt, ist meines Erachtens inakzeptabel.

Dann geht Schönborn auf die evolutionäre Erkenntnistheorie ein, die, wie er sagt, „die menschliche Erkenntnisfähigkeit nur aus evolutiven Anpassungs- und Überlebensvorteilen herleiten" wolle. Und er behauptet, es sei „oft genug gezeigt worden", dass „alle diese Versuche nicht gelingen können". Es gibt aber eine ganze Reihe von Arbeiten zur evolutionären Erkenntnistheorie, in denen diese Versuche offenbar gelungen sind. Dazu gehört eine Arbeit des Philosophen Karl Popper, die in dem Buch Poppers veröffentlicht wurde, das von Schönborn selbst zitiert wurde.[38] Dazu gehört ein Buch des Biologen und Verhaltensforschers Konrad Lorenz[39]. Und dazu gehören die diesbezüglichen Bücher des Philosophen und Biologen Gerhard Vollmer.[40]

Im Schönborn'schen Buch ist keine Auseinandersetzung mit diesen Versuchen zu finden. Es gibt in ihm nicht einmal einen Hinweis auf die Literatur, auf die er sich stützt. Das Gleiche gilt für seine Zurückweisung der Versuche, eine evolutionäre Ethik zu begründen. Der Unterschied zwischen einer materialistischen und einer spiritualistischen Sicht[41], so sagt er dann, sei „nicht primär" ein Unterschied „zwischen Glauben und Wissenschaft, sondern zwischen einer unvernünftigen und einer vernünftigen Sicht. Der Materialismus" sei „denkerisch nicht zu halten, er" sei „in sich widersprüchlich".

Wieder begnügt sich Schönborn hier mit bloßen Behauptungen. Bekanntlich war Albert Einstein Materialist und er hat eine widerspruchfreie philosophische und wissenschaftliche Konzeption entwickelt. Und es gibt zahlreiche Physiker und Philosophen, die das Gleiche getan haben. Was Schönborn dann anführt, um den Materialismus zu widerlegen, zeigt, dass er nicht in der Lage ist, Argumente von Erzählungen zu unterscheiden.

Im siebten Kapitel geht es darum, was Jesus mit der Schöpfung zu tun hat. Der Kardinal führt uns hier „das gewaltige Paradox" vor Augen, „das große Geheimnis, das die Mitte des christlichen Glaubens ausmacht", und zwar mit einem Zitat aus dem Johannesevangelium: „Und das Wort ist Fleisch geworden und hat unter uns gewohnt, und wir haben seine Herrlichkeit gesehen, die Herrlichkeit des einzigen Sohnes vom Vater, voll Gnade und Wahrheit".[42] „Gott, Welt, Mensch", so stellt Schönborn fest, „alles erscheint durch das Geheimnis des Gott-Menschen Jesus Christus in einem neuen Licht". Wenn „Jesus Christus der menschgewordene Gottessohn" sei, „wie der christliche Glaube lehrt, dann" sei „die einzigartige Stellung des Menschen im Ganzen des Universums nochmals bestärkt und überhöht".

Er geht dann auf die These Hoimar von Ditfurths ein, „das evolutive Weltbild erlaube es nicht mehr, Jesus Christus eine ,absolute' Bedeutung zuzusprechen". Seine Antwort darauf ist die, dass es „wohl keine Vereinbarkeit von Naturwissenschaft und christlichem Glauben um den Preis der Preisgabe der zentralen Glaubensgeheimnisse geben" könne. Dann folgen allerlei Bibel-Zitate, mit denen die Großartigkeit der christlichen Vision gezeigt werden soll.

Schließlich geht der Kardinal auf die Auferstehung Jesu ein.[43] „Aus der Gewissheit der Auferstehung Jesu erwächst", wie er sagt, „der Urkirche die Gewissheit, dass der Auferstandene das Ziel des Universums ist". „Das Universum" sei „nicht ein sinnloses Spiel blinder Kräfte, sondern ein ,progetto intelligente', ein ,intelligenter Plan', wie Papst Benedikt XVI. es genannt hat". Dieser Plan, so meint er, sei „ein Plan der Liebe".

Er stellt dann die Frage, was „diese hohen theologischen Gedanken für den Naturwissenschaftler bedeuten, der nüchtern seiner Alltagsarbeit nachgeht, mühsam meist kleine und manchmal große Erkenntnisfortschritte macht". „Nur auf induktivem Weg, von den Beobachtungen der Welt ausgehend", so meint er, „wird kaum das entdeckt werden, was wir in den Christushymnen der Urkirche gehört haben". Die „alles überragende Erkenntnis Christi', von der Paulus spricht . . . , ist ein reines Gnadengeschenk".[44]

Schließlich geht Schönborn noch auf die Konzeption Teilhard des Chardins ein, der „die Erkenntnis Christi mit dem Gedanken der Evolution zusammenzubringen" versucht habe.[45] Dieser Jesuit habe, so meint er, „vielen Naturwissenschaftlern geholfen, das Vorurteil zu überwinden, der Glaube beenge die Wissenschaft."

Die Betrachtungen, die der Kardinal über Jesus und über die Osterereignisse anstellt, zeigen, dass er offenbar die Ergebnisse der protestantischen Leben-Jesu-Forschung entweder nicht zur Kenntnis genommen hat oder sie für uninteressant hält. Die von Albert Schweitzer und Johannes Weiß vorgebrachte eschatologische Interpretation der Botschaft des Neuen Testaments, die seit langer Zeit als adäquate Deutung anerkannt wird, hat bekanntlich die Gläubigen mit der unverkennbaren Tatsache konfrontiert, dass sich Jesus in einem äußerst schwerwiegendem Irrtum befunden hat. Die Naherwartung, ein zentraler Teil seiner Botschaft, hat sich nämlich als Illusion erwiesen.[46] Die Parusieverzögerung, mit der im christlichen Glauben darauf reagiert wurde, ist eine Scheinlösung des Problems, mit dem er dadurch konfrontiert war. Dass Schönborn auf die Ergebnisse der Leben-Jesu-Forschung nicht einmal eingeht, zeigt, wie es um seine wissenschaftliche Kompetenz bestellt ist.

Das achte Kapitel des Buches zieht, wie der Herausgeber sagt, „die praktische Konsequenz aus dem Bisherigen".[47] „Kaum ein Satz", so stellt der Autor eingangs fest, „erscheint heute so problematisch und wird so abgelehnt wie der berühmte Auftrag ‚Macht Euch die Erde untertan!' An den Folgen dieses göttlichen Befehls an die Menschheit, so heißt es, leide heute die ganze Welt"[48]. Wieder sei „das Christentum auf der Anklagebank", und zwar „als der üble Fortschrittsmacher, der mit biblischer Begründung die totale Ausbeutung der Natur rechtfertigt".

Wir müssen nach Auffassung Schönborns „genauer fragen, was das biblische Gebot besagt". „Erstens", so meint er, „haben alle Menschen gemeinsam, nicht nur einige wenige, von Gott die Aufgabe, die Schöpfung zu verwalten, zu gestalten und über sie zu verfügen, anvertraut bekommen" und zweitens „ist dem Menschen die Herrschaft über die außermenschliche Schöpfung anvertraut, nicht die über die anderen Menschen". Auf die Frage, „welcher Art... des Menschen Herrschaft über die ihm unterworfene Schöpfung sein" soll, habe Joseph Ratzinger geantwortet: „Der Auftrag des Schöpfers an den Menschen heißt, dass er die Welt als Gottes Schöpfung im Rhythmus und in der Logik der Schöpfung pflegen solle".

Wenn man nach „Vorgaben des Schöpfers" frage, „aus denen für uns eine Verantwortung folgt", dann sei die erste die Vorgabe, dass der Schöpfer den Menschen als „Mann und Frau" geschaffen habe. „Ein zweites Beispiel für eine christlich verstandenen Schöpfungsverantwortung ist" nach Schönborn „der Tierschutz".

Die erste Vorgabe stoße heute weitgehend auf Unverständnis, vor allem wegen ihrer sittlichen Konsequenzen, etwa in der Frage der Homosexualität.

Gegen bestimmte Artikel aus dem katholischen Katechismus zur menschlichen Herrschaft über die Tiere habe es Proteste gegeben. Vor allem die Aussage, man dürfe Tiere gern haben, aber ihnen nicht die Menschen gebührende Liebe zuwenden, habe heftigen Widerspruch ausgelöst. Dazu sagt Schönborn, dass „die Schöpfungsordnung irgendwie verkehrt wird, wenn für Tiere ein Luxus getrieben wird, während gleichzeitig Menschen das Notwendigste vorenthalten wird, müsste doch einsichtig sein." Wie der evangelische Exeget Ludwig Köhler gesagt habe[49], sei der Schöpfungsauftrag der Auftrag zur Kultur. Er gehe an alle Menschen und umfasse alle Zeiten. Die ganze Geschichte, alles menschliche Streben stehe unter diesem Zeichen, diesem Bibelwort... Das sei seine objektive Seite. Und seine subjektive Seite bestehe darin, dass jeder Mensch mit dem Leben innerlich fertigzuwerden suchen müsse. „Macht Euch die Erde untertan" sei „also der Kulturauftrag des Menschen von Anfang an,... für jede Generation ein Dauerauftrag". Er sei „immer neu bedroht von Pervertierungen des Schöpfcrauftrags, vor allem, wenn in Vergessenheit gerät, dass es sich um einen Auftrag handelt und nicht um ein eigenwilliges und eigenmächtiges Herrschenwollen, nicht um einen Freibrief zur maßlosen Ausbeutung der Schöpfung".

Was die Wissenschaft angehe, so sei sie, „recht verstanden, eine konkrete Verwirklichung des ersten göttlichen Auftrags an den Menschen: ‚Macht Euch die Erde untertan'. Daher" müsse „die Schöpfungsverantwortung auch für das naturwissenschaftliche Selbstverständnis eine Herausforderung sein". In diesem Zusammenhang weist Schönborn auf den Philosophen Hans Jonas hin, der in seinem Werk über das Prinzip Verantwortung „der entscheidenden Frage" nachgegangen sei, „ob aus dem Sein ein Sollen" folge. Eine „Schöpfungsverantwortung" gebe es nur, wie Jonas meine, „wenn sich vom Sein der Schöpfung ein Sollen an uns richte." Offenbar möchte sich der Kardinal der Jonas'schen Auffassung anschließen, dass ein solcher Zusammenhang besteht. Nun ist der Schluss vom Sein auf das Sollen der bekannte naturrechtliche Fehlschluss, den schon David Hume und Immanuel Kant einer Kritik unterzogen haben. Es geht hier um ein rein logisches Problem, so dass die ontologischen Betrachtungen, die katholische Theologen damit zu verbinden pflegen, für diese Frage belanglos sind. In seiner Rede vor dem deutschen Bundestag hat übrigens Joseph Ratzinger vor kurzem ebenso argumentiert wie sein Wiener Untergebener. Dieser scheint ebenso wie er davon überzeugt zu sein, dass ohne das Naturrecht keine rationale Behandlung ethischer Probleme möglich ist.[50]

Im neunten und letzten Kapitel seines Buches fasst der Kardinal die Ergebnisse seiner Untersuchungen zusammen und versucht einen Ausblick. „Die Schlüsselfrage, an der alles" hänge, so stellt er fest, laute: „Ist die Welt, in der wir leben, und unser Leben in ihr sinnvoll? Sinnvoll", so meint er, sei „nur, was ein Ziel hat. Ohne Vernunft keine Orientierung, kein Plan, kein *design*".[51] Joseph Ratzinger habe dazu gesagt: „Das christliche Bild der Welt ist, dass die Welt in einem sehr komplizierten Evolutionsprozess entstanden ist, dass sie aber im Tiefsten eben doch aus dem Logos kommt. Sie trägt insofern Vernunft in sich".

„Jahrhundertelang wurde", wie Schönborn feststellt[52], „die Schöpfung als Schöpfungsgeschichte erzählt, wie sie in der Bibel steht. Die Menschen verstanden sich als Teil einer großen Geschichte, die mit Adam und Eva begann, die mit dem Sechstagewerk des Schöpfers grundgelegt war ... Dass die Geschichte mit der Entdeckung der Weiten des Alls, des Alters der Erdgeschichte, eine immer stärkere Konkurrenz bekam, ist nicht verwunderlich. Die ‚wissenschaftliche' Weltgeschichte löste immer mehr die biblische ab, machte diese zur mythischen Erzählung. Doch erst mit dem Aufkommen der darwinschen Geschichte des Lebens kam es zur scharfen Konkurrenzsituation. Der Darwinismus wurde zur alternativen Schöpfungsgeschichte, die nun freilich keines Schöpfers mehr bedurfte und gegenüber der biblischen Geschichte den ungeheuer anziehenden, alles verklärenden Nimbus der Wissenschaftlichkeit erhielt."

Die Frage, welche der beiden Geschichten die wahre sei, sei unvermeidlich. Die „streng wissenschaftliche Evolutionsforschung", so meint der Kardinal, sei „als Forschungszweig höchst respektabel". Aber die „Ausweitung auf alle Bereiche der Wirklichkeit" sei „nicht mehr wissenschaftlich gedeckt." Damit „betreten wir", wie Schönborn meint, „den Boden der Weltanschauung, wenn nicht der Ideologie". Der richtige Weg aber sei „nicht die Alternative von ‚Darwin'scher Geschichte' und Kreationismus, wie das gerne dargestellt wird, sondern das Miteinander von ‚Darwinsleiter' und ‚Jakobsleiter'". Es sei, so meint er, „der Vernunft widersprechend, diesen grandiosen Weg des Lebens hin bis zum Menschen ausschließlich als Zufallsprozess zu sehen." Es gebe „den Zufall im Sinne des Ungeplanten, aber er" sei „nicht das große schöpferische Prinzip, das der ideologische Darwinismus aus ihm machen möchte". Alle diese Schönborn'schen Thesen habe ich schon einer Kritik unterzogen.

Schließlich nennt der Kardinal noch drei Bereiche, „in denen es heute besonders deutlich" werde, „wie sehr eine nur auf der ‚Darwinsleiter' aufbauende Weltanschauung' problematische Folgen zeitigt"[53]. Es geht dabei um den wirtschaftlichen, den pädagogischen und den ethischen Bereich. Im wirtschaftlichen Bereich handelt es sich um den „engen Zusammenhang zwischen Neodarwinismus und Neoliberalismus". Offenbar geht es hier um politische Konsequenzen bestimmter Versionen des Neoliberalismus. Da aus dem Darwinismus als einer theoretischen Auffassung keine normativen Folgerungen gezogen werden können, können wir den Schönborn'schen Hinweis auf sich beruhen lassen. Hinsichtlich des pädagogischen Bereichs geht es um das gleiche Problem. Auch hier handelt es sich um angebliche normative Konsequenzen. Das Gleiche gilt für den ethischen Bereich. Das Buch endet mit einem kurzen Schlusswort, in dem der Kardinal noch einmal seinen Glauben zum Ausdruck bringt. Ich schließe meine Betrachtungen zu den Geschichten, Bekenntnissen und Argumenten des Chefs der Wiener Diözese mit der Bemerkung, dass ich mich nur darüber wundern kann, was dieser Theologe sich getraut hat, seinen Lesern zuzumuten.

ANMERKUNGEN

[1] Vgl. Christoph Kardinal Schönborn, Ziel oder Zufall? Schöpfung und Evolution aus der Sicht eines vernünftigen Glaubens, herausgegeben von Hubert Philipp Weber, Freiburg/Basel/Wien 2007.

[2] a.a.O., S. 13.

[3] a.a.O., S. 21.

[4] Vgl. Karl Popper, Zurück zu den Vorsokratikern, in seinem Buch: Vermutungen und Widerlegungen. Das Wachstum der wissenschaftlichen Erkenntnis, 2. Auflage, herausgegeben von Herbert Keuth, Tübingen 2009, S. 218.

[5] a.a.O., S. 233 ff.

[6] Vgl. Schönborn, a.a.O., S. 24.

[7] a.a.O., S. 29 f.

[8] a.a.O., S. 33.

[9] a.a.O., S. 13.

[10] a.a.O.; S. 39 f.

[11] Vgl. dazu Joseph Ratzinger, Einführung in das Christentum. Vorlesungen über das apostolische Glaubensbekenntnis, München 1968. Neuausgabe 2000, und mein Buch: Joseph Ratzingers Rettung des Christentums. Beschränkungen des Vernunftgebrauchs im Dienste des Glaubens, Aschaffenburg 2008, S. 45.

[12] Vgl. dazu Arthur Schopenhauer, Die vierfache Wurzel des Satzes vom zureichenden Grunde. Eine philosophische Abhandlung (1847), Hamburg 1957, S. 25, wo er von einer „contradictio in adiecto", einem „frechen Machtwort" spricht, „die unendliche Kausalkette abzukürzen."

[13] Vgl. Schönborn, a.a.O., S. 46 ff.

[14] a.a.O., S. 49 f.

[15] Vgl. dazu mein Buch: Traktat über kritische Vernunft (1968), 5. Auflage, Tübingen 1991, S. 137-145, wo ich dieses Problem im Rahmen einer Kritik an theologischen Thesen behandelt habe.

[16] vgl. Schönborn, a.a.O., S. 56 ff.
[17] Vgl. dazu mein in Anm. 15 erwähntes Buch, S. 29-137.
[18] Vgl. Schönborn, a.a.O., S. 57 f.
[19] a.a.O., S. 60 ff.
[20] a.a.O., S. 14.
[21] a.a.O., S. 74 ff.
[22] a.a.O., S. 81.
[23] a.a.O., S. 82.
[24] Vgl. dazu mein Buch: Traktat über kritische Vernunft, a.a.O., S. 18-24.
[25] Vgl. Schönborn, a.a.O., S. 84 ff.
[26] a.a.O., S. 86 ff.
[27] a.a.O., S. 95 ff.
[28] a.a.O., S. 106 f.
[29] a.a.O., S. 109 f
[30] Vgl. dazu mein Buch: Joseph Ratzingers Rettung des Christentums, a.a.O., S. 12 ff.
[31] Als Lektüre möchte ich ihm das Buch eines katholischen Theologen empfehlen, der sich ernsthaft mit diesem Problem auseinandergesetzt hat, nämlich: Armin Kreiner, Gott im Leid. Zur Stichhaltigkeit der Theodizee-Argumente, 2. Auflage, Freiburg/ Basel/Wien 1998. Aber auch Kreiners Lösungsvorschlag für dieses Problem hat sich als unhaltbar erwiesen, vgl. dazu Norbert Hoerster, Die Frage nach Gott, 2. Auflage, München 2007.
[32] Vgl. Schönborn, a.a.O., S. 112 ff.
[33] Vgl. a.a.O., S. 115 ff.
[34] Vgl. a.a.O., S. 119.
[35] Vgl. a.a.O., S. 123 ff.
[36] Vgl. a.a.O., S. 126 ff.
[37] Vgl. dazu zum Beispiel: Arnold Gehlen, Der Mensch. Seine Natur und seine Stellung in der Welt, 4. Auflage, Bonn 1950.
[38] Vgl. Karl Popper, Evolution and the Tree of Knowledge, in seinem Buch: Objective Knowledge. An Evolutionary Approach, rev. ed., Oxford 1973, S. 257-284, und Schönborn, a.a.O., S. 65 f.
[39] Vgl. Konrad Lorenz, Die Rückseite des Spiegels. Versuch einer Naturgeschichte menschlichen Erkennens, München/Zürich 1973.
[40] Vgl. Gerhard Vollmer, Evolutionäre Erkenntnistheorie. Angeborene Erkenntnisstrukturen im Kontext von Biologie, Psychologie, Linguistik, Philosophie und Wissenschaftstheorie, Stuttgart 1975, und derselbe, Was können wir wissen? Band 1. Die Natur der Erkenntnis. Beiträge zur Evolutionären Erkenntnistheorie, Stuttgart 1985.
[41] Schönborn nennt sie eine „dem Geist Raum gebende Sicht" ...
[42] Vgl. Schönborn, a.a.O., S. 135 ff.
[43] Vgl. a.a.O., S. 142 ff.
[44] Vgl. a.a.O., S. 146.
[45] Vgl. a.a.O., S. 148 ff.
[46] Vgl. dazu Helmut Groos, Albert Schweitzer. Größe und Grenzen. Eine kritische Würdigung des Forschers und Denkers, München/Basel, 1974, S. 116-374.
[47] Vgl. Schönborn, a.a.O., S. 14.
[48] Vgl. a.a.O., S. 152 ff.
[49] Vgl. a.a.O., S. 159 ff.

[50] Vgl. dazu aber das III. Kapitel meines oben erwähnten Buches: Traktat über kritische Vernunft, a.a.O., S. 66 95, wo ich zeige, wie eine solche Behandlung ethischer Probleme möglich ist.
[51] Vgl. Schönborn, a.a.O., S. 170 f.
[52] Vgl. a.a.O., S. 175 ff.
[53] Vgl. a.a.O., S. 178 ff.

Abtprimas Notker Wolf als Ratgeber

Erzählungen und Ratschläge des obersten Benediktiners

Notker Wolf ist seit dem Jahre 2000 als Abtprimas des Benediktinerordens mit Sitz in Rom der höchste Repräsentant dieses Ordens, von dem es in der ganzen Welt mehr als 800 Klöster und Abteien gibt. Er hat unzählige populäre Schriften verfasst und tritt immer wieder in Talkshows des deutschen Fernsehens auf. In einer dieser Schriften, einem kleinen Taschenbuch, versucht er, seinen Lesern einige kleine Wahrheiten zu vermitteln.[1] Unter Titeln wie „Loslaufen und das Heilige spüren", „Warum meckern, wenn man dankbar sein könnte" oder „Traurige Wahrheiten – Missbrauchsfälle in der Kirche" – es sind insgesamt 75 Titel – erzählt er auf etwa zwei Seiten irgendwelche Begebenheiten, vielfach seine Begegnungen mit anderen Menschen, und knüpft daran Ratschläge für den Leser oder Deutungen des betreffenden Geschehens, aus denen Konsequenzen für das Verhalten gezogen werden können. Ein großer Teil seiner Betrachtungen und viele der mit ihnen verbundenen Ratschläge sind auch für Leute akzeptabel, die nicht seinen katholischen Glauben teilen. Für die anderen gilt das nicht. Und nur mit diesen möchte ich mich hier beschäftigen.

In seinem Vorwort sagt er – ähnlich wie Hans Küng in einem seiner Bücher – wir bräuchten für unser Leben jede Menge Zuversicht, Liebe und Vertrauen, oder genauer: Urvertrauen. Und er stellt die Frage, woher wir soviel Zuversicht, Liebe und Vertrauen nehmen wollten. Er äußert die Ansicht, dass weder unsere Lebenserfahrung noch unsere Vernunft in der Lage wären, eine positive Antwort auf diese Frage zu geben. Wir wollten aber an etwas glauben, das unsere Lebenserfahrung und unsere Vernunft Lügen straft. Und er fragt, ob das hieße, sich törichte Illusionen zu machen.

Diese Ansicht weist er zurück. Er fordert uns vielmehr auf, wider alle Wahrscheinlichkeit an das Mögliche zu glauben und uns mit der Kraft zu verbinden, die uns dazu befähigt, niemals aufzugeben. Jesus sage, alles sei möglich dem, der glaube! Wir bräuchten nur einen guten Grund für unseren Glauben, und zwar einen besseren Grund als den Glauben an die Wissenschaft, die uns ein Leben im Überfluss, den Triumph über alle Krankheiten und ewige Jugend verheiße.

Der beste Grund, den er selbst kenne, sei aber der Glaube an Gott, der ihn ins Leben gerufen habe, der ihn liebe und zu dem er einmal zurückkehren würde. Diejenigen, so meint er schließlich, seien die wahren Realisten, die sich vom Realismus der Vernunft nicht einschüchtern ließen und sich mit der göttlichen Kraft der Liebe und des Lebens im Glauben verbündeten. Die Antwort des Benediktiners auf die Ausgangsfrage besteht also darin, dass er dem Realismus der Vernunft, wie er in der Wissenschaft zum Ausdruck kommt, den wahren Realismus seines Glaubens an Gott entgegensetzt. Über die Wahrheit dieses Glaubens scheint er sich dabei keine Gedanken zu machen, obwohl seine Frage, ob es sich bei seiner Zuversicht um eine Illusion handelt, eigentlich Anlass gewesen wäre, dieses Problem in Betracht zu ziehen,

In den Wissenschaften hat das Wahrheitsproblem zentrale Bedeutung. Und die Methodologie der Forschung, die die kritische Prüfung aller vorgeschlagenen Problemlösungen verlangt, zielt darauf ab, Lösungen zu erzielen, die der Wahrheit möglichst nahe kommen.

Der Abt scheint dagegen seinen Glauben an Gott deshalb zu bevorzugen, weil er geeignet ist, ihm ein glückliches Leben zu ermöglichen, gleichgültig, wie es um die Wahrheit dieses Glauben bestellt ist. Einen Glauben dieser Art pflegt man aber als Illusion zu bezeichnen. Dass es sich hier um eine törichte Illusion handelt, möchte ich damit allerdings nicht behaupten, denn Notker Wolf scheint es ja nicht um die Wahrheit seines Glaubens zu gehen. Auf die Frage, wie man über die Wahrheit des Glaubens an Gott und damit die der christlichen Weltauffassung entscheiden kann, werde ich später zurückkommen.

In einem Abschnitt, der den Titel hat: „Kein Gott – kein Stress mehr?", geht der Abtprimas darauf ein, dass neuerdings öffentlich dafür geworben wird, nicht mehr an Gott zu glauben. Er bezieht sich dabei auf die Londoner Bus-Kampagne, bei der die Busse die Werbeaufschrift getragen haben: „Wahrscheinlich gibt es keinen Gott – also genießen Sie das Leben". Bekanntlich hat es eine solche Kampagne auch in Deutschland gegeben. Er fragt dann, wieso Atheisten die glücklicheren Menschen sein sollten, und versucht eine Interpretation der Auffassung der Leute, die diese Kampagne finanziert haben. Wer an keinen Gott glaube, so deutet er ihre Meinung, brauche keinen Gedanken an Sünde, Schuld und Verantwortung zu verschwenden und könne entspannt in den Tag hinein leben. Das Glück bestehe darin, es sich leicht zu machen, und Gott stehe diesem Glück im Wege. Dass in der Auffassung der Atheisten, die diese Kampagne finanziert haben, der Begriff der Sünde keine Rolle spielt, ist sicherlich wahr. Aber dass in ihr Schuld und Verantwortung keine Rolle spielen, ist eine haltlose Unterstellung. Es gibt keinen Grund, den Vertretern des Atheismus moralische Vorstellungen und moralisches Verhalten abzusprechen. Bertrand Russell, einer der bedeutendsten atheistischen Philosophen des zwanzigsten Jahrhunderts, war bekanntlich ein hervorragender Humanist, der sogar einen Gefängnisaufenthalt in Kauf nahm, weil er für die Erhaltung des Friedens eintrat.

Notker Wolf schildert dann Situationen aus seinem Leben, in denen er es mit leidenden Menschen zu tun hatte, und stellt fest, dass in diesen Fällen die Aussage „Wahrscheinlich gibt es keinen Gott, also genießen Sie das Leben!" kein Trost für diese Menschen gewesen wäre. Dass die betreffenden Atheisten sich in solchen Situationen so verhalten hätten, ist eine Unterstellung, für die es keine Anhaltspunke gibt. Er schließt mit der These, sobald es in unserem Leben ernst werde, laute die wahrhaft frohe Botschaft: „Es gibt einen Gott, und er ist gnädig und barmherzig, weil er uns liebt. Mit der Frage, ob diese Botschaft akzeptabel ist, werde ich mich noch beschäftigen, und zwar im Rahmen einer Erörterung des Theodizeeproblems.

In einem Abschnitt mit dem Titel „Der Teufel ist im Kommen" geht es um den Teufel und die Macht des Bösen.[3] Er selbst, so stellt der Abtprimas fest, nehme den Teufel ernst. Darüber braucht man sich nicht zu wundern, denn auch im offiziell geltenden Katechismus der katholischen Kirche, der von Joseph Ratzinger und Christoph Schönborn verfasst wurde, spielt der Teufel eine Rolle. Die Dämonologie ist immer noch ein wesentlicher Bestandteil der katholischen Theologie und an der Kurie gibt es noch einen Erzbischof, der für Teufelsaustreibungen zuständig ist.[4] Notker Wolf scheint aber nicht zu sehen, welches Problem für die katholische Theologie in diesem Glauben an die Existenz des Teufels besteht, denn offenbar hat der allmächtige Gott, der in dieser Theologie eine Rolle spielt, die Existenz dieses Wesens zugelassen, das die Menschen in Versuchung führt, Böses zu tun. Diese Frage spielt wieder im Zusammenhang mit dem oben erwähnten Theodizeeproblem eine Rolle. Der Gott, der im katholischen Glauben vorkommt, ist nämlich damit selbst für moralische Übel verantwortlich, für die er die betreffenden Menschen verantwortlich zu machen pflegt. In einem Abschnitt mit dem Titel „Das Grauen hat nicht das letzte Wort" erzählt uns der Abtprimas von einem Erdbeben, das selbst den Erzbischof von Port-au-Prince nicht verschont hat. In der Not, so sagt er, gebe es auch für Christen keine Privilegien, so als müsse Gott das Unheil wenigstens von denjenigen fernhalten, die an ihn glauben. Auch Christus habe am Karfreitag Qualen gelitten, auch Christen müssten leiden, wenn alle leiden. Gott verspreche seinen Gläubigen nicht, dass sie im Leben besser wegkommen als andere. Aber die Christen wüssten, dass das Grauen nicht das letzte Wort habe, dass auf die Qualen des Karfreitags die Auferstehung folge und dass nicht einmal mit dem Tod alles zuende sei. Wenn man das zur Kenntnis nimmt, was Notker Wolf uns hier erzählt, dann hat man Anlass, an das Lissaboner Erdbeben im Jahre 1755 zu denken, das damals viele Menschen dazu veranlasst hat, an der Existenz eines allmächtigen, allgütigen und allwissenden Gottes zu zweifeln, wie er im christlichen Glauben vorkommt.[6] Ein solcher Gott hätte offenbar ein solches Übel nicht zulassen können. Wir haben es hier also mit dem oben schon erwähnten Theodizeeproblem zu tun, für das es bekanntlich keine positive Lösung gibt. Nicht nur für die natürlichen, sondern auch für die sogenannten moralischen Übel, die es in dieser Welt gibt, ist offenbar dieser Gott selbst verantwortlich. Es hat immer wieder Versuche gegeben, eine positive Lösung für dieses Problem zu finden, aber sie sind alle gescheitert.[7] Moderne Theologen pflegen das Theodizeeproblem entweder einfach zu übergehen oder sich mit leicht durchschaubaren Ausreden zu begnügen, wenn sie damit konfrontiert werden. Der Abtprimas scheint, wie seine Erzählung zeigt, nicht einmal bemerkt zu haben, dass es ein solches Problem gibt.

In einem Abschnitt seines Buches, der den Titel hat: „Was hat sich Gott nur dabei gedacht?"[8], erzählt er uns von Leiden und Schicksalsschlägen, von denen Bekannte von ihm getroffen wurden, und schließt daran die Fragen, welchen Sinn dieses Leiden haben könnte und was Gott sich dabei gedacht habe. Er maße sich nicht an, so teilt er uns mit, darauf eine Antwort zu haben. Aber er kommt wieder nicht darauf, das Theodizeeproblem in Betracht zu ziehen.

Und nun zu einem anderen Problem, das in dem Abschnitt seines Buches zu finden ist, in dem er auf das Erdbeben eingeht, nämlich zum Problem der Auferstehung. Der evangelische Theologe Rudolf Bultmann hat vor einiger Zeit darauf hingewiesen, dass die Annahme der Auferstehung Christi mit dem modernen wissenschaftlichen Weltbild nicht vereinbar sei und dass man sie daher aufgeben müsse. Das scheint Wolf nicht zu wissen. Seine Lösung des Problems bestand darin, dass er die These aufstellte, Jesus sei auferstanden „in die Verkündigung". Es liegt auf der Hand, dass das keine Lösung ist, die mit dem christlichen Glauben vereinbar ist.[9]

Notker Wolf scheint auch dieses Problem nicht zu kennen. In dem Abschnitt seines Buches, der den Titel hat. „Da behauptet einer Gottes Sohn zu sein"[10], spricht er von einer ungeheuerlichen Geschichte, die man im Markus-Evangelium nachlesen könne. Sie erzähle vom Sieg der Liebe über Hass, Angst und Tod, vom Sieg Jesu Christi und seiner Auferstehung von den Toten, die man zu Ostern feiern sollte. Es ist in der Tat eine „ungeheuerliche" und daher unglaubwürdige Geschichte.

In einem Abschnitt seines Buches, der den Titel hat: „Wozu ist der Mensch auf Erden?", geht es dem Abtprimas um das ewige Leben und die ewige Seligkeit. Denjenigen, die glauben, dass mit dem Tode alles vorbei ist, stellt er die Frage, woher sie die Sicherheit nehmen, die sie mit diesem Glauben verbinden. Man könnte dem, der eine solche Frage stellt, entgegnen, woher er die Sicherheit für seinen Glauben an das ewige Leben nehme.

Wie dem auch sei, der Abtprimas stellt jedenfalls fest, dass wir uns selbst zu einem Leben verurteilen, das auf nichts hinausläuft, wenn wir den Glauben nach einem Leben nach dem Tode aufgeben. Wir müssten uns dann mit einem Leben abfinden, das ins Leere läuft, mit einem sinnlosen Leben, wie er offenbar meint. Wir klammerten uns an eine Illusion, eine im wahrsten Sinne des Wortes todtraurige Illusion. Auf seine These, es handele sich um eine Illusion, bin ich oben schon eingegangen. Es geht hier offenbar um das Problem der Wahrheit eines Glaubens, ein Problem, für das der Benediktiner, was seinen eigenen Glauben angeht, uns eine Scheinlösung offeriert hatte.

Er glaube lieber daran, so sagt er nun, dass sein Leben auf Gott hinauslaufe und dass er nach seinem Tode mit dem auferstandenen Christus an der ewigen Herrlichkeit teilhabe. Warum sollte er alle Hoffnung fahren lassen? Er glaube aber auch deshalb daran, weil sein Leben einen Sinn bekomme, wenn er es auf dieses Ziel ausrichte. Offenbar kann der Benediktiner sich kein sinnvolles Leben vorstellen, das sich mit diesseitigen Zielen begnügt, obwohl es viele Beispiele für derartige Lebensläufe gibt. Ihm fehlen dazu die nötigen Kenntnisse und ihm fehlt die Phantasie.[11]

In einem Abschnitt mit dem Titel „Zur Hölle mit den Reichen!"[12] geht der Autor darauf ein, dass es Menschen gibt, die unaufhörlich empört sind, alles Unrecht auf dieser Erde persönlich nehmen und die glauben, wenn man sie machen lassen würde, dann wäre es um die Menschheit hundertmal besser bestellt. Was dagegen Jesus fehle, so meint er, sei die Empörung, die moralische Entrüstung über das Schlechte, und diese Wut auf alle, die andere Ansichten vertreten.

Jesus verteufele nie, so stellt er fest, obwohl er längst nicht alles gutheiße. Er mache etwas viel Klügeres, viel Menschenfreundlicheres: Er ermutige die, die Ermutigung brauchen. Er bestärke die, die zu Hoffnungen berechtigen, und er verspreche sich mehr von Vorbildern als von Feindbildern. Und vor allem: Er handele, statt zu jammern. Jesus wird von Notker Wolf offenbar in moralischer Hinsicht selbst für ein Vorbild gehalten.

Wenn man den biblischen Text heranzieht, um sich darüber zu informieren, wie Jesus sich verhalten hat, so ergibt sich aber ein ganz anderes Bild. Gerhard Streminger hat einen Aufsatz über die jesuanische Ethik verfasst, in dem er ausführlich darauf eingeht, wie Jesus sich tatsächlich verhalten hat, wenn man dem biblischen Text vertraut.[13] „Wenn zumindest wesentliche Teile meiner Ausführungen richtig sind", so sagt er zum Schluss in einer Zusammenfassung, „dann folgt daraus, dass die Jesuanische Ethik nicht vorbildlich ist. Trotz einiger bemerkenswerter Sinnsprüche ... war Jesus keine Idealgestalt. Von einem speziellen Gottesglauben und Sendungsbewusstsein erfüllt, glaubte er, dass ihm fast alles erlaubt sei. Vor fremdem Eigentum zeigte er deshalb wenig Respekt und wurde, als er die Händler aus dem Tempel warf und ihre für die verschiedenen Riten unerlässlichen Gegenstände umstieß, sogar physisch gewalttätig. Wie die ständigen Drohungen mit Finsternis und ewigem Feuer zeigen, war Jesus überdies gehässig, rachsüchtig und grausam, und seine Einteilung der Menschen in Böcke und Schafe erfolgt danach, ob sie seine Anhänger sind oder nicht. ‚Wenn jemand nicht in mir bleibt, der wird weggeworfen wie eine Rebe und verdorret, und man sammelt sie und wirft sie ins Feuer, und sie müssen brennen.' ... Jemand, der solches über die Lippen bringt, hat wohl nicht zum Wohl seiner Mitmenschen gelebt". Jesus spricht, wie Streminger feststellt, von der Hölle nicht nur einmal, sondern etwa zwanzigmal. Er droht mit ewiger Verdammnis, mit Höllenfeuer, „wo der Wurm nicht stirbt und das Feuer nicht erlöscht", mit Feueröfen, wo es „Heulen und Zähneknirschen" geben wird, und auch die Bergpredigt ist mit Höllendrohungen durchsetzt.

In einem Abschnitt, der den Titel trägt: „Meinungsfreiheit heißt auch: Kreuze links liegen lassen"[14], geht der Abtprimas darauf ein, dass in Düsseldorf der dortige Gerichtspräsident sämtliche Kreuze aus den Gerichtssälen hat entfernen lassen, weil sich Ungläubige und Muslime von diesen Kreuzen angegriffen und beleidigt gefühlt haben. Und er schließt daran die Frage an, ob man nicht auch von Atheisten und Muslimen ein Mindestmaß von Toleranz erwarten könne. Denn das Kreuz stehe für die christlichen Grundlagen unserer Kultur, auf denen auch unsere Verfassung beruhe. Es symbolisiere die christlichen Werte unserer Gesellschaft. Der Benediktiner hat wohl vergessen, dass die Trennung von Staat und Kirche, die in unserer Verfassung vorgesehen ist, es „selbstverständlich macht, das es keine religiösen Symbole in öffentichen Einrichtungen, also zum Beispiel in Gerichtssälen, in Universitäten und in Schulen gibt. Leider ist diese Trennung von Staat und Kirche in der Bundesrepublik bisher nur unvollständig durchgesetzt worden.[15] Man kann sogar, wie Erwin Fischer gezeigt hat, von einer Gefährdung der Religionsfreiheit in der Bundesrepublik sprechen. Das Mindestmaß an Toleranz, das der Abtprimas von Atheisten und Muslimen erwartet, müsste man von ihm selbst erwarten. Die Symbole seines Glaubens haben in öffentlichen Einrichtungen nichts zu suchen.

In einem Abschnitt mit dem Titel „Glaube – ein billiger Trost für Versager?"[16] teilt uns der Autor mit, man treffe heute viele Menschen, die mit Religion nichts mehr anfangen können und die es unbegreiflich finden, dass in unseren aufgeklärten Zeiten immer noch Menschen an Gott glauben, in die Kirche gehen und beten. Irgendetwas könne mit denen nicht stimmen. Was sei denn Glaube anderes als ein billiger Trost für Versager, so meinen sie, ein Beruhigungsmittel für Leute, die es im Leben zu nichts bringen und deshalb auf ein schöneres Leben im Jenseits spekulieren.

Um die Welt zu erklären, so meinten diese Leute, brauchen wir Gott auch nicht mehr, das könnten die Naturwissenschaften besser. Mit anderen Worten: Religion sei ein Überbleibsel aus finsterer Zeit – also weg damit und einfach drauflosgelebt! Man bräuchte keinen Gott, um es sich auf Erden schön zu machen. Dazu könne man nur sagen, so meint unser Autor, amüsieren könne man sich in der Tat auch ohne Gott und man könne erfolgreich sein auch ohne Glauben. Und Blitz und Donner oder die Schwerkraft könne man physikalisch erklären. Dafür brauche man die Bibel nicht aufzuschlagen. Was das angehe, so könne man sich auf seinen Verstand verlassen. Aber auch der Verstand habe seine Grenzen. Er versage, wenn es darum gehe, wie wir richtig leben, und helfe uns nicht, unsere Menschlichkeit zu entfalten, so dass wir verdienten, Gottes Ebenbild genannt zu werden. Er hindere uns nicht, wenn die Gier, die Rachsucht, die Überheblichkeit mit uns durchgingen und wir Gefahr liefen, zum Raubtier zu werden. Und er lasse uns auch im Stich, wenn Enttäuschungen, Krankheit und Tod uns am Leben verzweifeln ließen.

Mit dem Verstand, so stellt der Abtprimas fest, sehen wir nur die Welt der nackten Tatsachen. Aber im Glauben, so fährt er fort, sehen wir tiefer und weiter, wir schauen die Wahrheit hinter den Kulissen. Im Glauben können wir der eigenen Seele auf den Grund gehen und dort unsere maßlose Hoffnung auf wahres Glück, unsere grenzenlose Sehnsucht nach wahrer Liebe entdecken, ohne zu erschrecken. Im Glauben können wir, so meint er weiter, auch dem Dasein auf den Grund gehen und dort die Liebe als treibende Urkraft allen Lebens entdecken, also Gott begegnen. Die Religionen zeigten uns dann, wie wir mit dieser Kraft in Verbindung treten und in Verbindung bleiben, und davon hänge es ganz entscheidend ab, ob wir nicht bloß gut, sondern auch richtig leben. Ob das nicht ein Grund sei, so meint schließlich unser Autor, auch in aufgeklärten Zeiten am Glauben festzuhalten.

Was ist dazu zu sagen? Für die Erklärung der Welt der nackten Tatsachen, so hat der Abtprimas eingeräumt, seien die Wissenschaften und sei damit der Verstand zuständig. Dazu brauche man die Bibel nicht. Er hat offenbar vergessen, dass auch die Bibel den Anspruch macht, diese Welt zu erklären. Und die

Kirche hat lange Zeit an dieser Auffassung festgehalten, die ihr dann von den Naturwissenschaften streitig gemacht wurde.[17]

Zwischen dem Weltbild, das von der katholischen Kirche vertreten wird, und dem damit unvereinbaren wissenschaftlichen Weltbild gab es seit jeher eine Konkurrenz, die allen Beteiligten bewusst war, und das ist in mancher Hinsicht immer noch der Fall. Ich weise dafür nur auf die Diskussion über die Entmythologisierung der Botschaft des Neuen Testaments hin, auf die ich oben schon eingegangen bin. Zu den Thesen, die mit dem wissenschaftlichen Weltbild unvereinbar sind, gehört auch die Annahme der Existenz eines allmächtigen Gottes.[18]

Die mit dem christlichen Glauben verbundene Weltsicht befindet sich also in Konkurrenz mit der wissenschaftlichen Weltauffassung, und dass der Glaube tiefer und weiter und die Wahrheit hinter den Kulissen sieht, ist angesichts der heutigen Diskussionslage eine vollkommen unhaltbare Behauptung. Die weitere These des Autors, dass man im Glauben dem Dasein auf den Grund gehen und dort die Liebe als treibende Urkraft allen Lebens entdecken und Gott begegnen könne, ist aus dem gleichen Grunde ebenfalls nicht akzeptabel.

Sie ist es darüber hinaus deshalb, weil die moderne Evolutionstheorie zeigt, dass wir es bei der Evolution mit einem Geschehen zu tun haben, in dem es ununterbrochen äußerst grausam zugeht und in dem Leiden und Schmerz eine dominierende Rolle spielen. Hier besteht übrigens wieder ein Zusammenhang mit dem oben erörterten Theodizeeproblem, auf das unser Autor in seinem Buche nicht eingegangen ist, obwohl das äußerst nahe gelegen hätte.

Was schließlich seine Behauptung angeht, dass der Verstand uns nicht dabei helfe, richtig zu leben und unsere Menschlichkeit zu entfalten, so hat er dafür kein Argument vorgebracht. Die moderne Ethik kommt bekanntlich ohne die Annahme der Existenz Gottes aus. Sie ist imstande, für akzeptable Normen zu plädieren, ohne dass dafür auf Gebote eines Gottes zurückgegriffen wird.[19] Damit haben wir die für unser Thema in Frage kommenden Thesen und Argumente des Abtprimas und obersten Vorgesetzten aller Benediktinermönche untersucht und auf ihre Haltbarkeit geprüft. Es hat sich gezeigt, dass sie im Wesentlichen inakzeptabel sind und dass sie eine teilweise erstaunliche Unkenntnis dieses Theologen über Tatsachen und Zusammenhänge offenbaren, die für seinen Glauben Bedeutung haben.

ANMERKUNGEN

[1] Vgl. dazu Abtprimas Notker Wolf, Alles Gute kommt von oben. Kleine Wahrheiten für zwischendurch, Reinbek bei Hamburg 2010.

[2] a.a.O., S. 15-17.

³ a.a.O., S. 39 f. ...

⁴ Vgl. dazu mein Buch: Joseph Ratzingers Rettung des Christentums. Beschränkungen des Vernunftgebrauchs im Dienste des Glaubens, Aschaffenburg 2008, S. 78-81, wo ich auf den Umgang des heutigen Papstes mit dem Problem der Dämonologie und mit dem exorzistischen Charakter des Christentums eingehe. Die antike Welt, so behauptet Ratzinger, habe den Durchbruch des christlichen Glaubens als Befreiung von der trotz Skepsis und Aufklärung alles durchwaltenden Dämonenfurcht erlebt. Dagegen hat Karlheinz Deschner, wie ich dort feststelle, schon vor längerer Zeit darauf hingewiesen, dass der exorzistische Charakter des Christentums, auf den Ratzinger in diesem Zusammenhang hinweist, keineswegs etwas Neuartiges war. Bei Juden und Heiden habe es ein ausgebildetes Exorzistenwesen gegeben.

⁵ Vgl. Abtprimas Notker Wolf, a.a.O., S. 59 f

⁶ In dem Abschnitt seines Buches, der den Titel hat: „Auf der Suche nach dem großen Geheimnis namens Gott", stellt der Abtprimas die Frage: „Denken Sie, wenigstens wir sollten doch wissen, wer Gott ist und wie er ist?" Und er antwortet: „Nein, Gott bleibt das große Geheimnis, auch für uns". Immerhin müsste er als Christ doch einräumen, er wisse, dass sein Gott die Eigenschaften der Allmächtigkeit, der Allwissenheit und der Allgüte besitzt...

⁷ Den wohl scharfsinnigsten Versuch hat vor kurzer Zeit der katholische Theologe Armin Kreiner unternommen; vgl. dazu Armin Kreiner: Gott im Leid. Zur Stichhaltigkeit der Theodizeeargumente, Freiburg 1997; ders., Gott und das Leid, 4. Auflage, Paderborn 1999; ders., Das Theodizeeproblem und Formen seiner argumentativen Bewältigung, Ethik und Sozialwissenschaften 2001; und ders., Theodizee und Atheismus, in: Perry Schmidt-Leukel (Hg.), Berechtigte Hoffnung, Paderborn 1995, S. 99 ff. Aber auch dieser Versuch ist gescheitert; vgl. dazu Norbert Hoerster, Die Frage nach Gott, 2. Auflage, München 2007, S. 87-113.

⁸ Vgl. Abtprimas Notker Wolf; a.a.O., S. 169.

⁹ Vgl. dazu mein Buch: Traktat über kritische Vernunft, 5. Auflage, Tübingen 1991, S. 129-137, wo ich, den Bultmannschen Versuch der Lösung des Problems einer Kritik unterzogen habe.

¹⁰ Vgl. Abtprimas Notker Wolf, a.a.O., S. 41 f.

¹¹ Für die Ausrichtung des menschlichen Lebens auf ein jenseitiges Ziel ergibt sich aber darüber hinaus ein weiteres Problem, auf das ich in einem meiner Bücher eingegangen bin, nämlich das Problem, dass damit das ganze menschliche Leben instrumentalisiert, das heißt als bloßes Mittel zu einem äußeren Zweck aufgefasst würde, der von einer fremdem Autorität bestimmt ist. Diese Betrachtungsweise wird man als in moralischer Hinsicht problematisch ansehen müssen, weil sie die Autonomie des Menschen nicht berücksichtigt; vgl. dazu den Abschnitt über die religiöse Weltauffassung und den Sinn des Lebens in meinem Buch: Kritischer Rationalismus. Vier Kapitel zur Kritik illusionären Denkens, Tübingen 2000, S. 178-188.

¹² Vgl. Abtprimas Notker Wolf, a.a.O., S. 197 f.

¹³ Vgl. Gerhard Streminger, Die Jesuanische Ethik, in: Edgar Dahl (Hg.), Die Lehre des Unheils. Fundamentalkritik am Christentum, Hamburg 1993, S. 120-143.

¹⁴ Vgl. Abtprimas Notker Wolf, a.a.O., S. 134 f. ...

¹⁵ Vgl. dazu das Buch von Erwin Fischer, Trennung von Staat und Kirche. Die Gefährdung der Religionsfreiheit in der Bundesrepublik, München 1964.

¹⁶ Vgl. Abtprimas Notker Wolf, a.a.O., S. 145 ff.

¹⁷ Vgl. dazu Alexandre Koyre, Von der geschlossenen Welt zum unendlichen Universum, Frankfurt 1969.

¹⁸ Vgl. dazu auch das V. Kapitel meines oben erwähnten Buches: Traktat über kritische Vernunft, insbesondere S. 137-145.

[19] Vgl. dazu zum Beispiel John Leslie Makie, Ethik. Auf der Suche nach dem Richtigen und Falschen, Stuttgart 1981.

Ein Versuch zur Rettung des christlichen Glaubens

Manfred Lütz als Kritiker des Atheismus und Überwinder der Glaubenskrise

Der Psychiater und Theologe Manfred Lütz, den man immer wieder im deutschen Fernsehen präsentiert bekommt, hat ein Buch über Gott und den Glauben an Gott geschrieben[1], in dem er den Versuch macht, seine Leser von den Vorzügen des Glaubens an Gott zu überzeugen. In der Einleitung dieses Buches wendet er sich gegen schlampigen Atheismus und frömmelnden Glauben und konfrontiert den Leser sogleich mit Dostojewskis These, dass, wenn Gott nicht existierte, alles erlaubt sei, als ob es sich dabei um etwas Selbstverständliches handele.[2] Er scheint diese These, die eine völlig willkürliche Behauptung enthält, für logisch notwendig zuhalten.

Dann folgen mehrere Kapitel, in denen er dem Leser klarmachen will, dass psychologische Erklärungen des Glaubens an Gott weder eine Begründung für atheistische Auffassungen noch eine Widerlegung des Gottesglaubens sind. Das ist zwar völlig richtig, aber es dürfte schwer sein, jemanden zu finden, der eine solche Auffassung vertreten hat. Andererseits ist es jedenfalls eine für Atheisten äußerst interessante Frage, wie der Glaube an Gott erklärt werden kann, wenn man davon ausgeht, dass es diesen Gott nicht gibt.

Unter anderem geht der Autor auch auf die Psychoanalyse ein und stellt dabei fest, dass die religionskritischen Schriften Sigmund Freuds, dem schon Jürgen Habermas ein „szientistisches Missverständnis" vorgeworfen habe, nur noch als Makulatur zu betrachten sind. Dazu ist zu sagen, dass die Habermas'sche Freudanalyse ein hermeneutisches Missverständnis der Psychoanalyse enthält. Habermas hat nämlich nicht erkannt, dass Freud eine naturalistische Erklärung der betreffenden Phänomene angestrebt hat, auch wenn ihm dies nicht gelungen sein mag.

Außerdem enthält die Freud'sche Auffassung der Religion unter anderem einen Hinweis auf die Leistungen der religiösen Weltauffassung, die durchaus zutreffend ist. „Will man sich vom großartigen Wesen der Religion Rechenschaft geben", so sagt Freud in einer seiner Vorlesungen, „so muss man sich vorhalten, was sie den Menschen zu leisten unternimmt. Sie gibt ihnen Aufschluss über Herkunft und Entstehung der Welt, sie versichert ihnen Schutz und endliches Glück in den Wechselfällen des Lebens und sie lenkt ihre Gesinnungen und Handlungen durch Vorschriften, die sie mit ihrer ganzen Autorität vertritt"[3]. Sie ist demnach in der Lage, eine Vielfalt von Bedürfnissen zu befriedigen, nämlich das Bedürfnis nach Erklärung, das Bedürfnis nach Handlungsorientierung und das nach Sicherung. Lütz aber charakterisiert die Psychoanalyse als eine Ideologie, die den Versuch macht, „buchstäblich alles zu erklären". Er scheint dabei zu vergessen, dass die religiöse Weltauffassung genau denselben Versuch unternimmt.

In einem Abschnitt über „Fernsehgötter" behauptet er, das Fernsehen sei „eine virtuelle Welt ohne Gott"[4]. Er scheint offenbar nicht bemerkt zu haben, dass zumindest im deutschen Fernsehen immer wieder von Gott die Rede ist und dass der Papst und die Bischöfe in ihm eine ebenso große Rolle spielen wie Politiker und Vertreter wirtschaftlicher Interessen. Dass in Deutschland die Trennung von Staat und Kirche, die an sich in der Verfassung der Bundesrepublik verankert ist, tatsächlich nicht vollzogen wurde, zeigt sich besonders deutlich in der Gestaltung der deutschen Fernsehprogramme.

In seiner Kritik an psychologischen Erklärungen des Gottesglaubens geht der Autor auf das Gespräch Joseph Ratzingers mit Jürgen Habermas ein, der offenbar einer seiner Lieblingsphilosophen ist. Es sei, wie er meint, ein „außerordentlich tiefgehendes und respektvolles Gespräch" gewesen.[5] Ich bin auf dieses Gespräch in meinem Buch über die philosophischen und theologischen Auffassungen des jetzigen Papstes eingegangen.[6] Jürgen Habermas, der sich als Agnostiker versteht und offenbar der merkwürdigen Ansicht ist, dass dies die einzig mögliche philosophische Position ist, ist bekanntlich der Auffassung, dass das philosophische Denken den ihm fremden „opaken Kern der religiösen Erfahrung" unberührt lassen und sich „des Urteils über religiöse Wahrheiten" enthalten muss.[7] Er meint, dass sich „die Konkurrenz zwischen Weltbildern und religiösen Lehren, die die Stellung des Menschen im Ganzen der Welt zu erklären beanspruchen", auf „der kognitiven Ebene nicht schlichten lässt".

Nun ist das religiöse Denken meist mit metaphysischen Auffassungen verbunden, die mit anderen Auffassungen dieser Art zu konkurrieren pflegen. Die Probleme, um deren Lösung es dabei geht, pflegen durchaus „auf kognitiver Ebene" diskutiert zu werden. Und was den „opaken Kern der religiösen Erfahrung" angeht, so entzieht er sich keineswegs der Analyse.[8] Es ist interessant, dass ein Philosoph, der als Verfechter hermeneutischen Denkens auftritt, sich nicht in der Lage sieht, zentrale Elemente der religiösen Weltauffassung zu verstehen und kritisch zu hinterfragen. Das angeblich tiefgehende Gespräch Joseph Ratzingers mit Jürgen Habermas ist daher, wie ich meine, an der Oberfläche geblieben, weil in ihm der Kern der religiösen Problematik nicht berührt wurde.

Schließlich geht Manfred Lütz dann auf die berühmte Pascal'sche Wette ein, die, wie er meint, auch heute noch zweifelnde Menschen überzeuge. Er scheint die Pascal'sche Analyse zu akzeptieren, die tatsächlich auf einen Alternativ-Radikalismus hinausläuft, also auf einen Denkfehler, der nicht nur im theologischen Bereich immer wieder anzutreffen ist.[9] Nach Pascal gibt es nämlich nur zwei Möglichkeiten. Entweder Gott existiert und er belohnt den Gläubigen mit ewiger Seligkeit, während er den Ungläubigen mit ewiger Verdammnis bestraft, oder das alles ist nicht der Fall.

Diese Reduktion auf zwei Möglichkeiten ist aber völlig willkürlich. Man könnte etwa die weitere Möglichkeit in Betracht ziehen, dass es einen Gott gibt, der alle Leute mit Verdammnis bestraft, die als religiöse Egoisten nur auf ihre ewige Seligkeit spekulieren, aber andere Leute, die sich auf dieser Grundlage nicht zum christlichen Glauben durchringen können, mit ewiger Seligkeit belohnt. Man könnte sogar an einen Gott denken, dem es überhaupt nicht um den Glauben eines Menschen geht, sondern nur um sein moralisches Verhalten. Wenn man eine dieser Möglichkeiten berücksichtigt, bricht die Pascal'sche Argumentation zusammen.

Im nächsten Kapitel seines Buches[10] geht es dem Autor um den Begriff des Atheismus und um seine Geschichte, die bei ihm mit Nietzsche endet. „An Gott glauben oder Nietzsche folgen, das scheint die wirkliche Alternative zu sein", so stellt er fest. Wenn man aber Nietzsche folge, dann habe man keine Argumente gegen die kraftvoll skrupellose Macht eines Hitler, Stalin oder Mao Tse Tung, die Millionen von Menschen der eigenen irdischen übermenschlichen Göttlichkeit opferten".

Lassen wir einmal dahingestellt, ob der Autor mit seiner Nietzsche-Interpretation recht hat. Die von ihm erwähnte Alternative ist jedenfalls nicht akzeptabel. Wir haben es wieder einmal mit dem schon erwähnten Alternativ-Radikalismus zu tun. Es gibt bekanntlich viele andere Interpretationen und Begründungen des Atheismus, die mit Nietzsches Auffassungen nichts zu tun haben.[12]

Das Kapitel endet mit der Darstellung dessen, was der Autor den „argumentativen Super-GAU des real existierenden Atheismus" nennt.[13] Mit der Quantentheorie, so stellt er fest, sei schlagartig das alte naturwissenschaftliche Weltbild zerstört worden. Es sei klar geworden, dass „die Natur nicht von deterministischen Gesetzen beherrscht" werde, sondern dass es „letztlich nur noch statistische Wahrscheinlichkeiten" gebe. Damit sei „das entscheidende Argument für über 2000 Jahre Atheismus krachend in sich" zusammengebrochen. Nun könne „die Existenz eines in seine Schöpfung eingreifenden Gottes nicht mehr allein deswegen als unmöglich gelten, weil er damit das nach ehernen Regeln funktionierende Weltgetriebe … durcheinanderbringen würde."

Nun geht es in der Auseinandersetzung zwischen der religiösen Weltauffassung und dem Atheismus in erster Linie nicht um die logische Möglichkeit der Existenz Gottes, sondern um die Frage, ob es diesen Gott wirklich gibt. Und es geht damit gleichzeitig um die methodologische Frage, auf welche Weise dieses Problem gelöst werden kann. Diese Frage pflegt in der realistischen Erkenntnistheorie damit beantwortet zu werden, dass die Annahme der Existenz einer Wesenheit dann gerechtfertigt ist, wenn damit irgendwelche Tatsachen besser zu erklären sind als ohne diese Annahme. Wer die Religion gegen den Atheismus verteidigen möchte, hat demnach die Aufgabe, zu zeigen, dass mit Hilfe der Annahme der Existenz Gottes eine solche Erklärungsleistung möglich ist. Wir werden sehen, ob unser Autor dazu in der Lage ist.

In einem späteren Kapitel beschäftigt er sich mit dem Verhältnis von Religion und Wissenschaft.[14] Es beginnt mit der Feststellung, dass Religion und Wissenschaft, Gott und Vernunft, miteinander völlig unvereinbar zu sein scheinen, und es endet, wie man sich denken kann, mit der gegenteiligen Behauptung. Man wird die Frage stellen können, welche erkenntnistheoretischen Auffassungen ein Autor vertritt, der berechtigt zu sein glaubt, eine derartige Behauptung aufzustellen. Überraschenderweise beruft sich Manfred Lütz in dieser Hinsicht auf die Auffassungen Karl Poppers. Und er behauptet, dass sie der Wissenschaft die Erkenntnis ewiger Wahrheiten grundsätzlich abgesprochen hätten.[15]

In seiner Untersuchung des Konflikts Galileis mit der katholischen Kirche weist er darauf hin, dass Kardinal Bellarmin Galilei geraten habe, „das kopernikanische Weltbild als Hypothese und nicht als unverrückbare Wahrheit zu vertreten".[16] Und er behauptet, dieser sei mit seinem Rat auf dem heutigen wissenschaftlichen Stand gewesen, denn die Naturwissenschaft beanspruche „heute längst nicht mehr, die Wahrheit zu erkennen, sondern nur noch stets falsifizierbare Wahrscheinlichkeiten". „Wissenschaftler", so behauptet er am Schluss dieses Kapitels, „betreiben nur dann seriöse Wissenschaft, wenn sie nicht behaupten, Wahrheiten erkennen zu können, sondern bloß stets falsifizierbare Wahrscheinlichkeiten".

Was ist dazu zu sagen? Karl Popper hat keineswegs bestritten, dass die Resultate der wissenschaftlichen Forschung wahre Aussagen sein können. Das

Ein Versuch zur Rettung des christlichen Glaubens

Streben nach wahren Theorien war für ihn vielmehr das selbstverständliche Ziel dieser Forschung. Nur gibt es kein Kriterium der Wahrheit, so dass man sich mit der Bewährung dieser Theorien zufriedengeben muss. Und was das Problem der Wahrscheinlichkeit angeht, so hat Popper darüber hinaus betont, dass gute Theorien sich dadurch auszeichnen, dass ihre Aussagen hohen Informationsgehalt haben und daher logisch äußerst unwahrscheinlich sind. Hoher Informationsgehalt, logische Unwahrscheinlichkeit und Falsifizierbarkeit korrelieren miteinander. Offenbar hat unser Autor also die Popper'schen Auffassungen gründlich missverstanden.

In diesem Kapitel beschäftigt er sich unter anderem auch mit der Bedeutung von Galilei, Darwin und Einstein für die Entwicklung der modernen Wissenschaft. Unter der Überschrift „Der größte Mediencoup aller Zeiten" spricht er Galilei jedes Verdienst für diese Entwicklung ab und stellt dann mit Bedauern fest, dass die „gigantische Inszenierung des Mythos Galilei" dazu geführt habe, „dass die moderne Wissenschaft gegenüber Kirche und Christentum erblindete"[17]. Zu dieser merkwürdigen Behandlung des Falles Galilei erübrigt sich wohl jeder Kommentar. Ich begnüge mich hier damit, auf die Arbeiten eines ernst zu nehmenden Wissenschaftshistorikers hinzuweisen, der sich ausgiebig mit diesem Fall beschäftigt hat.[18]

Dann geht der Autor auf die Antwort ein, die Laplace Napoleon auf seine Frage nach der Rolle Gottes gegeben hat, nämlich: Ich brauche diese Hypothese nicht mehr.[19] Er stellt dazu fest, dass der Gott des 18. Jahrhunderts schon lange nicht mehr der christliche Gott gewesen sei. Es sei ganz im Gegenteil „ein abstrakter, gedachter Gott" gewesen, „eine Hypothese eben, ein Lückenbüßer für das, was die Wissenschaft noch nicht erkannt hatte". „Mit einem solchen Gott" habe man „zu den ernsthaften existentiellen Fragen nach dem Bösen in der Welt, nach dem Sinn von Leid und nach dem Unglück der Guten keine Antwort finden" können.

Diese Behandlung des Problems ist nur möglich, weil der Autor vergessen hat, dass der christliche Gott nicht nur zuständig ist für die Beantwortung der von ihm erwähnten existentiellen Fragen, sondern dass er als Schöpfer die Welt geschaffen haben soll. Die Laplace'sche Antwort bedeutete, dass der christliche Gott als Weltbaumeister abgedankt hatte.[20]

Auch die Bedeutung Darwins für die Kritik der christlichen Religion versucht der Autor herunterzuspielen. Im Gegensatz zur Evolutionstheorie Darwins, so sagt er, beschreibe die Bibel ja nicht die Welt, sondern sie deute die Welt.[21] Der Gott des Alten Testaments, der die Welt geschaffen habe und der immer wieder in das Schicksal des jüdischen Volkes eingreife, so stellt er fest, habe nichts mit dem christlichen Gott zu tun. Tatsächlich geht es in beiden

Ein Versuch zur Rettung des christlichen Glaubens

Fällen aber um die Erklärung des historischen Geschehens. Was die Lützsche Unterscheidung zwischen Beschreibung und Deutung da zu suchen hat, ist mir unverständlich, ganz abgesehen davon, dass sein Begriff der Deutung völlig unklar ist.

Die Christen glauben, wie unser Autor dann feststellt, „dass Gott in Jesus Christus Mensch geworden ist. Das heißt, dass Gott persönlich in die Geschichte eingetreten ist und persönlich als so genannter Heiliger Geist in der Geschichte wirkt. Es gab also gerade aus christlicher Sicht sogar eine geschichtliche Glaubensentwicklung. Warum sollte nicht dann auch eine geschichtliche Entwicklung der Schöpfung denkbar sein?"[22]

Warum erst der neutestamentliche Gott in der Geschichte wirken soll, ist mir unverständlich, denn er ist nach christlicher Auffassung doch mit dem Gott des Alten Testaments identisch, der, wie aus der Bibel hervorgeht, immer wieder in das geschichtliche Geschehen eingegriffen hat. Und was die geschichtliche Entwicklung der Schöpfung angeht, so mag sie zwar aus christlicher Sicht möglich sein, aber ihre Erklärung hat erst Charles Darwin geliefert, der dazu nicht die Annahme der Existenz Gottes benötigte. Die Lütz'sche Behauptung, die Evolutionstheorie habe „mit der Frage, ob Gott existiert oder ob Gott nicht existiert, in Wirklichkeit überhaupt nichts zu tun"[23], ist also falsch. Dass sie, wie unser Autor sagt, zu der „Frage, warum überhaupt etwas existiert und nicht vielmehr nichts, ... nichts zu sagen" hat, ist durchaus richtig. Aber dazu liefert auch die christliche Religion keine vernünftige Antwort. Denn die These, dass es eine allmächtige Person gibt, die das verursacht habe, führt bekanntlich zu der weiteren Frage, wer denn die Existenz dieser Person verursacht habe. Der Rückgriff auf Gott als causa sui, den man als Ausweg ansehen könnte, wurde von Arthur Schopenhauer mit Recht als unzulänglich zurückgewiesen.[24] Joseph Ratzinger hat sich in einer konfusen Betrachtung über Gott als Schöpfer so geäußert, dass man an Schopenhauers causa sui erinnert wird.[25] Vielleicht möchte sich unser Autor in dieser Hinsicht dem Denken seines obersten Bischofs anschließen. Was seine Bagatellisierung der Darwin'schen Theorie angeht, so ist sie jedenfalls fehlgeschlagen. Und wenn er feststellt, dass die Urknalltheorie mit dem christlichen Schöpfungsglauben vereinbar ist[26], dann hat er Anlass, sich mit dem Problem der ersten Ursache zu befassen, auf das ich oben hingewiesen habe. Später stellt er fest, dass „die führenden Leute der modernen Naturwissenschaft sich wieder der Religion zuwenden"[27]. Er nennt dann die Namen einiger Forscher, für die das zutrifft. Aber es gibt bekanntlich zahlreiche Forscher, darunter viele Nobelpreisträger, für die es nicht zutrifft. Außerdem hat das natürlich keine Bedeutung für das Wahrheitsproblem. Er zählt zu diesen Forschern übrigens auch Albert Einstein, obwohl dieser den

Glauben an einen persönlichen Gott ausdrücklich als unhaltbar zurückgewiesen hat. Im nächsten Kapitel geht es unserem Autor um den Gott der Philosophen und um die „große Schlacht der reinen Vernunft".[28] Er geht hier vor allem auf die Gottesbeweise ein und kommt dabei auch auf das Theodizeeproblem zu sprechen. Die „Antwort auf die Frage nach der Rechtfertigung Gottes für das Böse und das Leid in der Welt" sieht er in der „Freiheit und der Autonomie des Menschen, dessen Würde ihn über die tierische Existenz erhob".[29] „Menschliche Freiheit ohne eine realistische Möglichkeit des Bösen", so meint er, „gibt es nicht wirklich. Dieses Böse müsste aber dann dem frei handelnden Menschen selbst und nicht seinem Schöpfer zugerechnet werden".[30]

Diese Lösung des Problems krankt daran, dass in ihr die natürlichen Übel nicht berücksichtigt werden, die nicht vom Menschen verursacht sind.[31] Und was die sogenannten moralischen Übel und die Freiheit des Menschen angeht, so muss darauf hingewiesen werden, dass Gott den Menschen ja nicht so schaffen musste, dass er in der Lage ist, Böses zu tun. Seine Freiheit des Handelns ist ja niemals unbeschränkt. Es gibt immer Alternativen, die er nicht wählen kann, schon deshalb, weil es natürliche Schranken für sein Handeln gibt.

Gott hätte also die Menge der für ihn wählbaren Alternativen so einschränken können, dass böse Handlungen nicht in dieser Menge enthalten sind. Wenn man von der Voraussetzung ausgeht, dass Gott nicht nur allmächtig, sondern auch allgütig ist, dann hätte er diese Einschränkung der wählbaren Alternativen sogar vornehmen müssen. Die Lösung des Theodizeeproblems, die uns unser Autor anbietet, ist also unhaltbar. Ich habe übrigens bisher keinen Theologen finden können, der eine brauchbare positive Lösung dieses Problems gefunden hätte. Unser heutiger Papst hat es sogar fertiggebracht, alle Denker moralisch zu diffamieren, die das Theodizeeproblem ernst nehmen, und damit auch unseren Autor.[32] Das Erdbeben von Lissabon, das dazu beigetragen hat, dem Theodizeeproblem öffentliche Aufmerksamkeit zu verschaffen, hat nach Lütz übrigens eine andere Frage gestellt, nämlich „die Frage nach dem Sinn von Leid, vor allem dem Leid der Unschuldigen".[33] Eines sei sicher, so meint unser Autor: „Wenn mit dem Tod alles aus wäre, dann jedenfalls wäre jedes menschliche Leid absolut sinnlos. Nur wenn die Existenz des Menschen über den Tod hinausreicht, dann vermag in jenem Jenseits die tiefe existenzielle Bewährung eines Menschen im stets zeitlich begrenzten irdischen Leid ewigen Sinn für ewiges Glück gewinnen". Es lohnt sich aber, sich zunächst einmal die Frage zu stellen, welchen Sinn diese Behauptungen haben. Schon diese Frage macht deutlich, dass das Wort „Sinn" offenbar verschiedene Bedeutungen haben kann. Bei der uns hier primär interessierenden existentiellen Sinnfrage, der Frage nach dem Sinn des Lebens, handelt es sich um einen teleologischen

Sinnbegriff. Das heißt. hier geht es um Zwecke, Ziele oder Absichten, die irgendein personales Wesen, sei es ein Mensch oder ein Gott, haben oder verfolgen kann. Dagegen geht es bei der sprachlichen Sinnfrage, der Frage nach dem Sinn oder der Bedeutung einer Aussage - zum Beispiel der Aussage, dass das Leben einen Sinn hat – um einen semantischen Sinnbegriff, das heißt um die Bedeutung von sprachlichen Zeichen oder Symbolen.

Wenn wir die Frage nach dem Sinn der christlichen Behauptung über den Sinn des Lebens stellen, fragen wir also nach dem sprachlichen Sinn der Aussage, dass das menschliche Leben unter den erwähnten Voraussetzungen der christlichen Lehre einen existenziellen Sinn hat. Der Sinn, der dem menschlichen Leben nach christlicher Lehre zugesprochen wird, besteht darin, dass ihm eine Rolle im göttlichen Heilsplan zugesprochen, das menschliche Handeln also der göttlichen Planung unterstellt wird. Die Aktivitäten des Menschen werden einer von Gott bestimmten kosmischen Zwecksetzung unterworfen. Lebenswert ist ein Leben dieser Art offenbar nur dann, wenn man annimmt, dass die göttliche Zielsetzung gut ist und dass die Kosten für die Realisierung dieses Ziels nicht zu hoch, also die Entbehrungen, deren Existenz im christlichen Weltverständnis gewöhnlich eingeräumt wird, vernünftigerweise in Kauf zu nehmen sind. Das setzt insbesondere voraus, dass der Zustand ewiger Seligkeit eine adäquate Kompensation für diese Kosten enthält, das menschliche Glücksverlangen also dadurch angemessen erfüllt wird. Diese Voraussetzungen verstehen sich jedoch keineswegs von selbst.

Wer den Sinn des menschlichen Lebens ausschließlich davon abhängig macht, inwieweit sich dieses Leben in einen göttlichen Heilsplan einordnen lässt, der sollte sich darüber im Klaren sein, dass er damit alle menschlichen Zwecke als irrelevant behandelt, sofern sie sich nicht auf die göttliche Planung beziehen lassen. Damit hat er das ganze menschliche Leben instrumentalisiert, das heißt, er hat es als bloßes Mittel zu einem äußeren Zwecke aufgefasst, der von einer fremden Autorität bestimmt ist. Wer die Kant'sche Auffassung akzeptiert, derzufolge eine Person niemals nur als Mittel, sondern immer auch als Selbstzweck behandelt werden soll, wird diese Betrachtungsweise als in moralischer Hinsicht problematisch ansehen müssen, weil sie die menschliche Autonomie nicht berücksichtigt. Die Forderung, den Sinn des menschlichen Lebens von der Möglichkeit abhängig zu machen, die menschlichen Zwecksetzungen auf den durch göttliche Planung gestifteten Sinnzusammenhang zu beziehen, ist also eine unziemliche Forderung. Sie mag einem Vertreter des Gottesglaubens deshalb plausibel erscheinen, weil er daran gewöhnt ist, eine solche Betrachtungsweise zu kultivieren, ohne an andere Möglichkeiten zu denken. Wer aber diesen Glauben nicht teilt, braucht sich an solche Einschränkungen nicht zu halten.³⁴ Der Autor wendet sich nun der Philosophie Immanuel Kant's zu. Er stellt fest, dass Kant mit seiner „Kritik der reinen Vernunft" zwar „die Möglichkeit von Erkenntnis gegen Hume eindrucksvoll gesichert" habe, „aber um den Preis der Begrenzung der Erkenntnismöglichkeiten auf in Raum und Zeit anschaubare Gegenstände"³⁵. Ein solcher Gegenstand sei aber Gott eindeutig nicht gewesen. Kant habe daher scheinbar eine „Krise der Gotteserkenntnis" geschaffen. Und er habe das selbst deutlich gesehen. Die Lösung der damit verbundenen Probleme habe er durch sein Nachdenken über die Bedingungen der Möglichkeit der Moral gefunden, um die es ihm in seiner „Kritik der praktischen Vernunft" gegangen sei.³⁶ Diese Lösung sah nach Lütz folgendermaßen aus. Nach Kant wisse jeder Mensch, dass er gut sein solle. Das sei eine „in jedem Menschen angelegte geistige Überzeugung", für die es keine Begründung gebe. Sie sei „einfach unbezweifelbar da", als ein „Faktum der praktischen Vernunft". Und sie habe „drei unvermeidliche Konsequenzen", die von Kant „Postulate" genannt würden: die Freiheit des Menschen, die Unsterblichkeit der Seele und die Existenz Gottes. Ohne Freiheit gebe es kein moralisches oder auch unmoralisches Verhalten. Aber moralisches Verhalten führe in diesem Leben keineswegs immer zum Glück. Wenn aber mit dem Tode alles aus sei, dann sei moralisches Verhalten unvernünftig. Nur wenn man von der Unsterblichkeit der Seele ausgehe, sei sicherzustellen, dass „nach dem Tode das Unglück, das dem moralischen Menschen ob seiner Moralität zugestoßen" sei, „wiedergutgemacht werden" könne.³⁷ Damit sichergestellt sei, dass „der unsterblichen Seele dann nach dem Tod des moralisch guten Menschen Gerechtigkeit widerfährt", müsse man annehmen, dass es eine allmächtige und allgütige Instanz, also dass es Gott gebe.

Was ist dazu zu sagen? Zunächst einmal ist darauf hinzuweisen, dass es bei allen Primaten Altruismus und Empathie gibt und damit eine natürliche Grundlage moralischen Verhaltens.³⁸ Damit erübrigt sich an sich ein weiteres Eingehen auf die Kant'sche Argumentation zur Moralproblematik. Aber man kann außerdem noch feststellen, dass diese Argumentation innere Schwächen aufweist.

Wenn man moralisches Verhalten als unvernünftig hinstellt, wenn es sich nicht lohnt, dann unterstellt man dem Menschen eine egoistische Motivation, die an sich mit einem solchen Verhalten unvereinbar ist. Außerdem ist die Annahme der Existenz eines Gottes als einer Instanz, die sicherstellt, dass der unsterblichen Seele nach den Tode Gerechtigkeit widerfährt, keineswegs logisch notwendig. Damit ist auch Kants moralischer Gottesbeweis gescheitert.

Im nächsten Kapitel des Lütz'schen Buches geht es um den Gott Abrahams, Isaaks und Jakobs.³⁹ Er geht zunächst auf die religiöse Revolution des

Pharaos Echnaton ein, der einen Gott gefunden habe, zu dem man beten konnte, eine Revolution, die dann scheinbar vollständig gescheitert sei.[40] Doch, so meint er dann, das stimme nicht ganz. Denn keine 100 Jahre später habe Moses die Hebräer vom Joch des ägyptischen Herrenvolkes befreit und sei mit ihnen nach Palästina gezogen. Er habe das nur geschafft, weil er den Hebräern verkündet habe, „dass ihr Gott Jahwe dies wolle und dass dieser Gott der Herrscher der Welt und einzig sei".

Die Hebräer hofften, wie Lütz dann feststellt, „dass ihr Gott stärker sei als die stolzen Reichsgötter der Ägypter." Zwar hätten sie schon lange an ihren einen Gott geglaubt, aber die ausdrückliche Vorstellung von einem einzigen universalen Gott hätten sie von den Ägyptern übernommen. So könnte, wie Lütz feststellt, „Echnaton dem ausdrücklichen Monotheismus der Juden geistig einen wichtigen Impuls gegeben haben, der noch heute in den monotheistischen Weltreligionen nachklingt".[41] „Der Gott Abrahams, Isaaks und Jakobs", so meint er dann, sei „vor allem ein die Schöpfung beständig in Händen haltender lebendiger Gott, der handelt", er sei „vor allem Person".[42] „Die Jahrtausende lange... Geschichte Gottes mit seinem auserwählten Volk Israel" sei „gewiss die längste und dramatischste Liebesgeschichte aller Zeiten".[43]

Was diese „Liebesgeschichte" angeht, so ist meines Erachtens der Hinweis darauf angebracht, dass der Gott Abrahams, Isaaks und Jakobs sein auserwähltes Volk immer wieder auf grausame Weise heimgesucht hat, wenn es gegen seine Gebote verstoßen hatte. Er war vor allem ein strafender Gott, und seine Strafen waren nicht gerade maßvoll.

Dann beschäftigt er sich mit dem Islam, um zu zeigen, wie dieser sich von der jüdischen Religion unterscheidet. Man diskutiere nicht mit dem „unendlich machtvollen Gott im Islam", wie die Juden das mit ihrem Gott tun. Man gehorche ihm „ohne Wenn und Aber".[44] Ein solcher Gott könne auch „den Abfall vom Islam nicht dulden". Auf diesen Abfall stehe die Todesstrafe. „Das Ergebnis des Glaubens an den einen Gott im Islam" sei also „ein unendlicher Abstand zwischen Gott und Mensch".[45]

Im nächsten Kapitel seinen Buches[46] versucht der Autor den Unterschied zwischen dem jüdischen und dem christlichen Gottesglauben deutlich zu machen. Für den christlichen Glauben sei es, so meint er, charakteristisch, dass man Gott im Menschen begegnen könne. Gott habe uns „so geschaffen, dass wir uns nicht nur mit allen unserer Kräften bewusst oder unbewusst" nach ihm „sehnen, sondern dass wir ... auch über die Fähigkeit verfügen, ihn zu hören und ihm wirklich zu begegnen, wenn wir wollen".[47] Und dann habe er seinen Sohn Jesus Christus gesandt und so sei er für uns Mensch geworden. „Der Gott des Alten Testaments offenbarte sich endgültig als liebender Gott." Und nicht

Ein Versuch zur Rettung des christlichen Glaubens

so sehr, was er sagte, sei wichtig gewesen, sondern das, was er, also was Jesus tat.

Er sei unschuldig und freiwillig am Kreuz gestorben. „Ein kaum glaubliches Ereignis: Gott erniedrigt am Galgen".[48] So etwas habe es in keiner anderen Religion gegeben. Und er sei dann am dritten Tage auferstanden und habe erklärt, „dass die Entscheidung Gottes für das Heil der Menschen unwiderruflich" sei und dass „der Heilige Geist ... ihnen bis ans Ende aller Tage helfen" werde, „zu glauben, zu hoffen und zu lieben".

Damit sei „die Offenbarung definitiv beendet". Und jeder müsse nun entscheiden, ob er dem menschgewordenen Gott vertraue oder „ob er dieses Angebot Gottes stolz zurückweisen und für sich selbst bleiben wolle, um dann irgendwann in sich selbst im Nichts zu versinken." Dann liefert uns der Autor „eine kurze Erklärung der zentralen Aussagen des Glaubens der Kirche". Und schließlich beschäftigt er sich mit der Kirche als Institution und mit ihrer Geschichte.

Was die Behauptung unseres Autors angeht, Gott habe uns so geschaffen, dass wir uns mit allen Kräften nach ihm sehnen, so kann ich dazu nur sagen, dass ich bisher keine solche Sehnsucht gespürt habe und dass ich viele andere Menschen kenne, denen es genauso geht. Und was die Behauptung angeht, Jesus sei auferstanden, so wurde sie von Rudolf Bultmann bekanntlich auf Grund unseres durch die Resultate der wissenschaftlichen Forschung bestimmten Weltbildes zurückgewiesen. Allerdings wurde seine eigene These, Jesus sei auferstanden „in die Verkündigung", dann mit Recht einer durchschlagenden Kritik unterworfen.[49]

Im letzen Abschnitt dieses Kapitels kommt er wieder auf das Theodizeeproblem zu sprechen. „Die Menschwerdung Gottes", so meint er, sei „etwas sehr einfaches, weil sie ... viele Komplikationen, die man sonst mit der Idee eines Gottes hätte, löste".[50] „Der Gott der Philosophen dagegen" beschwöre „immer wieder unlösbare Schwierigkeiten herauf." An ihn könne man die Theodizeefrage richten. Doch große Philosophen wie Sören Kierkegaard und Gabriel Marcel hätten „eine solche Gerichtsshow mit einem selbst ausgedachten lieben Gott für kompletten Unsinn gehalten". „Der Gott, den man da anklagte", so meint er, „war gar nicht Gott".

„Die Frage nach dem Sinn von Leid" stelle „sich aber ganz anders, wenn man die Gewissheit" habe, „dass Gott selbst Mensch geworden" sei „und aus Liebe zu den Menschen nicht nur scheinbar, sondern wirklich entsetzlich als Mensch und damit wie ein Mensch gelitten" habe, „um uns dauerhaft von allem Leid zu erlösen. Der Gott, an den die Christen glauben", sei „kein bloß kalt allmächtiger, sondern ein leidenschaftlich mitleidender".

Ein Versuch zur Rettung des christlichen Glaubens

Wie der Autor die These rechtfertigen möchte, dass das Theodizeeproblem mit seinem Gott nichts zu tun habe, ist mir schleierhaft. Dass der allmächtige Gott auch, wie er sagt, ein leidenschaftlich mitleidender ist, ändert ja nichts daran, dass Menschen leiden und dass er in der Lage gewesen wäre, das zu verhindern. Im nächsten Kapitel[51] schildert der Autor „Begegnungen" mit Gott, durch die bestimmte Menschen unerwartet zum Glauben gefunden haben. Und er stellt die Vorzüge dar, die aus Liebe zum Nächsten erbrachte Dienste im Gegensatz zu bezahlten Diensten für die Gesellschaft haben. In diesem Zusammenhang zitiert er den Mitbegründer der Frankfurter Schule", Max Horkheimer, der einmal die Frage gestellt habe: „Warum soll ich gut sein, wenn es keinen Gott gibt?" Der Philosoph hat offenbar die egoistische Motivation, die in dieser Frage zum Ausdruck kommt, für selbstverständlich gehalten. Im folgenden Kapitel geht es zunächst um den Unterschied zwischen Psychotherapie und Seelsorge.[52] Im Gegensatz zum Psychotherapeuten, so meint unser Autor, müsse der Seelsorger „auch sich selber existenziell öffnen, auch von seinem Glauben sprechen, persönlich, echt, unvertretbar und keineswegs künstlich methodisch".[53] Es könne, so meint er weiter, auch eine Seelsorge für Atheisten geben. Dabei bezieht er sich auf die Existenzanalyse Ludwig Binswangers, die auf die Philosophie Martin Heideggers zurückgeht. Dann geht er auf die christliche Mystik ein. Und schließlich wendet er sich dem Problem der menschlichen Schuld zu und geht in diesem Zusammenhang auch auf den Holocaust ein.

Das letzte Kapitel des Buches ist der Rolle von Kunst und Musik gewidmet.[54] „Die Pietà des tieffrommen Michelangelo", so sagt der Autor, „gehört zu den Kunstwerken, bei deren Anblick man Christ werden kann."[55] „Das Christentum" sei „die sinnlichste Religion, die es gibt, denn es glaubt an die Menschwerdung, an die Fleischwerdung Gottes". „Gott" habe „ein menschliches Angesicht", nämlich das „Angesicht Jesu Christi".[56] Dann kommt er auf die Musik zu sprechen. Auch sie, so meint er, könne „zur Begeisterung von Gott führen". Und so ende sein Buch über Gott „notwendigerweise mit Musik".[57] Musik sei „der existenzielle Beweis, dass es etwas Immaterielles" gebe „und dass das gut sei und Bestand haben" könne.[58] Dass es etwas Immaterielles gibt, braucht auch ein Atheist nicht zu bestreiten. Diese These ist auch mit einer naturalistischen Metaphysik vereinbar.

Das Lütz'sche Buch ist ein durchaus interessanter Versuch zur Rettung des christlichen Glaubens. Es ist jedenfalls weit besser als das von mir erwähnte Buch des heutigen Papstes, das sich durch eine bizarre Logik, konfuse Gedankengänge und geistige Verrenkungen auszeichnet, die man in diesem Buch nicht findet. Aber es ist dem Verfasser, wie ich gezeigt zu haben glaube, nicht gelungen, den Atheismus zu widerlegen und den von ihm vertretenen Glauben zu rechtfertigen.

ANMERKUNGEN

[1] Vgl. Manfred Lütz, Eine kurze Geschichte des Größten, München 2007.
[2] a.a.O., S. XII.
[3] Vgl. Sigmund Freud, Über eine Weltanschauung, in: Neue Folge der Vorlesungen zur Einführung in die Psychoanalyse, Frankfurt 1978, S. 130
[4] Vgl. Lütz, a.a.O., S. 34.
[5] a.a.O., S. 40.
[6] Vgl. Albert: Joseph Ratzingers Rettung des Christentums – Beschränkungen des Vernunftgebrauchs im Dienste des Glaubens, Aschaffenburg 2008, S. 92-104.
[7] Vgl. dazu Jürgen Habermas, Zwischen Naturalismus und Religion. Philosophische Aufsätze, Frankfurt am Main 2005, S. 141-150.
[8] Vgl. dazu William James, Die Vielfalt religiöser Erfahrung. Eine Studie über die menschliche Natur. Olten/Freiburg 1979, und Wayne Proutfoot, Religious Experience, Berkeley/Los Angeles/London 1984.
[9] Vgl. dazu den Abschnitt zur Glaubensproblematik bei Pascal, Kierkegaard und James in meinem Buch: Das Elend der Theologie. Kritische Auseinandersetzung mit Hans Küng, zweite Auflage, Aschaffenburg 2005, S. 199-202.
[10] Vgl. Manfred Lütz, a.a.O., S. 43-86.
[11] a.a.O., S. 62.
[12] Vgl. zum Beispiel John L. Mackie, Das Wunder des Theismus. Argumente für und gegen die Existenz Gottes, Stuttgart 1985.
[13] Vgl. Lütz, a.a.O., S. 65-70.
[14] a.a.O., S. 107-146.
[15] a.a.O., S. 133.
[16] a.a.O., S. 119.
[17] a.a.O., S. 121.
[18] Vgl. dazu Alexandre Koyre, Newton, Galileo and Plato, in seinem Buch: Newtonian Studies, London 1965, derselbe: Galileo and the Scientific Revolution of the Seventieth Century, Galileo and Plato, An Experiment in Measurement, Galileo's Treatise „De Motu Gravium": The Use and Abuse of Imaginary Measurement, und: Gassendi and Science in his Time, in seinem Buch: Metaphysics and Measurement. Essays in Scientific Revolution, London 1968, und: Nie Gesehenes und nie Gedachtes: Die Entdeckung neuer Sterne im Weltraum und die Materialisierung des Raumes: Galilei und Descartes, in seinem Buch: Von der geschlossenen Welt zum offenen Universum, Frankfurt 1969.
[19] Vgl. Lütz, a.a.O., S. 123.
[20] Vgl. dazu Alexandre Koyre, Von der geschlossenen Welt zum offenen Universum, a.a.O., S. 246-249.
[21] Vgl. Lütz, a.a.O., S. 125.
[22] a.a.O., S. 125 f.
[23] Vgl. a.a.O., S. 128.
[24] Vgl. dazu Arthur Schopenhauer, Die vierfache Wurzel des Satzes vom zureichenden Grunde. Eine philosophische Abhandlung (1847), Hamburg 1957, S. 25.
[25] Vgl. dazu mein Buch: Joseph Ratzingers Rettung des Christentum, a.a.O., S. 44 f.
[26] Vgl. Lütz, a.a.O., S. 141.

[27] a.a.O., S. 134.
[28] a.a.O., S. 147-180.
[29] a.a.O., S. 158.
[30] a.a.O., S. 158 f.
[31] Vgl. dazu und überhaupt zum Theodizeeproblem Gerhard Streminger, Gottes Güte und die Übel der Welt. Das Theodizeeproblem, Tübingen 1992.
[32] Vgl. mein Buch: Joseph Ratzingers Rettung des Christentums, a.a.O., S. 13.
[33] Vgl. Lütz, a.a.O., S. 159f. ...
[34] Vgl. dazu den Abschnitt: Die religiöse Weltauffassung und der Sinn des Lebens, in meinem Buch: Kritischer Rationalismus. Vier Kapitel zur Kritik illusionären Denkens, Tübingen 2000, S. 178-188, in dem weitere Betrachtungen zu dieser Problematik zu finden sind.
[35] Vgl. Lütz, a.a.O., S. 166.
[36] a.a.O., S. 167 f. ...
[37] a.a.O., S. 170.
[38] Vgl. dazu: Stephen Macedo/Josiah Ober (Hg.), Primaten und Philosophen. Wie die Evolution die Moral hervorbrachte, von Frans de Waal, München 2008.
[39] Lütz, a.a.O., S. 181-202.
[40] a.a.O., S. 181-184.
[41] Vgl. Lütz, a.a.O., S. 193.
[42] a.a.O., S. 195.
[43] a.a.O., S. 196.
[44] a.a.O., S. 198.
[45] a.a.O., S. 200.
[46] a.a.O., S. 203-240.
[47] a.a.O., S. 209.
[48] a.a.O., S. 210.
[49] Vgl. dazu mein Buch: Traktat über kritische Vernunft (1968), 5. verbesserte und erweiterte Auflage, Tübingen 1991, S. 129-137.
[50] Vgl. Lütz, a.a.O., S. 234.
[51] a.a.O., S. 241-256.
[52] a.a.O., S. 257-278.
[53] a.a.O., S. 260.
[54] a.a.O., S. 279-294.
[55] a.a.O., S. 284.
[56] a.a.O., S. 285.
[57] a.a.O., S. 289.
[58] a.a.O., S. 293.

MISSVERSTÄNDNISSE EINES KATHOLISCHEN AUFKLÄRERS

ALEXANDER KISSLERS MISSGLÜCKTER VERSUCH EINER KRITIK AM NEUEN ATHEISMUS

Atheistische Auffassungen gab es bekanntlich schon in der Antike. Und seit der Entstehung der modernen Naturwissenschaften sind immer wieder Philosophen zu verzeichnen, die solche Auffassungen vertraten. Aber es war keineswegs so, dass die Vertreter der Naturwissenschaften sich normalerweise durch die Widersprüche zwischen der wissenschaftlichen und der vom Glauben an den Schöpfergott geprägten christlichen Weltauffassung veranlasst gesehen hätten, den Gottesglauben aufzugeben. Isaac Newton sah sich sogar gezwungen, im Rahmen seiner Astronomie auf diesen Glauben zurückzugreifen, weil, wie er glaubte, ohne das Eingreifen Gottes die Stabilität des Planetensystems nicht gewährleistet sei. Im Übrigen war darüber hinaus sein physikalisches Denken in viel stärkerem Maße durch theologische Ideen geprägt, als vielfach angenommen wird.[1] Und ein anderer großer Physiker, nämlich Max Planck, war bekanntlich ebenfalls gläubiger Christ. Bis zum heutigen Tage halten bedeutende Physiker die Resultate der naturwissenschaftlichen Forschung für vereinbar mit dem christlichen Glauben.[2] Dasselbe gilt auch für Mathematiker.[3]

Nun hat die Revolutionierung des biologischen Denkens und des wissenschaftlichen Weltbildes durch Charles Darwin zu Einwänden gegen den Gottesglauben geführt, die nicht ohne weiteres beiseitegeschoben werden können. Und katholische Theologen haben sich in letzter Zeit große Mühe gegeben, den Darwinismus dadurch mit ihrem Glauben an den Schöpfergott vereinbar zu machen, dass sie ihn mit einem äußerst fragwürdigen theologischen Überbau versahen. Andererseits werden atheistische Auffassungen heute gerade in besonders pointierter Weise von Denkern vertreten, die durch den Darwinismus geprägt sind. Wenn man hier von „neuen Atheisten" spricht, so kann damit natürlich nicht gemeint sein, dass ihre Ablehnung des Gottesglaubens etwas Neues ist, sondern nur, dass wir es angesichts heute vorliegender Resultate der Forschung mit einer Problemsituation zu tun haben, die neue Argumente ermöglicht. Wenn ich recht sehe, hat sich diese Situation zugunsten der von ihnen vertretenen Position verändert, obwohl uralte Argumente, wie sie sich etwa aus der Theodizeeproblematik ergeben, immer noch zentrale Bedeutung haben. Ich werde darauf zurückkommen. Diese „neuen Atheisten" sind aber vor allem wegen ihrer populären religionskritischen Bücher, die sich an das allgemeine Publikum wenden, ein Ärgernis für Theologen und für Journalisten, die sich aufgerufen fühlen, den christlichen Glauben zu verteidigen. Einer dieser Kritiker ist Alexander Kissler, der sich in einem gerade erschienenen Buch[4] mit den Auffassungen der „neuen Atheisten", also zum Beispiel von Richard Dawkins, Christopher Hitchens, John Harris, Karlheinz Deschner, Michael Schmidt-Salomon, Carsten Frerk und Joachim Kahl auseinandersetzt, und zwar so, dass diese Auseinandersetzung in eine historische Analyse eingebettet ist, in der auch die Vorläufer der modernen Atheisten und ihrer Gegner zu Wort kommen. Dabei sucht er zu zeigen, dass diese Auffassungen erstens keineswegs neu sind, dass sie zweitens schon längst als unhaltbar erwiesen wurden und dass man ihren Verfechtern nicht nur Unbildung, Naivität, Bösartigkeit und Unseriosität attestieren kann, sondern darüber hinaus alle möglichen fragwürdigen Motive.[5] Er möchte damit zeigen, dass „Vernunft ohne Glaube gewissenlos" und „Glaube ohne Vernunft blind" ist, wie es auf der Rückseite seines Buches heißt. Er räumt zwar ein, dass Atheismus und Agnostizismus „ehrenwert errungene Positionen" sein können und dass sie „ein lauteres Handeln ebenso ermöglichen" können „wie der Eingottglaube oder die buddhistischen Wahrnehmungstechniken". Aber leider speise den Atheismus oft „ein Motivbündel der unguten Sorte"[6]. Und dieses Motivbündel findet er dann vor allem bei den neuen Atheisten.

Das Buch ist voller durchaus interessanter Details hinsichtlich einiger der von ihm behandelten Autoren und der von ihnen vertretenen Auffassungen, aber wenn man sich die Frage stellt, welche Auffassungen er selbst vertritt und wie seine Argumente dafür aussehen, so wird man bei der Lektüre weitgehend allein gelassen. Leider findet man bei Kissler meist keinen Hinweis darauf, wo die von ihm zitierten Passagen aus den Arbeiten dieser Autoren zu finden sind, die er anführt. Ich werde versuchen, aus diesen über seinen ganzen Text verstreuten Passagen die Thesen und Argumente zu rekonstruieren, die man dem Verfasser vermutlich zuschreiben kann, und werde dann im Detail darauf eingehen.

Wie alle katholischen Theologen vertritt Kissler, soweit ich sehe, einen metaphysischen Realismus, zu dessen zentralen Aussagen die These der Existenz Gottes gehört.[7] Er verteidigt die Lehren des Thomas von Aquin gegen

George Berkeley, Ludwig Wittgenstein und Charles Sanders Peirce und gegen den Relativismus, der die Wahrheitsfrage zur Geschmacksfrage gemacht habe. Was die Existenz Gottes angeht, so ist sie nach Thomas, wie er feststellt, „des Beweises fähig *und* auch bedürftig", denn sie verstehe sich nicht von selbst. Später findet man bei Kissler die Aussage, dass im 20. Jahrhundert „Beweise im Binnenraum auch des katholischen Glaubens nichts mehr zu suchen haben", und das sei „richtig so". „Weniger richtig, ja desaströs" sei „aber der Verzicht auf den Wahrheitsanspruch"[8]. Darf man also annehmen, dass der Autor in dieser Hinsicht die Auffassung des Thomas nicht mehr akzeptieren kann? Das wäre angesichts der heutigen Problemsituation zu begrüßen, denn alle solchen Beweise sind gescheitert.[9]

Dieser Nachweis ist keineswegs auf die Bemühungen der neuen Atheisten zurückzuführen. Eine Auseinandersetzung mit dieser Sachlage ist allerdings bei Kissler nicht zu finden. Der Glaube, so meint er, müsse „neu die Gelassenheit erlernen, sich zur Beheimatung im Reich des nicht Beweisbaren zu bekennen. Im Gegensatz zur radikal aufklärenden Vernunft" wisse er aber „um diese seine Grenze".[10]

Es ist vielleicht zweckmäßig, an dieser Stelle eine erkenntnistheoretische Zwischenbetrachtung einzuschalten, die zur Klärung der Sachlage dienen mag. Mit der Verwendung des Ausdrucks „Beweis" wird oft die Idee assoziiert, dass das betreffende Verfahren die Wahrheit der betreffenden Aussage garantieren kann. Die Idee einer in diesem Sinne sicheren Begründung hat sich aber als unhaltbar erwiesen.[11] Begründungen dieser Art gibt es weder in der Wissenschaft noch in der Metaphysik, noch in einem anderen Bereich des menschlichen Denkens. Dass die sogenannten Gottesbeweise keine solche Gewissheit liefern konnten, kann ihnen also nicht angelastet werden.[12] Die vorliegende Kritik dieser „Beweise" kann nur zeigen, dass sie in anderer Weise defekt sind, dass die betreffenden Argumente also ihr Ziel verfehlen, nämlich nachzuweisen, dass die Annahme der Existenz der betreffenden Wesenheit akzeptabel ist. Auf die methodologischen Probleme, die hier zu lösen sind, geht der Autor dieses Buches nicht ein.

In den Wissenschaften hat sich seit langer Zeit ein methodologischer Revisionismus durchgesetzt, der auf der Idee der kritischen Prüfung beruht. Er hat zur Folge, dass die angebotenen Problemlösungen auf Grund solcher Prüfungen jederzeit revidierbar sind. Eine Dogmatisierung solcher Lösungen ist daher inakzeptabel. Es kann zwar durchaus vorkommen, dass bestimmte Forscher dazu neigen, ihre Forschungsresultate zu dogmatisieren, aber sie pflegen damit keinen Erfolg zu haben. Dagegen, dass sie bestimmte Aussagen glauben, sie also für wahr halten, ist natürlich nichts einzuwenden. Da auch metaphysische Aussagen nicht sakrosankt sind – auch sie verstehen sich nicht von selbst, wie Thomas von Aquin mit Recht sagte –, ist es zweckmäßig, auch für sie den methodologischen Revisionismus zu akzeptieren. Dass man auch metaphysische Aussagen glauben, also für wahr halten kann, ist trivial. Auch dagegen ist nichts einzuwenden. Es kann allerdings, wie man leicht sieht, auch nicht als Einwand gegen eine atheistische Position in Anspruch genommen werden.

Nun ist die Frage der Existenz Gottes offenbar ein metaphysisches Problem. Das scheinen mir zumindest einige der von Kissler erwähnten neuen Atheisten durchaus zu sehen, auch wenn sie sich immer wieder auf Resultate der Wissenschaften stützen. Wer wie sie in metaphysischer Hinsicht eine naturalistische Auffassung akzeptiert, kann in ihrem Rahmen ohne weiteres auf solche Resultate zurückgreifen. Verfechter einer spiritualistischen Metaphysik haben dagegen Schwierigkeiten, mit bestimmten Ergebnissen der wissenschaftlichen Forschung fertigzuwerden. Sie pflegen, zumindest was ihre metaphysischen Auffassungen angeht, den von mir skizzierten methodologischen Revisionismus nicht zu akzeptieren, da sie sich in ihrem Denken an bestimmte Dogmen gebunden fühlen. Von einigen Vertretern des neuen Atheismus ist mir bekannt, dass sie dagegen einen konsequenten methodologischen Revisionismus akzeptieren. Insoweit habe ich den Eindruck gewonnen, dass Kissler uns in seinem Buch teilweise ein Zerrbild ihrer Auffassungen geliefert hat.

Dass man in den Wissenschaften danach strebt, wahre Aussagen zu finden, ist zwar nicht unbestritten, aber es gehört zu den Auffassungen, die wohl auch von vielen der von Kissler attackierten neuen Atheisten akzeptiert werden. Auch Kissler geht es, wie er immer wieder sagt, um die Wahrheit. Aber man kann natürlich fragen, ob er damit dasselbe meint wie seine Diskussionsgegner. Was diesen Begriff angeht, wartet er mit einer Vielfalt von Angeboten auf, bei denen nur der übliche Wahrheitsbegriff fehlt. Er sagt an einer Stelle seines Buches zum Beispiel, dass „der Wahrheitsbegriff des Glaubens ... mit dem einzig akzeptierten Wahrheitsbegriff der Naturwissenschaften inkompatibel ist". Dort sei wahr, was identifiziert werden könne. Dagegen sei die „Wahrheit des Glaubens ... die Bereitschaft zur Treue und zum Vertrauen in das Nichtbeweisbare, aber Offenbarte". Später spricht er dann vom „experimentellen Wahrheitsbegriff" und davon, dass der Glaube sein Innerstes preisgebe, wenn er sich diesem Begriff unterordne.[13]

Nun benötigen die Wissenschaften aber keinen besonderen „experimentellen" Begriff der Wahrheit. Sie kommen mit dem üblichen Wahrheitsbegriff[14] aus, der auch auf metaphysische Aussagen anwendbar ist und bei dem es darum geht, dass eine Aussage eine zutreffende Darstellung eines Sachverhalts enthält. Dabei ist es gleichgültig, ob beim Zustandekommen oder bei der Prüfung der betreffenden Aussage experimentelle Methoden oder Offenbarungen eine Rolle gespielt haben.

Eine Bereitschaft zur Treue und zum Vertrauen ist zwar eine Einstellung, die man für akzeptabel halten mag. Aber warum man den Ausdruck „Wahrheit" auf derartige Einstellungen anwenden sollte, ist mir nicht klar. Was dabei in diesem Falle resultiert, ist jedenfalls ein Scheingegensatz. Überdies wird der Gläubige wohl dazu neigen, auch das ihm Offenbarte selbst für im üblichen Sinne dieses Wortes wahr zu halten.

An anderer Stelle wieder verkündet uns der Autor, die Wissenschaft könne „nicht prinzipiell über Wahrheit befinden, sondern nur über die Korrektheit eines Verfahrens: Die Wahrheit der Wissenschaft" sei „die Wahrheit ihrer Methoden". Nun können die Methoden der Wissenschaft zwar mehr oder weniger zweckmäßig sein, wenn es darum geht, wahre Aussagen zu finden oder falsche Aussagen zu eliminieren. Aber warum man korrekte Verfahrensweisen und nur sie deshalb wahr nennen und der Wissenschaft das Streben nach wahren Aussagen im üblichen Sinne dieses Wortes absprechen sollte, ist mir unerfindlich.

Offensichtlich hat sich der Autor dieses Buches bisher nicht hinreichend mit erkenntnistheoretischen und wissenschaftstheoretischen Problemen beschäftigt. Dennoch erteilt er in seinem Buch unentwegt anderen Autoren Zensuren, weil sie angeblich in dieser Hinsicht versagt haben. Kommen wir aber nun auf den Inhalt seines Glaubens und damit auf die metaphysischen Thesen zurück, die seiner Kritik der Glaubensverächter und der neuen Atheisten zugrunde liegen. Kissler befürchtet wie Johannes Paul II., dass diese „Apologeten der Vernunft an deren Abschaffung" arbeiten, und stimmt seiner These zu, es sei ein „Misstrauen gegen die Vernunft ..., das auf die metaphysische Erforschung der letzten Fragen weitgehend verzichtet" werde. Eine „Philosophie, die die Möglichkeit eines letzten und umfassenden Sinnes leugnen wollte, wäre nicht nur unangemessen, sondern irrig"[15].

Nun lehnen viele dieser Denker, soweit ich sehe, keineswegs eine Behandlung metaphysischer Probleme ab, sondern sie kommen nur zu anderen Lösungen solcher Probleme als katholische Theologen. Die „Möglichkeit eines letzten umfassenden Sinnes" ist nämlich bei diesen Theologen an die Annahme der Existenz Gottes gebunden, und diese Annahme ist keineswegs selbstverständlich, wie Kissler im Anschluss an Thomas von Aquin selbst eingeräumt hat.[16] Ich werde darauf zurückkommen.

Da einige der von Kissler kritisierten Atheisten dem kritischen Rationalismus nahestehen, den ich vertrete, hätte dieser Autor Grund gehabt, sich etwas näher mit ihren philosophischen Auffassungen zu befassen, statt sie durch eine Strategie der Assoziationen mit fragwürdigen Anschauungen und „Motivbündeln der unguten Sorte" in Zusammenhang zu bringen. Eine „rationalistische Verteufelung von Denkmöglichkeiten, die über das Tatsächliche und Empirische hinausgehen"[17], kann man ihnen sicher nicht unterstellen.

Dem „Hinweis des Münsteraner Philosophen Werner Schneider" folgend behauptet Kissler, Vernunft könne „stets nur Resultat eines Dialogs" sein. „Das denkende, empfindende Ich öffne sich für irgendeine prinzipielle Intelligibilität, für einen Geist, einen Sinn, den es nicht herstellen, wohl aber wahrnehmen" könne. Sie sei „dann am Werk, wenn... das Hörvermögen des Menschen, die ‚Menschenvernunft', auf die ‚Seinsvernunft'" treffe, „auf das allen Erscheinungen zugrunde liegende geistige Prinzip". „Menschliche Vernunft", so heißt es dann, sei „offenbar keine absolute Vernunft. ... Die prinzipiellen Grenzen des Erkennens" seien „nicht die faktischen Grenzen der Vernunft", es gebe „zum Beispiel auch einen vernünftigen Glauben"[18].

Später kommt Kissler noch einmal auf das Verhältnis von Glaube und Vernunft zurück und schließt sich einer Stellungnahme von Robert Spaemann an, der behauptet, die Vernunft werde „heute von der Wissenschaft selbst in Frage gestellt, nicht vom Glauben. Etwa von Neurowissenschaftlern, die ... zu zeigen versuchen, dass die Vernunft nicht das ist, für was sie sich hält, sondern dass sie ein zufälliges Evolutionsprodukt sei". Es sei heute „die Religion ..., die die Vernunft verteidigt. Die Neurowissenschaft stellt sie in Frage... ' Es sind die Gläubigen, die die Vernunft verteidigen"[19].

Nun ist die Aussage, die Vernunft sei nicht das, „für was sie sich hält", ohne weitere Erläuterung völlig unzureichend für eine Bestimmung des Vernunftbegriffs. Wenn damit die Fähigkeit, Probleme zu lösen, gemeint sein soll, dann darf man aber mit einigem Recht behaupten, dass diese Fähigkeit ein Produkt der Evolution ist. Ich weiß nicht, inwieweit Spaemann die Resultate der auf Darwin'sche Einsichten zurückgehenden evolutionären Erkenntnistheorie[20] in Frage stellen möchte. Durch diese Theorie wird keineswegs „die Vernunft in Frage gestellt", sondern es wird der Versuch unternommen, ihre Natur und ihre möglichen Leistungen zu erklären. Dass katholische Denker Schwierigkeiten haben, mit dem Darwinismus fertigzuwerden, ist bekannt. Ihre Bemühungen, die im Rahmen des Darwinismus erzielten Forschungsresultate in ihrer spiritualistischen Metaphysik unterzubringen, sind allerdings gescheitert.

Wie bei Schneider und Spaemann, die er zustimmend zitiert, so haben wir es auch bei Kissler offenbar mit einer spiritualistischen Metaphysik zu tun, wie sie zum Beispiel auch von Josef Ratzinger vertreten wird.[21] Das, was Kissler über das Verhältnis von Vernunft und Glaube sagt, entspricht den Aussagen Ratzingers. Nun hat Ratzinger seinen religiösen Glauben im Rahmen des von ihm vertretenen Spiritualismus zu verteidigen gesucht.[22] Kissler stimmt zwar einigen zentralen Thesen Ratzingers[23] zu, geht aber auf die Argumentation dieses Theologen nicht ein, und es ist daher nicht zu erkennen, inwieweit er ihr beipflichtet. Ratzinger bemüht sich zumindest, wenn auch mit geringem Erfolg, seinen Gottesbegriff zu klären.

Bei Kissler finden wir unter anderem die These, dass ein Wesen, „das wir als vollkommen denken, ... nicht in den Kategorien von Macht und Allmacht erfasst werden" könne.[24] Nun gehört es bekanntlich zur christlichen Tradition, dass Gott als allmächtig, allwissend und allgütig charakterisiert wird. Und diese Charakterisierung hat zu einem schwerwiegenden Problem geführt, für das bisher keine für gläubige Christen befriedigende Lösung gefunden wurde, nämlich zum Theodizeeproblem. Wenn man Gott die Allmacht abspricht, ist allerdings eine Lösung dieses Problems möglich. Und es gibt Philosophen, die diesen Weg eingeschlagen haben, wie zum Beispiel Hans Jonas[25], dessen Gottesbegriff allerdings mit der katholischen Lehre unvereinbar sein dürfte. Kisslers Bemerkung zur Frage der Allmacht findet sich in seiner Auseinandersetzung mit Celsus.

Da er sich im Übrigen auf die katholische Tradition stützt[26] und sich später immer wieder auf Ratzinger beruft, mit dessen Auffassungen auch seine sonstigen Äußerungen übereinzustimmen scheinen, nehme ich an, dass die erwähnten Äußerungen zur Frage der Allmacht Gottes nur ein taktisches Manöver sind, das es ihm ermöglicht, mit Celsus fertigzuwerden. Aber kommen wir auf das Problem zurück, mit dem sich Jonas beschäftigt hat, nämlich das Theodizeeproblem. Die Unlösbarkeit dieses Problems im Rahmen des christlichen Denkens ist ein wesentliches Argument für den Atheismus. Interessanterweise wird dieses Problem auch von Ratzinger nicht als wesentlich wahrgenommen. Dieser Theologe bringt es sogar fertig, Denker, die dieses Problem ernst nehmen, moralisch zu diffamieren.[27]

Und seine Bemühungen um das Gottesproblem, die von Kissler offensichtlich als erfolgreich anerkannt werden, scheitern deshalb, weil es ihm nicht einmal gelingt, seinen Gottesbegriff zu klären, und weil seine Behandlung des Problems der Trinität schon aus logischen Gründen, um es gelinde zu sagen, inakzeptabel ist.[28]

Was die zweite zentrale Komponente des christlichen Glaubens angeht, die Annahme, dass Gott den Menschen Jesus gesandt hat, dessen Kreuzestod für ihre Erlösung und ihr ewiges Heil notwendig war, so hatte Ratzinger sich mit der historisch-kritischen Bibelforschung auseinanderzusetzen. Er tut dies in der Weise, dass er für seine Deutung ein Erkenntnisprivileg in Anspruch nimmt, durch das andere Deutungen von vornherein ausgeschaltet werden.[29] Seine Behandlung der eschatologischen Problematik involviert demzufolge

Missverständnisse eines katholischen Aufklärers

einen Rückfall hinter das, was Johannes Weiß und Albert Schweitzer schon erreicht hatten.[30] Auch mit diesem Problem befasst sich Kissler nicht. Im Übrigen liegt hier die Frage nahe, wieso der allmächtige Gott es nötig hatte, seinen Sohn einen so grausamen Tod sterben zu lassen, um die Menschheit zu erlösen. Diese Frage wird von Ratzinger nicht behandelt und auch Kissler hält sie wohl nicht für interessant. Allerdings geht er im Zusammenhang mit seiner Diskussion der Auffassungen des Celsus auf eine eng damit zusammenhängende Frage ein. Es geht hier darum, dass Celsus gegen Origines eingewandt hatte, „ein allwissender Gott hätte das Unheil auf Golgatha verhindert"[31]. Origines habe, so sagt er, diesen Einwand mit Sokrates pariert. „Der Pionier im Denken der universellen Vernunft trank den tödlichen Schierlingsbecher, obwohl er dem Schicksal hätte entgehen können. Aber wie Jesus zog er es vor, im Einklang mit seinen sittlichen Grundsätzen zu sterben, ... als im Widerspruch mit seiner Philosophie zu leben. Beide hielten ihrer Botschaft die Treue". Der Einwand des Celsus bezog sich aber, wie man leicht sieht, nicht auf das Verhalten Jesu, sondern auf das des christlichen Gottes, so dass diese Antwort verfehlt ist.

Dass Kissler auch die daran anschließende Frage, die ich oben erwähnt habe, nicht in den Sinn kommt, ist nach allem, was wir bisher über seine Art der Argumentation erfahren haben, nicht erstaunlich. Was die Auferstehung Jesu von den Toten angeht, so hatte bekanntlich der protestantische Theologe Rudolf Bultmann Bedenken, diese mit dem wissenschaftlichen Weltbild unvereinbare Annahme zu akzeptieren. Seine Lösung des Problems, die in der These zum Ausdruck kam, Jesus sei auferstanden „in die Verkündigung", war natürlich ein aussichtsloser Versuch zur Rettung des christlichen Glaubens und daher für Ratzinger nicht akzeptabel.[32]

Aber dieser Versuch beruhte auf einem Dilemma, über das er sich nur auf der Grundlage seiner fragwürdigen Metaphysik hinwegsetzen konnte.[33] Da Kissler diese Metaphysik offenbar für akzeptabel hält, braucht er sich in dieser Hinsicht keine Sorgen zu machen. Er kann daher dem Origines zustimmen, für den die „völlige Hingabe der Jünger an Jesu Lehre" ein „augenscheinlicher Beweis seiner Auferstehung war".[34] Wer diese Art von „Beweisen" anerkennt, müsste allerdings die verschiedensten miteinander unvereinbaren Überzeugungen für bewiesen halten. Im Falle des Giordano Bruno hat Kissler offenbar darauf verzichtet, von seiner methodischen Einsicht Gebrauch zu machen.[35]

Was die Frage angeht, wie der Passus des christlichen Glaubensbekenntnisses „abgestiegen zur Hölle" zu verstehen ist, so hat sich Ratzinger in dem erwähnten Buch große Mühe gegeben, ihn in einer Weise zu deuten, die ihn für moderne Menschen akzeptabel machen könnte, die aber dem biblischen Denken in keiner Weise gerecht wird.[36] Es ist daher verständlich, dass Kissler in seiner Auseinandersetzung mit Hitchins von „der angstmachenden Lüge vom ‚ewigen Höllenfeuer'" spricht.[37] Er hätte allerdings gut daran getan, den amtlichen Katechismus der katholischen Kirche zu Rate zu ziehen, der bekanntlich von Ratzinger in Zusammenarbeit mit dem Wiener Kardinal Christoph Schönborn verfasst wurde. Diesem Katechismus zufolge wird die Glaubenspflicht, die dem Katholiken auferlegt wird, schon dann verletzt, wenn er daran zweifelt, „was Gott geoffenbart hat und die Kirche zu glauben vorlegt". Der Atheismus ist als Todsünde anzusehen, und eine solche Sünde hat, wie man da erfährt, „den ewigen Tod in der Hölle" zur Folge, wo man ewige Qualen zu erwarten hat, gleichgültig, wie man sich in seinem Erdenleben verhalten hat.[38]

Ohne eine entsprechend ausstaffierte Hölle kommt Ratzinger also nicht aus, und auch nicht ohne den Teufel und die Dämonen. Sie gehören ebenso wie die Engel zur katholischen Ontologie und natürlich auch zur Ontologie anderer christlicher Konfessionen, wenn auch moderne evangelische Theologen das dämonologische Erbe des Christentums weniger zu betonen pflegen. Wenn Hitchins also „keinen frischen Beleg für eine solche Höllendoktrin" zu nennen weiß, dann hätte ihm Kissler damit aushelfen können, wenn er sich im katholischen Schrifttum hinreichend umgesehen hätte. Es hätte wieder genügt, die bekannten Resultate des Ratzinger'schen Denkens dazu heranzuziehen.

Die katholische Lehre sieht nicht nur Höllenstrafen vor, sondern sie legt bekanntlich großen Wert darauf, dass böses Verhalten auch im Diesseits in angemessener Weise vergolten wird. Dabei wird vorausgesetzt, dass der Mensch die Möglichkeit besitzt, sich frei zwischen gut und böse zu entscheiden. Es ist daher verständlich, dass Kissler sich darüber empört, was die Autoren Carsten Frerk und Michael Schmidt-Salomon zum Problem der Willensfreiheit geäußert haben.[39] Sie meinen nämlich, das „Konzept der Willensfreiheit' sei ruiniert; ‚hatte man zuvor geglaubt, dass der Mensch tue, was er wolle, so zeigt sich jetzt, dass der Mensch nur im Nachhinein will, was er ohnehin schon zu tun im Begriff ist'. Damit lasse sich der Sündenbegriff nicht länger aufrechterhalten. ‚Nur ein Individuum, das prinzipiell in der Lage wäre, anders zu handeln, als es gehandelt hat, kann für sein Vergehen moralisch verantwortlich gemacht werden'".

Aus dieser Auffassung ergeben sich, wie Kissler meint, dramatische Konsequenzen, an die die beiden Autoren nicht gedacht haben. „Keine Lüge, kein Raub, kein Mord, kein Genozid" könne dann „Anlass sein für ‚moralische Verurteilung'". Es sei dann „sinnlos, dem Vergewaltiger oder dem Serienmörder Vorwürfe zu machen – und ebenso sinnlos" sei es, „von einer gewissen Schwere des Delikts an auf Rehabilitation zu hoffen". Und schließlich: Werde „die Willensfreiheit negiert", so gebe es „kein Fundament für Recht und Gesetz".

Ich erspare dem Leser Kisslers Versuch, die Thesen der beiden Autoren für die Rechtfertigung von Diktatoren wie Hitler, Stalin, Mao und Pol Pot in Anspruch zu nehmen. Man sieht jedenfalls, dass der Autor sich in keiner Weise um die Frage bemüht, ob die Auffassungen der beiden Autoren wahr sein könnten. Statt dessen serviert er dem Leser unangenehme Konsequenzen, die mit ihrer Wahrheit angeblich verbunden wären.

Nun ist die Problematik der Willensfreiheit und ihrer Bedeutung für das menschliche Handeln zunächst ein wichtiges Sachproblem, das zu lösen wäre, ganz unabhängig davon, ob daraus die betreffenden Konsequenzen folgen. Und es ist ein schwieriges Problem, für das in der Philosophie verschiedene Lösungen vorgeschlagen wurden.[40] Vertreter einer naturalistischen Auffassung wie die beiden von Kissler attackierten Autoren bemühen sich darum, die Resultate der wissenschaftlichen Forschung bei der Lösung des Freiheitsproblems zu berücksichtigen. Wer das nicht tut, sondern aus religiösen Gründen eine bestimmte metaphysische Position dogmatisiert, setzt sich dem Verdacht aus, kein Interesse an der Wahrheit zu haben.

Wie dem auch sei, er sollte sich aber zumindest bemühen, die Auffassungen der von ihm kritisierten Autoren hinreichend wiederzugeben und seine Leser in dieser Hinsicht nicht zu täuschen. Es hätte genügt, wenn Kissler die einschlägigen Passagen eines Buches von Schmidt-Salomon[41] zu dieser Problematik zu Rate gezogen und seinen Lesern mitgeteilt hätte, was dieser Autor dazu zu sagen hat und warum nach dessen Meinung die unangenehmen Konsequenzen, die sein Kritiker ihnen zu suggerieren sucht, nicht aus den von ihm zitierten Aussagen folgen, warum zum Beispiel Recht und Gesetz nicht darunter leiden müssten. Statt Kissler zu trauen, sollte sich ein Leser seines Buches also selbst darüber informieren, was die beiden Autoren behauptet haben.

Kommen wir zurück zur Gottesproblematik. Kissler zitiert Passagen aus Dawkins Buch über den Gotteswahn, um diesen Verfechter des neuen Atheismus bloßzustellen, weil dessen Feststellungen beleidigend und respektlos seien.[42] Dawkins hatte nämlich den Gott des Alten Testaments als „die unangenehmste Gestalt in der gesamten Literatur" bezeichnet. Er sei „eifersüchtig und auch noch stolz darauf; er sei ein kleinlicher, ungerechter, blutrünstiger ethnischer Säuberer, ein frauenfeindlicher, homophober, rassistischer, Kinder und Völker mordender, ekliger, größenwahnsinniger, sadomasochistischer, launischboshafter Tyrann". Er sei „ein Monster" und „wir wären besser dran, wenn wir etwa, trotz all der menschlichen Schwächen, einen Apoll anbeteten".

Wie reagiert Kissler auf diese Anschuldigungen. Offenbar interessiert er

Missverständnisse eines katholischen Aufklärers

sich wieder in keiner Weise dafür, ob sie einen Wahrheitskern enthalten. In dieser Hinsicht ist es zu bedauern, dass er in seine Liste der zu kritisierenden neuen Atheisten nicht den Psychologen und Religionskritiker Franz Buggle aufgenommen hat, der zum wissenschaftlichen Beirat der Giordano-Bruno-Stiftung gehört. Dessen Buch über den christlichen Glauben[43] hätte er zu Rate ziehen können, um herauszufinden, inwieweit die Äußerungen von Dawkins über den Gott des Alten Testaments zutreffend sind, falls er nicht in der Lage war, auf seine eigene Kenntnis der Bibel zurückzugreifen.

Wie Buggle festgestellt hat, sind sich viele Christen nicht über den Inhalt des Glaubens klar, der ihnen zugemutet wird, und soweit sie hinreichende Bibelkenntnisse haben, greifen sie zu Ausreden, die man kaum akzeptieren kann. Er findet es sehr problematisch, einen „Gott, der Eroberungskriege inklusive der ausdrücklich angeordneten Hinschlachtung von Kindern, Frauen und Greisen befiehlt, der eine inhuman grausame Blutjustiz immer wieder eindringlich fordert und die extrem grausame Hinrichtung seinen eigenen Sohnes als Sühneopfer ausdrücklich wünscht, der die Ausrottung Andersgläubiger befiehlt, Geisteskrankheit auf Besessenheit zurückführt oder ewige (!) Höllenstrafen androht, einen solchen Gott, auch wenn er, extrem widersprüchlich, an anderer Stelle Nächstenliebe, ja sogar Wehrlosigkeit fordert, als höchstes absolutes Vorbild und Verhaltensmodell zu propagieren". Diese Aussagen, die „unserem ... Klima ungebrochener Bibelverehrung krass widersprechen", müssen, wie er sagt, „im Einzelnen belegt werden", eine Aufgabe, der er sich dann zuwendet.[44]

In einem eigenen Kapitel geht Buggle dann kritisch auf die religiöse Situation im deutschen Raum und auf die typischen Reaktionsmuster deutscher Intellektueller und Hochschullehrer auf diese Situation ein[45], dabei auch einiger, mit deren Auffassungen sich Kissler beschäftigt hat. Auch die weiteren Kapitel dieses Buches[46] hätten eine Würdigung durch unseren Atheismus-Kritiker verdient. Es wäre ihm sicher schwergefallen, die Buggle'sche Untersuchung als beleidigend oder respektlos zurückzuweisen, wie er das im Falle der Äußerungen von Dawkins getan hat.

Wie dem auch sei, er hat leider diese Chance nicht wahrgenommen, seine eigenen Auffassungen einer kritischen Prüfung zu unterziehen. Wie nicht anders zu erwarten war, widmet Kissler Jürgen Habermas und seiner Begegnung mit Josef Ratzinger einen eigenen Abschnitt seines Buches.[47] Er geht auf die positive Einschätzung der Religion ein, die dieser Philosoph einem überraschten Publikum in den letzten Jahren als die neueste Entwicklung seines „nachmetaphysischen Denkens" präsentiert hat, und auf die Gründe, die ihn zu dieser Wendung veranlasst haben. Wenn man die Habermas'sche Argumentation zu dieser Problematik genauer untersucht, wird man feststellen können, dass man ihm mit einigem Recht eine willkurliche Einschränkung des Vernunftgebrauchs bescheinigen kann, wie sie sonst im philosophischen Denken ungewöhnlich ist, eine Einschränkung übrigens, die man in ganz ähnlicher Weise im Denken Ratzingers identifizieren kann.[48]

Nun sagt ausgerechnet der Philosoph, der auf diese Weise der Aufklärung buchstäblich in den Rücken gefallen ist, „‚dem Defätismus der modernen Vernunft' den Kampf an", damit die „borniete, über sich selbst unaufgeklärte Aufklärung, die der Religion jeden vernünftigen Gehalt abstreitet", nicht triumphieren kann. Er hat offenbar nicht bemerkt, dass er selbst sich, was den Gebrauch der Vernunft angeht, eine Einschränkung auferlegt, die mit der Suche nach Wahrheit kaum zu vereinbaren ist. Wer nicht bereit ist, dieses Manöver mitzumachen, darf die Konsequenz ziehen, dass die Religionskritik der Aufklärung keineswegs überholt ist. Nur eine korrupte Hermeneutik, also eine Konzeption, die die Suche nach Wahrheit dem Streben nach Konsens opfert, könnte einen anderen Eindruck erwecken. Allerdings ist das, was Kissler uns über den Umgang dieses Philosophen mit dem Wahrheitsproblem sagt, keineswegs richtig. Er behauptet nämlich, für Habermas bleibe „Wahrheit, der Zentralbegriff Ratzingers, das temporäre Ergebnis eines herrschaftsfreien öffentlichen Diskurses, in dem alle möglicherweise Betroffenen ihre Stimme haben erheben können". Wahrheit sei ihm „Konsens" und jeder Konsens könne „auf der Grundlage neuer Erfahrungen korrigiert werden". Aber Habermas hat seine frühere Konsens-Theorie der Wahrheit längst aufgegeben. Man kann ihm heute weder vorhalten, dass er „Wahrheit" als Konsens definiert, noch, dass er irgendeinen Konsens als Kriterium der Wahrheit betrachtet.[49] Man kann allerdings mit einigem Recht von einer Dominanz des Konsens-Motivs in seinem Denken sprechen, die alle Wendungen dieses Denkens überdauert hat. Sie ist gewissermaßen der Geburtsfehler seiner transzendentalen Hermeneutik.[50] Dass er sich den Theologen, die sich ähnliche Beschränkungen des Vernunftgebrauchs auferlegen wie er, nun zugesellt hat, wird niemanden überraschen, der die Dominanz dieses Motivs in seinem Denken zur Kenntnis genommen hat. Wenn ein „Defätismus der Vernunft" zu konstatieren ist, dann ist er bei diesem Vertreter des „nachmetaphysischen Denkens" und seinem theologischen Gesprächspartner zu finden.

Damit will ich's bewenden lassen, auch wenn zu einer ganzen Reihe von Passagen im Kissler'schen Buche noch etwas zu sagen wäre. Wie ich eingangs erwähnt habe, hat Kissler in seinem Buch den von ihm attackierten neuen Atheisten Unbildung, Naivität, Bösartigkeit und Unseriosität und darüber hinaus ein „Bündel von ungutene Motiven" bescheinigt. Man kann die

Frage stellen, wie sich seine eigene Leistung in dieser Hinsicht ausnimmt Seine historische Bildung wird man ihm nicht bestreiten wollen, auch wenn er davon einen sehr einseitigen Gebrauch macht, aber mit seiner philosophischen Bildung hapert es erheblich und sein Mangel an Kenntnis erkenntnistheoretischer und wissenschaftstheoretischer Probleme spottet jeder Beschreibung. Seine damit zusammenhängende methodische Schlamperei lässt seine Urteile über die Auffassungen vieler der von ihm behandelten Autoren als wertlos und wesentliche Teile seiner Arbeit als unseriös erscheinen. Dass er offenbar nicht in der Lage war, seine eigene Inkompetenz für solche Urteile zu erkennen, zeugt von erheblicher Naivität. Ob man darüber hinaus von Bösartigkeit sprechen sollte, möchte ich offen lassen. Dass er sich bei seiner Untersuchung von seinem Ärger und seinem Zorn gegen die „Glaubensverächter" zu leichtfertigen Urteilen über ihre Auffassungen verleiten ließ, ist menschlich verständlich. Als gläubiger Christ wird er sich aber vermutlich selbst fragen müssen, ob bei ihm ein „Bündel von unguten Motiven" am Werke war, als er dieses Buch schrieb. Vielleicht ist es in diesem Zusammenhang hilfreich, ihn an das Bibelwort zu erinnern: „Was siehst du aber den Splitter in dem Auge deines Bruders und merkst nicht den Balken in deinem Auge?" (Matthäus 7,3).

ANMERKUNGEN

[1] Vgl. dazu Harro Heuser, Der Physiker Gottes. Isaac Newton oder die Revolution des Denkens, Freiburg/Basel/Wien 2005. Das Trinitätsdogma der katholischen Lehre wurde allerdings von ihm zurückgewiesen.

[2] Vgl. dazu Jürgen Audretsch (Hg.), Die andere Hälfte der Wahrheit. Naturwissenschaft, Philosophie, Religion, München 1992.

[3] So war einer der größten Mathematiker der Neuzeit, nämlich Georg Gantor, ein gläubiger Christ, und es besteht offenbar ein Zusammenhang zwischen seinem Gottesglauben und seiner Mengenlehre, vgl. dazu Harro Heuser, Unendlichkeiten. Nachrichten aus dem Grand Canyon des Geistes, Wiesbaden 2008, S. 213-225, und passim.

[4] Vgl. Alexander Kissler, Der aufgeklärte Gott. Wie die Religion zur Vernunft kam, München 2008.

[5] Sie sind, wie er feststellt, „unoriginelle Schüler" von Celsus, „doch dogmenfest und selbstsicher", a.a.O., S. 55.

[6] Vgl. Kissler, a.a.O., S. 46.

[7] Vgl. dazu Kissler, a.a.O., S. 67-71.

[8] Vgl. Kissler, a.a.O., S. 144.

[9] Vgl. dazu John L. Mackie, Das Wunder des Theismus. Argumente für und gegen die Existenz Gottes, Stuttgart 1985.

[10] Vgl. Kissler, a.a.O., S. 148.

[11] Sie führt in das von mir so genannte Münchhausentrilemma, vgl. mein Buch: Traktat über kritische Vernunft, 5. Auflage, Tübingen 1991, S. 13-18.

[12] Der Kissler'schen These, dass „letzte Wahrheiten nicht im strengen Sinne beweisbar sind – vgl. Kissler, a.a.O., S. 106 –, kann man also ohne weiteres zustimmen. Diese These gilt allerdings nicht nur für „letzte" Wahrheiten.

[13] Vgl. Kissler, a.a.O., S. 123.

[14] Vgl. Alan Musgrave, Alltagswissen, Wissenschaft und Skeptizismus. Eine historische Einführung in die Erkenntnistheorie, Tübingen 1993, Kap. 14: Die Wahrheit und die Wahrheitstheorien, S. 251-279.

[15] Vgl. Kissler, a.a.O., S. 194.

[16] Vgl. dazu das Kapitel IV. Wissen, Glaube und Heilsgewissheit, meines Buches: Kritischer Rationalismus. Vier Kapitel zur Kritik illusionären Denkens, Tübingen 2000, S. 138-188, vor allem S. 178-188...

[17] Vgl. Kissler, a.a.O., S. 194.

[18] Vgl. Kissler, a.a.O., S. 17.

[19] Vgl. Kissler, a.a.O., S. 189.

[20] Vgl. dazu Gerhard Vollmer, Was können wir wissen? Band I. Die Natur der Erkenntnis, Stuttgart 1985.

[21] Vgl. dazu mein Buch: Joseph Ratzingers Rettung des Christentums. Beschränkungen des Vernunftgebrauchs im Dienste des Glaubens, Aschaffenburg 2008, S. 28 ff.

[22] Vgl. dazu Joseph Ratzinger, Einführung in das Christentum. Vorlesungen über das apostolische Glaubensbekenntnis, 3. Auflage, München 1977.

[23] Vgl. Kissler, a.a.O., S. 194-201.

[24] Vgl. Kissler, a.a.O., S.-51.

[25] Vgl. hierzu Hans Jonas, Der Gottesbegriff nach Auschwitz, in: Otfried Hofius (Hg.), Reflexionen in finsterer Zeit, Tübingen 1984, S. 61-86.

[26] Auf S. 136 seines Buches stimmt er zum Beispiel der These Gregors XVI. zu, dass „die Bibel und die Tradition definieren, was wahr ist".

[27] Vgl. dazu mein Buch: Joseph Ratzingers Rettung des Christentums, a.a.O., S. 13 f. Zum Theodizeeproblem vgl. Gerhard Streminger, Gottes Güte und die Übel der Welt – Das Theodizeeproblem, Tübingen 1992, und Norbert Hoerster, Die Frage nach Gott, 2. Auflage, München 2007.

[28] Vgl. mein Buch: Joseph Ratzingers Rettung des Christentums, S. 48-53.

[29] Seine „christologische Hermeneutik" setzt nämlich, wie er sagt, „einen Glaubensentscheid" voraus, vgl. Josef Ratzinger, Jesus von Nazareth. Erster Teil. Von der Taufe im Jordan bis zur Verklärung, Freiburg/Basel/Wien 2006, S. 14-18.

[30] Vgl. mein Buch: Joseph Ratzingers Rettung des Christentums, a.a.O., S. 74-78.

[31] Vgl. Kissler, a.a.O., S. 60.

[32] Vgl. dazu sein Buch: Einführung in das Christentum, a.a.O., S. 226 f. Er geht zwar nicht explizit auf Bultmann ein, aber seine Darstellung lässt erkennen, dass er mit dessen Problemlösung nicht einverstanden ist.

[33] Vgl. dazu mein Buch: Traktat über kritische Vernunft, a.a.O., S. 129-137, sowie Helmut Groos, Christlicher Glaube und intellektuelles Gewissen. Christentumskritik am Ende des zweiten Jahrtausends, Tübingen 1987, S. 246-317...

[34] Vgl. Kissler, a.a.O., S. 57.

[35] Vgl. Kissler, a.a.O., S. 168-172.

[36] Vgl. Ratzinger, a.a.O., S. 215 ff., und meine Kritik in meinem Buch: Joseph Ratzingers Rettung des Christentums, S. 61.

[37] Vgl. Kissler, a.a.O., S. 237.

[38] Vgl. Katechismus der katholischen Kirche, deutsche Ausgabe, München 2005, S. 538, S. 488 f. und S. 547.
[39] Vgl. Kissler, a.a.O., S. 53 f.
[40] Einen vorzüglichen Überblick über die vorgeschlagenen Lösungen und ihre Stärken und Schwächen bietet Volker Gadenne im 7. Kapitel: Freiheit und Determinismus, seines Buches: Philosophie der Psychologie, Bern/Göttingen/Toronto/Seattle 2004, S. 123-153.
[41] Vgl. Michael Schmidt-Salomon, Manifest des evolutionären Humanismus. Plädoyer für eine zeitgemäße Leitkultur, Aschaffenburg 2005, S. 93-105.
[42] Vgl. Kissler, a.a.O., S. 254 f.
[43] Vgl. Franz Buggle, Denn sie wissen nicht, was sie glauben. Oder warum man redlicherweise nicht mehr Christ sein kann. Eine Streitschrift, Reinbek bei Hamburg 1992.
[44] Vgl. Buggle, a.a.O., S. 33 und S. 36-203.
[45] Vgl. Buggle, a.a.O., S. 283-368.
[46] Vgl. Buggle, a.a.O., „Die Rolle der Humanwissenschaften oder wie das Aufklärungspotential der Wissenschaft weginterpretiert oder heruntergespielt" wird, „Resümee: Einige Hintergründe der dargestellten Situation" und „Ein neues religiöses Paradigma?", S. 369-433.
[47] Vgl. Kissler, a.a.O., S. 200-202.
[48] Vgl. dazu mein Buch: Joseph Ratzingers Rettung des Christentums, S. 101-104.
[49] Dass es Kissler besondere Schwierigkeifen bereitet, mit der Wahrheitsproblematik umzugehen, hatten wir schon gesehen.
[50] An der „Idee der unverkürzten Verständigung", die sein Denken seit langer Zeit beherrscht, hat er bis heute festgehalten und die dazu vorliegende Kritik weitgehend ignoriert, vgl. dazu mein Buch: Kritik der reinen Hermeneutik. Der Antirealismus und das Problem des Verstehens, Tübingen 1994, S. 238-252.

TRÄUME EINES GEISTERSEHERS

ZUR KRITIK DES KRIELE'SCHEN SPIRITUALISMUS

Der bekannte Rechtsphilosoph Martin Kriele hat ein Buch veröffentlicht, in dem er das Verhältnis des Gottesglaubens zur Vernunft erörtert und in diesem Zusammenhang eine Kritik des Atheismus liefert.[1] Sein Buch will, wie schon der Titel sagt, eine Antwort auf die Frage geben, ob ein vernünftiger Mensch ungläubig sein kann. Und man ahnt schon, dass seine Antwort auf diese Frage negativ sein wird. Kriele vertritt in seinem Buch eine spiritualistische Metaphysik, die viel mit dem von Joseph Ratzinger vertretenen Spiritualismus gemeinsam hat. Er geht immer wieder auf dessen Auffassungen ein und stimmt ihnen im Wesentlichen zu.

Kriele ist sich klar darüber, dass er sich bei der Beantwortung seiner Frage auf die Entscheidung erkenntnistheoretischer Grundsatzfragen einlassen müsste. Und er nennt es ein „Kennzeichen des Atheisten", dass er unwillig ist, sich auf solche Fragen einzulassen.[2] Er habe nämlich „die Entscheidung getroffen, Erkenntnistheorie auf Wissenschaftstheorie zu reduzieren": „Wovon er uns überzeugen" wolle, setze er „erkenntnistheoretisch voraus, nämlich: was den Methoden der Wissenschaft nicht zugänglich ist, könne nicht Gegenstand der Erkenntnis sein". „Was Andersdenkende sagen", übersetze er „in das System wissenschaftlicher Hypothesen und Beweise, entkleide(t) es damit seines Inhalts bis hin zur völligen Entstellung", verstehe es „gar nicht" und wolle es „auch nicht verstehen". Was er zu sagen habe, gehöre „eher in den Bereich der Unterhaltungsliteratur als in den Bereich philosophischer Erörterung". „Beim Konflikt Atheismus contra Gottesglaube" gehe es, so hatte er vorher festgestellt, „also letztlich um Fragen der Erkenntnistheorie. Wollte man ihn vernünftig erörtern, so wäre ein philosophischer Dialog um die Erkenntnistheorie zu führen".

Es wäre also zu erwarten gewesen, dass man in dem Kriele'schen Buch eine Darstellung seiner erkenntnistheoretischen Auffassungen findet, die sich nicht mit dieser Abgrenzung begnügt, aber das ist keineswegs der Fall. Und was die Darstellung der Erkenntnislehre angeht, die er dem Atheisten zuschreibt, so lässt auch sie zu wünschen übrig. Man findet bei ihm keine Auseinandersetzung mit den erkenntnistheoretischen Auffassungen bestimmter Philosophen, die eine atheistische oder eine agnostische Position vertreten, wie etwa Karl Popper oder John Leslie Mackie. Diese Philosophen reduzieren keineswegs Erkenntnistheorie auf Wissenschaftstheorie. Sie sind sich vielmehr klar darüber, dass es hier um metaphysische Probleme geht, also um die Entscheidung zwischen metaphysischen Thesen. Man kann ihnen nicht vorwerfen, dass sie nicht verstehen und auch nicht verstehen wollen, was Andersdenkende sagen. Wenn sie die Annahme der Existenz Gottes als eine metaphysische Hypothese betrachten, dann heißt das nur, dass sie sie nicht als Dogma behandeln, sondern ihre kritische Prüfung anstreben.[3] Bekanntlich ändert sich der Inhalt einer Aussage keineswegs dadurch, dass man sie nicht als Dogma, sondern als Hypothese behandelt.

Auch Kriele möchte, wenn ich ihn recht verstehe, seinen eigenen und den Gottesglauben anderer Leute kritisch prüfen. Die Frage ist nur, wie diese Prüfung aussieht. Wenn er im Anschluss an Dietrich Bonhoeffer feststellt, dass es keinen wissenschaftlich zwingenden Gottesbeweis gibt[4], erweckt er den Eindruck, der Atheist habe einen solchen Beweis verlangt. Ich weiß nicht, welcher atheistische Philosoph hier gemeint sein kann. Die Argumente, die für die Entscheidung zwischen den in Frage kommenden metaphysischen Thesen geltend gemacht werden, haben natürlich nicht den Charakter von Beweisen. Kriele liefert, wie ich meine, eine Karikatur seines weltanschaulichen Gegners, mit der er sich seine Aufgabe erheblich erleichtert.

Das erste Kapitel seines Buches[5] beginnt mit der Behauptung, die „methodische Ausgangsfrage der modernen Wissenschaft" sei die Frage gewesen: „Was können wir über die Beschaffenheit der Welt erkennen, wenn wir einmal von allen religiösen und metaphysischen Annahmen absehen? Was lässt sich empirisch beweisen oder widerlegen und ist deshalb für jeden Menschen einsichtig, Intelligenz und Vorbildung vorausgesetzt?"

Diese Formulierung ist äußerst problematisch, denn sie setzt sich darüber hinweg, dass die moderne Wissenschaft im Rahmen des metaphysischen Realismus operiert und dass zum Beispiel Newton ausdrücklich auf einen Eingriff Gottes zurückgriff, um die Stabilität des Planetensystems zu erklären. Aber darüber hinaus war das Werk Isaac Newtons, wie Harro Heuser gezeigt hat, in viel stärkerem Maße durch seine religiösen Auffassungen geprägt, als das üblicherweise angenommen wird.[6] Das Märchen vom methodischen Atheismus des naturwissenschaftlichen Denkens, das uns hier von Kriele aufgetischt wird, ist schon aus historischen Gründen inakzeptabel.[7] Erst seit Kant musste die Annahme der Existenz Gottes weder für die Erklärung wirklicher Zusammenhänge noch für die Erklärung ihrer Erkenntnis in Anspruch genommen werden.[8]

Nach seiner These zur Methode der Naturwissenschaften konfrontiert uns der Autor mit einer weiteren These, die ebenso fragwürdig ist, nämlich mit der Behauptung, dass „Erkenntnisse über die Natur... unmöglich im Widerspruch zum Gottesglauben stehen" können, denn die Natur sei ja „Gottes Schöpfung", also seien „Naturerkenntnisse zugleich eine Bereicherung der Gotteserkenntnis". Dass die Natur Gottes Schöpfung ist, impliziert aber die These der Existenz Gottes, für die der Autor bisher noch kein Argument geliefert hat. Was er dann zur Erläuterung seiner These auf den folgenden Seiten sagt, involviert die Inkommensurabilität wissenschaftlicher und theologischer Aussagen, eine These, die man auch bei vielen Theologen findet.[9] Diese These läuft auf eine Immunisierungsstrategie für Glaubensaussagen hinaus. Das zeigt auch die Art, in der Kriele mit Bestandteilen des religiösen Weltbildes umgeht, die sich als unhaltbar erwiesen haben. Sie werden von ihm einfach als religiös irrelevante Bestandteile dieses Weltbildes deklariert. Die Substanz der Religion, so meint er, bleibe davon unberührt.[10] So kann er zu dem Schluss kommen, „zwischen Religion einerseits und Wissenschaft und Aufklärung andererseits" bestehe kein Konkurrenz-, sondern ein Komplementärverhältnis.

Um den „Unterschied zwischen Wissenschaft und szientistischer Weltanschauung" zu verdeutlichen, kommt er dann auf das Buch von Richard Dawkins „Der Gotteswahn" zu sprechen, ein Buch, in dem man „die wesentlichen Elemente der szientistischen Weltanschauung" finde. Dieses Buch des wegen seiner Forschungen zur Evolutionstheorie berühmten Denkers hat ohne Zweifel Schwächen, die damit zusammenhängen, dass der Autor sich offenbar wenig mit erkenntnistheoretischen Problemen auseinandergesetzt hat. Wie schon erwähnt, hat Kriele es vermieden, in seinem Buch auf die Auffassungen von erkenntnistheoretisch geschulten Atheisten einzugehen. Mit Dawkins glaubt er offenbar leichter fertigzuwerden. Aber auch sein Umgang mit dem Dawkin'schen Naturalismus ist teilweise fragwürdig.

Er stellt zum Beispiel fest, „dass Begründungspflicht und Beweislast bei dem philosophischen Naturalismus" liegt, und zwar deshalb, weil „zu allen Zeiten und auf allen Kontinenten" zur Normalität „die Voraussetzung" gehörte, „dass es selbstverständlich geistige Wesen gibt, die unabhängig von der materiellen Welt leben und auf diese einwirken können".[11] Daher sei die „gegenteilige Annahme begründungsbedürftig und beweispflichtig". Da es hier um die Entscheidung zwischen alternativen metaphysischen Konzeptionen geht, ist diese Art, der älteren Konzeption einen Vorteil einzuräumen, nur Ausdruck eines Vorurteils, das der Steinzeitmetaphysik zugute kommt. Das ist erkenntnistheoretisch ebenso fragwürdig wie die Dawkins'sche Behandlung der Wahrscheinlichkeitsproblematik. Kriele stellt in diesem Kapitel weitere fragwürdige Behauptungen auf, auf die ich nicht näher eingehe.[12] Ich beschränke mich auf eine These, die für seine Auffassungen zentralen Charakter hat.

Er geht im Anschluss an Hoimar v. Dithfurth auf die Frage ein, wie es zu den Mutationen kommt, „von denen sich einige als so zweckmäßig erweisen". Dieser Autor „erläutert das Problem u.a. am Beispiel des indischen Schmetterlings ‚Kaiseratlas'". Er schildert das Verhalten der Raupe dieses Schmetterlings in ihrem Puppenstadium, ein Verhalten, das sehr komplexe Wirkungen habe, die offenbar äußerst zweckmäßig seien, obwohl die Raupe kein Gehirn habe, das diese Wirkungen einschätzen könnte. Der Autor zieht daraus die Konsequenz, dass es „Verstand ohne Gehirn" gebe, und sagt dazu, das sei die bedeutungsvollste Konsequenz der modernen Naturwissenschaft.[13]

Diese „Konsequenz" folgt allerdings keineswegs logisch aus den betreffenden Tatsachenaussagen, wie der Autor anscheinend meint. Natürlich taucht die Frage auf, wie die betreffenden Tatsachen zu erklären sind. Dass sie nur zu erklären sind, wenn man die Existenz einer immateriellen Instanz dazu einführt, ist keineswegs selbstverständlich. Außerdem ist die These, dass eine solche Instanz existiert, bekanntlich selbst noch keine Erklärung. Die Kriele'sche Behauptung, es gebe Geist ohne Gehirn, eine zentrale Behauptung seiner Konzeption, ist daher eine Annahme, für deren Wahrheit er bisher keine zureichenden Argumente geliefert hat. Und daran wird sich auch in den späteren Kapiteln seines Buches nichts ändern.

In dritten Abschnitt dieses Kapitels, das dem Problem gewidmet ist, welches Weltbild wahrscheinlicher ist, finden wir unter anderem die folgende Argumentation zu der Frage, ob es „Leben und Geist ohne materielles Gehirn" gebe. „Warum soll es das nicht geben?", meint dazu Kriele. „Weil das die Prämisse ist", so meint er, „von der wir ausgegangen sind, sie kann also logischerweise nur zu diesem Resultat führen, sie beweist sich selbst: Prämisse ist Prämisse". Von Prämissen, die sich selbst beweisen, habe ich bisher noch nichts gehört, obwohl ich mich als Wissenschaftstheoretiker hinreichend mit Fragen der Logik beschäftigt habe. Zwar folgt aus P trivialerweise P, aber dass das ein Beweis für P ist, ist eine originelle These. Dass religiöse Menschen mit vielen Annahmen, die uns Kriele in diesem Abschnitt vorführt, wie er sagt, keine Probleme haben, ist wohl richtig. Sie haben eine spiritualistische Metaphysik akzeptiert, in deren Rahmen es offenbar möglich ist, solche Annahmen zu akzeptieren.[14]

Im zweiten Kapitel des Buches geht es um die Frage nach dem Gottesbild.[14] Hier geht Kriele auf Franz Buggles Buch „Denn sie wissen nicht, was sie glauben" ein[15] und räumt zunächst ein, dass sich in der Bibel auch ein Gottesbild findet, „das sich am Modell eines grausamen orientalischen Despoten geformt hat." Es finde sich dort aber auch ein ganz anderes Gottesbild, so meint er dann, nämlich das eines liebenden Vaters. Das hat Buggle in seinem Buch keineswegs bestritten. Die beiden Gottesbilder seien unvereinbar, sagt Kriele mit Recht, und sie „stellten die Christen vor das Problem, wie sie nebeneinander bestehen können". Kirchenkritiker wie Karlheinz Deschner wollten „die Christen für alle Zeiten auf die despotischen Züge des biblischen Gottesbildes festnageln." Wer die Werke von Deschner gelesen hat, wird ihm aber kaum diesen Vorwurf machen können.[16]

Im nächsten Abschnitt unterrichtet uns Kriele darüber, dass die Verfasser der Bibel von zwei Seiten inspiriert worden seien, einerseits vom Heiligen Geist, andererseits von widergöttlichen Mächten, den gefallenen Engeln, so dass sich damit auch die grauenhaften Bibelstellen erklären lassen. Immerhin hatte Gott wohl den Einfluss solcher Mächte zugelassen. Warum er das tat, wird uns der Autor später erläutern.

Kriele wendet sich nun der historisch-kritischen Theologie zu, von der vieles in Frage gestellt wurde, was für den christlichen Glauben bis dahin selbstverständlich war. Er wirft den betreffenden Theologen vor, dass sie bloße Vermutungen als Erkenntnisse ausgeben, und stellt ihr Interesse an der Wahrheit in Frage. Sie könnten auf diese Weise „den Anhängern der szientistischen Weltanschauung weit entgegenkommen und deutlich machen, dass sie den esoterischen Unsinn des Evangeliums selbstverständlich auch nicht glauben". Er behandelt diese Forschungen also in derselben Weise wie Joseph Ratzinger, dessen Versuch, die Vernunft mit dem Glauben zu versöhnen, er in diesem Zusammenhang als wegweisend erwähnt.[17]

Das Kapitel schließt mit dem Hinweis auf empirische Befunde, die angeblich das szientistische Weltbild widerlegen, und der Verurteilung bornierter Experten, die in dieser Hinsicht andere Auffassungen vertreten. Anscheinend ist sich Kriele nicht darüber klar, dass empirische Befunde einer theoretischen Interpretation bedürfen, wenn man sie als Mittel der Prüfung theoretischer Behauptungen verwenden möchte, und dass es alternative Erklärungen der betreffenden Befunde geben kann. Wie schon erwähnt, setzt er sich in seinem Buch nicht explizit mit erkenntnistheoretischen Auffassungen auseinander.

Im nächsten Kapitel[18] stellt Kriele fest, dass der Papst angesichts der „Enthellenisierung" des christlichen Glaubens, die letzten Endes die moderne Verbreitung szientistischer und damit atheistischer Weltvorstellungen verursacht habe, den richtigen Weg gewiesen habe, um Glaube und Vernunft miteinander vereinbar zu machen, nämlich: „Hören auf die großen Erfahrungen und Einsichten der religiösen Traditionen der Menschheit, besonders aber des christlichen Glaubens". Allerdings müsse man die Fragen, „die ein vernünftiger moderner Mensch an die Theologie richtet, in einleuchtender Weise" beantworten. Damit habe der Papst „ein Programm für die Theologie der nächsten hundert Jahre entworfen".

Das Christentum, so meint er dann, habe „zwei Quellströme: den jüdischen und den griechischen". „Wer die inspirative Mitwirkung des Himmels an der geistesgeschichtlichen Entwicklung der Menschheit für möglich" halte, dem werde es „nicht unplausibel erscheinen, dass der Himmel die Ermöglichung des Christentums auf diese Weise von langer Hand vorbereitet habe. Die beiden Vorgeschichten" erschienen dann „im Lichte einer zielgerichteten Lenkung". „Wären die beiden Quellströme nicht zusammengeflossen, so gäbe es keine christliche Religion". „Wo das Denken von der griechischen Philosophie beeinflusst war", so meint er schließlich, „konnten die Menschen die Botschaft Jesu leichter verstehen als anderswo". Das mag so sein, auch wenn man die Mitwirkung des Himmels dabei nicht für plausibel hält.

Im vierten Kapitel des Buches geht es um den Unterschied zwischen dem griechischen und dem jüdischen Geist.[19] Im griechischen Kulturbereich, so meint Kriele, habe es nicht die Vorstellung gegeben, Erkenntnis sei prinzipiell nur in dem Bereich möglich, der dem wissenschaftlichen Beweise zugänglich sei. Den griechischen Denkern sei es darum gegangen, „zu verstehen, was man als das Seiende wahrnahm." Es sei ihnen „um die Erkenntnisse der Welt" gegangen, und dazu gehörten nun einmal „die metaphysischen Aspekte nicht weniger als die physikalischen". Dass sich das moderne Denken in dieser Hinsicht vom griechischen Denken unterscheidet, scheint Kriele für selbstverständlich zu halten.[20] Wie dem auch sei, er teilt uns jedenfalls mit, Paulus habe die Griechen durch vernünftige Argumente von der Botschaft Christi überzeugt. Was er dazu im Einzelnen anführt, sind Aussagen verschiedener Art: Behauptungen, Analogien, Bilder, aber nicht das, was man üblicherweise als Argumente bezeichnet.

„Im jüdischen Gottesbild fanden die Griechen", wie Kriele feststellt, „Aspekte, mit denen sie ohne weiteres übereinstimmten ... solche, die ihnen als mögliche Schlussfolgerungen einleuchteten, ... aber auch Aspekte, die ihnen fremd waren." Vertraut war ihnen, dass Gott ein ein einziger und der Schöpfer der Welt ist, plausibel war ihnen, dass Gott Person ist und den Menschen als sein Ebenbild schuf und dass er unerforschlich ist, sich aber offenbaren will. Auch mit der Botschaft von der Inkarnation des Gottes und von seiner Auferstehung hatten sie, so Kriele, kein prinzipielles Problem, auch nicht damit, dass er etwas vom Menschen will und das ausdrücklich sagt. Befremdlich erscheinen musste ihnen nach Kriele die Bindung Gottes an das auserwählte Volk. Und unverständlich musste es ihnen sein, dass Gott unbedingten Gehorsam forderte auch in Fällen, in denen das nicht einsichtig war, dass er irdische Vergehen mit ewigen Strafen vergilt und auch Unschuldige bestraft und dass er von den Herrschenden verlangt, rücksichtslos zu strafen. Vor allem das Bild Gottes als eines liebenden Vaters, der dem Sohne die Freiheit der Entscheidung lässt, habe den Griechen die Botschaft Christi überzeugend gemacht. Nun enthält das Neue Testament, wie Kriele feststellt, eine unvollständige und widerspruchsvolle Symbiose dieser Gottesbilder, aber wir hätten längst gelernt, die Bibel nicht immer wörtlich zu verstehen, und er zeigt an einer Reihe von Beispielen, welche Deutungen ihm plausibel erscheinen. Man kann durchaus verstehen, dass einem Gläubigen daran gelegen ist, auf solche Weise die Widersprüche zu eliminieren, die ihn stören, und daher eine Hermeneutik zu praktizieren, deren Leitmotiv die Rettung seines Glaubens ist. In dieser Hinsicht befindet sich Kriele, wie schon erwähnt, im Einklang mit Joseph Ratzinger.

Auch im nächsten Kapitel[21] geht es wieder um Fragen der Interpretation. Für den dem griechischen Denken entstammenden „Rationalismus", den auch Ratzinger vertritt, gehören, wie Kriele sagt, Liebe und Vernunft zusammen. Nicht vernunftgemäß zu handeln, sei dem Wesen Gottes zuwider. Dieser Satz sei aber „für einen in der Tradition des jüdisch-christlichen Gottesbildes aufgewachsenen Menschen... nicht evident". Nach dieser Tradition habe man vielmehr Gott zu gehorchen und seine Gebote nicht am Maßstab der eigenen Vernunft zu prüfen.

Die Frage, an der sich die Differenzen entzündeten, war nach Kriele die folgende: „Wenn die Bibel Gottes Wort ist, hat die menschliche Vernunft dann das Recht, an ihren Texten herumzuinterpretieren, authentische und unglaubwürdige, inspirierte und menschliche Sentenzen zu unterscheiden?" Die „Voluntaristen", die das verneinten, neigten der jüdisch-christlichen Tradition zu. Sie waren der Ansicht, „es komme nicht auf Gottes Vernunft, sondern auf Gottes Willen an". Darauf, dass der Voluntarismus sich teilweise im theologischen Denken und in der kirchlichen Praxis durchgesetzt hat, führt Kriele die Grausamkeiten und Verbrechen zurück, mit denen wir es in der Geschichte des Christentums zu tun haben.

In den nächsten acht Kapiteln seines Buches geht Kriele auf „die großen Fragen" ein, die nach seiner Auffassung zu beantworten sind. Im sechsten Kapitel behandelt er die Frage, warum Gott nicht eingreift.[22] Es geht also um das Theodizeeproblem. Für die Epoche der Aufklärung, so stellt er fest, „war die Überzeugung, Allmacht und Liebe Gottes seien unvereinbar, so prägend, dass sie oft geradezu als Ausweis dafür angesehen wurde, ein vernünftiger Mensch zu sein". Man darf gespannt sein, wie Kriele dieses Problem löst, an dem bisher alle Theologen gescheitert sind.[23] Auch Joseph Ratzinger, auf den sich Kriele immer wieder beruft, hat keinen Versuch gemacht, es zu lösen. Er hat es sogar fertiggebracht, Autoren, die dieses Problem ernst nehmen, moralisch zu diffamieren.[24] Hans Jonas hat bekanntlich die Idee eines ohnmächtigen Gottes eingeführt, um einen Ausweg zu finden. Diese Idee finden wir nun auch bei Kriele, aber im Rahmen eines Arguments, das sie für den christlichen Glauben annehmbar machen soll.

„Die Gewissheit, dass Gott ein liebender Vater ist, lässt sich", wie er sagt, „nur über einen gedanklichen Umweg wiedererlangen, nämlich: Die Ohnmacht Gottes ist nicht eine scheinbare, sie ist wirklich gegeben, aber sie kann mit der Allmacht Gottes zwanglos zusammen bestehen. Das klingt", wie er sagt, „zunächst paradox, ist aber logisch." Natürlich könne, so fährt er fort, „der Schöpfer der Welt nur als ein allmächtiger gedacht werden." Aber er habe die Engel als „freie Wesen erschaffen" und mit ihrer Freiheit sei nun einmal das Risiko ihres Abfallens gegeben. Ebenso habe er „die Menschen mit der Fähigkeit zur freien Wahl ausgestattet", so dass sie sich für ein Verhalten entscheiden können, das nicht zu billigen ist. So könne Gott nicht einmal eingreifen, „wenn irdische Machthaber das schlimmste Unheil anrichten". Er „hätte nicht einmal die nationalsozialistischen Vernichtungslager abwenden können".

Dazu ist Folgendes zu sagen. Man hat freie Wahl, wenn man sich zwischen alternativen Verhaltensweisen entscheiden kann. Der Spielraum dieser Alternativen ist aber stets begrenzt. Er muss keineswegs Verhaltensweisen umfassen, die unter bestimmten Wertgesichtspunkten abzulehnen sind. Ein allmächtiger Gott hätte die Natur des Menschen und seiner Umwelt ohne weiteres so einrichten können, dass solche Verhaltensweisen ausgeschlossen sind, ohne die menschliche Freiheit zu beeinträchtigen. Dasselbe gilt für die Natur der Engel. Wenn er das nicht getan hat, hat er unnötigerweise die Übel zugelassen, um die es hier geht.[25]

„Alles Gute, Wahre und Schöne, das wir in der Welt finden", sagt Kriele, „kann es nur geben, weil Gott es in seine Schöpfung hineingelegt und in uns veranlagt hat, es muss also seinem Wesen entsprechen... Das Böse, Falsche und Hässliche geht nicht aus seinem Wesen hervor, sondern ist Folge der Freiheit gefallener Wesen und der von ihnen beeinflussten Menschen, also eines Risikos, das er mit dem Schöpfungsprinzip der Freiheit in Kauf nehmen musste".

Wie wir gesehen haben, musste er das keineswegs in Kauf nehmen. Er musste auch nicht Wesen wie die Engel schaffen, die unter Umständen in der

Lage sind, Menschen zum Bösen zu verführen und in einer Weise in das Weltgeschehen einzugreifen, die zu Katastrophen aller Art führt. Und schließlich hätte er auch selbst in dieses Geschehen eingreifen können, um solche Katastrophen zu verhindern. Die von Kriele angebotene Lösung des Theodizeeproblems ist also unhaltbar.

Das führt uns zum Thema des nächsten Kapitels, das die Frage stellt, ob Gott Herr der Geschichte ist.[26] „Wenn Gott die Schrecklichkeiten des irdischen Geschehens nicht abwenden kann", so fragt Kriele nun, „gibt er uns wenigstens positive Hilfen?" „Kann er vernünftigem Fortschrittsbemühen die Unterstützung versagen, wenn zu seinen Wesensmerkmalen die Vernunft gehört?" Die Antwort darauf ist nach Kriele, dass Gott einen Heilsplan hat, dass die Menschen und auch die Engel durch vernünftiges Handeln daran mitwirken, dass die ganze Schöpfung zum Heil findet, dass gefallene Engel sich dem entgegenstellen und dass Gott selbst noch aus dem Bösen Gutes zu ziehen vermag. Er habe den Menschen und den Engeln „nicht nur Freiheit gegeben, sondern ihnen auch das Heimweh nach dem Vater ins Herz gelegt: die Liebe, das Streben nach dem Licht, und das" sei „auf Dauer allen dunklen Verwirrungen überlegen".

Man sieht, dass der Autor auf diese Weise eine evolutionäre Perspektive in sein Weltbild bringt, die es ihm erlaubt, die Weltgeschichte als einen Prozess zu deuten, in dem sich der göttliche Heilsplan schließlich durchsetzt. Die Möglichkeit zu dieser Deutung hat ihm seine Behandlung der Freiheitsproblematik gegeben, deren Haltlosigkeit ich gezeigt habe.

Auch die Engel, die nach Kriele „Gesandte der Trinität" sind und „verschiedene Ämter und Aufgaben" haben, sind an der Verwirklichung des göttlichen Heilsplans beteiligt, wobei eine ihrer Wirkungsmöglichkeiten die Inspiration ist, „mit der sie Künstlern, Wissenschaftlern und religiösen Menschen die entscheidenden Ideen eingeben und ihrem Lebenswerk Ziel und Richtung weisen." Auch die gefallenen Engel, die „dunklen Wesen", können natürlich „ihre Vorstellungen einfließen lassen". „Himmlische Inspirationen haben z.B. die Entwicklung der modernen Kernphysik angestoßen, dunkle Gegeneinflüsse aber ihre Anwendung in der Atombombe". Wie Gott aus dem Bösen Gutes ziehen kann, zeigt sich nach Kriele darin, dass es nach der nationalsozialistischen Katastrophe zur Erklärung der Menschenrechte, zur Entkolonisierung, zu mehr Gleichberechtigung der Frauen, der Farbigen und der Juden und zu weiteren erfreulichen Entwicklungen kam, so dass Kriele glaubt, das Kapitel mit der Aussage beenden zu können, dass nicht einmal Auschwitz Grund gibt, das Gottesvertrauen zu verlieren. Diese Auskunft, die wir seiner defekten

Lösung des Theodizeeproblems verdanken, wird wohl kaum ein Trost für die vielen Opfer der Katastrophen sein, die nach Auschwitz stattgefunden haben.

Im nächsten Kapitel befasst sich unser Autor mit der Frage, ob Gott Strafen verhängt.[27] Er räumt ein, dass der strafende Gott im Alten Testament vorkommt und dass er auch im Neuen Testament zu finden ist, nämlich in der Androhung ewiger Strafen, die durch das Jüngste Gericht verhängt werden. „Die vom griechischen Geist berührten frühen Christen hatten", wie er sagt, „wenig Verständnis für den strafenden Gott". Vor allem der Gedanke der Vergeltung wurde im griechischen Denken vielfach abgelehnt. Daher, so meint Kriele, sei „der Prozess der ‚Enthellenisierung' eine so große Katastrophe für die Kirche" gewesen. Sogar bei Kant sei noch „die irrige Vorstellung der Vergeltungsstrafe" zu finden gewesen, die seiner pietistischen Erziehung zu verdanken sei. Für den Himmel aber könne es keine Vergeltungsstrafe geben. Gott leide mit den Leidenden und füge seinen Geschöpfen kein Leiden zu. Auch verhänge er keine jenseitigen Strafen. Die zahlreichen Strafandrohungen im Neuen Testament seien, so meint er, als „Warnungen vor den inneren Folgen ungerechten und lieblosen Tuns" zu verstehen. Das steht allerdings nicht im Einklang mit dem, was im offiziellen Katechismus der katholischen Kirche zu lesen ist, demzufolge ein Atheist den ewigen Tod in der Hölle zu erwarten hat, wo er ewige Qualen erleidet.[28]

Die nächsten Fragen, die Kriele zu beantworten sucht, sind die nach der Bedeutung von Freiheit, Schuld und Reue.[29] Er stellt zunächst fest, dass Willensfreiheit mit kausaler Determination vereinbar sei. Seine Erläuterung dieser These zeigt aber, dass er die Willensfreiheit mit der Handlungsfreiheit verwechselt, für die seine These zutrifft.[30] Dann unterscheidet er verschiedene Grade der Freiheit, die sich dadurch unterscheiden, dass das Handeln mehr oder weniger durch Vernunft und Liebe motiviert ist. Dabei spielen Gesetzmäßigkeiten, die aus der psychologischen Forschung bekannt sind, für seine Analyse keine Rolle.

Sünde bedeutet, wie er dann sagt, „Schuld unter dem Aspekt der Abwendung von Gott". Wenn aber alles kausal determiniert ist, dann dränge sich die Frage auf, „ob man überhaupt sinnvoll von Schuld – und damit von Sünde – sprechen kann". Dann erfahren wir, was Vertreter der Strafrechts-Wissenschaft und was Hirnforscher dazu sagen und schließlich, dass „der theologische Schuldbegriff ... an das ethische Unrechtsbewusstsein" anknüpft und es daraus erklärt, dass es uns ins Herz geschrieben ist und dass unser Gewissen vor ihm Zeugnis ablegt". Das Gewissen, so räumt er ein, könne im Einzelfall fehlgehen, aber der Irrtum lasse sich aufklären. Die Frage, ob man schuldig geworden ist, wenn man sich im Gewissensirrtum befunden und ein Unrecht getan hat, ist damit allerdings nicht beantwortet.[31] Vermutlich hatte auch Hitler ein gutes Gewissen, das durch seine religiösen Überzeugungen geprägt war.[32] Wie dem auch sei, der Schuldbegriff erschließt nach Kriele „seine Bedeutung erst in Reue, Scham, Einsicht und Umkehr". „Nur über Reue und Umkehr finden wir zum Heil".

Nun wendet sich Kriele der Frage zu, wie das jüngste Gericht zu verstehen ist.[33] „Die Heilige Schrift und der Katechismus ... sagen uns", so meint er, „dass das endgültige Gericht am ‚letzten Tage' gehalten wird". Vorher könne es noch keine endgültige Verdammnis geben. Wenn es sie am letzten Tage gebe, müsste Gott aber einsehen, dass sein Heilsplan nicht gelungen ist. Der Autor, dem die Androhung der Verdammnis verständlicherweise unangenehm ist, weil sie mit seinem Gottesbild unvereinbar ist, schlägt vor, die „furchtbare Drohung" als eine „Mahnung und Warnung" zu deuten, die dazu bestimmt ist, dass der Heilsplan gelingt, und findet für diese Deutung Anhaltspunkte in der Bibel. Dann wendet er sich der Frage zu, ob es außerhalb der Kirche kein Heil geben könne. Er wendet sich gegen diese These, indem er auf die Gerechtigkeit Gottes hinweist. Auch „dezidierte Atheisten", die sich „für das Gerechte entschieden haben", können seiner Meinung nach zum Heil kommen.[34]

Das nächste Kapitel ist der Frage gewidmet, ob es die ewige Hölle gibt.[35] Die Hölle, so meint er, sei „eine Schöpfung der gefallenen Engel", die ihre „Freiheit missbraucht haben". Gott setze aber „darauf, dass die gesamte Schöpfung in Freiheit und Liebe zu ihm zurückkehren" werde. Wenn sie „in die absolute Ewigkeit heimkehren" werde, werde Gott „gewiss keine wie immer gedachte Form von Hölle in sich aufnehmen und neu etablieren". Es kann demnach keine ewige Hölle geben, wieder im Gegensatz zu dem, was im Katechismus zu lesen ist. Im Rest des Kapitels sucht der Verfasser unter anderem zu zeigen, dass diese Auffassung im Einklang mit dem Text des Neuen Testaments steht und dass Luther und Calvin sich geirrt haben.

Die nächste Frage, die er zu beantworten sucht, ist die, wodurch uns Christus erlöst hat.[36] Christus habe uns nicht durch sein Vorbild erlöst, so meint er, wohl aber sollten wir uns an seinem Vorbild orientieren. Er habe uns auch nicht von der Macht des Bösen freigekauft. Auch habe er nicht dem Vater Wiedergutmachung geleistet, indem er die Sünden der Menschen auf sich genommen habe. Vielmehr sei sein Kreuzestod die Erlösungstat, durch die er den Weg zur Heimkehr der Schöpfung gebahnt habe.

Im folgenden Kapitel geht es um die Frage, was „Opfer" bedeutet,[37] eine Frage, die offenbar mit der vorigen Frage eng zusammenhängt. Kriele meint, dass „die Hinrichtung Jesu den Vater in keiner Weise befriedigen und günstig stimmen konnte". Sie musste ihn vielmehr „mit unendlich viel Schmerz und Trauer erfüllt haben". Er stellt daher mit Recht die Frage: „Wenn Gott die Vergebung nicht prinzipiell ausschließt, sondern sie unter bestimmten Bedingungen gewährt, wieso gehört dann zu diesen Bedingungen überhaupt das Opfer seines geliebten Sohnes?" Er könne doch jederzeit Erbarmen walten lassen und vergeben, ohne erst durch das Selbstopfer des Sohnes beruhigt und beschwichtigt worden zu sein." Dem kann man nur zustimmen.

Dazu stellt unser Autor fest, Jesus habe dieses Opfer freiwillig auf sich genommen, „einfach weil das Gottes Wille war". „Und es war Gottes Wille, weil Christus nur so die Heimkehr der Schöpfung anstoßen und grundlegen konnte". Dass Gott den Umweg über den Kreuzestod seinen Sohnes nötig hatte, um die Menschen zu erlösen, ist eine Auffassung, die offenbar mit der These von der Allmacht des barmherzigen Gottes unvereinbar ist. Dass Gott diesen grausamen Tod seines Sohnes unnötigerweise in Kauf genommen hat, ist übrigens eine Tatsache, die auch im Zusammenhang mit dem Theodizeeproblem von Interesse ist, für das Kriele, wie ich gezeigt habe, keine brauchbare Lösung angeboten hat. Das Kapitel schließt mit der bemerkenswerten Feststellung, das „eigentliche Wesen des Menschen" bestehe darin, „dass wir unseren Eigenwillen dem Willen Gottes zum Opfer bringen können". Der Kreuzestod Jesu ist ein Beispiel für diese Möglichkeit.

In den nächsten vier Kapiteln des Buches geht es um die Auferstehung und das Leben im Jenseits. Zunächst behandelt der Autor das Problem, ob Auferstehung überhaupt möglich ist.[38] Kriele beginnt seine Untersuchung dieses Problems mit dem Hinweis auf die Aussage des Paulus, dass ohne die Hoffnung auf die Auferstehung der christliche Glaube illusorisch sei. Er räumt ein, dass die Auferstehung der Vernunft Schwierigkeiten bereitet, weil man sie so deutete, dass ein Leichnam wieder lebendig wurde. Diese Deutung weist er zurück. Was Paulus gesehen und gehört habe, als ihm der Auferstandene erschienen war, sei, so meint er, ein „geistiger Leib" gewesen. Ein solcher „Auferstehungsleib" konnte sich nach Kriele „materialisieren und entmaterialisieren, in Fleisch und Blut erscheinen und wieder unsichtbar werden, je nach dem Willen seines Trägers". Paulus, so meint er weiter, stützte sich auch darauf, dass er „nicht der Einzige war, dem der Auferstandene erschienen ist".

Er sucht nun die Frage zu beantworten, ob die Zeugen glaubwürdig sind, und betrachtet zunächst die Theologien, die diese Zeugen nicht ernst nehmen. Zwei Grundtypen seien da zu finden. Nach der einen seien deren Berichte unwahr und es gehe darum, „sie historisch oder psychologisch zu erklären". Nach der anderen seien sie so vage, „dass sie zu interpretieren" seien, und zwar in einer Weise, „die ihren Aussagegehalt ... entschärft". Den ersten Typus finde man in der historisch-kritischen Theologie, derzufolge Jesus in die Verkündigung oder ins Bewusstsein der Gläubigen auferstanden sei. Ihr werden von ihm „eine Reihe seltsamer Fehler" vorgeworfen. Das, was sie anbietet, sei „eine Mischung aus logischen Fehlern und parteiischer Voreingenommenheit". Die betreffenden Urteile seien daher nicht ernst zu nehmen. Man habe eher Anlass, „Urteilskraft und Charakterfestigkeit der Richter in Zweifel zu ziehen".

Wenn man sich die Kriele'sche Darstellung der „seltsamen Fehler" ansieht, die seinen Zweifel an der Seriosität der betreffenden Denker rechtfertigen sollen, so stellt sich heraus, dass er nur einen Vorwand sucht, um die von ihnen gebotene Alternative nicht ernst nehmen zu müssen. Zum Beispiel ist die Wahrheitsliebe der Zeugen für die Lösung des Problems unerheblich, denn ihnen wird ja nicht bescheinigt, dass sie gelogen haben. Und dass sie „weltanschauliche Prämissen" haben, die von den Zeugen nicht geteilt werden, ist ebenfalls unerheblich. Diese „Prämissen" könnten ja trotzdem wahr sein. Es geht dabei teilweise um unterschiedliche metaphysische Annahmen, die den betreffenden Deutungen zugrunde liegen. Wie zwischen solchen Annahmen zu entscheiden ist, ist eine erkenntnistheoretische Frage. Ich hatte eingangs darauf hingewiesen, dass bei Kriele keine angemessene Erörterung dieser Frage zu finden ist. Es ist im Übrigen ein starkes Stück, den betreffenden Theologen charakterliche Mängel zu bescheinigen.[39]

Der andere Grundtyp theologischer Infragestellung findet sich nach Kriele bei Menschen, die zwar „kirchlich orientiert und gläubig" seien, „deren Glaube aber blutleer, unlebendig und inhaltslos geworden" sei wie der Glaube der Sadduzäer, der dem christlichen Gottesverständnis weniger nahegestanden habe als der Glaube der Pharisäer. Dieser Glaube sei weniger von Liebe als von Gottesfurcht geprägt gewesen. Kriele weist darauf hin, dass nach Lukas die Sadduzäer im Gegensatz zu den Pharisäern „die Auferstehung und das Dasein von Engeln und Geistern" leugnen. „Die beiden Grundtypen theologischer Infragestellung der Zeugenberichte über den Auferstandenen ... repräsentieren" nach Kriele „die beiden Varianten der ‚Enthellenisierung', die direkte und die indirekte". Bei „modernen Menschen" gewinnen sie, wie er meint, ihre Überzeugungskraft aus der Vorstellung, dass das Berichtete „natürlich" so, wie es überliefert ist, „nicht ernst genommen werden" könne, „weil es das Materialisieren und Entmaterialisieren eines ‚geistigen Leibes' nicht geben könne, es sei physikalisch unmöglich".

Kriele ist dagegen der Auffassung, es gebe keinen vernünftigen Grund, unsere Auferstehung für prinzipiell unmöglich zu halten. Um das zu zeigen, bemüht er einen Vertreter der modernen Physik, nämlich Hans-Peter Dürr, der behauptet, dass „alles aus Geist gebaut ist" und dass „Wirklichkeit Geist" ist. Damit vertritt er eine Version des Spiritualismus, also eine metaphysische Auffassung, die dem Kriele'schen Denken entgegenkommt. Was er sagt, folgt keineswegs aus den Aussagen der modernen Physik, sondern aus der Verbindung dieser Aussagen mit der Metaphysik eines Physikers, der in dieser Hinsicht ein Außenseiter sein dürfte. Albert Einstein war jedenfalls anderer Auffassung. Wie dem auch sei, wir haben es jedenfalls wieder mit der Frage zu tun, wie man vernünftigerweise zwischen alternativen metaphysischen Auffassungen entscheiden kann.

Das nächste Kapitel beschäftigt sich damit, was die kirchliche Lehre sagt.[40] Die „szientistische" Weltanschauung, derzufolge es unabhängig von einem materiellen Leib kein geistiges Leben geben könne, hat nach Kriele „ihren Ursprung in einer Theologie, die unter Auferstehung nicht die Verknüpfung der Seele mit einem geistigen Leib versteht, sondern mit dem fleischlichen Leib, der sich aus dem Grab erheben wird". Es „gebe dann weder Engel noch gefallene Engel" und eigentlich könne es „auch Gott nicht geben". Tatsächlich sei die Seele nicht identisch mit dem, was wir heute unter „Psyche" verstehen. Die Seele bediene sich vielmehr der Psyche, sei „in ihren Möglichkeiten aber durch die Widerstände begrenzt, die die genetischen Faktoren dem entgegensetzen." „Im Sterben" trenne sich „die Seele von Körper *und* Person. Beide sind tot, die Seele lebt fort". „Sie hat" nach Kriele „in ihrem irdischen Leben Erfahrungen gemacht, blickt darauf zurück, freut sich über das Gelungene, bedauert das nicht so schön und gut Gelungene oder gar das völlige Scheitern ihrer eigentlichen Absichten und kann darüber zutiefst erschüttert sein".

Dann beschäftigt sich der Autor mit der Frage, was der Katechismus dazu sagt, und stellt fest, dass er in dieser Hinsicht Widersprüche und Unklarheiten enthält, so dass eine „künftige an der ‚Weite der Vernunft' orientierte Theologie ... um Klärungen bemüht sein" werde, „die uns die Auferstehung zur Gewissheit machen". Man ist immer wieder erstaunt, mit welcher Selbstsicherheit unser Autor kühne Behauptungen formuliert, ohne uns zu sagen, wie sie geprüft werden könnten. Nun wendet er sich der Frage zu, was die christliche Hermetik sagt.[41]

„Die Geschichte der Wissenschaft" sei, so stellt er fest, „bis in die frühe Neuzeit hinein eng mit der Geschichte der Weisheit verbunden" gewesen. Doch die „stürmische Erfolgsgeschichte der empirischen Wissenschaft" habe „den Weisheitsstrom zunehmend außer sich" gelassen, so dass dieser „als unwissenschaftlich diskreditiert" wurde. Und parallel dazu habe die Theologie „ihre eigene – direkte oder indirekte – ‚Enthellenisierung'" intensiviert. „Solange die christliche Verkündigung und Theologie vom griechischen Geist geprägt waren", seien sie eng mit der Philosophie und diese ihrerseits mit der „Hermetik" verflochten gewesen, die einer altägyptischen Tradition entstammte, die sowohl den Monotheismus Echnatons als auch die griechischen Mysterienschulen und damit letzten Endes auch Pythagoras und die Pythagoräer sowie Platon und die Neuplatoniker beeinflusst habe. Die konsequente „Enthellenisierung" versucht nach Kriele, der Philosophie und der mit ihr eng verflochtenen Hermetik „ein klägliches Ende zu bereiten". Wenn das gelänge, „wären der Weg, die Wahrheit und das Leben der Verkündigung ebenfalls am Ende". Das aber wäre unmöglich.

Kriele stellt dann fest, dass die Hermetik eine philosophische Denkweise sei, die unter anderem auch die Mystik, die Gnosis und die Magie reflektiere. Alle drei gebe es nicht nur in nicht-christlicher, sondern auch in christlicher Gestalt, und diese gelte es zu verstehen. Was die Mystik angeht, so weist er auf „die auf Dionysios Areopagita zurückgehende Engellehre" und auf „die gedankenklaren Erfahrungsberichte der Terese von Avila und des Johannes vom Kreuz" hin. Die christliche Gnosis, die sich „aus dem christlichen Glauben nicht wegdenken" lasse, verstehe „den Heiland und Erlöser gleichzeitig als Lehrer und Aufklärer". Und ohne die heilige Magie lasse sich „weder das kultische und sakramentale Leben der Kirche verstehen, noch das Wirken Jesu, noch das schöpferische Handeln Gottes". „Theologie und Predigt entziehen sich" nach Kriele „selbst ihre Grundlage, wenn sie ... annehmen, Mystik, Gnosis und Magie seien prinzipiell und unterschiedslos zu verwerfen". Die hermetische Philosophie bemühe sich darum, „den legitimen Sinn dieser drei Disziplinen von ihrem unheiligen Missbrauch unterscheidbar zu machen". Sie wollten aufklären, tradierte Dunkelheiten aufhellen und Widersprüche klären.

Dann stellt der Autor die Frage, ob die Hermetik zum Verständnis der Auferstehung beitrage, und geht auf den Beitrag ein, den Valentin Tomberg, ein Vertreter der Hermetik, dazu geleistet hat. Sein Verdienst besteht offenbar unter anderem darin, dass er die biologische Evolution als ein Wunder betrachtet hat. Das „szientistische Weltbild" zeigt nach Kriele „die Welt wie in einem Hohlspiegel, der alles auf den Kopf stellt". Tomberg stelle „das Bild vom Kopf auf die Füße". Er behaupte zum Beispiel, dass Materie verdichtete Energie und Energie verdichtetes Bewusstsein sei. Auch die übrigen Zitate aus dem Alterswerk dieses katholischen Hermetikers stimmen mit der Kriele'schen Version des Spiritualismus überein, die wir schon kennengelernt haben. „Im Kontext der hermetischen Philosophie", so schließt unser Autor dieses Kapitel ab, werde „die Auferstehung zu einer unbezweifelbaren Gewissheit".

Als nächstes befasst sich Kriele mit der Frage, ob es eine konkrete Existenz der Seele außerhalb des Leibes gebe.[42] Um diese Frage zu beantworten, geht er zunächst auf die Präexistenzlehre ein, die schon im griechischen Denken verbreitet sei und anfänglich auch die Lehre der Kirche gewesen sei ... Mit

Präexistenz ist die vorgeburtliche Existenz der Seele gemeint. „Erst um die Mitte des 1. Jahrtausends" habe die Kirche begonnen, „die Präexistenzlehre in Frage zu stellen, allerdings mit der Wirkung, dass damit auch die nachtödliche Existenz der Seele in Frage gestellt war". Es geht also in beiden Fällen darum, ob die Seele unabhängig vom Leib existiert. „Der Glaube an unsere künftige Auferstehung setzt", wie Kriele sagt, „voraus, dass sich die leibunabhängige Existenz der Seele... gegenüber dem materialistischen Gegenbild endgültig durchsetzt". Damit stehe und falle „unser Glaube überhaupt, wie Paulus mit so großem Nachdruck behauptet" habe.

Im nächsten Abschnitt geht es um die Frage, wie sich die göttliche Schöpfung mit der Abstammungslehre vermitteln lässt, die ja inzwischen von der katholischen Kirche anerkannt wurde. Kriele erörtert mehrere Erklärungsmodelle, die in Betracht zu ziehen sind, und weist sie dann als unzulänglich zurück. Seiner Auffassung nach ist es plausibel anzunehmen, dass die Erschaffung menschlicher Seelen ebenso wie die Erschaffung der Engel unabhängig von der Evolution stattgefunden hat. „Es wäre denkbar, dass sie ebenso wie die Engel erschaffen worden sind und zunächst gemeinsam mit diesen im paradiesischen Zustand des Himmels lebten". „Die Erkenntnisse der Evolutionsforschung" stellten „uns also vor die Alternative: Entweder die präexistenten menschlichen Seelen inkarnieren sich bei passender Gelegenheit in den Vererbungsstrom hinein, oder ihre göttliche Schöpfung ist kaum erklärbar".

Die „Erklärungsversuche" unseres Autors sind offenbar nichts anderes als Bemühungen, sein spiritualistisches Weltbild mit den Ergebnissen der wissenschaftlichen Forschung vereinbar zu machen. Wer eine naturalistische Wirklichkeitsauffassung vertritt, dem müssen diese Bemühungen als wilde Spekulationen ohne Erklärungswert erscheinen. In dem nun folgenden Abschnitt über die Frage, woher unser Gottvertrauen kommt, stellt der Autor die These auf, dass das „Kind ... die Erfahrungen seiner vorgeburtlichen Existenz" mitbringt. Es habe „sich inkarniert, um etwas vom Himmel auf die Erde zu bringen". Diese Erfahrungen prägten „ein gewisses Grundvertrauen", das durch spätere religiöse Erfahrungen gekräftigt werde. Es gehe erst verloren, wenn „es von Erwachsenen mit Verstandesargumenten zugeschüttet" werde, tauche aber wieder auf, „wenn man eindrucksvollen Persönlichkeiten" begegne, „die dasselbe Grundvertrauen charismatisch ausstrahlen." Der Gottesglaube entzünde sich „kaum an theoretischen Argumenten, sondern an der Leuchtkraft gläubiger Menschen. Neben diesen" erschienen „unsere Verfechter des Atheismus und der szientistischen Weltanschauung als törichte Mitläufer im kollektiven Meinungsklima". „Das Programm von Benedikt XVI." laufe „darauf hinaus, an die Stelle der drohenden Theologie die erklärende Theologie zu setzen".

Wenn die Menschen verstünden, was Christus gelehrt hat, machten sie „die Erfahrung. Wir können uns in unserem eigenen, ursprünglichen Gottvertrauen selbst vertrauen".

Die Schlussbetrachtung Krieles ist der Frage gewidmet, ob ein vernünftiger Mensch ungläubig sein kann.[43] Auf diese Frage gibt er eine ausführliche Antwort, in der er zum ersten Mal auf erkenntnistheoretische Fragen eingeht. Ich bin zu Anfang meines Berichts über die theologischen Auffassungen, die Kriele vertritt, in aller Kürze darauf eingegangen und habe darauf hingewiesen, dass er uns ein Zerrbild davon vorführt, wie Vertreter atheistischer Auffassungen mit den betreffenden Problemen umzugehen pflegen, und dass er darauf verzichtet, uns seine erkenntnistheoretischen Auffassungen mitzuteilen. Es geht hier offenbar um die Entscheidung zwischen zwei metaphysischen Auffassungen, dem von ihm vertretenen religiösen Spiritualismus und einem atheistischen Naturalismus, wie er von vielen modernen Philosophen und auch von Vertretern der Naturwissenschaften vertreten wird, die sich für philosophische Probleme interessieren.

Im zweiten Abschnitt seiner Schlussbetrachtung setzt Kriele seine Bemühungen fort, den Atheisten Mängel zuzuschreiben, die ihn von religiösen Menschen unterscheiden. Es sei, so sagt er da zum Beispiel, „auch nicht schön, Atheist zu sein", denn das Leben sei „dann ziemlich banal", denn „die tiefen Freuden" blieben „dem Atheisten verschlossen. Das Maximum an Freude" biete „ der Erfolg in Beruf, Wirtschaft, Politik oder Sport. Nicht einmal Sex" könne „tief beglücken, wenn er nicht Ausdruck einer als ewig empfundenen Liebe" sei. „Die großen Meisterwerke der Kunst, Musik und Literatur" blieben ihm fremd: Man könne „weder den Lobpreis noch die Verzweiflung über die Ferne des Himmels nachempfinden, die in ihnen Ausdruck gefunden haben".

Man fragt sich, woher Kiele eigentlich weiß, dass das Leben des Atheisten so banal ist? Es gibt genügend Zeugnisse, die mit dieser Auffassung unvereinbar sind. Ihm ist offenbar auch nicht bekannt, dass es viele bedeutende Künstler gibt, die Atheisten sind. Die Arroganz, die in seinem Urteil zum Ausdruck kommt, ist kaum zu überbieten.

Der Atheismus, so lesen wir dann wieder, sei „ein illegitimes, missratenes Kind der Aufklärung". Er bestehe „in einer reduzierten Erkenntnistheorie, die darauf zugeschnitten sei, die geistigen Hintergründe des irdischen Daseins außer Betracht zu lassen. Die Menschen sollen lernen, sich damit abzufinden, dass die Welt unverstehbar ist. Sie sollen sich in einer dunklen, gottlosen, sinnlosen, ziellosen Welt einrichten, auf das Licht der Erkenntnis verzichten, sich mit ihrer Heimatlosigkeit abfinden und sich mit den Banalitäten des Alltags zufriedengeben." Dafür aber gebe „es keinen vernünftigen Grund". Und überdies könne, wer dem folge, „kein glücklicher Mensch werden". Auf die Dauer, so schließt der Autor seine Betrachtungen, könne „ein vernünftiger Mensch nicht Atheist bleiben". Ein Kommentar zu diesen Bemühungen, dem Atheismus gerecht zu werden, erübrigt sich.

Im letzten Abschnitt seiner Schlussbetrachtung stellt Kriele die Frage, ob es noch etwas jenseits der Vernunft gebe. „Die Vernunft", so teilt er uns mit, sei „nicht Gottes einziges Wesensmerkmal." Zu diesen Merkmalen gehörten auch zum Beispiel „Freiheit, Liebe, Arbeit, Kreativität, Weisheit, Geduld, Humor, Freude und Schmerz. Je mehr davon wir harmonisch in unser eigenes Leben integrieren" könnten, desto mehr werde „unser Leben zum Kunstwerk". Der Schöpfer habe diese Welt als eine paradiesische aus kreativer Freiheit geschaffen. Sie sehne sich daher nach dem paradiesischen Zustand und befinde sich auf dem Weg der Heimkehr. Dazu bedürfe es des Menschen, und darin zeige sich „Sinn und Aufgabe unseres Lebens". „Die christliche Offenbarung" habe „uns den Weg gewiesen". Gott, dessen „Ebenbild und Gleichnis" wir seien, schaue „den Grausamkeiten und Schmerzen nicht teilnahmslos zu, er leide(t) mit und setzt seine Hoffnung auf die Menschen". Kriele schließt seine Betrachtungen mit dem Satz: „Deine Wille geschehe – durch uns".

Unser Autor ist also zum Schluss noch einmal zum Theodizeeproblem zurückgekehrt, mit dem er sich schon befasst hatte. Auf die Schwächen seines Lösungsversuches habe ich schon hingewiesen. An diesem Problem ist er ebenso wie alle anderen Theologen gescheitert. Dasselbe gilt für den ganzen in diesem Buch vorliegenden Versuch Krieles, seine religiöse Wirklichkeitsauffassung gegen die vorliegende Religionskritik zu verteidigen. Es ist ein Versuch, der diese Religionskritik nicht ernst nimmt, weil er die Argumentation vieler ernsthafter Vertreter des Atheismus nicht einmal in Betracht zieht.

ANMERKUNGEN

[1] Vgl. Martin Kriele, Gott und die Vernunft. Kann ein vernünftiger Mensch ungläubig sein? Christiana Verlag, Stein am Rhein 2008.

[2] Vgl. Kriele, Gott und die Vernunft, S. 151.

[3] Vgl. dazu Hans Albert, Traktat über kritische Vernunft, 5. Auflage, Tübingen 1991, S. 16 und S. 43 f., wo ich diesen Unterschied zu klären suche.

[4] Vgl. Kriele, a.a.O., S. 149.

[5] Das Kapitel hat den Titel „Wissenschaft contra Glauben?, vgl. Kriele, a.a.O., S. 9-21. Die ersten fünf Kapitel des Buches bilden seinen ersten Teil, der den Titel hat: Wissenschaft, Gottesglaube und Vernunft.

[6] Vgl. dazu Harro Heuser, Der Physiker Gottes. Isaac Newton oder die Revolution des Denkens, Freiburg 2005.

[7] Vgl. dazu auch Alexandre Koyre, Von der geschlossenen Welt zum unendlichen Universum, Frankfurt 1969.

[8] Vgl. dazu Wolfgang Röd, Der Gott der reinen Vernunft. Die Auseinandersetzung um den ontologischen Gottesbeweis von Anselm bis Hegel, München 1992.

[9] Zum Beispiel bei Hans Küng, vgl. dazu meinen Aufsatz: Hans Küngs Rettung des christlichen Glaubens. Ein Missbrauch der Vernunft im Dienste menschlicher Wünsche, Aufklärung und Kritik 1/2006, S. 28.

[10] Vgl. Kriele, a.a.O., S. 10.

[11] Vgl. Kriele, a.a.O., S. 15.

[12] Er scheint sich zum Beispiel nicht darüber klar zu sein, dass Hitlers Auffassungen durch den christlichen Antijudaismus Houston Stuart Chamberlains und Dietrich Eckarts beeinflusst waren. Hitler war bekanntlich kein Atheist. Seine Endlösung der Judenfrage war ein religiöses Verbrechen.

[13] Vgl. Kriele, a.a.O., S. 13.

[14] Vgl. Kriele, a.a.O., S. 22-33.

[15] Vgl. Franz Buggle, Denn sie wissen nicht, was sie glauben, Aschaffenburg 2004.

[16] Vgl. zum Beispiel das von ihm herausgegebene Buch: Jesusbilder in theologischer Sicht, München 1966, in dem es zwar in erster Linie um Jesus geht, aber natürlich auch um den christlichen Gott.

[17] Mit Ratzingers Auffassungen habe ich mich in meinem Buch: Joseph Ratzingers Rettung des Christentums. Beschränkungen des Vernunftgebrauchs im Dienste des Glaubens, Aschaffenburg 2008, auseinandergesetzt. Ratzinger liefert uns eine Karikatur der Leben-Jesu-Forschung. Er lässt Resultate dieser Forschung nur gelten, wenn sie sich für seinen Glauben verwerten lassen. Seine christologische Hermeneutik ist ein äußerst fragwürdiges Unternehmen.

[18] Dieses 3. Kapitel hat den Titel „Enthellenisierung", vgl. Kriele, a.a.O., S. 34-39.

[19] Vgl. Martin Kriele, a.a.O., S. 40-50.

[20] Dass dem nicht so ist, zeigt zum Beispiel Martin Morgenstern in seinem Buch: Metaphysik der Moderne. Von Schopenhauer bis zur Gegenwart, Stuttgart 2008.

[21] Vgl. Kriele, a.a.O., 5. Kapitel: Vernunft oder Wille?, S. 51-58.

[22] Vgl. Kriele, a.a.O., S. 59-63.

[23] Vgl. dazu Gerhard Streminger, Gottes Güte und die Übel der Welt. Das Theodizeeproblem, Tübingen 1992, sowie Norbert Hoerster, Die Frage nach Gott, 2. Auflage, München 2007.

[24] Vgl. dazu mein Buch: Joseph Ratzingers Rettung des Christentums, a.a.O., S. 12 ff.

[25] Für eine ausführliche Diskussion dieses Problems vgl. die in Anm. 23 angeführten Bücher. Der katholische Theologe Armin Kreiner hat sich in seinem Buch: Gott im Leid. Zur Stichhaltigkeit der Theodizeeargumente, Freiburg 1997, und in anderen Arbeiten ernsthaft mit dieser Problematik befasst. Er hat es sich nicht so leicht gemacht wie Kriele. Aber auch seine Antwort ist nicht haltbar. Vgl. dazu Norbert Hoerster, Die Frage nach Gott, a.a.O.

[26] Vgl. Kriele, a.a.O., S. 64-70.

[27] Vgl. Kriele, a.a.O., S. 71-76.

[28] Vgl. dazu den Katechismus der katholischen Kirche, 2. Auflage, München 2003, S. 488 f. und S. 547. Später wird Kriele selbst darauf hinweisen, und zwar auf S. 128 seines Buches, wo er auf die Mängel dieses Katechismus eingeht.

[29] Vgl. Kriele, a.a.O., S. 77-82.

[30] Für eine gründliche Analyse dieser schwierigen Problematik vgl. Volker Gadenne, Philosophie der Psychologie, Bern 2004, Kapitel 7., Freiheit und Determinismus, S. 123-153, wo die verschiedenen Lösungsansätze kritisch analysiert werden.

[31] Vgl. zu dieser Problematik Lothar Fritze, Täter mit gutem Gewissen. Über menschliches Versagen im diktatorischen Sozialismus, Köln/Weimar 1998.
[32] Vgl. dazu Claus-Ekkehard Bärsch, Die politische Religion des Nationalsozialismus. Die religiösen Dimensionen der NS-Ideologie in den Schriften von Dietrich Eckart, Joseph Goebbels, Alfred Rosenberg und Adolf Hitler, 2. Auflage, München 2002.
[33] Vgl. Kriele, a.a.O., 10. Kapitel, S. 83-90.
[34] Diese Auffassung steht allerdings, wie ich schon festgestellt habe, im Gegensatz zu dem, was im offiziellen Katechismus der Kirche steht.
[35] Vgl. Kriele, a.a.O., 11. Kapitel, S. 91-99.
[36] Vgl. Kriele, a.a.O., 12. Kapitel, S. 100-107.
[37] Vgl. Kriele, a.a.O., 13. Kapitel, S. 108-113.
[38] Vgl. Kriele, a.a.O., 14. Kapitel, S. 114-124.
[39] Zu den Vertretern der historsch-kritischen Theologie gehört zum Beispiel auch Albert Schweitzer, den Kriele hier nicht namentlich erwähnt. Für eine Würdigung dieses Denkers vgl. Helmut Groos, Albert Schweitzer. Größe und Grenzen, München/Basel 1974.
[40] Vgl. Kriele, a.a.O., 15. Kapitel, S. 125-129.
[41] Vgl. Kriele, a.a.O., 16. Kapitel, S. 130-137.
[42] Vgl. Kriele, a.a.O., 17. Kapitel, S. 138-147.
[43] Vgl. Kriele, a.a.O., S. 148-157.

Religiöse Einsichten eines Benediktiners

Zu den theologischen Betrachtungen des Paters Anselm Grün

Der den Zuschauern des deutschen Fernsehens aus Talkrunden zu religiösen und kulinarischen Problemen wohlbekannte Benediktinerpater Anselm Grün hat unter anderem ein Buch verfasst, in dem er dem Leser nahezubringen versucht, was er für das Eigentliche des Christentums hält.[1] Nach einer kurzen Einleitung beschäftigt er sich der Reihe nach mit den folgenden Themen: mit der Beziehung zu Jesus Christus, der Menschwerdung Gottes, dem Tod und der Auferstehung Jesu, mit dem Weg der „Vergöttlichung" durch die Sakramente, mit der geschichtlichen Religion, der Erlösung durch Jesus Christus, mit der neuen Ethik, der christlichen Spiritualität, dem Christentum im Dialog mit anderen Religionen und mit dem Absolutheitsanspruch des Christentums. Das Buch endet mit einem kurzen Schlusswort. Ich werde in der nun folgenden Analyse seiner Betrachtungen nicht auf alles eingehen, was er uns in diesem Buch bietet, sondern nur auf das, was ich für interessant halte.

In seiner Einleitung stellt er die Frage, was wohl das Besondere am Christentum gewesen sei, das die Apostel dazu trieb, in die Welt zu ziehen, Verfolgung und Leiden in Kauf zu nehmen und schließlich ihr Zeugnis mit dem Leben zu bezahlen. Die ersten Christen, so lautet seine Antwort, hätten die Vorstellungen ihres jeweiligen religiösen Kontextes aufgegriffen und doch etwas verkündet, was für die Menschen neu war. Und dieses Neue lasse sich in zwei Worten ausdrücken: Jesus Christus. Gott selbst habe in Jesus seinen Sohn in die Welt gesandt, um uns seine Liebe auf neue und unerhörte Weise zu zeigen. Und dieser Jesus sei für uns gestorben. Aber er sei nicht im Tod geblieben, sondern er sei auferstanden. Und dieses Geheimnis der Auferstehung Jesu habe die Jünger in die Welt getrieben.[2] Was es mit dieser Liebe Gottes auf sich hat, die sich unter anderem darin geäußert haben soll, dass er seinen Sohn einen grausamen Tod am Kreuz hat sterben lassen, darauf werde ich noch zurückkommen.

Das Christentum, so erfahren wir im ersten Kapitel des Grün'schen Buches, sei vor allem eine persönliche Beziehung zu Jesus Christus. Es sei heute modern, so sagt er dann weiter, vom apersonalen Gottesbild zu sprechen, das uns vor allem die östlichen Religionen verkünden. Aber, so stellt er dann fest, Gott sei immer beides zusammen: Er sei persönlich und zugleich überpersönlich. Auch die christliche Theologie sage, dass alle Begriffe von Gott immer zugleich bestätigt und verneint werden müssen. Gott sei jenseits unserer Begriffe: Er sei nicht Person, aber er sei auch nicht weniger als Person. Hans Küng bringe aus der Physik den Begriff der Komplementarität ins Spiel.

Was die Denkkunststücke Hans Küngs im Zusammenhang mit dem Gottesbegriff angeht, so habe ich mich dazu in meiner Kritik der Küng'schen Theologie geäußert.[3] Grün scheint eine ähnliche Einstellung zur Logik zu haben wie Küng. Wenn Gott jenseits unserer Begriffe ist, dann verfügt Grün offenbar über keinen Gottesbegriff, so dass wir annehmen dürfen, dass er mit dem Wort „Gott" keine Bedeutung verbindet. Dann wären seine Aussagen, in denen dieses Wort vorkommt, sinnlos. In früheren Zeiten haben katholische Theologen in ihrem Studium zumindest die Anfangsgründe der Logik gelernt. Das scheint heute nicht mehr der Fall zu sein.[4] Begriffe, die immer zugleich bestätigt und verneint werden, kommen jedenfalls in der üblichen Logik nicht vor. Wie dem auch sei, auf den folgenden Seiten betont Grün wieder die Personalität Gottes, so als ob nun seine früheren Betrachtungen über den Gottesbegriff keine Rolle mehr spielten. Im nächsten Kapitel geht es um die Menschwerdung Gottes. Die christliche Theologie, so meint er, halte fest, dass Jesus vom Wesen her Sohn Gottes sei, und wir nur aus Teilhabe. Und sie halte an der dogmatischen Aussage darüber fest, nicht um Jesus in menschliche Begriffe zu pressen, sondern um unsere Augen für das unaussprechliche Geheimnis seiner Person zu öffnen. Wir kämen wohl, so lässt er sich hören, nie an ein Ende, das Geheimnis der Gottessohnschaft Jesu zu verstehen.

Das Wort „Geheimnis" kommt in diesem Buch immer wieder vor. Es ist eines der Lieblingsworte des Benediktinerpaters. Darin unterscheidet er sich allerdings nicht von anderen katholischen Theologen. Dass das Geheimnis der Gottessohnschaft Jesu auch noch unaussprechlich ist, ist eine besondere Zugabe, die es wohl noch wertvoller machen soll. Es ist nach Grün darüber hinaus eine Wahrheit, vor der unser Verstand kapituliert.[5] Wie wir gesehen haben, kapituliert der Verstand des Benediktinerpaters auch in anderen Passagen seiner theologischen Betrachtungen.

Gott sei, so stellt Grün dann fest, in Jesus nicht als der allmächtige Gott erschienen, der allen Schrecken einjagt, sondern als ein verwundbarer Mensch: als einer, der in die Intrigen der Politik gerät und dann grausam am Kreuz stirbt. Gott habe die menschliche Existenz bis in den Tod angenommen, sogar bis zum gewaltsamen Tod. Die Hochzeit, die Gott in der Menschwerdung mit uns halte, so sagt er später, werde vollendet im Kreuz. Dort werde sichtbar, dass Gott alles Menschliche in sein göttliches Wesen hineingenommen habe, sogar den gewaltsamen Tod am Kreuz. Alles Menschenverachtende, Tötende, Zerstörende werde durch die Liebe Gottes entmachtet.[6]

Die Bezugnahme auf den allmächtigen Gott und auf Jesu grausamen Tod am Kreuz wäre, so meine ich, eigentlich für Grün[5] ein Anlass gewesen, darüber nachzudenken, wie sich das alles mit der unendlichen Liebe Gottes vereinbaren lässt, von der in seinem Buch immer wieder die Rede ist. Der allmächtige Gott hätte die Menschen offenbar ohne weiteres erlösen können, ohne seinen Sohn am Kreuz sterben zu lassen. Und auch die Grausamkeit dieses Todes spricht nicht dafür, dass er seinen Sohn geliebt hat.

Diese Ungereimtheiten des christlichen Glaubens pflegen auch anderen christlichen Theologen nicht aufzufallen. Dass sie als Vertreter einer wissenschaftlichen Disziplin an sich Anlass hätten, darüber nachzudenken, fällt ihnen offenbar nicht ein. Diese Zusammenhänge gehören unter anderen zur Theodizeeproblematik[7], für die es bekanntlich keine positive Lösung gibt. In diesem Buch kommt diese Problematik überhaupt nicht vor.

Im nächsten Kapitel des Grün'schen Buches geht es um den Tod und die Auferstehung Jesu. Für Lukas, so stellt er fest, sei das eigentlich Christliche, das das Weltbild griechischer Philosophie und Religion durchbreche, die Auferstehung Jesu. Wie können wir heute, so sagt er dann, die Auferstehung Jesu so verkünden, dass wir darin das Wesen des Christlichen verständlich machen?[8]

Da sei einmal die frohe Botschaft von unserer eigenen Auferstehung. Wir werden, so fährt er fort, im Tod in Gottes Herrlichkeit hinein sterben. Unser Leben habe ein Ziel. Bekanntlich hat schon der evangelische Theologe Rudolf Bultmann festgestellt, dass die Botschaft von der Auferstehung nicht mit dem wissenschaftlichen Weltbild vereinbar ist.[9] Er hat in diesem Zusammenhang die Wendung benutzt, Jesus sei auferstanden „in die Verkündigung". Ich habe seinen Versuch, den kerygmatischen Kern des Christentums auf diese Weise zu retten, seinerzeit als ein hermeneutisches Unternehmen in apologetischer Absicht kritisiert und ad absurdum geführt.[10] Im Übrigen ist dieser Versuch auch mit dem biblischen Glauben unvereinbar.[11] Immerhin war es ein Versuch, mit einem Problem fertigzuwerden, das sich aus dem Fortschritt des wissenschaftlichen Denkens ergeben hat. Unser Benediktinerpater hat dieses Problem offenbar nicht einmal zur Kenntnis genommen.

Während für Lukas vor allem die Auferstehung der zentrale Inhalt des christlichen Glaubens gewesen sei, teilt er uns dann mit, so habe Paulus in seinen Briefen den Akzent auf das Kreuz gelegt.[12] Im Kreuz habe Gott wirklich ein machtvolles Zeichen seines Wirkens gesetzt und damit die Sehnsucht der Juden auf eine Weise erfüllt, die sie nicht erwartet haben. Und im Gekreuzigten sei eine vollkommenere Weisheit erschienen als die Weisheit, die wir durch philosophisches Disputieren oder durch die religiöse Erkenntnis in den Mysterienreligionen erlangen können. Das Kreuz zeige uns, dass Gott leidensfähig geworden, dass er selbst in die Passion gegangen sei. In Jesus habe Gott den Tod gekostet. Er sei in das Widergöttliche hineingegangen und habe es am eigenen Leib durchlebt. Das Kreuz sage: Gott leidet am Menschen. Und es sage uns noch etwas anderes: Es zeige uns, wie wir das Leid überwinden können, nämlich dass auch wir hindurchgehen müssen durch das Leid. Nur so könne es überwunden werden. Es zeige uns Gottes bedingungslose Liebe. Es durchkreuze unsere Gottesbilder und öffne unser Herz für den unbegreiflichen Gott, der uns in Jesus Christus erschienen sei und der uns gerade am Kreuz auf neue Weise aufleuchte.

Wie ich oben schon gesagt habe, hätte der allmächtige Gott in seiner bedingungslosen Liebe die Menschen erlösen können, ohne sie leiden zu lassen und ohne seinem Sohn den grausamen Kreuzestod zuzumuten. Unser Autor sah sich offenbar nicht imstande, diese einfache Lösung der Probleme in Betracht zu ziehen, die ihn in diesem Kapitel beschäftigen. Wer ohne die Scheuklappen des christlichen Denkens aufgewachsen ist, hat Schwierigkeiten, die Denkkunststücke zu verstehen, die der Benediktinerpater sich leistet, um die Problematik des menschlichen Leidens zu entschärfen.

Wir werden wohl nie fertig, so lässt er sich vernehmen, das Geheimnis von Kreuz und Auferstehung zu bedenken. Nicht nur jeder Theologe, auch jeder Christ müsse für sich Worte finden, die ihm dieses Zentrum seines Glaubens hier und jetzt aufschließen, damit er sich als Christ verstehen könne. Dass Christen große Schwierigkeiten haben, dieses „Geheimnis" zu verstehen, ist durchaus verständlich. Der Pater hat sich in diesem Kapitel seines Buches jedenfalls große Mühe gegeben, seinen Lesern ein solches Verständnis zu erschweren.

Ihm persönlich, so teilt er uns mit, sei das Kreuz eine Hilfe mit dem Leid fertig zu werden, das ihm begegne.[13] Seine Vorstellungen vom Leben, von ihm selbst, von Gott, seien zerbrochen worden. Und so sei sein Blick frei geworden für den unbegreiflichen Gott und seine unbegreifliche Liebe. Daran, dass sein Gott und dessen Liebe „unbegreiflich" ist, hat sich aber offenbar nichts geändert. Das kann ich durchaus verstehen. Im nächsten Kapitel, in dem es um den Weg der „Vergöttlichung" durch die Sakramente geht, finden wir die im katholischen Denken üblichen Betrachtungen zu den Sakramenten der Taufe, der Eucharistie, der Krankensalbung und der Beichte. Der Autor meint, diese Sakramente seien ein wichtiger Ort für die Lebensbewältigung.[14] Das wird für im katholischen Glauben erzogene Personen wohl zutreffen. Da im Sakrament der Eucharistie magisches Denken zum Ausdruck kommt, wurde dieses Sakrament bekanntlich im Rahmen des protestantischen Glaubens zurückgewiesen. Darauf geht unser Autor nicht ein. Ihn scheint dieses Residuum eines uralten Aberglaubens jedenfalls nicht zu stören.

Damit kommen wir nun zum nächsten Kapitel seines Buches, das der geschichtlichen Religion gewidmet ist. Mit dem Judentum habe das Christentum gemeinsam, so stellt er fest, dass Gott in der Geschichte handelt.[15] Israel habe immer wieder bekannt, dass Gott in die Geschichte eingreift. Immer wenn Israel darunter leide, dass Gott anscheinend abwesend ist und dass Frevler die Welt beherrschen, erinnert es sich nach Grün an seine vergangenen Taten. Die Erinnerung an Gottes Taten in der Geschichte sei, so meint der Pater, die Grundlage jedes Betens. Das Christentum sei wie das Judentum eine Geschichtsreligion. Gott sei in der Geschichte sichtbar geworden. Die Menschwerdung Gottes sei zu einem bestimmten Zeitpunkt geschehen und an einem konkreten Ort. Und das Menschsein und Auftreten Jesu habe geschichtliche Auswirkungen. Von diesen etwa 37 Jahren, die Jesus gelebt habe, sei etwas ausgegangen, das die gesamte Menschheitsgeschichte verwandelt habe.

Diese Äußerungen des Benediktinerpaters kann man nur unterschreiben. Allerdings hat er wohl dabei nicht an die Taten Gottes gedacht, mit denen man konfrontiert wird, wenn man das Alte und das Neue Testament liest. Die Bibel ist nämlich, wie der Religionskritiker Franz Buggle mit Recht festgestellt hat, ein „zutiefst gewalttätig-inhumanes Buch"[16]. „Einen Gott, der Eroberungskriege inklusive der ausdrücklich angeordneten Hinschlachtung von Kindern, Frauen und Greisen befiehlt, der eine inhuman grausame Blutjustiz immer wieder eindringlich fordert und die extrem grausame Hinrichtung seines eigenen Sohnes als Sühneopfer ausdrücklich wünscht, der Minderheiten wie etwa Frauen und Sklaven extrem diskriminiert, der die Ausrottung Andersgläubiger befiehlt, Geisteskrankheit auf Besessenheit zurückführt und ewige (!) Höllenstrafen androht, einen solchen Gott, auch wenn er extrem widersprüchlich an anderer Stelle Nächstenliebe, ja sogar Wehrlosigkeit fordert, als höchstes absolutes Vorbild und Verhaltensmodell zu propagieren, scheint mir (schwer) zu rechtfertigen: Die Geschichte hat ja gezeigt, wie sehr der Mensch auch darin zum Ebenbild Gottes wurde."[17]

Nicht nur das Alte, sondern auch das Neue Testament ist, wie Buggle feststellt, ein inhumanes Buch. Er geht im Einzelnen auf Jesu Lehre von den ewigen Höllenstrafen und auf seine Neigung zu gewalttätigen Bestrafungspraktiken ein[18] und auf die exzessiv-inhumanen Strafphantasien und Strafdrohungen in den Briefen des Apostels Paulus[19], auf die sadistisch-inhumanen Aspekte der Offenbarung des Johannes[20] sowie auf die archaisch-inhumanen Implikationen der zentralen neutestamentlich-christlichen Lehre vom Kreuzestod Jesu als Erlösungstat und Sühneopfer.[21]

Wie auch Gerhard Streminger gezeigt hat, war die Jesuanische Ethik, wie man sie aus dem Neuen Testament entnehmen kann, keineswegs vorbildlich.[22] „Wie die ständigen Drohungen mit Finsternis und ewigem Feuer zeigen, war Jesus ... gehässig, rachsüchtig und grausam, und seine Einteilung der Menschen in Böcke und Schafe erfolgt danach, ob sie seine Anhänger sind oder nicht: ‚Wenn jemand nicht in mir bleibt, der wird weggeworfen wie eine Rebe und verdorret, und man sammelt sie und wirft sie ins Feuer, und sie müssen brennen' (Johannes 15,6)."

Für uns Christen, sagt Grün, offenbart sich Gott in der Geschichte.[23] Aber diese Geschichte ist, wie wir wissen, voller Leiden und voller Verbrechen und Grausamkeiten, die der allmächtige Gott hätte vermeiden können. Das gilt nicht nur für die menschliche Geschichte, sondern auch für die gesamte Evolution. Auch die Leiden und Grausamkeiten, durch die sich das evolutionäre Geschehen auszeichnet, hätte Gott auf Grund seiner Allmacht vermeiden können. Ich hatte schon auf das Theodizeeproblem hingewiesen, das im Grün'schen Buch nicht erörtert wird.

Im nächsten Kapitel des Buches geht es um die Erlösung durch Jesus Christus.[24] Viele sehen, wie Grün feststellt, das Wesen des Christentum in der Erlösung der Menschen durch Jesus Christus und bezeichnen das Christentum als Erlösungsreligion. Aber auch anderen Religionen gehe es grundsätzlich um das Thema der Erlösung[25], zum Beispiel dem Buddhismus. Für ihn sei die wahre Erlösung die Erlösung vom eigenen Ich und der Weg zum reinen Sein. Dieser Sichtweise könnten wir als Christen antworten: Für uns ist Erlösung Herauslösung aus den Verstrickungen dieser Welt. Die christliche Sicht von Erlösung ziele aber nicht nur auf die Herauslösung aus der Welt, sondern zugleich auf ein aktives Gestalten dieser Welt – aus der inneren Freiheit gegenüber den Machtstrukturen der Welt heraus.

Die Art und Weise, wie Erlösung geschehe, sei im Christentum einzigartig. Sie geschehe nämlich durch eine geschichtliche Tat Jesu. Allerdings dürfe man diese Tat nicht fixieren auf seinen Tod am Kreuz. Das habe die Erlösungslehre des Christentums jahrhundertelang in eine gewisse Einseitigkeit gedrängt, denn nicht allein der Tod Jesu erlöse uns, sondern sein ganzes Leben und Wirken sei erlösend. Jesus befreie die Menschen von der Herrschaft der Dämonen.[26]

Die Dämonologie ist bekanntlich ein wesentlicher Teil der katholischen Theologie. Ohne die Dämonen, den Teufel und die Hölle kommt sie nicht aus. Grüns oberster Vorgesetzter Joseph Ratzinger hat auf den exorzistischen Charakter des Christentums hingewiesen und behauptet, dass die antike Welt den Durchbruch des christlichen Glaubens als Befreiung von der trotz Skepsis und Aufklärung alles durchwaltenden Dämonenfurcht erlebt habe.[27]

Wie Karlheinz Deschner festgestellt hat, war aber der exorzistische Charakter des Christentums keineswegs etwas Neues. Bei Juden und Heiden habe es ein ausgebildetes Exorzistenwesen gegeben.[28] Wie dem auch sei, der Benediktinerpater nimmt jedenfalls ebenso wie Ratzinger die Existenz von Dämonen an. Dass der allmächtige Gott dämonischen Mächten einen Spielraum lässt, in dem sie sich bewegen können, ist natürlich im Zusammenhang mit dem Theodizeeproblem zu sehen, auf das, wie ich schon erwähnt habe, unser Autor nicht eingeht.

Es sei für ihn, so teilt er dann mit, eine befreiende Botschaft, dass Gott uns bedingungslos vergibt, dass wir mit all unseren Irrwegen, mit unseren Illusionen, mit unserer Falschheit und Blindheit von Gott angenommen sind.[29] Und auch auf den folgenden Seiten ist immer wieder von der bedingungslosen Liebe Gottes die Rede. Offenbar hat unser Autor völlig vergessen, dass es der katholischen Theologie zufolge eine Hölle gibt für diejenigen, denen Gott nicht vergeben hat. Der offizielle Katechismus der katholischen Kirche enthält bekanntlich Passagen über die Ewigkeit der Höllenstrafen für Sünder, denen Gott offenbar nicht verziehen hat.[30] Das Kreuz vermittelt mir, sagt Grün, dass es keine Schuld gibt, die nicht vergeben wird.[31] Ihm scheint demnach die offizielle Lehre der katholischen Kirche nicht bekannt zu sein. Man fragt sich, an welcher Hochschule er wohl studiert haben mag.

Im nächsten Kapitel, dem siebten Kapitel seines Buches, geht es ihm um die neue Ethik.[32] Wir dürfen, so meint er, voller Dankbarkeit im Dialog mit anderen Religionen bekennen, dass Jesus als der Verkünder einer neuen Ethik auftritt.[33] Jesu Ethik finden wir, wie er feststellt, in ähnlicher Weise auch in anderen Religionen. Aber Jesus habe auch das neue Verhalten an seine Person gebunden. Wir sollen die Menschen lieben und für sie sorgen, weil wir in ihnen letztlich ihm selbst begegnen.

Der Autor hat offenbar nicht bemerkt, welche Rolle der Lohngedanke im Neuen Testament spielt, auf die schon Albert Schweitzer aufmerksam gemacht hat. Wie Walter Kaufmann feststellt, besteht „der entscheidende Punkt" darin, „dass die Ethik Jesu, wie sie uns in den Evangelien vorliegt, auf dem unablässigen Appell an die Hoffnung auf Lohn beruht. Jesus predigt zu solchen, die ins Himmelreich eingehen möchten, und sagt ihnen, wie sie es anstellen könnten". Er appelliert also an den Egoismus seiner Hörer.[34] Auf die Kritik der Jesuanischen Ethik durch Gerhard Streminger habe ich oben schon hingewiesen.

Das nächste Kapitel ist der christlichen Spiritualität gewidmet.[35] Sie hat, wie der Autor sagt, viele Merkmale, die auch andere Spiritualitäten – wie die buddhistische, hinduistische, jüdische oder sufistische – aufweisen. Auch in der christlichen Spiritualität gebe es die Meditation, in der wir nach innen gehen, um in den Seelengrund zu gelangen und dort Gott zu finden.[36] Die Christen, so sagt er, haben weitergeführt, was sie in der Schule Israels gelernt haben: das Wort Gottes zu meditieren, es in das Herz fallen zu lassen, sich selbst an das Wort Gottes zu binden, damit das Wort Gottes das ganze Verhalten prägt, das Denken durchdringt und letztlich auch das Fühlen bestimmt.

Im Christentum, so sagt er weiter, meditiere man bewusst ein Wort der Heiligen Schrift im Atemrhythmus. Sehr beliebt sei das Jesusgebet. Es sei auch sein persönlicher Meditationsweg geworden. Er verbinde mit dem Einatmen „Herr Jesus Christus" und stelle sich vor, wie die Liebe Jesu ins Herz ströme und es mit Wärme erfülle. Beim Ausatmen spreche er leise die Worte „Sohn Gottes, erbarme dich meiner!" und lasse den Geist Jesu, den Geist der Barmherzigkeit, die Liebe, in sein Herz strömen – und damit auch in alle Gedanken und Gefühle, die sein Herz immer wieder verdunkeln.[37] Auch das Schweigen habe in vielen Religionen einen großen Stellenwert. Im Schweigen würden wir offen für den unsagbaren und unbegreiflichen Gott.

Er fragt dann nach dem Charakteristischen in der christlichen Spiritualität. Auch hier gelte, so meint er, dass sie an die Person Jesu Christi gebunden sei.[38] Es gehe darum, dass wir immer durchlässiger werden für den Geist Jesu Christi. Und der christliche Weg zu dieser Durchlässigkeit unterscheide sich von dem der anderen Religionen. Er möchte das am Beispiel des Schweigens aufzeigen, das viele Religionen betonen. In der christlichen Spiritualität gehe der Weg über das Wort und über das Bild in das wortlose Schweigen. Das Wort schließe mir die Tür auf zum wortlosen Geheimnis Gottes. Aber Gott übersteige auch die Worte. Und er sei im reinen Schweigen zu finden, in dem wir alle Bilder und Worte über Gott loslassen. Worte schaffen, wie er dann sagt, eine Wirklichkeit. Und ungekehrt gelte: Ohne Worte bleibe uns die Wirklichkeit verschlossen. Die Worte der Bibel schaffen eine eigene Wirklichkeit, einen Raum, in dem uns Gott, das unsagbare und unbeschreibliche Geheimnis, aufgehe und als Person anklinge.

Auch später ist immer wieder vom Geheimnis die Rede, vom Geheimnis Gottes, vom Geheimnis von Weihnachten, vom Geheimnis der Menschwer-

Religiöse Einsichten eines Benediktiners

dung Gottes, vom Geheimnis unseres wahren Selbst. Die häufige Verwendung dieses Wortes – auch zum Beispiel im Gottesdienst – gehört bekanntlich zur katholischen Tradition. Aber man fragt sich mit Recht, wie sie zu verstehen und zu rechtfertigen ist. Schließlich verfügen die Katholiken über einen einigermaßen präzisen Gottesbegriff. Sie weisen immer wieder auf bestimmte Eigenschaften Gottes hin. Gott ist also für sie weder unsagbar noch unbeschreibbar. Das Gleiche gilt für die Menschwerdung Gottes und für die anderen Sachverhalte. Die Verwendung des Wortes Geheimnis soll offenbar bei den Gläubigen den Eindruck erwecken, dass sie es hier mit Sachverhalten zu tun haben, zu deren Erfassung sie nicht imstande sind. Das Wort „Geheimnis" gehört zur Imponierprosa der katholischen Kirche.

Das folgende Kapitel ist dem Dialog des Christentums mit anderen Religionen gewidmet.[39] Hier geht es dem Autor, wie er uns mitteilt, einmal darum, das Gemeinsame zu betonen.[40] Er werde im Gespräch mit jeder einzelnen Religion andere Aspekte des Christentums hervorheben und sie so darstellen, dass die Mitglieder der jeweils anderen Religion zumindest verstehen können, was er meine. Erst dann gehe es ihm darum, das spezifisch Christliche zu beschreiben und sich von den anderen Religionen abzugrenzen. Offenheit und Abgrenzung sei nötig, damit ein gutes Gespräch entstehe, in dem jeder den anderen achte.

Für den Dialog der Religionen untereinander gelte, so meint der Autor, was Papst Benedikt XVI. dazu gesagt habe: „Begegnung der Religionen ist nicht durch Verzicht auf Wahrheit, sondern nur durch tieferes Eingehen in sie möglich … Zu fordern ist aber die Ehrfurcht vor dem Glauben des anderen und die Bereitschaft, in dem, was mir als das Fremde begegnet, Wahrheit zu suchen, die mich angeht und die mich korrigieren, mich weiterführen kann".

Diese Forderungen des Papstes sind meines Erachtens durchaus akzeptabel, bis auf die eine, nämlich die nach Ehrfurcht vor dem Glauben eines anderen. Dass man einem Dialogpartner mit Achtung begegnet, wenn auch nicht unbedingt mit Ehrfurcht, ist, wie ich meine, durchaus selbstverständlich. Aber seinen Überzeugungen Ehrfurcht entgegenzubringen, ist überflüssig. Ich bin jedenfalls nicht bereit, dem Glauben Ratzingers an die Existenz des Teufels auf diese Weise zu begegnen.

Im folgenden Text ist immer wieder von Geheimnissen die Rede: vom Geheimnis Jesu als des Sohnes Gottes, vom einzigartigen Geheimnis Jesu, vom Geheimnis der Dreieinigkeit, vom unsagbaren Geheimnis Gottes und vom Geheimnis Jesu Christi und des Gottes, den er verkündet habe. Auf diesen Punkt bin ich oben schon eingegangen.

Was den Buddhismus angeht, der, wie schon Arthur Schopenhauer festgestellt hatte, eine atheistische Religion ist, so behauptet der Benediktiner, es sei auch im Buddhismus letztlich Gott, der uns erlöst, wenn wir uns auf dem achtfachen Pfad seinem Wirken öffnen.[41] Im Buddhismus, so meint er, betone man im Gegensatz zur christlichen Auffassung das Apersonale in Gott.[42] Ein Atheist kann demnach als eine Person gelten, die an einen apersonalen Gott glaubt.

Im letzten Kapitel seines Buches geht es dem Benediktinerpater um den Absolutheitsanspruch des Christentums.[43] Er beginnt mit der Feststellung, dass es heute fast anstößig sei, vom Absolutheitsanspruch des Christentums zu sprechen. Viele möchten, so sagt er, innerhalb der Religionen einen Dialog von Gleichberechtigten führen und meinen, dieser Dialog würde empfindlich gestört, wenn wir am Absolutheitsanspruch der eigenen Religion festhalten.[44]

Er stellt also die Frage, ob wir den Absolutheitsanspruch aufgeben sollen, damit wir ein vorurteilsloses Gespräch mit den anderen Religionen führen können. Dann macht er uns mit den Meinungen verschiedener Theologen zu dieser Frage bekannt. Benedikt XVI. setze, so sagt er, auf einen Dialog, bei dem es nicht um völlige Überzeugungslosigkeit, sondern um das Finden der Wahrheit gehe. Die Christen könnten ihren von Jesu gegebenen Missionsauftrag nicht einfach aufgeben.[45]

Karl Rahner spreche von der absoluten, unwiederholbaren und endgültigen Selbstmitteilung Gottes in Jesus Christus, die all die anderen Selbstmitteilungen Gottes in den verschiedenen Religionen zusammenfasse. Aber zugleich habe er den Begriff des „anonymen Christentums" geprägt. Er meine damit, dass jeder, der nach seinem Gewissen lebt, ganz gleich, ob er Atheist oder Angehöriger einer anderen Religion ist, von Gott akzeptiert ist und somit auch das ewige Leben erlangen kann. Ich vermute, dass Adolf Hitler und Heinrich Himmler ein gutes Gewissen hatten und nach ihm gelebt haben. Es gibt demnach Verbrecher, die sich eines guten Gewissens erfreuen.[46] Sie können nach Rahner also das ewige Leben erlangen.

Hans Urs von Balthasar spreche, so stellt der Autor fest, von der Fülle des Heils, die in Jesus offenbar geworden sei. Und diese Fülle will, so sagt er, alles zur Vollendung führen, was in der Welt ist. Das Heil, das in Jesus Christus gewirkt wurde, gelte der ganzen Welt.[47] Und Kardinal Kasper verweise darauf, dass der Begriff der Absolutheit des Christentums erst in der Philosophie des deutschen Idealismus bei Hegel auftauche. Nicht das Christentum in seiner konkreten Gestalt und nicht die Kirche könne Absolutheit beanspruchen, sondern nur das „Evangelium der Gnade für alle Menschen", das uns in Jesus Christus verkündet worden"[48] sei.

In der Theologie, sagt Grün, unterscheide man heute drei Modelle bezüglich des christlichen Wahrheitsanspruches: den Exklusivismus, den Inklusivismus und das pluralistische Modell. Der Exklusivismus sehe allein im Christentum die Wahrheit und behaupte, alle anderen Religionen seien Irrtümer. Diese Richtung werde heute nur von Fundamentalisten vertreten. Der Inklusivismus halte am absoluten Wahrheitsanspruch des Christentums fest, räume aber anderen Religionen die Möglichkeit ein, in verdunkelter Gestalt partielle Momente jener göttlichen Wirklichkeit wahrzunehmen, die in ihrer ganzen Fülle den Christen in Jesus Christus offenbar geworden sei. Diese Sichtweise werde vom Konzil vertreten. Heute werfe man diesem Modell eine sanfte Bevormundung anderer Religionen vor. Das pluralistische Modell gebe den Anspruch auf die Absolutheit des Christentums auf.

Es unterscheide zwischen der für Menschen zuletzt unfassbaren Wirklichkeit des Göttlichen an sich und dessen nur immer endlichen Wahrnehmungs- und Artikulationsgestalten, die es im menschlichen Bewusstsein für uns gewinne. Doch dieses Modell relativiere jede Religion und vereinnahme sie zugleich. Sowohl Moslems als auch Juden würden sich gegen eine solche Vereinnahmung wehren.[49]

Während christliche Theologen das pluralistische Modell bevorzugen, sagt der Autor, halten die anderen Religionen am inklusiven Modell fest. Gibt es eine andere Alternative? Gerd Neuhaus schlage im Blick auf Paulus, für den alles Erkennen Stückwerk ist, vor, zwar am Absolutheitsanspruch des Christentums festzuhalten, aber zugleich zu betonen, dass wir als Christen nicht die absolute Wahrheit haben, absolut sei nur Jesus Christus. Wir könnten daher nur in einer neuen Bescheidenheit und zugleich in einem tiefen Vertrauen von der Absolutheit Jesu Christi sprechen, aber nicht von der Absolutheit des Christentums, wie es sich konkret zeige und wie es sich auch in seiner Dogmatik repräsentiere.[50]

Der Absolutheitsanspruch des Christentums, so meint der Autor, wolle nicht andere Religionen davon überzeugen, dass sie minderwertig sind. Er sei vielmehr eine Herausforderung, dass Gott für mich der Absolute, der Einzige wird, dem meine ganze Liebe gilt, und dass Jesus Christus für mich der eine und einzige Mittler zu diesem Gott ist. Als Christen, so sagt er, halten wir an dem Anspruch fest, dass Gott sich in der Geschichte Jesu Christi auf einmalige und unwiderrufliche Weise der Welt selbst mitgeteilt und offenbart hat, dass er in Jesus das Heil für die ganze Welt gewirkt hat.

Das also ist das Fazit der Grün'schen Betrachtungen zum Absolutheitsanspruch des Christentums. Einen Kommentar zu solchen Betrachtungen liefert uns einer der bedeutendsten Kritiker des Christentums, nämlich Helmut Groos: „Der christliche Glaube ist ohne den der Geschichte angehörenden Jesus aus Nazareth nicht denkbar und nicht lebensfähig. Das Bild eben dieses Jesus ist andererseits trotz aller Erkenntnisfortschritte so problematisch geworden und außerdem teilweise in ein so zweifelhaftes Licht gerückt, dass es für den Glauben nicht mehr in Betracht kommen kann. Das historische Bewusstsein erweist sich für ihn als geradezu tödlich. Was wir zu sehen vermögen, in schwachen Umrissen sehen, ist eine ebenso originelle wie starke, aber auch extreme kämpferische Persönlichkeit, nicht weniger in die Zukunft weisend als bahnbrechend mit einer unerhört intensiven Glaubensanschauung, die ihn in zwei Punkten in einen furchtbaren Irrtum verfallen ließ: in eine verblendete Erwartung einer im Kommen befindlichen ganz neuen Welt und mit der ungeheuerlichen Überzeugung, dass sich in der Stellungnahme zu ihm, dem Menschen Jesus, das ewige Geschick aller Menschen entscheidet – alles in allem, soweit wir sehen und urteilen können, eine gewiss hochbedeutende, aber nicht nur sehr problematische, sondern auch in Wesen und Wirkung ambivalente Gestalt"[51]. „Eine ferne Zukunft", so sagt Groos in der Schlussbetrachtung am Ende seines Buches, „wird auf die Glaubensannahme eines neuen ewigen Lebens einmal so zurückblicken wie wir heute auf den Animismus".[52] Das Schlusswort des Benediktinerpaters endet mit seinem persönlichen Glaubensbekenntnis.

ANMERKUNGEN

[1] Vgl. Anselm Grün, Der Glaube der Christen, Münsterschwarzach 2006.

[2] Vgl. Grün, a.a.O., S. 14 f.

[3] Vgl. dazu mein Buch, Das Elend der Theologie. Kritische Auseinandersetzung mit Hans Küng, erweiterte Neuauflage, Aschaffenburg 2005, S. 103-113, und meinen Aufsatz: Hans Küngs Rettung des christlichen Glaubens. Ein Missbrauch der Vernunft im Dienste menschlicher Wünsche, Aufklärung und Kritik, 1/2006, S. 7-39; dort auch meine Kritik am Küng'schen Komplementaritätsmodell.

[4] In dieser Hinsicht steht es allerdings um die Fähigkeiten des obersten Dienstherrn unseres Autors nicht besser, wie jeder feststellen kann, der dessen Bücher liest, Vgl. dazu meine Analyse Ratzinger'scher Gedankengänge in meinem Buch: Joseph Ratzingers Rettung des Christentums. Beschränkungen des Vernunftgebrauchs im Dienste des Glaubens, Aschaffenburg 2008. Daher kann der Pater wohl mildernde Umstände für sich in Anspruch nehmen.

[5] Vgl. Grün, a.a.O., S. 47.

[6] Vgl. a.a.O., S. 52.

[7] Vgl. dazu meinen Aufsatz: Kritischer Rationalismus und christlicher Glaube. Zur Kritik der religiösen Weltauffassung, in meinem Buch: Kritische Vernunft und rationale Praxis, Tübingen 2011, S. 93-104.

[8] Vgl. Grün, a.a.O., S. 64.

[9] Vgl. dazu Rudolf Bultmann, Neues Testament und Mythologie. Das Problem der Entmythologisierung der neutestamentlichen Verkündigung, in: Hans Werner Bartsch (Hg.), Kerygma und Mythos. Ein theologisches Gespräch, Hamburg-Volksdorf 1951, S. 15 ff.

[10] Vgl. dazu mein Buch: Traktat über kritische Vernunft (1968), verbesserte und erweiterte Auflage, Tübingen 1991, S. 129-137.
[11] Vgl. dazu zum Beispiel die Diskussion zwischen dem Bultmannanhänger Ernst Fuchs und dem orthodoxen Theologen Walter Künneth in Sittensen, abgedruckt in: Ernst Fuchs/Walter Künneth (Hg.), Die Auferweckung Christi von den Toten. Dokumentation eines Streitgesprächs, Neukirchen-Vluyn 1973, wo Künneth, dessen metaphysische Annahmen ich allerdings nicht teile, mit Recht auf diese Unvereinbarkeit hingewiesen hat.
[12] Vgl. Grün, a.a.O., S. 65 ff.
[13] Vgl. a.a.O., S. 70.
[14] Vgl. Grün, a.a.O., S. 82.
[15] Vgl. a.a.O., S. 89 ff.
[16] Vgl. Franz Buggle, Denn sie wissen nicht, was sie glauben. Oder warum man redlicherweise nicht mehr Christ sein kann, Eine Streitschrift, Reinbek bei Hamburg 1992.
[17] Vgl. Franz Buggle, a.a.O., S. 33.
[18] Vgl. a.a.O., S. 97-112.
[19] Vgl. a.a.O., S. 112-116.
[20] Vgl. a.a.O., S. 119-122.
[21] Vgl. a.a.O., S. 131-150.
[22] Vgl. Gerhard Streminger, Die Jesuanische Ethik, in: Edgar Dahl (Hg.), Die Lehre des Unheils. Fundamentalkritik am Christentum, Hamburg 1993, S. 120-143.
[23] Vgl. Grün, a.a.O., S. 91.
[24] Vgl. a.a.O., S. 103-116.
[25] Vgl. a.a.O., S. 103.
[26] Vgl. a.a.O., S. 103 f.
[27] Vgl. dazu Joseph Ratzinger, Jesus von Nazareth. Erster Teil. Von der Taufe im Jordan bis zur Verklärung, Freiburg/Basel/Wien 2007, S. 210 f.
[28] Vgl. dazu Karlheinz Deschner, Abermals krähte der Hahn. Eine kritische Kirchengeschichte von den Anfängen bis zu Pius XII., 2. Auflage, Stuttgart 1964, S. 62.
[29] Vgl. Grün, a.a.O., S. 108.
[30] Vgl. Katholischer Erwachsenen-Katechismus. Das Glaubensbekenntnis der Kirche. Herausgegeben von der katholischen Bischofskonferenz, 3. Auflage, Köln 1985, S. 422-426. Als Atheist habe ich offenbar zu erwarten, dass ich ewig in der Hölle schmore. Allerdings habe ich dann den Trost, mit Leuten wie Bertrand Russell und Albert Einstein zusammen sein zu können.
[31] Vgl. Grün, a.a.O., S. 114.
[32] Vgl. Grün, a.a.O., S. 119-129.
[33] Vgl. Grün, a.a.O., S. 119.
[34] Das kommt deutlich zum Ausdruck in dem Gebet, das christliche Eltern ihren Kindern beizubringen pflegen: „Lieber Gott, mach mich fromm, dass ich in den Himmel komm!"
[35] Vgl. Grün, a.a.O., S. 133-150.
[36] Vgl. Grün, a.a.O., S. 133.
[37] Vgl. Grün, a.a.O., S. 133 f.
[38] Vgl. Grün, a.a.O., S. 135.
[39] Vgl. Grün, a.a.O., S. 153-179.
[40] Vgl. Grün, a.a.O., S. 153.
[41] Vgl. a.a.O., S. 168.
[42] Vgl. a.a.O., S. 169.
[43] Vgl. a.a.O., S. 183-194.

44 Vgl. a.a.O., S. 183.
45 Vgl. Grün, a.a.O., S. 184.
46 Vgl. dazu das aufschlussreiche Buch von Lothar Fritze, Täter mit gutem Gewissen. Über menschliches Versagen im diktatorischen Sozialismus, Köln/Weimar 1998, in dem auch Hitler und Himmler vorkommen.
47 Vgl. Grün, a.a.O., S. 185.
48 Vgl. Grün, a.a.O., S. 186.
49 Vgl. a.a.O., S. 186 f.
50 Vgl. a.a.O., S. 188.
51 Vgl. dazu Helmut Groos, Christlicher Glaube und intellektuelles Gewissen. Christentumskritik am Ende des zweiten Jahrtausends, Tübingen 1987, S. 387.
52 Vgl. Groos, a.a.O., S. 431.

THOMAS RENTSCH ALS PHILOSOPHISCHER THEOLOGE

EINE KRITIK SEINER RELIGIÖSEN WIRKLICHKEITSAUFFASSUNG

Die Weltbilder der Hochkulturen, die seit der neolithischen Revolution entstanden sind, zeichnen sich dadurch aus, dass in ihnen numinose Wesenheiten verschiedener Art – Götter, Engel, Dämonen, Geister – auftreten, die eine zentrale Rolle für die Erklärung des natürlichen Geschehens spielen und gleichzeitig einen Sinnzusammenhang für dieses Geschehen liefern, der auch für den Sinn des menschlichen Lebens und für die damit verbundenen Heilserwartungen maßgebend war. Es sind religiöse Weltauffassungen, die insofern hermeneutischen Charakter haben, als in ihnen dieser Sinn aus den Zeichen erschlossen wurde, die man im Verhalten der numinosen Mächte erkennen zu können glaubte.

Der Glaube an numinose Wesenheiten impliziert entsprechende metaphysische Existenzthesen, deren Erklärungsfunktion den betreffenden Gläubigen ebenso vertraut ist wie ihre sinnstiftende Funktion für ihr Leben. Ein Kritiker solcher Auffassungen, nämlich Sigmund Freud, sagt in einer seiner Vorlesungen, wenn man sich „vom großartigen Wesen der Religion Rechenschaft geben" wolle, so müsse man sich „vorhalten", welche Leistungen sie den Menschen erbringen könne: Sie gebe ihnen „Aufschluß über Herkunft und Entstehung der Welt", sie versichere ihnen „Schutz und endliches Glück in den Wechselfällen des Lebens" und sie lenke „ihre Gesinnungen und Handlungen" mit Hilfe von „Vorschriften", die sie „oft mit ganzer Autorität" vertrete.[1] Demnach ist sie also zuständig für die Erklärung des Weltgeschehens, für die Steuerung des menschlichen Handelns, für die Sicherung des Menschen und seine Versöhnung mit dem Weltgeschehen – seine Erlösung, sein Heil oder Unheil, und schließlich auch, wie man ergänzen könnte, für die Rechtfertigung von Herrschaftsordnungen oder auch von Bewegungen, die sich gegen solche Ordnungen wenden. Sie dient also einer Vielfalt menschlicher Bedürfnisse.

Das gilt auch für die christliche Religion, die bis in die Zeit der Aufklärung zentrale Bedeutung für die Philosophie des Abendlandes hatte. Die Frage nach dem Wesen und der Existenz Gottes gehörte zu den wichtigsten Problemen der Metaphysik. Darüber hinaus spielte die Gottesidee eine wichtige Rolle in der Erkenntnislehre. Die Übereinstimmung von Denken und Wirklichkeit, also die Wahrheit unserer Erkenntnis, wurde durch die Annahme gerechtfertigt, dass beide Bereiche von Gott abhängig seien.[2] Aber die moderne Kosmologie geriet seit Kopernikus in Widerspruch zu den kosmologischen Vorstellungen, die zum christlichen Weltbild gehörten, und schließlich verschwand die Annahme der Existenz Gottes aus der durch Newton begründeten Kosmologie.[3] Und die Kant'sche Kritik sorgte dafür, dass diese Annahme auch für die Erkenntnislehre keine Bedeutung mehr hatte.[4] Weder für die Erklärung wirklicher Zusammenhänge noch für die Erklärung unseres Wissens um solche Zusammenhänge kam diese Annahme noch in Betracht. Aber der Gott, der aus der Wirklichkeitsauffassung verschwunden war, kehrte dann auf dem Umweg über die Hermeneutik wieder zurück, die sich auf die Interpretation der religiösen Erfahrung und des in ihr zum Ausdruck kommenden Glaubens konzentrierte.

Ein gutes Beispiel dafür liefert uns der Religionsphilosoph Thomas Rentsch mit einem Buch, das sich mit dem Gottesbegriff und seiner Bedeutung für den Menschen befasst.[5] In einem Kapitel über den Status der Rede von Gott stellt der Autor unter anderem die Frage, ob wir „nach Kant, Kierkegaard, Heidegger oder Wittgenstein ein neuartiges Verständnis metaphysischer Onto-Theologie oder transzendentaler Theologie, des christlichen Platonismus oder transzendental-idealistischer philosophischer Theologie gewinnen" können, „ein Verständnis, das den transzendenten Szientismus vermeidet".[6] Der „Kontext der Rede von Gott" sei nicht „ein Ort wissenschaftlicher Theoriebildung im modernen Sinne", so meint er, aber diese Rede erhebe „gleichwohl Erkenntnisanspruch".

Die Kritik des Szientismus ist eines der wichtigsten Anliegen dieses Autors. Er bestreitet in seinem Buch die Möglichkeit, dass Resultate der wissenschaftlichen Forschung eine metaphysische Bedeutung haben können, die den Glauben an Gott in Frage stellen könnten. Das ist eine Auffassung, die nicht nur mit dem metaphysischen Realismus, der in der modernen Erkenntnislehre und in den Naturwissenschaften vertreten wird, unvereinbar ist. Sie ist auch unvereinbar mit der ebenfalls realistischen abendländischen Kosmosmetaphysik, in der die Frage des Wesens und der Existenz Gottes, wie ich schon erwähnt habe, eine zentrale Rolle gespielt hat. In seiner Kritik am Kreationismus hatte er vorher festgestellt, dass „naturwissenschaftliche Theoriebildung und religiöser Wahrheitsanspruch … kategorial inkompatibel" seien. Beide könnten, so meint er, „wahr oder falsch sein – aber auf ganz unterschiedlichen Ebenen".[7]

Wie man sieht, formuliert der Verfasser hier eine Inkommensurabilitätsthese, wie man sie etwa auch bei Joseph Ratzinger und bei Hans Küng findet.[8]

Auch in Bezug auf die Relevanz der Ergebnisse der Leben-Jesu-Forschung für den christlichen Glauben operiert er mit einer solchen These. „Der reale, historische Jesus", so stellt er fest, „wusste nichts von seiner jungfräulichen Geburt, von seiner Göttlichkeit und seiner Auferstehung und Himmelfahrt – so das Fazit kritischer Exegeten seit Beginn der ‚Leben-Jesu-Forschung'". „Auch in diesem Fall sperrten sich orthodoxe, biblizistische Richtungen des Christentums gegen solche wissenschaftlichen Ergebnisse. Sie waren somit unfähig, die jeweilige religiöse *Ausdrucksform* religiöser Wahrheiten und Einsichten von deren tatsächlich relevantem *Geltungsanspruch* zu unterscheiden. Sie waren überzeugt, dass der genuine Wahrheitsanspruch der biblischen Botschaft von Gott in der wörtlichen, buchstäblichen und schlichten ... Wahrheit all dessen bestünde, was an Ereignissen im Text berichtet wird – von den sechs Schöpfungstagen bis zum Wandel auf Wasser und bis zur Auffahrt ‚gen Himmel'. Entscheidend verkannt und verfehlt wurde so der ganz andersartige *Sinngehalt* religiöser Rede zu historischen Tatsachenaussagen".

Diese Art des Umgangs mit den betreffenden Texten spottet jeder Beschreibung. Zwei der berühmtesten Autoren, die an dieser Forschung beteiligt waren, namlich Johannes Weiß und Albert Schweitzer, haben bekanntlich aus den Resultaten ihrer Forschung glaubenskritische Konsequenzen gezogen, weil sie den Sinn der betreffenden religiösen Aussagen ernst genommen haben.[9] Sie haben diese Aussagen als religiös relevante historische Tatsachenaussagen verstanden, wie das auch die meisten Gläubigen bis zum heutigen Tage getan haben. Die Inkommensurabilitätsthese unseres Autors wäre ihnen mit Recht als eine schwer verständliche Konstruktion vorgekommen, die mit ihrem Glauben nichts zu tun hat. „Religiöse Sichtweisen, die begründete wissenschaftliche Erkenntnis zu fürchten hätten", so hören wir von unserem Autor, „können letztlich nicht lebenstragend sein. Ihre Anhänger hätten auf Sand gebaut. Wir können nicht schizophren in verschiedenen voneinander getrennten Welten leben".[10] Genau das mutet uns aber unser Autor mit seiner Inkommensurabilitätsthese zu. Sein ganzes Buch ist ein Dokument einer solchen Schizophrenie.

Sein Versuch, die Frage nach Gott zu beantworten, gliedert sich in die folgenden drei Teile:

1. Wie man über Gott nicht denken soll – negative philosophische Theologie.
2. Welchen Sinn hat es, von Gott zu reden? Grundzüge einer philosophischen Theologie (Prototheologie); und:

3. Die Unvermeidbarkeit philosophischer Theologie: Exemplarische Analysen.

Im ersten Teil weist der Autor verschiedene Arten von Missverständnissen zurück, die in diesem Zusammenhang auftauchen. Auf das Erste dieser Missverständnisse, das szientistische Missverständnis, bin ich schon eingegangen. Ich werde später noch einmal darauf zurückkommen. Er geht dann kritisch auf den Subjektivismus und den Relativismus in Religion und Theologie, auf entfremdungstheoretische Analysen des Gottesglaubens und der Theologien, auf Religion und Gottesverständnisse als Funktionen, auf die Religionsphilosophie des „Als-ob" und auf das ethische Verständnis der Religion und des Gottesverhältnisses ein.

In seiner Analyse der Religionsphilosophie des „Als-Ob" geht es unter anderem um die Frage, ob der Glaube an Gott als Hypothese aufzufassen sei. Seine Antwort ist, dass sich „der ernsthafte Glaube an Gott nicht als hypothetische *Vermutung* rekonstruieren" lasse, „er könne existieren, mich retten und meinem Leben grundlegend Sinn geben".[11] In diesem Zusammenhang geht er auf die Pascal'sche Wette ein und räumt ein, es könne „zunächst ... den Anschein haben, als sei" sie „von dieser Art". Dafür, dass sie nicht „von dieser Art" ist, findet man in seinem Buch allerdings kein Argument. Wie dem auch sei, dass der Glaube an Gott üblicherweise „auf existentielle Gewissheit" angewiesen ist, kann man ohne weiteres einräumen. Und dass das Verhältnis des Glaubenden zu Gott in der Swinburne'schen Analyse, derzufolge es aus wahrscheinlichkeitstheoretischen Gründen rational sei, an Gott zu glauben, angemessen interpretiert wird, wird von ihm mit Recht bezweifelt. Auf diese Analyse werde ich später zurückkommen.[12]

Wer sich allerdings ernsthaft mit der Frage beschäftigt, ob es Gründe gibt, an die Existenz Gottes zu glauben, wird diese Annahme als Hypothese zu behandeln haben und nicht als Dogma. Aber das ist, wie wir gesehen haben, eine „szientistische" Einstellung, die der Autor als Missverständnis zurückgewiesen hat. Es geht dabei nicht darum, „das existentielle Selbstverständnis religiöser Lebensformen adäquat zu artikulieren"[13], sondern herauszufinden, inwieweit die damit verbundenen Annahmen einer kritischen Prüfung standhalten. Der Hinweis des Verfassers auf „die Tiefe der existentiellen Wirklichkeit einer menschlichen Welt, ohne die es gar kein humanes Leben" geben könne, ist kein Ersatz für eine solche Prüfung.

Im zweiten Teil des Buches geht es, wie schon erwähnt, um die Grundzüge einer philosophischen Theologie. Der Entwurf einer solchen „Prototheologie" hat, wie der Autor sagt, „den Zweck, zu klären, was wir bereits denken und begreifen müssen, um Gott überhaupt denken zu können".[14] Es handele sich also um „erste ... Schritte einer Sinnexplikation". Für das Verständnis dieser Analysen sei grundsätzlich wichtig „ihr Ansatz nach Heideggers Ontologie- und Metaphysikkritik sowie nach Wittgensteins Sprachkritik, das heißt nach der Überwindung vorhandenheitsontologischer Seins- und vorhandenheitssemantischer Sprachverständnisse". Mit ihnen verbinde sich nämlich „ein falsches Welt-, Selbst- und Gottesverständnis, das wie ein leitender Kategorienfehler die Scheinkontroverse zwischen ‚Realisten' und ‚Nicht-Realisten' angesichts der Gottesfrage" präge: „Gibt es Gott – ja oder nein?" Bei dieser Kontroverse gehen, so meint Rentsch, beide Parteien „von der flächendeckenden, maßgeblichen Gültigkeit einer empiristischen Ontologie aus", in der „wirklich" definiert werde als „wahrnehmbare Gegebenheit in der empirischen Welt".

Der Verfasser setzt hier also die äußerst problematischen Auffassungen Heideggers und Wittgensteins als gültig voraus, die inzwischen auf eine, wie ich meine, durchschlagende Kritik gestoßen sind.[15] Außerdem definieren die Vertreter des kritischen Realismus keineswegs, wie Rentsch meint, „wirklich" in der vom ihm angegebenen Weise. Er hat hier offenbar den Realismus mit dem Empirismus verwechselt. Von einer „empiristisch gedachten Gegenstandskonstitution" kann bei ihnen keine Rede sein. Der Verfasser geht also in seiner Transzendenzanalyse davon aus, dass er sich mit dem Realismus hinreichend beschäftigt und gezeigt hat, dass dieser für ein adäquates Welt-, Selbst- und Gottesverständnis nicht in Betracht kommt. Das ist, soweit ich sehe, ein schwerwiegendes Missverständnis, das seine Analyse als fragwürdig erscheinen lässt. In ihr zeigt sich ein für das hermeneutische Denken typischer Antirealismus, der mit einer unzureichenden Behandlung des Wahrheitsproblems verbunden ist.

In seiner Darstellung einiger systematischer Prämissen seines philosophischen Denkens erfahren wir, dass Philosophie „keine empirische Theorie, sondern eine Tätigkeit" ist, nämlich „die Tätigkeit der *Sinnexplikation, eine kritische Hermeneutik unserer Welt- und Selbstverständnisse*". Diese Sinnexplikation sei, so meint unser Autor, „ohne Vertrautheit mit religiöser Praxis und der Rede von Gott, eine Explikation nur aus der neutralen Beobachterperspektive und ohne Teilnahme an einer entsprechenden Lebensform nicht vorstellbar".[16] Man fragt sich, welchen Charakter die Ergebnisse dieser Tätigkeit, das heißt die dabei sich ergebenden Aussagen, haben. Von metaphysischen Aussagen, wie sie üblicherweise zu den Kernaussagen des philosophischen Denkens gehören, ist bei unserem Autor nicht die Rede. Sie sind zwar nicht empirische Theorien, pflegen aber dennoch theoretischen Charakter zu haben.

Man hat den Eindruck, dass Rentsch sich von einem philosophischen Denken dieser Art verabschieden möchte. Das wäre allerdings eine Beschränkung des philosophischen Denkens, wie sie – wenn auch in anderer Weise – im modernen Positivismus anzutreffen war. Was die Bedeutung der „Teilnahme an einer entsprechenden Lebensform" für die Sinnexplikation angeht, so möchte ich übrigens daran erinnern, dass es Personen gibt, die sich nach jahrelanger Teilnahme an einer religiösen Lebensform dem Atheismus zugewandt haben.

Die von Rentsch vertretene philosophische Theologie muss, wie er später feststellt, zu dem „authentischen Wahrheits- und Geltungsanspruch" vorstoßen, „der mit dem Gottesbezug verbunden ist."[17] Sie müsse zeigen, so meint er, „dass das Gottesverständnis nicht nur mit einem Vernunftverständnis ... kompatibel ist, sondern dass es zu einer *Vertiefung des Vernunftverständnisses* führt" und eine „*Vertiefung und Radikalisierung von Aufklärung* ermöglicht: Aufklärung über sinnkonstitutive Unverfügbarkeit und über die guten Wege, sich zu den unverfügbaren Sinnbedingungen unserer Existenz zu verhalten". Es müsse „sich schließlich zeigen lassen", dass „*Gotteserkenntnis und wahre Selbsterkenntnis zusammengehören*". Dieser Aufgabe widmet er sich nun in seiner Darstellung der Grundzüge philosophischer Theologie.

Es geht ihm zunächst darum, die Transzendenz der Welt zu verstehen. Er kommt dabei zu der These, dass die „Transzendenz des Seins bzw. der Existenz der Welt ... absolut unerklärlich" ist. Sie sei „weder objektiv noch subjektiv verstehbar oder ableitbar, sondern sie lasse „sich als einzigartiges, permanentes Geschehen charakterisieren, das uns als Menschen, als Verstehende und Handelnde, allererst möglich und wirklich machte und macht."[18]

Nach einer ausführlichen Erläuterung dieser These erfahren wir, dass die „Einsicht in die ontologisch-kosmologische Transzendenz ... sich in der biblischen Schöpfungsgeschichte auf zwar archaische, aber realistische und materialistische Weise angemessen" artikuliert.

Nun kann man die Schöpfungsgeschichte allerdings als einen „archaischen" und „realistischen" Versuch einer Erklärung der Entstehung der Welt auffassen, in der sie auf die Existenz und das Wirken des allmächtigen Gottes zurückgeführt wird. Ob diese Erklärung aber heute noch akzeptabel ist, ist eine andere Frage. Man kann jedenfalls sagen, dass die Schöpfungsgeschichte „realistisch" ist, und zwar im Sinne der metaphysischen Auffassungen, die für das alltägliche Denken seit jeher charakteristisch waren. Auch die Entwicklung der Wissenschaften hat im Wesentlichen im Rahmen eines Realismus dieser Art stattgefunden. Diese Entwicklung hat zum heutigen wissenschaftlichen Weltbild geführt, das, wie oben erwähnt, ohne numinose Wesenheiten auskommt. Aber die wissenschaftliche Wirklichkeitsauffassung wird von unserem Autor als Alternative zu den religiös geprägten Auffassungen zurückgewiesen, ohne dass er dafür hinreichende Argumente vorgebracht hat. Seine Zurückweisung des sogenannten „Szientismus" hat dazu geführt, dass er die realistische Alternative zu seiner hermeneutischen Auffassung nicht wahrzunehmen in der Lage ist.

Seine Betrachtungen über die Grenzen unserer Erkenntnis, die an seinen Versuch der Rehabilitierung der Schöpfungsgeschichte anschließen, sind gespickt mit Thesen über die Unerklärbarkeit und Unerkennbarkeit der Wirklichkeit. Dass es bestimmte Schranken für unsere Erkenntnis gibt, ist eine unbestrittene Tatsache. Aber es ist nicht einzusehen, dass deshalb die vom ihm vertretene Wirklichkeitsauffassung und der damit verbundene Gottesglaube dem wissenschaftlichen Weltbild vorzuziehen sind. Da der Verfasser seinen Gottesglauben, im Gegensatz zu der im religiösen und theologischen Denken üblichen Auffassung, nicht mit der These der Existenz eines Gottes verbindet, der bestimmte Eigenschaften hat, mit deren Hilfe die Entstehung der Welt und das Weltgeschehen erklärbar sind,[19] kommt dieser Glaube als Alternative zu diesem Weltbild ohnehin nicht in Betracht.

In seinen Untersuchungen zur Transzendenz der Sprache[20] greift der Verfasser, wie zu erwarten war, wieder vor allem auf Heidegger und Wittgenstein zurück und schiebt die in Frage kommenden Resultate wissenschaftlicher Forschung als irrelevant beiseite. Die „Transzendenz des Seins des sprachlichen Sinnes gestattet", wie er meint, „keine theoretische Vergegenständlichung oder Erklärung dieses Sinnes durch physikalische, neurobiologische oder auch linguistische Modelle"[21]. Dass wir sprechen, denken und handeln und uns mit praktischer Selbstreflexivität in der Welt orientieren können, ist", wie er meint, „ebenso unerklärlich wie selbstverständlich". Die Sprache gehöre „zum nichtobjektivierbaren Sinngrund unseres gesamten Seins, zu den transpragmatischen Sinnbedingungen unserer Existenz".

Was er dann in seinen Betrachtungen zur anthropologisch-praktischen Transzendenz über die Bedeutung der Sprache für das menschliche Leben sagt, ist teilweise zutreffend. Dass die Sprache der Kommunikation dient, dagegen wird man kaum etwas einwenden wollen. Dass aber die „Fragilität, Offenheit und Ungesichertheit unserer Sinnentwürfe" zu der „praktischen Einsicht" nötigen, „dass sowohl Freiheit als auch Unbedingtheit konstitutiv mit der *Grundlosigkeit* unseres Handelns verbunden sind", ist wieder eine der vielen fragwürdigen Thesen, mit denen der Verfasser in seinen Untersuchungen aufwartet. Immer wieder weist er auf Grundlosigkeit, Unverfügbarkeit, Unfassbarkeit, Unerkennbarkeit, Unableitbarkeit, Unerklärbarkeit hin, um dem Leser die Vorzüge seiner Transzendenzanalyse zu verdeutlichen. Es ist daher verständlich, dass er einen „*konstitutive(n) Zusammenhang von Negativität und Transzendenz*" postuliert[22], der dann auch in der „Lehre von der *Verborgenheit und*

Unerkennbarkeit Gottes" zum Ausdruck kommt. In die „Tiefendimension", in die er in seiner Analyse vorzudringen sucht, mögen ihm diejenigen Leser seines Buches folgen, die sich mit seinem Denkstil anfreunden können.

Im nächsten Abschnitt geht es dem Verfasser um die Einzigkeit Gottes und den logischen Status des Wortes „Gott". Nach mehr als sieben Seiten, die er mit transzendenzanalytischen Erörterungen füllt, taucht zum ersten Mal das Wort „Gott" auf, und zwar in der These, dass die Tradition die „ursprüngliche und vorgängige Einheit" einer „sinneröffnenden Transzendenz" „das Eine, das Absolute oder Gott" genannt habe.[23]

Mit seinem Hinweis auf die Tradition scheint der Verfasser nicht an die Bibel gedacht zu haben, in der Gott als Person vorkommt, über deren Wirken in für jedermann verständlicher Weise berichtet wird. Immerhin kommt er einige Seiten später zu der Konsequenz, es sei notwendig „die Rede von Gott so zu verstehen, dass wir auch die Wirklichkeit Gottes, die Dimension seines schöpferischen Wirkens, seines Handelns und die Einzigkeit Gottes denken und explizieren können".[24] Dies werde möglich, „wenn wir das Wort ‚Gott' selbst *als einzigartiges Wort* verstehen, *als eine eigene Wortart mit nur einem Wort, das wie ein Name für den Grund des sinnerschließenden, sinneröffnenden Transzendenzgeschehens steht.* " Dass man das Wort „Gott" als Eigennamen behandeln muss, weil es sich auf den „Grund des Transzendenzgeschehens" bezieht, ist allerdings nicht einzusehen. Die Tradition, auf die sich der Verfasser so gerne beruft, pflegt mit einem Gottesbegriff zu arbeiten, der keineswegs diesen Charakter hat. Der „Einzigkeit Gottes" kann man so durchaus gerecht werden.

Nach einem Abschnitt über Aspekte des Transzendenzbezugs erfahren wir in einem Abschnitt über den Antigottesbeweis im Zusammenhang mit einer These Ludwig Wittgensteins, dass ein „geklärtes Transzendenz- und Gottesverständnis ... die Frage nach der Existenz Gottes als unsinnig zurückweisen" müsse.[25] „Die mit der Rede von Gott angesprochene Perspektive" sei, so meint der Verfasser, „so grundlegend, dass sie nicht mit der Rede von der Existenz oder Nichtexistenz einzelner Seiender auf eine Stufe gestellt werden" dürfe.

Man sieht, dass die philosophische Theologie des Verfassers eine eigene Logik erforderlich macht, die es ermöglicht, die Frage nach der Existenz Gottes als sinnlos erscheinen zu lassen. Damit scheint die Kritikimmunität seines Gottesverständnisses gewährleistet zu sein. Das ist aber nur eine Konsequenz seiner antirealistischen Hermeneutik. Nachdem der Verfasser den Leser darüber informiert hat, dass die Ewigkeit, die in der religiösen Rede auftritt, als *„Hereinbruch der Transzendenz in die Immanenz"* zu verstehen ist und dass „genuine Formen menschlicher Selbstüberwindung und Sinnerfahrung ... ‚exterritorial‘ zum Tode"[26] sind, wendet er sich dem Theodizeeproblem zu. Bisher sind bekanntlich alle von Theologen unternommenen Versuche, dieses Problem zu lösen, gescheitert.[27] Man darf also gespannt sein, ob die philosophische Theologie besser damit fertig wird.

„Eine Rechtfertigung Gottes", so erfahren wir von Rentsch, „im Sinn einer theoretischen Demonstration, die ‚beweist‘, alles Geschehen sei letztlich gut bzw. zu etwas gut, versucht, sich selbst missverstehende, szientistische Metaphysik zu betreiben. Nur eine vernunftkritische, selbstkritische Sinngrenzanalyse – und damit eine sinnexplikative, kritischhermeneutische Metaphysik, eine transzendental-anthropologische Konstitutionsanalyse der humanen Welt" könne „den Zusammenhang von Negativität und Sinn angemessen einsichtig machen. Dann werde „erkennbar: Die ursprüngliche (unerklärliche) Eröffnung von Sinn in der – selbst unerklärlichen – Wirklichkeit der Freiheit in der humanen Welt –" ermögliche „Leiderfahrung sowie alle Formen des moralisch Bösen. Die Wirklichkeit von Leiden und Schuld" lasse sich „nicht nur nicht ‚erklären‘ oder ‚wegerklären‘ oder auch beschwichtigend schönreden".[28] Und in dieser Weise geht es weiter, ohne dass der Autor einen Versuch macht, das Problem zu lösen. Schließlich nennt er es „eine spekulativ irreführende und illusionäre Vorstellung von der Allmacht Gottes, als bestünde sie in einem kausalistisch-objektivierbaren ‚Eingreifen‘ in konkrete einzelne Geschehnisse und Handlungszusammenhänge". Damit, dass der Autor ein solches „Eingreifen" Gottes mit der pejorativ gemeinten Charakterisierung als „kausalistisch-objektivierbar" belegt, täuscht er seine Leser darüber hinweg, dass er hier eine Einschränkung der Möglichkeiten göttlichen Handelns einräumt. Der Philosoph Hans Jonas hat bekanntlich den Versuch gemacht, das Theodizeeproblem dadurch zu lösen, dass er einen ohnmächtigen Gott postuliert. Er hat aber darauf verzichtet, diese Lösung in einer Weise schönzureden, wie das unser Autor tut.

„Im ganz profanen Blick auf die Greuel des 20. Jahrhunderts", so stellt dieser schließlich fest, könne „die praktisch-vernünftige Urteilskraft nicht umhin, Trost und Bestätigung aus dem Faktum der tätigen Hilfe, Solidarität und Nächstenliebe auch unter den widerwärtigen Bedingungen der Vernichtungslager zu empfangen. Würde die Welt nicht existieren, so gäbe es diese Wirklichkeit der Liebe nicht – Gott wäre, spekulativ gesprochen, mit sich allein geblieben".[29]

Dass Gott die Errichtung solcher Lager nicht verhindert hat, zeigt aber, dass man Grund hat, entweder seine Allmacht oder seine Güte in Frage zu stellen. Die philosophische Theologie unseres Autors ist, wie man sieht, unter anderem ein Versuch, mit Hilfe einer schwer durchschaubaren Terminologie Ausreden zu produzieren und Problemlösungen vorzutäuschen. Damit will ich nicht sagen, dass der Autor sich dieser Tatsache bewusst ist.

Der dritte Teil seinen Buches enthält die Rekonstruktion exemplarischer Ansätze zu seinem Thema, in denen sich die „Unvermeidbarkeit philosophischer Theologie" zeigen soll.[30] Er geht der Reihe nach auf Traditionen negativer Theologie, auf Kant, auf Hegel, Kierkegaard, Peirce und Benjamin, auf Wittgenstein, auf Substitute und Surrogate des Absoluten und auf systematische Ansätze der Gegenwart ein. Dabei werden von ihm, wie er sagt, „nur bestimmte zentrale Einsichten" der betreffenden Autoren „für eigene Überlegungen verwendet". In einem kurzen abschließenden Ausblick behandelt er die Frage, ob die Philosophie „nach Aufklärung und Moderne begründet von Gott reden" könne. Ich begnüge mich damit, auf die letzten beiden Abschnitte seines Buches einzugehen.

Im Abschnitt über systematische Ansätze der Gegenwart beschäftigt sich der Autor mit Philosophen, die die Gottesproblematik im Rahmen einer realistischen Auffassung behandeln. Es geht dabei zunächst um die Auffassungen Richard Swinburnes, dem er zunächst bescheinigt, dass er „konsequent alle kritischen Überlegungen ignoriert" habe, die er selbst in seinem Entwurf zu berücksichtigen versucht habe.[31] Sein Ansatz sei daher „als Kontrastfolie für einen kritischen Entwurf geeignet".

Nach Swinburne ist, wie er feststellt, die Existenz Gottes „eine *Erklärungshypothese* für alle Phänomene der Welt". Gott werde von ihm „vorab als eine ‚Person' definiert, die allmächtig, allwissend, vollkommen frei, gut und Schöpfer aller Dinge" sei. Die Existenz dieses Gottes wolle Swinburne „als *wahrscheinlicher* erweisen als seine Nichtexistenz." Diese Wahrscheinlichkeit qualifiziere er „als größer 0,5". Auch die Theodizeeproblematik versuche Swinburne auf dieser Grundlage zu lösen. Da John Leslie Mackie, auf dessen Auffassungen der Autor später eingeht, meines Erachtens den Swinburne'schen Nachweis der Existenz Gottes als unhaltbar erwiesen hat, gehe ich nicht im Einzelnen auf ihn ein, sondern ich beschäftige mich mit dem Widerlegungsversuch unseres Autors.

Rentsch behauptet, dass Swinburne Gott als Person behandele, sei von vornherein verfehlt. Die „Grammatik der personalen Erklärung" enthalte „bereits einen tiefsitzenden Kategorienfehler". Damit wird der Swinburne'sche Realismus zurückgewiesen, der sowohl dem biblischen Gottesverständnis als auch dem der christlichen Tradition entspricht. Swinburne, so meint der Autor, nehme „Kernsätze der Rede von Gott aus ihrem Kontext und projiziere auf sie die Grammatik der Rede von Wissen im Kontext von Induktionsprozessen.

Beide Grammatiken" würden aber „auf die Person Gottes bezogen". Nun ist die Konstruktion zweier Sprachebenen mit verschiedenen Grammatiken ein Verfahren, das sich an der Spätphilosophie Ludwig Wittgensteins orientiert, einer Auffassung, die relativistischen Charakter hat und derzufolge alle philosophischen Probleme Scheinprobleme sind. Auf kritische Untersuchungen zu dieser Auffassung, die es seitdem gibt, ist Rentsch nicht eingegangen.[32] Dass Swinburne mit seinem Ansatz „die Dimension des ekstatischen Transzendenzprozesses" verfehlt „ebenso wie die einer genuin religiösen Vernunftperspektive, die sich im Medium von freien, gemeinsamen praktischen Einsichten in die unverfügbaren Sinnbedingungen auch der Vernunft selbst entfaltet", ist, soweit ich sehe, keineswegs ein Makel, sondern ein Vorzug seiner Untersuchungen.

Der nächste Philosoph, dem sich Rentsch nun zuwendet, ist Alvin Plantinga. Gegen die Auffassungen dieses Philosophen, der mit modallogischen Mitteln operiert und den Theismus als einen berechtigten Glauben charakterisiert, weil er sich mit seinen Grundannahmen über Gott, Welt und Mensch als möglich konstruieren lässt, macht er Einwände derselben Art wie im Falle Swinburnes. Auch dieser Philosoph ist offenbar mit seinem „metaphysisch-objektivistischen ‚Realismus' in der Gottesfrage hinter erkenntnis- und sprachkritische Einsichten" zurückgefallen. Was von diesen „Einsichten" zu halten ist, brauche ich nicht zu wiederholen. Im Übrigen wurde die Position Plantingas ebenso wie die von Swinburne von John Leslie Mackie auf realistischer Grundlage einer durchschlagenden Kritik unterworfen.

Das gilt auch für die Auffassungen von John Hick, der bei unserem Autor etwas besser abschneidet als die anderen Verfechter eines realistischen Ansatzes, weil er ihn zu denjenigen Religionsphilosophen zählt, „die die Negativität und Unsagbarkeit der absoluten Transzendenz konsequent in ihre Reflexion aufnehmen und sie für eine pluralistische Religionstheorie systematisch nutzen"[34]. Ein problematischer Gedanke dieses Philosophen, der für seine Auffassung von zentraler Bedeutung sei, sei allerdings der Gedanke der „eschatologischen Verifikation", mit dem er versuche „der Erkenntnis- und Sprachkritik des logischen Empirismus und seiner Frage nach expliziten Sinnkriterien der Verifikation und Falsifikation von überhaupt möglichen, wahrheitsfähigen Behauptungen Rechnung zu tragen". Nach Hicks wird sich „die Wahrheit über den Glauben an Gott ... nach dem Tode für uns beantworten". Dass sich Rentsch mit diesem Gedanken nicht anfreunden kann, ist verständlich.

Damit komme ich zu seiner Kritik an den Auffassungen von John Leslie Mackie, der, wie schon erwähnt, die Positionen von Swinburne, Platinga und Hick einer durchschlagenden Kritik unterzogen hat. Unser Autor wirft zunächst Mackie vor, dass er weder Kant noch Wittgenstein verstanden habe und dass daher sein „Schiff Atheismus" zwischen zwei „gleichermaßen abschreckenden Missgestalten", nämlich der „Scylla des scheiternden theistischen Szientismus" und der „Charybdis einer vermeintlich kriterienlosen Religiosität, die" – in seiner Sicht – „überhaupt nichts mehr zu glauben scheint", „in sicherer Fahrt hindurchsteuern kann". Er räumt dann ein, dass es auch nach seinem Urteil „mit der philosophischen Theologie schlecht bestellt" wäre, wenn „dies die Alternativen wären".

Was Rentsch der Mackie'schen Kritik entgegenzusetzen hat, ist wieder seine Konstruktion unterschiedlicher Sprachen und ihrer Grammatiken, die wir schon kennen. Was von dieser Konstruktion zu halten ist, brauche ich nicht mehr zu erläutern. Mackie als Vertreter einer „reduktionistischen Religionsphilosophie", so hören wir von unserem Autor, lehne „die existentielle, praktische Tiefendimension der religiösen Sinnsprache strikt ab".

Nachdem der Autor in einem kurzen Überblick gezeigt hat, dass sich „auf vielen Ebenen der internationalen Gegenwartsphilosophie ... produktive Ansätze" finden, „die eine Rehabilitierung philosophischer Theologie versuchen und dazu verhelfen, eine neue, lebendige Diskussion der Frage nach Gott zu führen",[35] bemüht er sich in einem „Ausblick" „einige zentrale Aspekte der Thematik noch einmal ... zu beleuchten", die ihm „für die künftige Diskussion wichtig erscheinen".[36] Was die Frage nach dem Status der Philosophie angeht, so weist er noch einmal darauf hin, dass sich durch „die philosophische Sinngrenzreflexion ... im Ansatz ein neues Wirklichkeits- und Seinsverständnis" erschließt, das „weder wissenschaftlich noch szientifisch-metaphysisch, sondern alltäglich und lebensnah ... im Sinne der Tiefendimension der humanen Welt" ist. „Diese Tiefendimension zu leugnen", so stellt er fest, „wäre eine Selbstpreisgabe der humanen Welt" ...

Dann wendet er sich der Frage nach dem Verhältnis von Vernunft und Offenbarung zu. Er stellt fest, dass „die Vernunft ... durch kritische Selbstreflexion an ihre für sie sinnkonstitutiven Grenzen" gelangt und dass die „praktische Einsicht in diese Grenzen ... zur ekstatischen Vernunft" führt; „der *Inbegriff* dieser Einsicht", so meint er, sei „das Wort Gott, verbunden mit der Rede vom Wunder, vom Unerklärlichen und vom Geheimnis als der Eröffnung von Sinn". „Von dieser Einsichtsebene aus" erschließe sich „der philosophischen Reflexion die *genuin religiöse Vernunft,* die eine Sache der existentiellen und geschichtlichen, meditativen wie kongregativen religiösen Lebenspraxis" sei und bleibe. „Die vernunftkritische Transzendenzanalyse eröffnet somit den Rückweg zu allen Formen ekstatischer religiöser Vernunft, die sich in Feier und Dankbarkeit, in der Stille und im Schweigen, im gemeinsamen Beten, Singen und Hören ebenso entfaltet wie in der tätigen Hilfe und Nächstenliebe, im

Zuhören und Vergeben, in den gemeinsamen und einsamen Wegen mit Schuld, Leid, Scheitern, Sterben und Tod menschlich umzugehen." Die kritische Funktion der Philosophie, die damit klar werde, bestehe für unseren Autor darin, „die lebenssinnzerstörenden Effekte falscher Ersatzbildungen für Gott und das Absolute in der Form innerweltlicher Größen oder Güter … zu kritisieren" und „Fundamentalismus, Terrorismus und Nihilismus, theoretische und praktische Formen der Sinndestruktion im Namen Gottes wie auch im Namen des Atheismus … der negativ-theologischen Kritik auszusetzen".

Der letzte Abschnitt des Buches, der dem Problem der Sprache gewidmet ist[37], beginnt mit der Feststellung, dass die „bedeutendsten Beiträge der Philosophie des 20. Jahrhunderts … sprachkritischer Natur" sind. Das gelte „für Heidegger wie für Wittgenstein und in Grenzen auch für Adorno". „Aber die systematische Tragweite dieser Radikalisierung der Vernunftkritik und auch ihrer Kritik an szientischer Metaphysik im Gewande wissenschaftlicher Vernunft" sei „überhaupt noch nicht begriffen, solange wir eine philosophische Diskussionskonstellation haben", in der zwei Formen auftreten, „die das Niveau der Philosophie unterbieten: eine bloß formal-semantische Satzanalyse ohne Berücksichtigung von Gesellschaft, Kultur und Geschichte sowie des praktischen interexistentiellen Kontexts der Rede und Sprache einerseits" und andererseits „eine bloß historistische Bestandsaufnahme, Sichtung oder zeitbezogene Wertung kultureller Prozesse der Gegenwart als philosophische Weltanschauung".

„Mit Wittgenstein und in Fortsetzung seiner Spätphilosophie", so meint der Autor, „müssen wir in vernunftkritischer Absicht vielmehr den Reichtum und die Komplexität der Sprache unserer Kultur *allererst neu begreifen*. Nur so können wir ein vertieftes Vernunftverständnis zurückgewinnen".

Wieder hören wir von unserem Autor, dass szientistische Metaphysik und formalistischer Szientismus „Schwundstufen der okzidentalen Vernunft" sind. Nur durch die „unabschließbare Aufgabe der *genauen* Sinnanalyse z.B. der Verkündigungssprache, der Gebetssprache und der persönlichen Rede von und zu Gott errreichen wir", wie der Autor meint, „die Tiefendimension der Vernunft". Das Buch schließt mit dem Satz: „Erst die Einheit von Transzendenz und Immanenz eröffnet die Dimension unbedingten Sinns, der sich alle Menschen verdanken – ob sie von Gott reden oder nicht".

Das Buch ist ein Musterbeispiel eines philosophischen Denkens, das sich vor allem an Denkern orientiert, die sich bemüht haben, die Bedeutung der Ergebnisse und Methoden der Wissenschaften zu relativieren und den metaphysischen Realismus zurückzuweisen, in dessen Rahmen die Ergebnisse der wissenschaftlichen Forschung zur Erklärung wirklicher Zusammenhänge beitragen können. Die seit längerer Zeit vorliegende Kritik an den Auffassungen Heideggers und Wittgensteins, deren Einfluss der Verfasser erlegen ist, hat er offenbar nicht zur Kenntnis genommen. Zwar spricht er immer wieder von der Notwendigkeit der Aufklärung, aber was er damit meint, ist das Gegenteil von dem, was üblicherweise darunter verstanden wird.

Seine Behandlung der Religionsproblematik dient der Immunisierung des religiösen und theologischen Denkens gegen Kritik, wie sie sich zum Beispiel aus den Resultaten des wissenschaftlichen Denkens ergeben hat. Sein Anspruch, auf eine Tiefendimension zu rekurrieren, die nur durch seine hermeneutischen Bemühungen erreichbar ist, ist unhaltbar. Ich habe ihn immer wieder wörtlich zitiert, aber dabei versucht, die Satzkaskaden, die er seinen Lesern zumutet, um sie zu beeindrucken, erheblich zu reduzieren. Die Imponierprosa, mit der er aufwartet, steht im Gegensatz zu den Arbeiten der von ihm als reduktionistisch apostrophierten Denker, die sich bemühen, auch komplizierte Zusammenhänge auf klare und einfache Weise darzustellen und dadurch zur Aufklärung beizutragen.

ANMERKUNGEN

[1] Vgl. dazu Sigmund Freud, Über eine Weltanschauung; in: Neue Folge der Vorlesungen zur Einführung in die Psychoanalyse, Frankfurt 1978, S. 130.

[2] Das hat Wolfgang Röd in seiner Analyse des ontologischen Gottesbeweises gezeigt, vgl. dazu Röd, Der Gott der reinen Vernunft. Die Auseinandersetzung um den ontologischen Gottesbeweis von Anselm bis Hegel, München 1992.

[3] Vgl. dazu Alexander Koyre, Von der geschlossenen Welt zum unendlichen Universum, Frankfurt 1969.

[4] Vgl. dazu Röd, a.a.O.

[5] Vgl. Thomas Rentsch, Gott, Berlin 2005.

[6] Vgl. Rentsch, a.a.O., S. 17.

[7] Vgl. Rentsch, a.a.O. S. 14.

[8] Für eine Kritik dieser These vgl. mein Buch: Joseph Ratzingers Rettung des Christentums. Beschränkungen des Vernunftgebrauchs im Dienste des Glaubens, Aschaffenburg 2008.

[9] Es ging in diesem Fall um Aussagen, die sich auf die Parusie – die Naherwartung des Reiches Gottes – beziehen, vgl. dazu das Buch von Helmut Groos, Albert Schweitzer. Größe und Grenzen, München/Basel 1974, S. 116-374. Es stellte sich heraus, dass sich Jesus offenbar in dieser Hinsicht in einem schwerwiegenden Irrtum befunden hatte.

[10] Vgl. Rentsch, a.a.O., S. 15.

[11] Vgl. Rentsch, a.a.O., S. 42.

[12] Siehe S. 14 f.

[13] Vgl. Rentsch, a.a.O., S. 44.

[14] Vgl. Rentsch, a.a.O., S. 48.

[15] Vgl. dazu mein Buch: Kritik der reinen Hermeneutik. Der Antirealismus und das Problem des Verstehens, Tübingen 1994, und Alan Musgrave, Essays on Realism and Rationalism, Amsterdam/Atlanta 1999. Auf den durch Karl Popper begründeten kritischen Rationalismus

geht der Verfasser nicht ein. Vermutlich rechnet er ihn dem von ihm kritisierten Szientismus zu. Popper hat bekanntlich seinerzeit gegen Wittgenstein die These verteidigt, dass es echte philosophische Probleme gibt.

[16] Vgl. Rentsch, a.a.O., S. 55.
[17] Vgl. Rentsch, a.a.O., S. 57.
[18] Vgl. Rentsch, a.a.O., S. 61 f.
[19] Vgl. dazu Armin Kreiner, Das wahre Antlitz Gottes – oder was wir meinem, wenn wir Gott sagen, Freiburg/Basel/Wien 2006.
[20] Vgl. Rentsch, a.a.O., S. 67 ff.
[21] Vgl. Rentsch, a.a.O,S. 71.
[22] Vgl. Rentsch, a.a,0., S. 76 f.
[23] Vgl. Rentsch, a.a.O., S. 85.
[24] Vgl. Rentsch, a.a.O., S. 88.
[25] Vgl. Rentsch, a.a.O., S. 109 f.
[26] Vgl. Rentsch, a.a.O., 113 f.
[27] Vgl. dazu Gerhard Streminger, Gottes Güte und die Übel der Welt. Das Theodizeeproblem, Tübingen 1992, und Norbert Hoerster, Die Frage nach Gott, 2. Auflage, München 2005.
[28] Vgl. Rentsch, a.a.O., S. 115 ff.
[29] Vgl. Rentsch, a.a.O., S. 118.
[30] Vgl. Rentsch, a.a.O., S. 119-211.
[31] Vgl. Rentsch, a.a.O., S. 188 ff.
[32] Vgl. zum Beispiel Michael Devitt/Kim Sterelny, Language and Reality. An Introduction to the Philosophy of Language, Cambridge/Massachusetts 1993; dazu auch Anm. 15., oben.
[33] Vgl. Rentsch, a.a.O., S. 190 ff.
[34] Vgl. Rentsch, a.a.O., S. 195-201.
[35] Vgl. Rentsch, a.a.O., S. 201-206.
[36] Vgl. Rentsch, a.a.O., S. 206-211.
[37] Vgl. Rentsch, a.a.O., S. 209 ff.

Der religiöse Glaube und die Religionskritik der Aufklärung

Beschränkungen des Vernunftgebrauchs im Lichte kritischer Philosophie

Zur Problematik des religiösen Denkens seit der Aufklärung

Die Religionskritik der Aufklärung hat bekanntlich keineswegs den Erfolg gehabt, den sich viele ihrer Verfechter gewünscht hatten. Sie hat zwar dazu geführt, dass „in aufgeklärten Gesellschaften die Wissenschaftspraxis keinerlei religiös bestimmter Weltbildkontrolle mehr" unterliegt, dass in diesen Gesellschaften religiöses Bekenntnis und Bürgerrechte „entkoppelt" wurden und dass die „Bedeutung religiöser Institutionen als Instanzen sozialer Kontrolle" geschwunden ist.[1] Aber die Freud'sche Prognose, dass die Religionen selbst verschwinden werden, hat sich bisher nicht als wahr erwiesen. Im Gegenteil, seit den 70er Jahren des vorigen Jahrhunderts breitet sich in der ganzen Welt ein religiöser Fundamentalismus aus, der das Ziel hat, auch in den „aufgeklärten" Gesellschaften die Resultate der Säkularisierung zu bekämpfen und überall die soziale Ordnung einer Kontrolle durch religiöse Autoritäten zu unterwerfen.

Das gilt sogar auch für Europa, wo bestimmte Bewegungen im Rahmen der katholischen Kirche bestrebt sind, die Gläubigen zu mobilisieren, mit dem Ziel, sie von der „Substanzlosigkeit einer vom Diktat der Vernunft geprägten Gesellschaft" zu überzeugen, „durch Gemeinschaftserfahrung das Bewusstsein zu wecken, dass nur die Rückbesinnung auf Gott den Menschen retten kann, und schließlich den Weg zu weisen zu einer Neugestaltung der Gesellschaft auf christlicher Grundlage".[2] Die Verfechter fundamentalistischer Richtungen des religiösen Glaubens pflegen dabei keineswegs die Resultate der modernen Wissenschaften abzulehnen. Sie machen sich vielmehr diese Resultate zunutze, insoweit sie praktisch verwertbar sind. Sie lehnen es nur ab, aus ihnen Konsequenzen für ihre Weltauffassung zu ziehen, die im Widerspruch zu ihren

Der religiöse Glaube und die Religionskritik der Aufklärung

religiösen Vorstellungen stehen. Sie wollen also gerade die „religiös bestimmte Weltbildkontrolle" wieder einführen, die nach Lübbe für die Wissenschaftspraxis keine Bedeutung mehr hat.

Der Fundamentalismus scheint besondere Probleme aufzuwerfen, die für normale Mitglieder der großen Religionsgemeinschaften keine Rolle spielen. Diese pflegen der Auffassung zu sein, dass ihr Glaube ohne weiteres mit dem wissenschaftlichen Weltbild vereinbar ist, zumal viele bekannte Vertreter der Naturwissenschaften sich ausdrücklich in dieser Richtung geäußert haben. Eine adäquate Interpretation des religiösen Glaubens scheint demnach der Religionskritik ihre Grundlage zu entziehen, jedenfalls soweit sich diese Kritik auf Resultate der modernen Wissenschaften stützen möchte. Ist diese Einschätzung des Verhältnisses von Wissenschaft und Religion gerechtfertigt?

Meines Erachtens entstammt sie einer oberflächlichen Betrachtungsweise, die weder die Ansprüche des religiösen Glaubens noch die Resultate der Wissenschaften ernst nimmt. Sie wäre nur dann haltbar, wenn sich der religiöse Glaube völlig von seiner metaphysischen Grundlage ablösen ließe, wie Schleiermacher angenommen hatte, oder wenn man wissenschaftliche Theorien als bloße Werkzeuge der praktischen Lebensbewältigung behandeln würde, so dass sie für den Aufbau unseres Weltbildes nicht in Betracht kämen. Der erste Weg würde aber die Religion für die Gläubigen völlig uninteressant machen.[3] Und der zweite würde das mit dem Realismus und der Wahrheitsidee verbundene Erkenntnisprogramm der modernen Wissenschaften einem Pragmatismus opfern, dessen einziger Vorteil darin bestünde, dass er mit religiösen Glaubensinhalten nicht in Konflikt geraten kann. Wir werden sehen, dass uns dieser zweite Weg nicht nur von einigen einflussreichen Theologen, sondern auch von einem der einflussreichsten modernen Philosophen als der richtige empfohlen wird. Was sie uns vorschlagen, läuft de facto auf eine willkürliche Einschränkung des Vernunftgebrauchs zur Vermeidung möglicher Konflikte hinaus.

Für den christlichen Glauben sind die metaphysische Annahme der Existenz eines Gottes, der bestimmte Eigenschaften und Wirkungsmöglichkeiten hat, und die weitere metaphysische Annahme, dass Jesus, der Sohn Gottes, nach seinem Kreuzestod auferstanden ist und durch ihn zum Erlöser wurde, von zentraler Bedeutung. Beide Annahmen waren Bestandteile der abendländischen Kosmosmetaphysik, die bis zur Aufklärung den Rahmen für die Erklärung alles Geschehens in Natur und Geschichte bildete. Noch Newton benötigte bekanntlich die Annahme der Existenz Gottes, um die Stabilität des Planetensystems zu erklären. Erst Laplace konnte behaupten, dass er diese Hypothese nicht benötige.[4] Und erst mit Kant verschwand diese These auch aus der

Erkenntnislehre, in der sie die Übereinstimmung des Denkens mit der Wirklichkeit erklären sollte.[5] Seitdem wird diese Annahme weder für die Erklärung der Erkenntnis noch für die Erklärung anderer Zusammenhänge benötigt. Sie spielt nur noch im religiösen Denken eine Rolle. Und was die zweite Annahme angeht, so hat die historisch-kritische Forschung, die im Rahmen der Theologie stattgefunden hatte, bekanntlich glaubenskritische Konsequenzen gehabt. Ist das alles für die Beurteilung des christlichen Glaubens unerheblich? Auch bekannte Theologen haben keineswegs diese Auffassung vertreten.

Es geht hier vor allem um die Frage, wie man überhaupt derartige Annahmen beurteilen kann. Im Rahmen der abendländischen Kosmosmetaphysik konnte man der Annahme der Existenz Gottes offenbar, wie wir gesehen haben, eine Erklärungsleistung zuschreiben, die sie dann verloren zu haben scheint. Und was die Interpretation der Rolle Jesu angeht, so ist sie durch die eschatologische Deutung der Botschaft des Neuen Testaments und damit zusammenhängenden Schwierigkeiten unglaubwürdig geworden.[6]

Wie hat die Theologie auf die dadurch gegebene Problemsituation reagiert? Meist in der Weise, dass man versucht hat, die Kernannahmen des Glaubens gegen jede mögliche Kritik zu immunisieren. Das kann natürlich auf ganz verschiedene Weise geschehen. Auch die Frage, worin der zu bewahrende Kern des Glaubens besteht, kann verschieden beantwortet werden. Die radikalste Reaktion auf diese Situation war die dialektische Theologie von Karl Barth, in der die Vernunft dem Glaubensgehorsam geopfert wurde, eine andere nicht weniger einflussreiche der Versuch Rudolf Bultmanns, die Aussagen des Neuen Testaments zu entmythologisieren.

Theologische Reaktionen: Rudolf Bultmann, Joseph Ratzinger und Hans Küng

Bultmann versuchte, den christlichen Glauben dadurch mit dem wissenschaftlichen Weltbild vereinbar zu machen, dass er Kritik am neutestamentlichen Weltbild übte, soweit eine solche Kritik unvermeidlich zu sein schien.[7] In dieser Kritik wurde vorausgesetzt, dass dieses „mythische" Weltbild heute nicht mehr als wahr anerkannt werden kann. Daraus ergab sich die Frage, ob der Verkündigung des Neuen Testaments eine Wahrheit zukomme, die unabhängig sei vom diesem Weltbild. Es ging ihm also darum, was der Kern des christlichen Glaubens sei und ob sich dieser Kern von einem veralteten Weltbild ablösen und unabhängig davon rechtfertigen ließe. Dieser Kern war, wie er meinte, das „Kerygma", das also von seiner mythologischen Einkleidung befreit werden müsse.

Der Bultmann'sche Versuch der Entmythologisierung des Neuen Testaments ist, wie ich gezeigt zu haben glaube,[8] tatsächlich kein kritisches, sondern ein hermeneutisches Unternehmen in apologetischer Absicht. Letzten Endes geht es dabei nicht darum, die Resultate und Methoden der Wissenschaften für eine kritische Untersuchung des Glaubens fruchtbar zu machen, sondern darum, den kerygmatischen Kern des Glaubens gegen wissenschaftliche Kritik zu schützen. Das kritische Denken wird dabei von Bultmann willkürlich genau an dem Punkt suspendiert, wo es seiner Auffassung nach zu unangenehmen Konsequenzen für den Glauben führen würde.

Auch vor den Bultmann'schen Bemühungen hatte es in der liberalen Theologie des 19. und 20. Jahrhunderts schon Entmythologisierungsversuche gegeben. Diese Versuche waren aber nach Bultmann nicht sachgemäß, weil bei ihnen „mit der Ausscheidung der Mythologie auch das Kerygma selbst" und damit das ausgeschieden wurde, was seiner Auffassung nach zum Kern des Glaubens gehörte. Wie man sieht, läuft die hermeneutische Wendung der Theologie auf eine Beschränkung des Vernunftgebrauchs zur Rettung des Glaubens hinaus. Wenn man eine Methodologie der kritischen Prüfung bevorzugt, wird man hier von einem Rückschritt gegenüber dem Stand des theologischen Denkens sprechen können, der zum Beispiel durch Albert Schweitzer repräsentiert wurde.

Der Versuch, den Glauben auf diese Weise zu retten, war aber schon deshalb nicht erfolgreich, weil in ihm, wie ein theologischer Kritiker dieses Unternehmens mit Recht festgestellt hat, das für den Glauben zentrale Heilsereignis, nämlich die Auferstehung Jesu, nicht mehr als wirkliches Ereignis behandelt wird.[9] Auch abgesehen davon sind die Umdeutungen zentraler Komponenten des christlichen Glaubens, die von Vertretern dieser Richtung des theologischen Denkens vorgenommen werden, so drastisch, dass durch die betreffenden Rettungsversuche tatsächlich der Kern dieses Glaubens verloren geht, und zwar dadurch, dass der metaphysische Gehalt dieses Glaubens im Wesentlichen eliminiert wurde.[10] Nicht nur für orthodoxe protestantische Theologen, sondern auch für katholische Denker war ein solcher Weg verständlicherweise nicht gangbar, weil er in einen mehr oder weniger verschleierten Atheismus führen musste.

Nun hatte schon zu Beginn des 20. Jahrhunderts der Physiker Pierre Duhem ein Verfahren angewandt, das geeignet erscheint, der Religionskritik einen Riegel vorzuschieben. Er hatte nämlich eine positivistische Interpretation der Physik vorgeschlagen, die die Naturwissenschaft mit seiner spiritualistischen Metaphysik und dadurch mit dem katholischen Glauben vereinbar machen sollte.[11] Die Physik war für ihn ein für einen speziellen Zweck konstruiertes

Artefakt, während die katholische Metaphysik wahre Erklärungen liefern und die Natur der objektiven Realität enthüllen konnte.

Auch Joseph Ratzinger ist sich darüber klar, dass der christliche Glaube nicht ohne metaphysische Grundlage auskommen kann.[12] Damit taucht natürlich die Frage auf, ob und wie sich die metaphysischen Komponenten dieses Glaubens mit den Resultaten der modernen Wissenschaften vereinbaren lassen, also die Frage, die in der Bultmannschule zur Eliminierung dieser Komponenten geführt hatte und die Duhem durch seine positivistische Deutung der Physik bewältigt hatte. Auch darüber ist sich Ratzinger klar und er bemüht sich, diese Frage zu beantworten.

Seine Antwort geht in die Richtung, die Duhem vorgeschlagen hatte. Er liefert uns eine Deutung des christlichen Glaubens auf biblischer Grundlage und eine spiritualistische Metaphysik, die diese Deutung plausibel machen soll. Das wissenschaftliche Wissen deutet er als notwendigerweise „positivistisch". Es sei, so meint er, auf das „Sichtbare", das „Erscheinende", das „Gegebene", das „Messbare" beschränkt. Eine realistische Deutung, die nicht solche Beschränkungen involviert, zieht er nicht in Betracht. Der christliche Glaube sei, so meint er, im Gegensatz dazu „das Bekenntnis zum Primat des Unsichtbaren als des eigentlich Wirklichen" und „Gott sei der für den Menschen wesentlich Unsichtbare".

Nun ist die Entgegensetzung des „Unsichtbaren" und des „Sichtbaren" im Zusammenhang mit der Unterscheidung von Glaube und Wissen schon deshalb irreführend, weil in den Realwissenschaften zum Beispiel „unsichtbare" Kräfte eine Rolle spielen, deren Wirkungen allerdings beobachtbar sind und damit „sichtbar" werden können. Und andererseits ist auch der „unsichtbare" christliche Gott für den Gläubigen nur dann erkennbar, wenn er zum Beispiel durch religiöse Erlebnisse – etwa durch „Offenbarungen" – erfahrbar wird. In beiden Fällen gibt es also „Unsichtbares", das unter gewissen Bedingungen „sichtbar" wird.[13]

Weltauffassungen, die auf der Grundlage einer spiritualistischen Metaphysik gebildet werden, pflegen das Weltgeschehen im Gegensatz zum wissenschaftlichen Weltbild nicht nur als einen Wirkungszusammenhang anzusehen, sondern darüber hinaus als einen Sinnzusammenhang, der durch personale Wesenheiten gestiftet wurde und in den das menschliche Leben eingebettet ist.[14] Die durch das Christentum geprägte abendländische Kosmosmetaphysik involviert eine solche Auffassung, die wir auch in Ratzingers Deutung wieder antreffen. Auch hier haben wir es mit einem personalen Gott zu tun, der als „Grund" der gesamten Wirklichkeit fungiert und gleichzeitig ihren „Sinn" liefert. Und Jesus ist für Ratzinger der „Zeuge Gottes" und „die Anwesenheit des Ewigen selbst in dieser Welt". Die für die Beurteilung seiner Bemühungen zentralen Fragen sind natürlich die, ob es den Gott Ratzingers gibt und ob seine Auffassungen über Jesus zutreffen.

Was die christliche Gottesvorstellung angeht, so meint er, so habe der christliche Glaube dem „Gott der Philosophen", den er aus dem antiken Denken übernommen habe, eine völlig neue Bedeutung gegeben, indem er ihn „als den Gott erklärte, zu dem man beten kann und der zum Menschen spricht". Der Gott des Glaubens sei „als Denken Lieben", worin sich die „Uridentität von Wahrheit und Liebe" zeige. Das Bekenntnis zu Gott involviere, so meint er, „die Entscheidung für den Primat des Logos gegenüber der bloßen Materie", also dafür „dass alles Sein Produkt des Gedankens, ja selbst in seiner inneren Struktur Gedanke" sei. Die These, die er uns offenbar verdeutlichen will, ist die, dass der Schöpfergott durch sein Denken die Welt geschaffen hat, die infolgedessen eine gedankliche Struktur hat, so dass wir in der Lage sind, sie durch unser Nachdenken zu erfassen.[15]

Wie andere Theologen verweist Ratzinger in diesem Zusammenhang auf Einsteins bekannte Formulierungen, in denen seine „kosmische Religiosität" zum Ausdruck kommt. Er deutet sie im Gegensatz zur ausdrücklichen Ablehnung eines persönlichen Gottes durch Einstein im Sinne seines eigenen Glaubens an einen Schöpfergott und führt diese Ablehnung auf dessen „nicht genügend reflektierten Personbegriff" zurück. Er räumt nun ein, dass die moderne Physik eine Einsicht in die „mathematische Struktur des Seins" erreicht habe, die offenbar seine Zustimmung findet. Und sie hat das offenbar unter Anwendung der Methoden erreicht, deren positivistische Beschränktheit er vorher behauptet hatte, so dass die Wissenschaft keinen Zugang zur „Wahrheit des Seins" habe.

Statt nun zuzugeben, dass er sich in diesem Punkte offenbar geirrt hat, bemüht er sich, dieses Ergebnis der Forschung in seiner spiritualistischen Metaphysik unterzubringen. Mit den begrifflichen Erörterungen, die er zu diesem Zwecke anstellt, wird nichts erklärt, sondern den Resultaten des wissenschaftlichen Denkens nur ein theologischer Hut aufgesetzt. Sie schließen mit der Behauptung ab, die „innere Logik des christlichen Gottesglaubens" führe zur „Überschreitung eines bloßen Monotheismus" und damit „zum Glauben an den dreieinigen Gott".

Der Theologe weiß natürlich, dass dieser Glaube dem Denken besondere Schwierigkeiten bietet, aber er möchte doch erläutern, was mit dem Bekenntnis zu diesem Gott gemeint sei. Für eine genaue Analyse der Denkkunststücke, die uns Ratzinger hier vorführt, um diesen Glauben plausibel zu machen, verweise ich auf meinen oben erwähnten Aufsatz. Trotz aller seiner Bemühungen räumt er letzten Endes ein, dass jeder Versuch, Gott „in den Begriff unseres Begreifens zu nehmen", „ins Absurde hineinführt". Da der Gottesbegriff in seiner Wirklichkeitsauffassung eine zentrale Rolle spielt, kann man hier wohl von einem bemerkenswerten Zugeständnis sprechen. Die Information, dass Gott alle Begriffe sprengt und daher unbegreiflich ist, werden wir dann später auch von Hans Küng erhalten, seinem kirchlichen Widersacher.

Außer um Gott und seine Bedeutung für das Wirklichkeitsverständnis geht es Ratzinger natürlich um Jesus Christus. Mit dem Bekenntnis zu Jesus Christus, so meint er, geschehe „die geradezu ungeheuerliche Verknüpfung von Logos und Sarx, von Sinn und Einzelgestalt der Geschichte". Er geht dann auf das Dilemma der modernen Theologie ein, das sich „präzise in die Alternative zusammenfassen" lasse: „Jesus oder Christus?", wobei mit „Jesus" der „historisch Greifbare" gemeint sei und mit „Christus" der Christus des Glaubens. Dessen „eigentliche Aussage" sei aber, so meint er dann, dass „bei Jesus Amt und Person nicht zu unterscheiden seien". Der katholische Glaube, über den er informieren wolle, sei „das Annehmen dieser Person, die ihr Wort sei". Das „entfaltete christologische Dogma" bekenne sich dazu, dass das „radikale Christussein Jesu das Sohnsein" und „das Sohnsein das Gottsein" einschließe und gleichzeitig dazu, dass Jesus der wahre Mensch sei.

Auf die berechtigte Frage, ob der „biblische Befund" und „seine kritische Durchleuchtung der Tatsachen" dazu ermächtige, das „Sohnsein Jesu so zu fassen", werde heute, so räumt er ein, immer entschiedener mit Nein geantwortet. Um zu zeigen, dass man dagegen mit Ja antworten müsse, liefert er uns zunächst eine Karikatur der vorliegenden historischen Forschung, die ihm die Auseinandersetzung mit einer ganzen Reihe von Denkern erspart, denen wir differenzierte Untersuchungen über sein Thema verdanken.[16] Um die Aporien des christlichen Denkens, die er auf diese Weise umgangen hat, braucht er sich daher nicht mehr zu kümmern.

Das „Recht des christologischen Dogmas", auf dessen Fragwürdigkeit ich schon eingegangen bin, wird von ihm ohne Bedenken in die Geschichte hineingedeutet. Und dass sich Jesus nach allem, was wir aus der Forschung wissen, in einem zentralen Punkt seines Glaubens offenbar in einem fundamentalen Irrtum befunden hat, findet er keiner Erwähnung wert. Die Bedeutung der eschatologischen Deutung des Glaubens für die Beurteilung seiner Wahrheit kommt bei ihm nicht vor. Man erinnere sich daran, dass andere Theologen daraus glaubenskritische Konsequenzen gezogen haben. Resultate der historischen Forschung lässt er nur dann gelten, wenn er sie für seine Zielsetzung verwerten kann. Auch in seinen Kapiteln über die Entfaltung des Christusbekenntnisses in den christologischen Glaubensartikeln und über den heiligen Geist und die Kirche verfährt er in dieser Weise.

Die Frage, inwiefern der allmächtige und barmherzige Gott darauf angewiesen war, seinen Sohn einen grausamen Tod sterben zu lassen, um sein Ziel zu erreichen, eine Frage, die nachdenklichen Leuten zu schaffen macht, zieht er nicht einmal in Betracht. Sein Umgang mit Passagen der Bibel, in denen von Himmel und Hölle, vom Gericht und von der Gnade die Rede ist, zeugt von einer Deutungskunst, die keineswegs weniger leichtfertig ist als die der Verfechter der Entmythologisierung, auf die ich oben eingegangen bin. Nur dient sie einem anderen Ziel, nämlich dem Einbau des christlichen Glaubens in eine spiritualistische Metaphysik, die modernen Gläubigen weniger anstößig erscheinen mag als das Weltbild der Urgemeinde.

Dass Ratzingers spiritualistische Metaphysik dem biblischen Glauben mehr entgegenkommt als die von ihm abgelehnte wissenschaftliche Weltauffassung, ist zweifellos richtig. Die personalen Wesenheiten, deren Wesen und deren Bedeutung er uns plausibel machen möchte, gehören nach diesem Glauben offenbar zur Ausstattung der Wirklichkeit. Und der Versuch moderner Theologen, sie durch geeignete Umdeutungen mit dem modernen Weltbild vereinbar zu machen, um sie weniger anstößig erscheinen zu lassen, sind äußerst fragwürdig, weil sie de facto die metaphysischen Grundlagen des Glaubens eliminieren. Aber auch die Ratzinger'sche Deutung dürfte sich nach allem, was wir aus der historischen Forschung wissen, erheblich von dem unterscheiden, was Jesus und seine Zeitgenossen glaubten. Auch sie ist darauf angelegt, diesen Glauben dem modernen Denken weniger anstößig erscheinen zu lassen. Und Ratzingers Behandlung der eschatologischen Problematik involviert einen Rückfall hinter das, was Weiß und Schweitzer schon erreicht hatten.

Die Frage, inwieweit dieser Theologe eine Sicht der Wirklichkeit entwickelt hat, die der wissenschaftlichen Weltauffassung überlegen und ihr daher vorzuziehen ist, ist natürlich eine völlig andere Frage. Ist Ratzinger imstande, mit Hilfe der Annahme, dass der von ihm postulierte Gott existiert, die wirklichen Zusammenhänge und darüber hinaus unsere Erfahrungen besser zu erklären, als das mit Hilfe wissenschaftlicher Forschungsergebnisse möglich ist?

Seine Bemühungen, auf die Beschränkungen hinzuweisen, denen diese Forschung unterliegt, beruhen, wie ich schon erwähnt habe, auf einem positivistischen Missverständnis, wie wir es bei Vertretern des hermeneutischen Denkens zu finden pflegen. Er ist jedenfalls nicht in der Lage zu zeigen, dass durch diese Annahme eine Erkärungsleistung zustande kommt, die sie akzeptabel machen würde. Darüber hinaus zeichnen sich seine Bemühungen, zu einem brauchbaren Gottesbegriff zu kommen, durch eine Konfusion aus, die angesichts der zentralen Bedeutung dieses Begriffes fur seine Auffassung fatal ist. Dass er es versäumt hat, das Theodizeeproblem zu behandeln, ein Problem, das schwerwiegende Konsequenzen für die christliche Gottesvorstellung hat,[17] lässt sein Problembewusstsein in keinem vorteilhaften Licht erscheinen. Man ist daher wohl berechtigt, Ratzingers Versuch, den Kern des christlichen Glaubens zu retten, ebenso wie den Bultmann'schen Versuch als ein hermeneutisches Unternehmen in apologetischer Absicht zu bezeichnen, das ebenso gescheitert ist wie dieser, wenn auch auf andere Weise. Beide Versuche sind einer willkürlichen Einschränkung des Vernunftsgebrauchs zu verdanken, aber der Versuch des katholischen Theologen verbindet, so weit ich sehe, größere Ansprüche als der des protestantischen mit erheblich größerem Leichtsinn.

Auch der Reformtheologe und Kirchenkritiker Hans Küng hat zu zeigen versucht, dass der christliche Glaube auch heute noch jeder Kritik gewachsen ist. Er ist sogar so weit gegangen, zu behaupten, dass dieser Glaube „die einzige rational verantwortbare Auffassung" ist. Zunächst hat er in drei Bänden seine Lösungen der Grundprobleme dieses Glaubens dargestellt.[18] Und dann ist er in einem weiteren Band auf das Verhältnis des wissenschaftlichen Weltbildes zu diesem Glauben eingegangen.[19] Wie Ratzinger präsentiert er uns eine spiritualistische Metaphysik und sucht wie dieser zu zeigen, dass auf dieser Grundlage auch die Resultate der modernen Wissenschaften verständlich gemacht werden können.

In seiner Trilogie zu den zentralen Problemen des christlichen Glaubens geht dieser Theologe auf den kritischen Rationalismus ein und charakterisiert ihn als „eine dogmatische Totaldeutung mit kritischem Anspruch". Seine eigene Deutung der gesamten Wirklichkeit, die er dieser Auffassung entgegensetzt, basiert wie die Ratzinger'sche Deutung auf dem Versuch einer Lösung der Gottesproblematik. Er macht wie dieser dabei den Anspruch, nachweisen zu können, dass man nur dann, wenn man die Existenz Gottes voraussetze, die Wirklichkeit im Ganzen begründen könne.

Ich habe mich bemüht, den Küng'schen Gedankengang auf der Grundlage seiner Äußerungen sorgfältig zu rekonstruieren, und habe gezeigt, dass er sich wegen gravierender Mängel nicht halten lässt.[20] Einer dieser Mängel ist sein Rückgriff auf eine „innere Rationalität", die dafür sorgen soll, dass man die grundsätzliche Begründetheit des Vertrauens, das Küng für seine Argumentation benötigt, im Vollzuge erfährt. Auf diese Weise verschafft er dem Gläubigen einen privilegierten Zugang zur Wirklichkeit. Sein Verfahren involviert, wie ich gezeigt habe, einen Rückfall in den klassischen Rationalismus. Eine Pointe des kritischen Rationalismus, den Küng als ideologisch abstempelt, besteht aber gerade darin, dass er die Kritikimmunität letzter Voraussetzungen ad absurdum führt, die Küng mit seinem Hinweis auf die innere Rationalität zu rehabilitieren sucht.

Ich möchte hier nicht im Detail auf die Küng'schen Thesen und Argumente in seiner Trilogie zum christlichen Gottesglauben eingehen und verweise dafür auf mein oben erwähntes Buch. Ich habe in diesem Buch im Einzelnen nachzuweisen versucht, dass seine Argumentation misslungen ist und dass seine Art des Vorgehens auf reines Wunschdenken hinausläuft. An drei zentralen Stellen seiner Beweisführung praktiziert Küng einen Alternativradikalismus, der keineswegs durch die Sachlage erzwungen ist. Es geht dabei um sein Grundvertrauen zu einer sinnvollen Wirklichkeit, um seinen Gottesglauben und um die christliche Ausprägung dieses Glaubens. In allen drei Fällen hat er auf eine genaue Analyse der jeweils vorliegenden Problemsituation verzichtet, die durchaus weitere Möglichkeiten zugelassen hätte.[21] Für seine Wahl zwischen den auf diese Weise konstruierten Alternativen sind dann jeweils seine „existentiellen" Bedürfnisse entscheidend.

Sein Umgang mit dem Gottesbegriff ist ein Musterbeispiel eines „dialektischen Denkens", das sich etwas darauf zugute hält, dass dieser Begriff alle Begriffe sprengt und daher auch keine Definition im üblichen Sinne zulässt. Dabei hatte er sich vorher selbst bemüht, eine Definition zu liefern, die ihm für seine Zwecke geeignet erschien, um dann die Existenz eines solchen Gottes zu postulieren. In dieser Hinsicht hat sein Verfahren eine gewisse Ähnlichkeit mit Ratzingers Versuch, dieses Problem zu lösen. Ich habe die Willkür seines Verfahrens im Einzelnen gezeigt und verzichte darauf, hier noch einmal darauf einzugehen.

Den dritten Band seiner Trilogie hat Küng der eschatologischen Problematik gewidmet. Er setzt in diesem Band die Resultate seiner früheren Untersuchungen voraus, obwohl er meine Kritik an seinen darin enthaltenen Thesen und Argumenten inzwischen zur Kenntnis genommen hat. Er schiebt diese Kritik mit einer kurzen Anmerkung beiseite, die dem Leser eine Karikatur des Verfahrens liefert, das ich in dieser Kritik praktiziert habe. Auf diese Weise kann er dann eine Problemlösung vorführen, die mit seiner Behandlung der Gottesproblematik im Einklang steht.

In seinem neuen Buch knüpft Küng an die Problematik an, mit der er sich in seiner Trilogie beschäftigt hatte. Es geht ihm hier nämlich „um den Ursprung und Sinn des Weltalls als Ganzes, ja der Wirklichkeit überhaupt".[22] Die Auffassungen, die er in den früheren Büchern vertreten hatte, werden bis auf kleine Änderungen beibehalten. Und er stellt ausdrücklich fest, dass er auch auf den methodischen Grundlagen aufbaut, die er in seinem Buch zum

Gottesproblem entwickelt hatte. Es ist daher nicht überraschend, dass die Thesen und Argumente, die an zentralen Stellen seines neuen Buches vorkommen, teilweise wörtlich mit denen übereinstimmen, die man schon aus den drei früheren Büchern kennt.

Küng macht den Leser in diesem Buch immer wieder mit den Resultaten des wissenschaftlichen, theologischen und philosophischen Denkens bekannt, die ihm für den jeweils behandelten Problemkreis relevant zu sein scheinen. Dabei stellt sich stets heraus, dass diese Resultate seine in den früheren Büchern vertretenen Auffassungen im Kern unberührt lassen. Warum das so ist, geht daraus hervor, wie er seine Methode charakterisiert. Er tritt nämlich für ein Komplementaritätsmodell ein, demzufolge seine theologische Auffassung schon deshalb mit den Resultaten der betreffenden Wissenschaften vereinbar sein muss, weil beide Bereiche des Denkens inkommensurabel sind. Wir erinnern uns daran, dass auch Ratzingers Unterscheidung zwischen Glaube und Wissen auf eine solche Inkommensurabilität hinausläuft.[23] Bei beiden Theologen resultiert daraus eine Kompetenzregelung, die sich zugunsten des theologischen Denkens auswirkt. Da dieses Denken für die Beantwortung bestimmter Fragen allein zuständig ist, kommen Argumente aus anderen Bereichen von vornherein nicht in Betracht.

Was den kritischen Rationalismus angeht, den Küng früher als „dogmatische Totaldeutung mit kritischem Anspruch" charakterisiert hatte, so hat sich seine Einstellung zu dieser philosophischen Auffassung inzwischen geändert. Er weist nämlich ausdrücklich darauf hin, dass er den Fallibilismus Karl Poppers und dessen allgemeine methodische Orientierung akzeptiert, und greift darauf zurück, um andere Auffassungen zu kritisieren. Allerdings wird der Leser an keiner Stelle seines neuen Buches darüber informiert, dass auf dem Hintergrund dieser philosophischen Auffassung eine durchschlagende Kritik an den zentralen Thesen und Argumenten seiner früheren Bücher möglich war, obwohl er diese Thesen und Argumente in diesem Buche wiederholt.[24]

Küng hat in diesem Buch ausdrücklich nichts zurückgenommen, was er in den früheren Büchern gesagt hatte, auch nicht sein Verdikt gegen den ideologischen Rationalismus, den ich angeblich vertrete. Er hat aber nun zur Verteidigung seiner eigenen Auffassungen auf den von Popper vertretenen kritischen Rationalismus zurückgegriffen, der sich in keinem Punkt, der für diese Diskussion in Betracht kommt, von meiner Auffassung unterscheidet.[25] Die von ihm angekündigte Auseinandersetzung mit dem kritischen Rationalismus hat er vermieden. Und er hat seine Leser nicht einmal darüber informiert, dass die Grundlage seiner Argumentation in diesem Buche einer kritischen Analyse unterzogen wurde, die von eben der philosophischen Auffassung ausgeht, die er nun akzeptiert zu haben scheint. Er ist auf keines der Argumente eingegangen, die ich ihm seinerzeit entgegengehalten habe. Er hat sie bequemerweise einfach ignoriert. Dabei ist sein neues Buch mit Demutsbekundungen, mit Aufforderungen zur Demut und Bescheidenheit an andere und mit Bekundungen der eigenen Redlichkeit gespickt.

Die Küng'schen Bemühungen zur Rettung des Glaubens sind ebenso wie die Bemühungen Ratzingers eine Fortsetzung dessen, was auch sonst in der modernen Theologie nach Albert Schweitzer üblich ist. Sie können ebenso wie die Bemühungen Bultmanns mit einigem Recht als hermeneutische Unternehmen in apologetischer Absicht betrachtet werden. Was das Ratzinger'sche und das Küng'sche Verfahren von dem Verfahren Bultmanns unterscheidet, ist aber die Tatsache, dass die beiden katholischen Theologen sich ausdrücklich im Rahmen einer spiritualistischen Metaphysik bewegen, während Bultmann sich bemüht, den metaphysischen Hintergrund des christlichen Glaubens zu eliminieren, um diesen Glauben mit der wissenschaftlichen Weltauffassung in Einklang zu bringen. Ein weiterer Unterschied besteht darin, dass diese beiden Theologen in ihrer Argumentation eine Leichtfertigkeit an den Tag legen, die in diesem Maße bei Bultmann nicht zu finden ist. Ihre Art der Argumentation zeigt, dass sie weniger Skrupel haben, als sie der evangelische Theologe hatte.

Das „nachmetaphyische Denken" von Jürgen Habermas und die Religionsproblematik

Wenden wir uns nun einem philosophischen Ansatz zu, der den Anspruch macht, das Problem des Verhältnisses von Glaube und Wissen angemessen zu bestimmen, dem sogenannten „nachmetaphysischen Denken" von Jürgen Habermas,[26] das aus seinem hermeneutischen Pragmatismus hervorgegangen ist. Die Charakterisierung seiner eigenen philosophischen Auffassungen durch Habermas legt die Vermutung nahe, dass er die mit dem wissenschaftlichen Denken meist verbundene realistische Metaphysik und Erkenntnislehre und damit die Leistung dieses Denkens für den Aufbau unseres Weltbildes ablehnt. Diese Auffassung kann natürlich interessante Konsequenzen für die Behandlung der religiösen Problematik haben. Wir werden sehen, dass das tatsächlich der Fall ist.

Habermas hat zwar die vom ihm früher vertretene Konsenstheorie der Wahrheit aufgegeben, aber nicht die Nähe seiner Auffassung zum „internen Realismus" Hilary Putnams,[27] der de facto auf eine moderne Version des Idealismus hinausläuft. Er räumt unnötigerweise ein, dass das Denken an die „Darstellungsfunktion der Sprache gekoppelt" ist,[28] behauptet aber dann, dass „ein korrekt geäußerter Aussagesatz ... nicht deshalb wahr" sei, „weil die Regeln der Satzverwendung den Konsens oder das Weltbild einer bestimmten Sprachgemeinschaft widerspiegeln, sondern weil sie bei richtiger Anwendung die rationale Akzeptabilität des Satzes gewährleisten", eine Behauptung, die eine Verbindung von Wahrheit und Akzeptabilität unterstellt, wie sie einer epistemischen Wahrheitstheorie entspricht, die er dann im nächsten Satz aber wieder in Frage zu stellen scheint.

Ich werde mich aber hier nicht weiter mit dem Gewirr der Habermas'schen Unterstellungen beschäftigen, die er uns in diesem Buch in seiner gewohnten Manier anbietet, sondern auf die Konsequenzen seiner Auffassungen für die Religionsproblematik, die er uns in einigermaßen klarer Weise vermittelt. Das „nachmetaphyische Denken", das dieser Denker uns als Rahmen für die Lösung dieser Problematik anbietet, „besteht", wie er sagt, „auf der Differenz zwischen Glaubensgewissheiten und öffentlich kritisierbaren Geltungsansprüchen" und „enthält sich ... der rationalistischen Anmaßung, selber zu entscheiden, was in den religiösen Lehren vernünftig und was unvernünftig ist".[29] Eine „Apologie des Glaubens mit philosophischen Mitteln" sei, so meint er, „nicht Sache der agnostisch bleibenden Philosophie". Den ihm fremden „opaken Kern der religiösen Erfahrung" muss dieses Denken offenbar unberührt lassen, denn es „enthält ... sich ... des Urteils über religiöse Wahrheiten". Und es „besteht ... auf einer strikten Grenzziehung zwischen Glauben und Wissen". Es wendet sich „gegen eine szientistisch beschränkte Konzeption der Vernunft", die dazu neigt, „die Grenze zu verwischen zwischen theoretischen Erkenntnissen der Naturwissenschaften, die für die Selbstdeutung des Menschen und seine Stellung in der Natur relevant sind", und „einem daraus synthetisch hergestellten naturwissenschaftlichen Weltbild".

Man sieht also, wie weit dieser Denker, der seinerzeit gegen einen „positivistisch halbierten Rationalismus" zu Felde gezogen war, inzwischen mit seiner Regulierung des Vernunftgebrauchs in pragmatischer Absicht gekommen ist. Was ist dazu zu sagen? Zunächst ist seine Charakterisierung der Philosophie als „agnostisch" eine Einschränkung des philosophischen Denkens auf eine bestimmte Position, die innerhalb der Philosophie selbst heute noch kontrovers sein dürfte.

Es gibt heute noch ausdrücklich theistische und atheistische Positionen innerhalb des philosophischen Denkens.[30] Schon aus diesem Grunde involviert die Habermas'sche These eine Entscheidung, deren Berechtigung schwerlich plausibel zu machen ist. Sie hängt offenbar mit seiner Auffassung zusammen, dass die „Konkurrenz zwischen Weltbildern und religiösen Lehren, die die

Stellung des Menschen im Ganzen der Welt zu erklären beanspruchen", „sich auf der kognitiven Ebene nicht schlichten" lässt.

Nun hat es in der Geschichte des philosophischen Denkens seit der Antike stets konkurrierende Auffassungen gegeben, in denen es auch um Probleme von der Art gegangen ist, wie sie hier von Habermas beschrieben werden, und sie wurden „auf der kognitiven Ebene" diskutiert, natürlich ohne dass man hier von einer „Schlichtung" reden konnte. Ich habe nicht den Eindruck, dass sich diese Situation durch ein Habermas'sches Diktat ändern wird. Das religiöse Denken ist, wie wir gesehen haben, meist mit metaphysischen Auffassungen verbunden, die mit anderen Auffassungen dieser Art zu konkurrieren pflegen, wobei es um die Lösung der gleichen Probleme zu gehen pflegt. Und was den „opaken Kern der religiösen Erfahrung" angeht, so handelt es sich um ein Phänomen, dass sich keineswegs, wie Habermas meint, einer Analyse entzieht.[31] Es ist jedenfalls nicht einzusehen, dass sich die Philosophie in dieser Hinsicht um Enthaltsamkeit bemühen sollte. Die Verfechter eines „nachmetaphysischen Denkens" sind natürlich durchaus berechtigt, sich nicht an der Lösung solcher Probleme zu beteiligen, aber sie sollten ihre freiwillige Selbstbeschränkung nicht zu einer allgemeinen Verpflichtung erheben.

Was die „strikte Grenzziehung zwischen Glauben und Wissen" angeht, die von Habermas vorgeschlagen wird, so entspricht sie den von Ratzinger und Küng vertretenen Auffassungen, in denen eine ähnliche Kompetenzregelung zwischen Theologen und den Vertretern anderer Disziplinen vorgenommen wird, wie sie nun von Habermas vorgeschlagen wird. Er vertritt offenbar wie diese beiden Theologen die These, dass die betreffenden Problembereiche inkommensurabel seien, so dass sich diese Kompetenzregelung gewissermaßen aus der Natur der Sache ergibt. Tatsächlich handelt es sich dagegen um eine künstliche Grenzziehung, die bestenfalls dafür sorgen kann, dass mögliche Widersprüche zwischen Resultaten des Denkens in verschiedenen Bereichen unter den Teppich gekehrt werden.[32]

Man kann dem Verfechter des „nachmetaphysischen Denkens" daher mit einigem Recht eine willkürliche Einschränkung des Vernunftgebrauchs bescheinigen, wie sie im philosophischen Denken jedenfalls ungewöhnlich ist. Sie mag durchaus in „pragmatischer Absicht" erfolgt sein, wie vieles, was wir von diesem Denker gewohnt sind. Sie dient vielleicht der Befriedigung durchaus verständlicher menschlicher Bedürfnisse. Aber sie steht nicht im Einklang mit einem kritischen Denken, das auf die Lösung zentraler philosophischer Probleme gerichtet ist. Gegen einen kritischen Realismus, der die Resultate der Wissenschaften als Beiträge zur Erfassung wirklicher Zusammenhänge deutet und sie zur Kritik überlieferter Wissensformen und zur Verbesserung unseres

Weltbildes verwertet, ist bei Habermas wie bisher kein schlüssiges Argument zu finden. Er verzichtet in seiner Philosophie ohne jede Not auf eine zentrale philosophische Aufgabe und glaubt damit einem Konflikt zwischen Wissenschaft und Religion aus dem Weg gehen zu können, der sich legitimerweise daraus ergeben kann, dass die Erkenntnisansprüche, die in beiden Bereichen erhoben werden, einander widersprechen können.

Dass im Rahmen des theologischen Denkens selbst immer wieder Probleme aufgetaucht sind, die damit zusammenhängen, dass Glaubenswahrheiten durch Forschungsergebnisse der Realwissenschaften – zum Beispiel durch Resultate historischer Untersuchungen – in Frage gestellt wurden, muss nach dieser Auffassung wohl auf Missverständnissen beruhen. Offenbar war zum Beispiel Albert Schweitzer nicht in der Lage zu erkennen, dass die Resultate seiner Forschungen für seinen religiösen Glauben irrelevant waren. Er hatte, um es mit Wittgenstein zu sagen, unglücklicherweise zwei eigentlich inkommensurable Sprachspiele miteinander vermengt, indem er als Theologe ernst nahm, was sich aus seiner historischen Forschung ergeben hatte.[33] Hätte er das „nachmetaphysische Denken" gekannt, so hätte er sich die Habermas'sche Grenzziehung zunutze machen können. Allerdings hätte er dann seine kritische Einstellung gegen die Illusion eingetauscht, man könne durch geeignete hermeneutische Setzungen der Metaphysik entkommen.

Wer sich nicht bereit findet, die willkürlichen Grenzziehungen und die damit verbundenen Kompetenzregelungen zu honorieren, die uns von theologischer Seite und von einem philosophischen Ansatz zugemutet werden, der einer pragmatisch motivierten Beschränkung des Vernunftgebrauchs das Wort redet, darf, so meine ich, die Konsequenz ziehen, dass die Religionskritik der Aufklärung keineswegs überholt ist. Nur eine korrupte Hermeneutik, also eine Konzeption, die die Suche nach Wahrheit dem Streben nach Konsens opfert, konnte einen anderen Eindruck erwecken. Dass Habermas sich den Theologen, die eine solche Hermeneutik praktizieren, nun zugesellt hat, wird niemanden überraschen, der die Dominanz des Konsensmotivs in seinem Denken zur Kenntnis genommen hat.

NOTES

[1] Vgl. dazu Hermann Lübbe, Religion nach der Aufklärung, Graz/Wien/Köln 1986, S. 10 f.

[2] Vgl. dazu Gilles Kepel, Die Rache Gottes. Radikale Moslems, Christen und Juden auf dem Vormarsch, München/Zürich 1991, S. 21 f.

[3] Vgl. dazu meine Kritik an Schleiermachers Idee der reinen Religion in meinem Buch: Kritischer Rationalismus. Vier Kapitel zur Kritik illusionären Denkens, Tübingen 2000, S. 146-160.

[4] Vgl. dazu Alexandre Koyre, Von der geschlossenen Welt zum unendlichen Universum, Frankfurt 1969; sowie Harro Heuser, Der Physiker Gottes. Isaak Newton oder die Revolution des Denkens, Freiburg/Basel/Wien 2005.

[5] Vgl. dazu Wolfgang Röd, Der Gott der reinen Vernunft. Die Auseinandersetzung um den ontologischen Gottesbeweis von Anselm bis Hegel, München 1992.

[6] Vgl. dazu Johannes Weiß, Die Predigt Jesu vom Reiche Gottes (1892), 3. Auflage, Göttingen 1954, und Albert Schweitzer, Geschichte der Leben-Jesu-Forschung (1906), 6. Auflage, Tübingen 1951, dazu Helmut Groos, Albert Schweitzer. Größe und Grenzen, München/Basel 1974, S. 116-266.

[7] Vgl. dazu Rudolf Bultmann, Neues Testament und Mythologie. Das Problem der Entmythologisierung der neutestamentlichen Verkündigung, in: Hans Werner Bartsch (Hg.), Kerygma und Mythos. Ein theologisches Gespräch, Hamburg-Volksdorf 1951, S. 15-48.

[8] Vgl. dazu mein Buch: Traktat über kritische Vernunft (1968), 5. Auflage 1991, S. 129-137.

[9] Vgl. dazu Walter Künneth in: Ernst Fuchs/Walter Künneth, Die Auferstehung Jesu von den Toten. Dokumentation eines Streitgesprächs, herausgegeben von Christian Möller, Neukirchen-Vluyn 1973.

[10] Vgl. dazu das V. Kapitel: Theologie und Weltauffassung. Die Ansprüche des theologischen Denkens und das moderne Weltbild, in meinem Buch: Die Wissenschaft und die Fehlbarkeit der Vernunft, Tübingen 1982, S. 103-108.

[11] Vgl. Pierre Duhem, Physics of a Believer (1905), in seinem Buch: The Aim and Structure of Physical Theory (1914), Princeton 1954, S. 273-311.

[12] Vgl. dazu Joseph Ratzinger, Einführung in das Christentum. Vorlesungen über das Apostolische Glaubensbekenntnis, München 1968.

[13] Vgl. dazu und zum Folgenden meinen Aufsatz: Joseph Ratzingers Apologie des Christentums. Bibeldeutung auf das Basis einer spiritualistischen Metaphysik, Zeitschrift für Religions- und Geistesgeschichte.

[14] Vgl. dazu mein Buch: Kritik der reinen Erkenntnislehre. Das Erkenntnisproblem in realistischer Perspektive, Tübingen 1987, S. 148-157.

[15] Vgl. meinen oben in Anm. 13 erwähnten Aufsatz, in dem ich mich bemüht habe, die nicht immer besonders klaren, mitunter sogar konfusen Ausführungen Ratzingers verständlich zu machen.

[16] Vgl. dazu Helmut Groos, Christlicher Glaube und intellektuelles Gewissen. Christentumskritik am Ende des zweiten Jahrtausends, Tübingen 1987, wo eine ausführliche und sorgfältige Auseinandersetzung dieser Art zu finden ist, in der die vielen Aporien des christlichen Denkens aufgedeckt werden.

[17] Vgl. dazu Gerhard Streminger, Gottes Güte und die Übel der Welt. Das Theodizeeproblem, Tübingen 1962, und Norbert Hoerster, Die Frage nach Gott, München 2005.

[18] Vgl. Hans Küng, Christ sein, München/Zürich 1974, Existiert Gott? Antwort auf die Gottesfrage der Neuzeit, München/Zürich 1978, und Ewiges Leben?, München/Zürich 1982.

[19] Vgl. Hans Küng, Der Anfang aller Dinge. Naturwissenschaft und Religion, München/Zürich 2005.

[20] Vgl. mein Buch: Das Elend der Theologie. Kritische Auseinandersetzung mit Hans Küng, Hamburg 1979, 2. erweiterte Auflage, Aschaffenburg 2005. Eine Kritik, die der Küng'schen Behandlung der Gottesproblematik die gleichen Mängel bescheinigt wie die meine, enthält das Buch von J. L. Mackie, Das Wunder des Theismus. Argumente für und gegen die Existenz Gottes, Stuttgart 1985, S. 380-397 und passim.

[21] Für eine Kritik des Alternativradikalismus vgl. mein Buch: Traktat über kritische Vernunft, a.a.O., S. 21 ff. und passim.

[22] Vgl. Hans Küng, Der Anfang aller Dinge, a.a.O., S. 16.

[23] Die Idee einer solchen Inkommensurabilität findet sich schon bei Kant, dem wir eine noch heute einflussreiche Unterscheidung von Glaube und Wissen verdanken.

[24] Für eine Kritik des Küng'schen Unternehmens vgl. meinen Aufsatz: Hans Küngs Rettung des christlichen Glaubens. Ein Missbrauch der Vernunft im Dienste menschlicher Wünsche, Aufklärung und Kritik 13 (2006), S. 7-39.

[25] Karl Popper selbst hat meiner Kritik in der ersten Auflage meines Buches „Das Elend der Theologie" ausdrücklich zugestimmt, vgl. dazu Martin Morgenstern/Robert Zimmer (Hg.), Hans Albert/Karl R. Popper. Briefwechsel, Frankfurt 2005, S. 248.

[26] Vgl. dazu Jürgen Habermas, Zwischen Naturalismus und Religion. Philosophische Aufsätze, Frankfurt am Main 2005.

[27] Vgl. Habermas, a.a.O., S. 35 f. Dazu: Erwin Tegtmeier, Pragmatismus und Realismus. Eine Kritik an der Erkenntnistheorie Hilary Putnams, und Alan Musgrave, Putnams modelltheoretisches Argument gegen den Realismus, in: Volker Gadenne (Hg.), Kritischer Rationalismus und Pragmatismus, Amsterdam/Atlanta 1998, und Richard Schantz, Wahrheit, Referenz und Realismus. Eine Studie zur Sprachphilosophie und Metaphysik, Berlin/New York 1996.

[28] Vgl. Habermas, a.a.O., S. 77; unnötigerweise deshalb, weil es tatsächlich ein Denken gibt, ohne dass dabei die Sprache involviert ist, vgl. dazu meinen Beitrag: Zur Erkenntnisproblematik nach Darwin, in: Wolfgang Buschlinger/Christoph Lütge (Hg.), Kaltblütig. Philosophie von einem rationalen Standpunkt, Stuttgart/Leipzig 2003, S. 238.

[29] Vgl. dazu und zum Folgenden Habermas, a.a.O., S. 141-150.

[30] Das Buch von J. L. Mackie, Das Wunder des Theismus, enthält nach üblicher Einschätzung wohl eine philosophische Untersuchung.

[31] Vgl. dazu William James, Die Vielfalt religiöser Erfahrung. Eine Studie über die menschliche Natur, Olten/Freiburg 1979; Georg Simmel, Gesammelte Schriften zur Religionssoziologie, herausgegeben von Horst Jürgen Helle, Berlin 1989; Walter Kaufmann, Religion und Philosophie, München 1966; und Wayne Proudfoot, Religious Experience, Berkeley/Los Angeles/London 1984.

[32] Abgrenzungen zwischen Disziplinen sind Tatbestände der wissenschaftlichen Arbeitsteilung, die sich bekanntlich als Hindernisse für den Erkenntnisfortschritt erweisen können, vgl. dazu meinen Aufsatz: Der methodologische Revisionismus und die Abgrenzungsproblematik, in: Dariusz Aleksandrowicz/Hans Günther Ruß (Hg.), Realismus – Disziplin – Interdisziplinarität, Amsterdam/Atlanta 2001, S. 111-130.

[33] Albert Schweitzer hatte Philosophie, Theologie und Medizin studiert, und er war offenbar nicht bereit, diese Disziplinen so sauber auseinanderzuhalten, wie es dem „nachmetaphysischen" Denken zufolge eigentlich nötig gewesen wäre.

ZUM DIALOG ZWISCHEN JOSEPH RATZINGER UND JÜRGEN HABERMAS

EIN KRITISCHER KOMMENTAR

Dass sich Joseph Ratzinger und Jürgen Habermas zu einem Dialog bereitgefunden haben, ist eine Tatsache, die verständlicherweise großes Aufsehen erregt hat. Das Gespräch zwischen dem damaligen Chef der Glaubenskongregation der katholischen Kirche und dem Vertreter der Frankfurter Schule hat, wie man sich denken kann, „weltweite Aufmerksamkeit" gefunden.[1] Beide Gesprächspartner berufen sich in diesem Dialog auf die Vernunft und beide treten, wie wir sehen werden, für Beschränkungen des Vernunftgebrauchs ein, die geeignet sind, den religiösen Glauben gegen mögliche Kritik zu schützen.

Dass der katholische Theologe für solche Beschränkungen eintritt, ist nicht überraschend. Es gehört zur Tradition der Kirche, in der er vom polnischen Papst zum Hüter des Glaubens ernannt wurde. Dass ein Philosoph, der seinem eigenen Anspruch nach der Tradition der Aufklärung zuzurechnen ist, in dieser Hinsicht dem Theologen zustimmt, ist zumindest ungewöhnlich. Allerdings hatte sich schon einige Jahre vorher eine Wende im Habermas'schen Denken angedeutet, die die positive Einstellung zu den Thesen seines Gesprächspartners verständlich erscheinen lässt. Er hatte nämlich in seiner Rede in der Paulskirche im Herbst 2001 von den „Sinnressourcen" der Religion gesprochen und von der säkularen Gesellschaft ein neues Verständnis von religiösen Überzeugungen gefordert, die nicht nur Relikte einer abgeschlossenen Vergangenheit seien, sondern eine kognitive Herausforderung für die Philosophie darstellten.

Um das, was Habermas und Ratzinger mit ihrem Dialog erreichen wollten und was sie damit erreicht haben, beurteilen zu können, ist es meines Erachtens notwendig, auf die philosophischen Auffassungen der beiden Dialogpartner einzugehen, die in ihrem Gespräch nur unvollkommen zum Ausdruck kamen. Ich werde mich zunächst mit der Theologie und Philosophie des heutigen Papstes beschäftigen,[2] um später auf die Habermas'schen Auffassungen zurückzukommen.

Ratzinger ist sich darüber klar, dass der christliche Glaube nicht ohne metaphysische Grundlage auskommen kann.³ In seinen Vorlesungen über das apostolische Glaubensbekenntnis liefert er uns eine Deutung dieses Glaubens auf biblischer Grundlage und skizziert eine spiritualistische Metaphysik, die seine Deutung plausibel machen soll. Er geht in diesem Zusammenhang auch auf die Naturwissenschaften ein und bietet uns eine positivistische Deutung dieser Wissenschaften an. Er unterscheidet zwischen Glauben und Wissen, charakterisiert das Wissen als „Machbarkeitswissen" und weist den Glauben dem Bereich der Grundentscheidungen zu. Es handele sich dabei um „die nicht auf Wissen reduzierbare, dem Wissen inkommensurable Form des Standfassens des Menschen im Ganzen der Wirklichkeit, die Sinngebung, ohne die das Ganze des Menschen ortlos bliebe, die dem Rechnen und Handeln des Menschen vorausliegt und ohne die er letztlich auch nicht rechnen und handeln könnte, weil er es nur kann im Ort eines Sinnes, der uns trägt.⁴ Sinn aber sei „nicht abkünftig von Wissen", und ihn auf diese Weise herstellen zu wollen, „entspräche dem absurden Versuch Münchhausens, sich selbst aus dem Sumpf ziehen zu wollen". Diese Pasage erinnert mich an das Münchhausen-Trilemma, das ich benutzt habe, um die Forderung nach sicherer Begründung ad absurdum zu führen.⁵ Was dann folgt, zeigt, dass Ratzinger das Begründungsproblem, das ich behandelt habe, offenbar nicht ernst zu nehmen bereit ist.

Der Unterschied zwischen Glaube und Wissen wird von ihm in folgender Weise erläutert. Gott sei, so meint er, „der für den Menschen wesentlich Unsichtbare",⁶ und christlicher Glaube sei „das Bekenntnis zum Primat des Unsichtbaren als des eigentlich Wirklichen". Das wissenschaftliche Wissen dagegen wird von Ratzinger als notwendigerweise „positivistisch" gedeutet, als auf das „Sichtbare", das „Erscheinende", das „Gegebene", das „Messbare" beschränkt. Eine realistische Deutung, die nicht unter solchen Beschränkungen leidet, wird von ihm nicht in Betracht gezogen. Seine Deutung ist aber schon deshalb irreführend, weil zum Beispiel Kräfte wie die „Schwerkraft" und vieles andere, was in den Realwissenschaften vorkommt, unsichtbar ist, obwohl natürlich ihre Wirkungen beobachtet werden können.⁷ Und andererseits dürfte auch der christliche Gott nur für den Gläubigen erkennbar sein, wenn er in irgendeiner Weise in „Erscheinung" tritt, durch „Offenbarungen" oder andere religiöse Erlebnisse. Der „tiefste Grundzug des christlichen Glaubens", so sagt er dann, sei „sein personaler Charakter". Er sei „Begegnung mit dem Menschen Jesus", der der „Zeuge Gottes" sei und darüber hinaus „die Anwesenheit des Ewigen selbst in dieser Welt".

Es sind zwei Fragen, die Ratzinger nun beantworten müsste, die Frage, ob es den Gott gibt, der in seiner Metaphysik eine zentrale Rolle spielt, und ob seine Auffassungen über Jesus zutreffen. Diesen Fragen wendet er sich nun zu. Zunächst macht er den Versuch, das Gottesproblem auf biblischer Grundlage zu lösen. Er macht darauf aufmerksam, dass der christliche Glaube, für den er optiert habe, den Gott der Philosophen „folgerichtig als den Gott erklärte, zu dem man beten kann und der zum Menschen spricht".[8] Er habe diesem Gott dadurch eine völlig neue Bedeutung gegeben. Er erscheine uns nämlich nun „als der Menschen Gott, der nicht nur Denken des Denkens, ewige Mathematik des Weltalls, sondern Agape, Macht, schöpferische Liebe" sei. Der „Gott des Glaubens" sei „als Denken Lieben", worin sich „die Uridentität von Wahrheit und Liebe" zeige. Dass dies dem Gläubigen sympathisch ist, weil es seinen Wünschen entgegenkommt, kann man verstehen.

Dann stellt er die Frage, was das Bekenntnis zu Gott heute bedeutet. Das, was er dem Leser vermitteln will, ist wohl die These,[9] dass der Schöpfergott durch sein Denken die Welt erschaffen hat, die infolgedessen eine gedankliche Struktur hat. Daher seien wir in der Lage, sie durch unser Nachdenken zu erfassen. Er weist dann darauf hin, dass wir Einstein die Erkenntnis der mathematischen Struktur des Seins verdanken, eine Einsicht, die dieser offenbar doch mit den Methoden der Wissenschaft erreicht hatte.

Seine frühere Behauptung, dass die Wissenschaft keinen Zugang zur „Wahrheit des Seins" habe, weil sie methodisch bedingten Beschränkungen unterliege, müsste er nun eigentlich zurückziehen. Statt dessen bemüht er sich, das Resultat der wissenschaftlichen Forschung, um das es hier geht, in seiner spiritualistischen Metaphysik unterzubringen. Auch in einer späteren Arbeit bescheinigt er den Wissenschaften wieder eine „Selbstbeschränkung der Vernunft".[10] Seine spiritualistische Metaphysik verleitet ihn dazu, den Gesetzen, von denen in den Wissenschaften die Rede ist, „geistigen" Charakter zuzuschreiben, weil sie mit Hilfe mathematischer Aussagen beschrieben werden. Aber die Tatsache, dass der Mensch in der Lage ist, solche Aussagen zu verstehen, macht diese Gesetze keineswegs zu „geistigen" Tatbeständen.

In seiner Einführung in das Christentum fasst Ratzinger seine bisherigen Betrachtungen zum Gottesproblem in folgender Weise zusammen: „Welt" sei, so meint er, „objektiver Geist", sie begegne uns „in einer geistigen Struktur", biete sich also „unserem Geist als nachdenkbar und verstehbar an". Der Gottesglaube drücke „die Überzeugung aus, dass objektiver Geist Ergebnis subjektiven Geistes" sei und „überhaupt nur als dessen Deklinationsform bestehen" könne, „dass – anders ausgedrückt – Gedachtsein nicht ohne Denken möglich" sei. Wie man sieht, hat dieser Glaube hier zentrale Bedeutung, denn dass die Struktur der Welt durch Denken erfassbar, also „denkbar" ist, hat noch keineswegs die Konsequenz, dass sie in dem hier unterstellten Sinne „gedacht", also durch das Denken eines subjektiven Geistes geschaffen wurde. Das aber ist die These, um die es hier geht.

Dann folgt wieder eine Argumentation, angesichts derer man sich fragt, warum Ratzinger darauf angewiesen ist, einen relativ schlichten Gedanken in derartig konfuser Weise auszudrücken.[11] Bisher konnte man annehmen, Gott als Person habe durch sein Denken die Welt erschaffen, und nun wird diese Person selbst als Gedanke charakterisiert, dazu noch als Gedanke, dessen Gedachtsein die Welt darstelle. Wer diesen Ratzinger'schen Gedanken nachvollzieht, wird die Frage stellen, wer denn wohl diesen Gedanken gedacht haben mag. Hat sich Gott gewissermaßen durch sein Denken selbst geschaffen, ist er also eine causa sui?[12] Aber das kann wieder nicht sein, denn nach Ratzinger ist sein Gedachtsein ja die Welt. Will man diesen Unsinn vermeiden, dann bleibt die Idee übrig, dass Gott durch sein Denken die Welt erschaffen hat. Aber natürlich könnte man dann weiter fragen, wer Gott erschaffen hat, denn seine Existenz ist ja keineswegs selbstverständlich. Schließlich kommt Ratzinger zu der Konsequenz, „dass man die Welt nur als unbegreifliche begreifen" könne, und weist auf das „dunkle Geheimnis des Dämonischen" hin, das uns in der Welt begegne. Damit geht er auf einen Tatbestand ein, mit dem das Theodizeeproblem verbunden ist, allerdings ohne dass er auf dieses Problem hinweist.

Auf diesen Tatbestand geht er dann später auch in seinem Jesusbuch ein, wo er unter anderem die christliche Dämonologie und den exorzistischen. Charakter des Christentums behandelt.[13] Ohne den Teufel, die Dämonen und die Hölle kommt die katholische Theologie nicht aus. Diese Wesenheiten gehören weiter zur katholischen Ontologie, aber natürlich auch zur Ontologie anderer christlicher Konfessionen.

Moderne evangelische Theologen pflegen das dämonologische Erbe des Christentums weniger stark zu betonen. Es scheint ihnen eher peinlich zu sein, was ich durchaus verstehen kann. Und an Teufelsaustreibungen sind sie nicht interessiert. Was den Exorzismus angeht, so setzt er jedenfalls die Existenz von Dämonen voraus. Dass der allmächtige Gott es dem Teufel gestattet, die Menschen in Versuchung zu führen, und dass er überhaupt dämonischen Mächten einen Spielraum gibt, in dem sie sich bewegen können, ist im Zusammenhang mit dem Theodizeeproblem zu sehen. Ratzinger spricht zwar von der „Entmächtigung" dämonischer Gewalten, aber diese hat, wie man seinem Text entnehmen kann, ihre Grenzen.

Das Theodizeeproblem ist bekanntlich ein zentrales Problem für den christlichen Gottesglauben und man hätte erwarten können, dass Ratzinger einen Versuch unternimmt, dieses Problem zu lösen. Ein solcher Versuch ist bei ihm nicht zu finden. Er geht zwar auf dieses Problem ein, aber nur, um das

Bedürfnis nach einer Antwort als unangemessen zurückzuweisen und Denker, die dieses Problem ernst nehmen, moralisch zu diffamieren.[14]

Er wendet sich nun dem Glauben an die Trinität zu, der bekanntlich dem Denken besondere Schwierigkeiten bereitet. Er stellt die Frage, was eigentlich mit dem Bekenntnis zum dreieinigen Gott gemeint sei. Um diese Frage zu beantworten, liefert er uns eine Deutung der Beziehung zwischen Gott und Jesus, die angeblich „eine eigentümliche Paradoxie" involviert, die er sich dann durch einen überaus merkwürdigen Umgang mit dem Gottesbegriff aufzulösen bemüht. Ich erspare dem Leser den bizarren Gedankengang unseres Autors[15] und beschränke mich darauf, die Konsequenz zu erwähnen, die er schließlich zieht. Er stellt nämlich fest, „dass jeder Versuch, Gott in den Begriff unseres Begreifens zu nehmen, ins Absurde hineinführt". Das ist in der Tat ein bemerkenswertes Zugeständnis eines Theologen, der den Anspruch macht, seine Wirklichkeitsauffassung sei konkurrierenden Auffassungen vorzuziehen, denn der Gottesbegriff spielt in dieser Auffassung eine zentrale Rolle. Man muss sich wohl damit zufriedengeben, dass Gott alle Begriffe sprengt und daher unbegreiflich ist. Die Information, dass Gott alle Begriffe sprengt, ist übrigens auch bei Hans Küng, dem kirchlicher Widersacher Ratzingers, zu finden.[16]

Mit dem zweiten Hauptstück des christlichen Glaubens, dem Bekenntnis zu Jesus Christus, geraten wir, wie Ratzinger mit Recht feststellt, zum eigentlichen Anstoß des Christlichen.[17] Dadurch, dass der Glaube sich hier mit historischen Ereignissen befasst und auf schriftliche Quellen zurückzugreifen genötigt ist, entsteht seiner Auffassung nach ein Dilemma, das sich in die Alternative zusammenfassen lasse: „Jesus oder Christus?", wobei Jesus „als der historisch Greifbare" zu verstehen sei. Die „eigentliche Aussage des Glaubens" sei, so meint Ratzinger nun, „dass bei Jesus Amt und Person nicht zu unterscheiden seien". Er geht dann auf Resultate der historischen Forschung ein und liefert uns eine Karikatur der Leben-Jesu-Forschung, um damit sein Urteil plausibel zu machen; das, was er da skizziert hat, sei für den historisch Denkenden „ein absurdes Gemälde". Er selbst sei, so sagt er, von seinem Umgang mit der Geschichte her „lieber und leichter zu glauben imstande..., dass Gott Mensch wird, als dass ein solches Hypothesen-Konglomerat zutrifft".

Damit hat er sich natürlich die Auseinandersetzung mit einer ganzen Reihe von Theologen und Philosophen erspart, denen wir differenziertere Untersuchungen über sein Thema verdanken.[18] Davon, dass sich Jesus in einem zentralen Punkt seines Glaubens offenbar nach allem, was wir wissen, in einem fundamentalen Irrtum befunden hat, ist bei ihm nicht die Rede. Es handelt sich darum, dass Jesus glaubte, das Reich Gottes stehe unmittelbar bevor, eine These, die auf Johannes Weiß und Albert Schweitzer zurückgeht.[19] Die Bedeutung der eschatologischen Deutung der Botschaft des Neuen Testaments für die Beurteilung der Wahrheit des Glaubens kommt bei Ratzinger überhaupt nicht vor. Dass er sie nicht berücksichtigt hat, macht seine Behandlung der christologischen Problematik zu einem unglaubwürdigen Unternehmen.

Im Rahmen seiner Beschäftigung mit der Problematik der Gottessohnschaft geht Ratzinger auch auf den Kreuzestod Jesu ein und sagt, das Kreuz sei ein „Ausdruck für die Radikalität einer Liebe, die sich gänzlich gibt… für ein Sein, das ganz Sein für die Anderen ist". Auf die Frage, ob diese Auffassung auch dem Selbstverständnis Jesu entsprochen hat, geht er nicht ein. Das ist aber keineswegs selbstverständlich, sondern eher unwahrscheinlich.[20] Darüber hinaus wäre die Frage zu beantworten, inwiefern der allmächtige und barmherzige Gott darauf angewiesen war, seinen Sohn einen derart grausamen Tod sterben zu lassen. Dass Gott das Ziel der Erlösung, das in seinem Heilsplan vorgesehen ist, auch ohne den Umweg über diesen Kreuzestod hätte bewirken können, ist offenbar ein Gedanke, der einem gläubigen Christen nicht in den Sinn kommt. Diese Kritik trifft allerdings nicht nur Ratzingers Auffassungen, sondern auch die der anderen christlichen Theologen. Ich erspare es mir, auf die Erörterungen über die Auferstehung, über den Himmel, die Hölle und das letzte Gericht einzugehen, die sich daran anschließen.[21]

Damit schließe ich meine Darstellung der Ratzinger'schen Auffassungen ab und wende mich der Frage zu, wie sein Anspruch zu beurteilen ist, die moderne wissenschaftliche Weltauffassung auf der Basis seiner spiritualistischen Metaphysik überwunden zu haben. Kann er mit Hilfe der Annahme, dass der von ihm postulierte Gott existiert, die wirklichen Zusammenhänge und unsere Erfahrungen besser erklären, als das mit Hilfe der Resultate wissenschaftlicher Forschungen möglich ist?

Die Argumentation, mit deren Hilfe er uns den dreieinigen Gott plausibel machen möchte, ist gänzlich misslungen. Seine Bemühungen, zu einem brauchbaren Gottesbegriff zu kommen, zeichnen sich durch eine Konfusion aus, die umso fataler ist, als dieser Begriff zentrale Bedeutung für seine Auffassung hat, denn auf die Annahme der Existenz dieses Gottes gründet sich sein Erklärungsanspruch. Geradezu skandalös ist aber die Tatsache, dass es Ratzinger versäumt hat, das Theodizeeproblem zu behandeln, das für die christliche Gottesvorstellung schwerwiegende Konsequenzen hat. Wer keine Lösung für dieses Problem hat, müsste wohl auch den Anspruch aufgeben, eine Antwort auf die Frage nach dem Sinn des Lebens geben zu können.[22]

Damit komme ich zu den Auffassungen von Jürgen Habermas, dem Gesprächspartner Ratzingers. Vor längerer Zeit hatte Habermas zusammen mit Karl-Otto Apel eine philosophische Auffassung entwickelt, die als eine Transformation der Scheler'schen Lehre von den Wissensformen anzusehen ist. Diese Auffassung war mit der Idee der Letztbegründung verbunden, die schon Husserl vertreten hatte. Er ist dann im Gegensatz zu Apel von dieser Idee abgerückt. Und schließlich ist er zu einer Auffassung übergegangen, die er selbst als „nachmetaphysisches Denken" bezeichnet. In „der Gestalt des nachmetaphysischen Denkens", so stellte er fest, halte die Philosophie „von bloßer Weltbildproduktion Abstand".[23]

Die Habermas'sche These bezieht sich zunächst nur auf die Philosophie in der Gestalt des „nachmetaphysischen Denkens", also auf die Habermas'sche Selbstdeutung seiner Philosophie. Andere zeitgenössische Philosophen sind im Gegensatz zu Habermas noch immer damit beschäftigt, „Weltbilder" oder „Weltanschauungen" zu produzieren, nämlich Auffassungen der Wirklichkeit, die mit einem Wahrheitsanspruch verbunden sind. Was das Habermas'sche „nachmetaphysische Denken" angeht, so ist es aber, wie ich meine, nichts anderes als eine metaphysische Konzeption, und zwar, wie sich bei näherer Betrachtung herausstellt, ein metaphysischer Dualismus, der im Gegensatz zu anderen metaphysischen Auffassungen steht, nämlich zum Beispiel dem metaphysischen Naturalismus, der von vielen anderen Philosophen heute vertreten wird.[24]

Dieser Dualismus ist, wie mir scheint, im Wesentlichen darauf zurückzuführen, dass Habermas in einer bestimmten Weise auf den transzendentalen Idealismus Kants zurückgreift,[25] in dem er den „Vorgriff auf die Differenz zwischen Lebenswelt und objektiver Welt" entdeckt. Allerdings mussten, wie er meint, „die Engpässe des mentalistischen Paradigmas erst überwunden werden, bevor hinter der Fassade des transzendental begriffenen subjektiven Geistes die Lebenswelt entdeckt werden konnte".

Soweit ich sehe, will Habermas auf diese Weise den Unterschied zwischen der für die Naturwissenschaften charakteristischen Denkweise und dem hermeneutischen Denken als Resultat einer geistesgeschichtlichen Entwicklung erweisen, die in den Dualismus des „nachmetaphysischen Denkens" führt, den er heute vertritt. „Während sich die Naturwissenschaften der Idee unparteilicher Beurteilung auf dem Wege der Eliminierung lebensweltlicher Qualitäten der Alltags weit nähern und contraintuitives Wissen produzieren", so sagt er dann, „können die Geistes- und Sozialwissenschaften dasselbe Ziel nur auf dem Wege der hermeneutischen Vergewisserung und vertiefenden Reproduktion von lebensweltlichen Umgangserfahrungen und Praktiken anstreben". Damit wiederholt er eine Auffassung über die Geistes-und Sozialwissenschaften, die ich seinerzeit einer durchschlagenden Kritik unterzogen habe, auf die er, soweit ich sehe, nie eingegangen ist. Ich habe gezeigt, dass die Praxis dieser Wissenschaften durchaus naturalistisch verstanden werden kann und das Modell kommunikativen Handelns, das Habermas damit verbindet, unhaltbar ist.[26]

Habermas stellt dann die Frage, wie sich „die transzendentale Grundeinsicht in die normative Verfassung und den gesetzgebenden Charakter des menschlichen Geistes gegen die empirischen Evidenzen der geschichtlichen Vielfalt soziokultureller Lebensformen verteidigen lässt". Diese „Grundeinsicht" möchte er offenbar nicht aufgeben. Damit knüpft er an die Kant'sche Idee der konstitutiven Funktion der Vernunft und damit an den erkenntnistheoretischen Antirealismus des Kant'schen Denkens an, der sich als inakzeptabel erwiesen hat.[27] Die „kommunikationstheoretische Fassung von Husserls Konzept der Lebenswelt" erlaubt, wie Habermas dann feststellt, eine „Detranszendentalisierung der leistenden Subjektivität, ohne diese ihrer welterzeugenden Spontaneität zu berauben". Diese Fassung verdanken wir bekanntlich Jürgen Habermas, der in dieser Formulierung den idealistischen Charakter seines Denkens offenbart.

Mit seinem „nachmetaphysischen Denken" vertritt Habermas demnach offenbar eine idealistische Metaphysik, wie das auch andere moderne Konstruktivisten tun. Es ist nicht uninteressant, dass er ebenso wie seinerzeit die logischen Positivisten des „Wiener Kreises" nicht wahr haben will, dass er eine metaphysische Auffassung vertritt.[28]

Seine weitere Argumentation zeigt darüber hinaus, dass er einen metaphysischen Dualismus vertritt. Wir seien, so meint er nämlich, mit einem „semantisch unüberbrückbaren epistemischen Dualismus, d.h. mit einem gespaltenen Bild von der objektiven Welt konfrontiert. Das humanwissenschaftliche Vokabular" lasse „sich nicht an das naturwissenschaftliche anschließen. Aussagen des einen Vokabulars" ließen „sich nicht in Aussagen des anderen übersetzen". Das Problem, das Habermas hier sieht, entsteht aber nur dadurch, dass er offenbar in seiner Betrachtung eine Naturwissenschaft vergessen hat, deren Berücksichtigung ihm geholfen hätte, seine dualistische Auflassung zu überwinden, nämlich die Biologie. Alle von ihm erwähnten lebensweltlichen Qualitäten kommen nämlich im biologischen Denken und in der biologischen Forschung vor.[29] Die durch Darwin begründeten biologischen Auffassungen sind seit einiger Zeit dabei, die Humanwissenschaften zu revolutionieren. Dass sie auch epistemologische Bedeutung haben, zeigt die evolutionäre Erkenntnistheorie.[30] Was Habermas die „Lebenswelt" nennt, ist der natürliche Gegenstand von biologisch fundierten Untersuchungen. Auch die kulturelle Evolution hat letzten Endes biologische Grundlagen. Damit erweist sich der epistemische Dualismus, den Habermas als unüberbrückbar charakterisiert, als Resultat einer Betrachtung, in der die Bedeutung einer der wichtigsten Naturwissenschaften für unsere Wirklichkeitsauffassung übersehen wird.

Er stellt dann die Frage, wie sich „die weltentwerfenden Praktiken selber noch als in der Welt Vorkommendes denken" lassen. „Weil sich die entworfenen Wahrheitsmöglichkeiten nur an einem uns kontingent widerfahrenden Geschehen bewähren können", so meint er weiter, „müssen wir von einer Art Wechselwirkung zwischen unseren Praktiken und diesem Geschehen selbst ausgehen". Dieser Gedanke scheint ihm Schwierigkeiten zu bereiten.

Schon in dieser Art der Fragestellung kommt wieder der idealistische Charakter seines Denkens zum Vorschein. Er spricht von „weltentwerfenden" Praktiken, wo es sich de facto um Praktiken des Entwurfs von Auffassungen über die Welt handelt. Dass sich solche Entwürfe als etwas in der Welt Vorkommendes denken lassen, ist unter realistischen Voraussetzungen selbstverständlich. Und dass diese Praktiken in Wechselwirkung mit dem Geschehen stehen und sich daran bewähren müssen, versteht sich unter diesen Voraussetzungen ebenso von selbst. Nur die idealistische Metaphysik unseres „nachmetaphysischen" Denkers lässt diese Zusammenhänge als seltsam erscheinen.

Das „nachmetaphysische Denken" von Jürgen Habermas ist also in Wirklichkeit eine metaphysische Konzeption, und zwar ein metaphysischer Dualismus und darüber hinaus eine moderne Version des Idealismus. Was den idealistischen Charakter der Habermaschen Konzeption angeht, so ist er schon in den Arbeiten zu finden, die aus der Zeit seiner engen Zusammenarbeit mit Karl-Otto Apel stammen. Der Dualismus, den er in seinem Essener Vortrag vertritt, geht, wie schon erwähnt, auf die Art seines Rückgriffs auf die Kant'sche Ideenlehre zurück. Er ist offenbar nicht imstande, die Probleme zu lösen, die er sich damit eingehandelt hat. Mit seinem „nachmetaphysischen Denken" ist er nicht besser gefahren als mit seinen früheren philosophischen Bemühungen. Die Produkte dieses Denkens leiden unter denselben Schwächen wie diese Bemühungen. Das hängt damit zusammen, dass er die Kritik an seinen früheren Versuchen nicht ernst genommen hat.

Damit komme ich zurück zu dem Dialog zwischen Jürgen Habermas und Joseph Ratzinger. Es war ein Dialog zwischen zwei Personen, die offenbar unterschiedliche philosophische Auffassungen vertreten. Ratzinger deutet, wie wir gesehen haben, seinen religiösen Glauben im Rahmen einer spiritualistischen Metaphysik. Habermas vertritt, wie ich gezeigt habe, tatsächlich eine dualistische Metaphysik idealistischer Prägung. Da die Auffassungen der beiden Gesprächspartner miteinander unvereinbar sind, hätte man erwarten können, dass es zu einem philosophischen Streitgespräch zwischen ihnen kommt.

Der Dialog, zwischen den beiden hatte aber, wie wir sehen werden, einen völlig anderen Charakter.

In seinem Referat machte Habermas den Vorschlag, „die kulturelle und gesellschaftliche Säkularisierung als einen doppelten Lernprozess zu verstehen, der die Traditionen der Aufklärung ebenso wie die religiösen Lehren zur Reflexion auf ihre jeweiligen Grenzen nötigt".[31] Was „das Phänomen des Fortbestehens von Religion in einer sich weiterhin säkularisierenden Umgebung" angehe, so möchte er es „nicht als bloße soziale Tatsache ins Spiel bringen". Die Philosophie müsse dieses Phänomen vielmehr „auch gleichsam von innen her als eine kognitive Herausforderung ernst nehmen".[32] Sie bestehe, so sagt er in einem Exkurs, „auf der genetischen, aber keineswegs pejorativ gemeinten Unterscheidung zwischen der säkularen, dem Anspruch nach allgemein zugänglichen, und der religiösen, von Offenbarungswahrheiten abhängigen Rede". Aber diese „grammatische Grenzziehung" verbinde sich – anders als bei Kant und Hegel – „nicht mit dem philosophischen Anspruch, selber zu bestimmen, was von den Gehalten religiöser Traditionen – über das gesellschaftlich institutionalisierte Wissen hinaus – wahr oder falsch ist". Die Philosophie habe „Gründe, sich gegenüber religiösen Überlieferungen lernbereit zu verhalten".[33]

Als Beispiel für ein solches Lernen nennt er dann die „Übersetzung der Gottebenbildlichkeit des Menschen in die gleich unbedingt zu achtende Würde aller Menschen", eine „rettende Übersetzung", die „über die Grenzen einer Religionsgemeinschaft hinaus den Gehalt biblischer Begriffe einem allgemeinen Publikum von Andersgläubigen und Ungläubigen" erschließe. Der Ausdruck „rettende Übersetzung", den der Philosoph hier einführt, um seinen Lesern die Bedeutung religiöser Auffassungen in der säkularen Gesellschaft zu verdeutlichen, ist, wie sein Beispiel zeigt, eine jener Habermaschen Wortschöpfungen, die geeignet sind, wichtige Unterschiede unter den Teppich zu kehren. Denn was durch diese „Übersetzung" verloren geht, ist eben die für den biblischen Begriff zentrale Gottesidee. Und was dabei suggeriert wird, ist die Idee, die Achtung der Menschenwürde sei für ihre Begründung auf diese „Übersetzung" angewiesen.

In seinen Folgerungen für den Umgang gläubiger und säkularer Bürger miteinander ist dann die „keineswegs triviale Aufforderung" zu finden, „das Verhältnis von Glauben und Wissen aus der Perspektive des Weltwissens selbstkritisch zu bestimmen". Und das heißt, „dass religiösen Überzeugungen auch aus der Sicht des säkularen Wissens ein epistemischer Status zugestanden" werde, der „nicht schlechthin irrational" sei. „Säkulare Bürger", so meint Habermas, dürften „in ihrer Rolle als Staatsbürger … weder religiösen Weltbildern grundsätzlich ein Wahrheitspotential absprechen, noch den gläubigen Mitbürgern das Recht bestreiten, in religiöser Sprache Beiträge zur öffentlichen Diskussion zu machen. Eine liberale politische Kultur" könne von ihnen sogar „erwarten, dass sie sich an Anstrengungen beteiligen, relevante Beiträge aus der religiösen in eine öffentlich zugängliche Sprache zu übersetzen".

Nun denkt natürlich keiner daran, gläubigen Mitbürgern das erwähnte Recht zu bestreiten. Aber die Forderung an ihre säkularisierten Mitbürger, sich „in ihrer Rolle als Staatsbürger" der Religionskritik zu enthalten, ist keineswegs einzusehen, zumal in diesem Zusammenhang von einer entsprechenden Forderung an die Gläubigen keine Rede ist. Im deutschen Sprachbereich pflegen Vertreter religiöser Überzeugungen auch in ihrer Rolle als Staatsbürger jedenfalls die Auffassungen atheistischer Mitbürger zu kritisieren. Und was die Erwartung betrifft, dass sich säkularisierte Bürger an Übersetzungsbemühungen der erwähnten Art beteiligen, so nehme ich an, dass ihre gläubigen Mitbürger angesichts des fragwürdigen Charakters „rettender Übersetzungen" gerne darauf verzichten würden.

Joseph Ratzinger geht in seinem Referat[34] darauf ein, „wie die sich begegnenden Kulturen ethische Grundlagen finden können, die ihr Miteinander auf den rechten Weg führen und eine gemeinsame rechtlich verantwortbare Gestalt der Bändigung und Ordnung der Macht aufbauen können". Es scheint ihm „offenkundig" zu sein, dass die Wissenschaft das dazu erforderliche Ethos nicht aufbringen kann. Andererseits sei „die grundlegende Veränderung des Welt- und Menschenbildes, die sich aus den wachsenden wissenschaftlichen Erkenntnissen ergeben" habe, „wesentlich am Zerbrechen alter moralischer Gewissheiten beteiligt". Es gebe daher eine „Verantwortung der Wissenschaft um den Menschen und besonders eine Verantwortung der Philosophie, die Entwicklung der einzelnen Wissenschaften kritisch zu begleiten", das „nichtwissenschaftliche Element und die wissenschaftlichen Ergebnisse auszuscheiden, mit denen es oft vermengt" sei, „und so den Blick aufs Ganze, auf weitere Dimensionen der Wirklichkeit des Menschseins offenzuhalten, von dem sich in der Wissenschaft immer nur Teilaspekte zeigen können."

In einem Abschnitt über Macht und Recht kommt er dann zu der Konsequenz, dass das demokratische Mehrheitsprinzip „immer noch die Frage nach den ethischen Grundlagen des Rechts übrig" lasse. Es gebe, so meint er dann, „in sich stehende Werte, die aus dem Wesen des Menschseins folgen und daher für alle Inhaber dieses Wesens unantastbar sind". Dann geht er auf neue Fragen der Macht und neue Fragen ihrer Bewältigung ein und weist in diesem Zusammenhang einerseits auf den durch religiösen Fanatismus gespeisten Terrorismus hin und andererseits die Versuchung, „mit Menschen zu experimentieren, die Versuchung, Menschen als Müll anzusehen und zu beseitigen".

Nach einer Analyse der europäischen Rechtsentwicklung, des Natur- und des Vernunftrechts, kommt er auf die Interkulturalität und ihre Folgen zu sprechen, zu denen vor allem „die faktische Nichtuniversalität der beiden großen Kulturen des Westens, der Kultur des christlichen Glaubens wie derjenigen der säkularen Rationalität", gehöre. Das ist angesichts der Tatsache, dass die Letztere, soweit es sich um die Wissenschaften handelt, inzwischen nahezu universale Geltung erreicht hat, eine zumindest missverständliche Formulierung. Die religiösen Weltauffassungen streiten miteinander, während die Kultur des wissenschaftlichen Denkens sich inzwischen in der ganzen Welt durchgesetzt hat. Was sich nicht durchgesetzt hat, ist allerdings die damit verbundene wissenschaftliche Weltauffassung, und zwar vor allem deshalb, weil sie Konsequenzen hat, die mit den verschiedenen religiösen Lehren nicht vereinbar sind.

Aus seinen Überlegungen zieht Ratzinger die Konsequenz, dass es sowohl „Pathologien in der Religion" als auch „Pathologien der Vernunft" gebe, „eine Hybris der Vernunft, die nicht minder gefährlich, sondern von ihrer potentiellen Effizienz her noch bedrohlicher" sei: „Atombombe, Mensch als Produkt". Deshalb müsse „auch die Vernunft an ihre Grenzen gemahnt werden und Hörbereitschaft gegenüber den großen religiösen Überlieferungen der Menschheit lernen". Er spricht dann von einer „notwendigen Korrelationalität von Vernunft und Glaube, Vernunft und Religion ... , die zu gegenseitiger Reinigung und Heilung berufen" seien und „die sich gegenseitig brauchen und das gegenseitig anerkennen müssen". Dabei sei es „für die beiden großen Komponenten der westlichen Kultur wichtig", sich auf „eine wahre Korrelationalität" auch mit den anderen Kulturen einzulassen.

Wer die Referate der beiden Dialogpartner miteinander vergleicht, wird in ihnen ohne weiteres Ansatzpunkte für eine Verständigung zwischen ihnen finden. Beide sind offenbar der Auffassung, dass religiöse Überzeugungen Einsichten enthalten, die den Wissenschaften nicht zugänglich sind und die sich legitimerweise auch auf der Grundlage wissenschaftlicher Forschungsresultate nicht kritisieren lassen. Und sie sind sich außerdem darin einig, dass solche Einsichten für die vernünftige Gestaltung und die Stabilität der sozialen Ordnung unentbehrlich sind. Die „Sinnquellen" der Religion, so könnte man die gemeinsamen Auffassungen der beiden formulieren, seien auch in einer säkularisierten Gesellschaft durch nichts zu ersetzen. Wir werden sehen, dass Habermas später dem religiösen Denken noch weiter entgegenkommen wird.

In einem Artikel in der „Neuen Zürcher Zeitung" vom 10. Februar 2007[35] wendet er sich gegen zwei Positionen, nämlich „einerseits gegen die borniert, über sich selbst unaufgeklärte Aufklärung, die der Religion jeden vernünftigen Gehalt abstreitet", und andererseits auch „gegen Hegel, für den die Religion sehr wohl eine erinnerungswürdige Gestalt des Geistes darstellt, aber nur in der Art eines der Philosophie untergeordneten ‚vorstellenden Denkens'". „Der Glaube", so fährt er fort, „behält für das Wissen etwas Opakes, das weder verleugnet noch hingenommen werden darf. Darin spiegelt sich das Unabgeschlossene der Auseinandersetzung einer selbstkritischen und lernbereiten Vernunft mit der Gegenwart religiöser Überzeugungen. Diese Auseinandersetzung kann das Bewusstsein der postsäkularen Gesellschaft für das Unabgegoltene in den religiösen Menschheitsüberlieferungen schärfen. Die Säkularisierung hat weniger die Funktion eines Filters, der Traditionsgehalte ausscheidet, als die eines Transformators, der den Strom der Tradition umwandelt".

Dann gibt er als Motiv seiner Beschäftigung mit dem Thema Glauben und Wissen seinen Wunsch an, „die moderne Vernunft gegen den Defätismus, der in ihr selbst brütet, zu mobilisieren". Er kommt dann auf das von ihm vertretene „nachmetaphysische Denken" zu sprechen, das mit dem „Vernunftdefätismus, der uns heute sowohl in der postmodernen Zuspitzung der ‚Dialektik der Aufklärung' wie im wissenschaftsgläubigen Naturalismus begegnet", alleine fertig werden könne. Anders verhalte es sich „mit einer praktischen Vernunft, die ohne geschichtsphilosophischen Rückhalt an der motivierenden Kraft ihrer guten Gründe verzweifelt, weil die Tendenzen einer entgleisenden Modernisierung den Geboten ihrer Gerechtigkeitsmoral weniger entgegenkommen als entgegenarbeiten".

Was uns hier interessiert, ist zunächst nur der Anspruch, den Habermas mit dem „nachmetaphysischen Denken" verbindet, das aus seinem hermeneutischen Pragmatismus hervorgegangen ist. Die Charakterisierung seiner eigenen philosophischen Auffassungen durch Habermas legt die Vermutung nahe, dass er die mit dem wissenschaftlichen Denken meist verbundene realistische Metaphysik und Erkenntnislehre und damit die Leistung dieses Denkens für den Aufbau unseres Weltbildes ablehnt. Diese Auffassung kann natürlich interessante Konsequenzen für die Behandlung der religiösen Problematik haben. Wir werden sehen, dass das tatsächlich der Fall ist.

In einem Buch über Naturalismus und Religion[1136] hat sich Habermas wieder mit dieser Problematik befasst. Mit dem Gewirr der Unterstellungen, die er uns in diesem Buch in seiner gewohnten Manier anbietet, werde ich mich nicht beschäftigen, wohl aber mit den Konsequenzen seiner Auffassungen für die Religionsproblematik, die er uns in einigermaßen klarer Weise vermittelt. Das „nachmetaphysische Denken", das er uns als Rahmen für die Lösung dieser Problematik anbietet, „besteht", wie er sagt, „auf der Differenz zwischen

Glaubensgewissheiten und öffentlich kritisierbaren Geltungsansprüchen" und „enthält sich ... der rationalistischen Anmaßung, selbst zu entscheiden, was in den religiösen Lehren vernünftig und was unvernünftig ist". „Eine Apologie des Glaubens mit philosophischen Mitteln" sei, so meint er, „nicht Sache der agnostisch bleibenden Philosophie". Den ihm fremden „opaken Kern der religiösen Erfahrung" muss dieses Denken offenbar unberührt lassen, denn „es enthält ... sich ... des Urteils über religiöse Wahrheiten." Und es „besteht ... auf einer strikten Grenzziehung zwischen Glauben und Wissen." Es wendet sich „gegen eine szientistisch beschränkte Konzeption der Vernunft", die dazu neigt, „die Grenze zu verwischen zwischen theoretischen Erkenntnissen der Naturwissenschaften, die für die Selbstdeutung des Menschen und seiner Stellung in der Natur relevant sind", und „einem daraus synthetisch hergestellten naturwissenschaftlichen Weltbild".

Man sieht also, wie weit dieser Denker, der seinerzeit gegen einen „positivistisch halbierten Rationalismus" zu Felde gezogen ist, inzwischen mit seiner Regulierung des Vernunftgebrauchs in pragmatischer Absicht gekommen ist. Was ist dazu zu sagen? Zunächst ist seine Charakterisierung der Philosophie als „agnostisch" eine Einschränkung der Lösung philosophischer Probleme auf eine bestimmte Position, die innerhalb der Philosophie selbst heute noch als kontrovers gelten kann. Es gibt heute noch ausdrücklich theistische und atheistische Positionen innerhalb des philosophischen Denkens.[37] Schon aus diesem Grunde involviert die Habermas'sche These eine Entscheidung, deren Berechtigung schwerlich plausibel gemacht werden kann. Sie hängt offenbar mit seiner Auffassung zusammen, dass die „Konkurrenz zwischen Weltbildern und religiösen Lehren, die die Stellung des Menschen im Ganzen der Welt zu erklären beanspruchen", „sich auf der kognitiven Ebene nicht schlichten lässt".

Nun hat es in der Geschichte des abendländischen Denkens seit der Antike stets konkurrierende Auffassungen gegeben, in denen es auch um Probleme von der Art gegangen ist, wie sie hier von Habermas beschrieben werden, und sie wurden „auf der kognitiven Ebene" diskutiert, natürlich ohne dass man hier von einer „Schlichtung" reden konnte. Ich habe nicht den Eindruck, dass sich diese Situation durch ein Habermas'sches Diktat ändern wird.

Das religiöse Denken ist, wie wir gesehen haben, meist mit metaphysischen Auffassungen verbunden, die mit anderen Auffassungen dieser Art zu konkurrieren pflegen, wobei es um die Lösung der gleichen Probleme geht. Ratzinger, der eine spiritualistische Metaphysik vertritt, ist sich offenbar dieser Tatsache bewusst. Auch Habermas vertritt, wie wir gesehen haben, eine metaphysische Auffassung, eine dualistische Metaphysik idealistischer Prägung. Auch der von ihm vertretene Agnostizismus ist natürlich eine metaphysische

These. Offenbar ist die Habermas'sche Metaphysik mit der Metaphysik seines Gesprächspartners Ratzinger unvereinbar. Die Dialogpartner haben es aber versäumt, sich auf eine Diskussion über diese Probleme einzulassen.

Was nun den „opaken Kern" des religiösen Glaubens und der religiösen Erfahrung angeht, so handelt es sich keineswegs um ein Phänomen, das sich, wie Habermas meint, einer Analyse entzieht.[38] Es ist nicht einzusehen, dass sich die Philosophie in dieser Hinsicht um Enthaltsamkeit bemühen sollte. Ich habe jedenfalls keine Schwierigkeiten, die religiösen Aussagen Joseph Ratzingers zu verstehen, auch wenn sie teilweise ungewöhnlich konfus sind und eine teilweise bizarre Gedankenführung involvieren.

Dass Habermas hier offenbar auf eine Grenze des Verstehens stößt, ist mit seinem Anspruch, eine hermeneutische Konzeption zu vertreten, schwer zu vereinbaren. Die Vertreter des „nachmetaphysischen Denkens" sind natürlich berechtigt, sich nicht an der Lösung solcher Probleme zu beteiligen, aber sie sollten ihre freiwillige Selbstbeschränkung nicht zu einer allgemeinen Verpflichtung erheben und damit ihre Scheuklappen für andere Denker verbindlich machen.

Was die „strikte Grenzziehung zwischen Glauben und Wissen" angeht, die von Habermas vorgeschlagen wird, so entspricht sie den von Ratzinger und übrigens auch von Küng vertretenen Auffassungen, in denen eine ähnliche Kompetenzregelung zwischen Theologen und den Vertretern anderer Disziplinen vorgenommen wird, wie sie nun von Habermas vorgeschlagen wird. Er vertritt offenbar wie diese beiden Theologen die These, dass die betreffenden Problembereiche inkommensurabel seien, so dass sich diese Kompetenzregelung gewissermaßen aus der Natur der Sache ergibt. Tatsächlich handelt es sich dagegen um eine künstliche Grenzziehung, die bestenfalls dafür sorgen kann, dass mögliche Widersprüche zwischen Resultaten des Denkens in verschiedenen Bereichen unter den Teppich gekehrt werden Abgrenzungen zwischen Disziplinen sind Tatbestände der wissenschaftlichen Arbeitsteilung, die sich bekanntlich als Hindernisse für den Erkenntnisfortschritt erweisen können.[39]

Man kann dem Vertreter des „nachmetaphysischen Denkens" daher mit einigem Recht eine willkürliche Einschränkung des Vernunftgebrauchs bescheinigen, wie sie im philosophischen Denken jedenfalls ungewöhnlich ist. Sie mag durchaus in „pragmatischer Absicht" erfolgt sein, wie vieles, was wir von diesem Denker gewohnt sind. Sie dient vielleicht der Befriedigung durchaus verständlicher menschlicher Bedürfnisse. Aber sie steht nicht im Einklang ... mit einem kritischen Denken, das auf die Lösung zentraler philosophischer Probleme gerichtet ist.

Gegen einen kritischen Realismus, der die Resultate der Wissenschaften als Beiträge zur Erfassung wirklicher Zusammenhänge deutet und sie zur Kritik überlieferter Wissensformen und zur Verbesserung unseres Weltbildes verwertet, ist bei Habermas, wie schon bisher, kein schlüssiges Argument zu finden. Er verzichtet in seiner Philosophie ohne jede Not auf eine zentrale philosophische Aufgabe und glaubt damit einem Konflikt zwischen Wissenschaft und Religion aus dem Wege gehen zu können, der sich legitimerweise daraus ergeben kann, dass Erkenntnisansprüche, die in verschiedenen Bereichen erhoben werden, einander widersprechen können.

Dass im Rahmen des theologischen Denkens selbst immer wieder Probleme aufgetaucht sind, die damit zusammenhängen, dass Glaubenswahrheiten durch Forschungsergebnisse der Realwissenschaften – zum Beispiel durch Resultate historischer Untersuchungen – in Frage gestellt wurden, muss nach dieser Auffassung wohl auf Missverständnissen beruhen. Offenbar war zum Beispiel Albert Schweitzer nicht in der Lage zu erkennen, dass die Resultate seiner Forschungen für seinen religiösen Glauben irrelevant waren. Er hatte, um es mit Wittgenstein zu sagen, unglücklicherweise zwei eigentlich inkommensurable Sprachspiele miteinander vermengt, indem er als Theologe ernst nahm, was sich aus seiner historischen Forschung ergeben hatte.[40] Hätte er das „nachmetaphysische Denken" gekannt, so hätte er sich die Habermas'sche Grenzziehung zunutze machen können. Allerdings hätte er dann seine kritische Einstellung gegen die Illusion eingetauscht, man könne durch geeignete hermeneutische Setzungen der Metaphysik entkommen.

Wer sich nicht bereit findet, die willkürlichen Grenzziehungen und die damit verbundenen Kompetenzregelungen zu honorieren, die uns von theologischer Seite und von einem philosophischen Ansatz zugemutet werden, der einer pragmatisch motivierten Beschränkung des Vernunftgebrauchs das Wort redet, darf, so meine ich, die Konsequenz ziehen, dass die Religionskritik der Aufklärung keineswegs überholt ist. Nur eine korrupte Hermeneutik, also eine Konzeption, die die Suche nach Wahrheit dem Streben nach Konsens opfert, konnte einen anderen Eindruck erwecken. Dass sich Habermas den Theologen, die eine solche Hermeneutik praktizieren, nun angeschlossen hat, wird niemanden überraschen, der die Dominanz des Konsensmotivs in seinem Denken zur Kenntnis genommen hat.

Kommen wir zurück zu dem Dialog zwischen Habermas und Ratzinger. Wir hatten gesehen, dass die metaphysischen Auffassungen der beiden Dialogpartner offensichtlich miteinander unvereinbar sind. Ratzinger vertritt eine realistische Metaphysik spiritualistischen Charakters, die mit einer theistischen Auffassung und einer positivistischen Deutung der wissenschaftlichen Erkenntnis verbunden ist. Und Habermas ist Agnostiker und vertritt eine idealistische Metaphysik, die mit einer dualistischen Wissenschaftslehre verbunden ist. Wenn es den beiden um die Lösung zentraler philosophischer Probleme gegangen wäre, dann hätte es eine kritische Auseinandersetzung zwischen ihnen geben müssen. Tatsächlich ging es den beiden offenbar nicht um die Lösung solcher Probleme und um die Wahrheit ihrer philosophischen Auffassungen. Es ging ihnen vielmehr darum, sich über Regeln zu einigen, die es ihnen erlauben, miteinander auszukommen, ohne sich ins Gehege zu kommen. Dieser Dialog war kein philosophisches Streitgespräch, sondern so etwas wie eine diplomatische Veranstaltung, in der ein Konsens zwischen den Verwaltern zweier geistiger Provinzen herbeigeführt werden sollte. Und das ist den beiden Dialogpartnern offensichtlich gelungen.

Dass ein katholischer Theologe wie Ratzinger eine positive Einstellung zur Aufklärung erkennen lässt, wird niemand erwarten. Habermas dagegen hat seine philosophische Karriere mit einer hermeneutischen Umdeutung des Marxismus und mit einer Betonung des Anspruchs auf Aufklärung begonnen. Und er ist nun mit seinen Beiträgen zur Analyse der Religionsproblematik der Aufklärung buchstäblich in den Rücken gefallen. Der mehr oder weniger verschleierte Fundamentalismus des deutschen Papstes scheint ihn dabei nicht zu stören. Damit hat er sich den Beifall der politischen und medialen Prominenz im deutschen Sprachbereich gesichert, die seit einiger Zeit ununterbrochen mit religiösen Parolen aufwartet und den Atheismus diffamiert.

ANMERKUNGEN

[1] So Florian Schüller in seinem Vorwort zu dem Buch, in dem dieses Gespräch veröffentlicht wurde: Jürgen Habermas / Joseph Ratzinger, Dialektik der Säkularisierung. Über Vernunft und Religion, 7. Auflage, Freiburg/Basel/Wien 2005.

[2] Vgl. dazu mein Buch *Joseph Ratzingers Rettung des Christentums. Beschränkungen des Vernunftgebrauchs im Dienste der Glaubens.* Aschaffenburg 2008.

[3] Vgl. dazu sein Buch: *Einführung in das Christentum. Vorlesungen über das apostolische Glaubensbekenntnis,* München 1968, Neuausgabe 2000.

[4] a.a.O., S. 38 ff.

[5] Vgl. mein Buch *Traktat über kritische Vernunft,* Tübingen 1968, 5. erweiterte Auflage 1991, S. 15 ff. Dieses Buch ist übrigens einige Monate vor dem Ratzinger'schen Buch in Tübingen erschienen. Möglicherweise hat er sich davon inspirieren lassen.

[6] Ratzinger, a.a.O., S. 21.

[7] Vgl. dazu mein Buch *Kritik der reinen Erkenntnislehre,* Tübingen 1987, S. 148-157.

[8] Ratzinger, a.a.O., S. 95.

[9] Zu dem konfusen Gedankengang, den er uns dazu vorführt, vgl. mein Buch *Joseph Ratzingers Rettung des Christentums,* a.a.O., S. 35 ff.

[10] Vgl. dazu Joseph Ratzinger, *Auf der Suche nach einer neuen Evidenz,* in seinem Buch *Glaube – Wahrheit – Toleranz. Das Christentum und die Weltreligionen ,* 2. Auflage, Frei-

burg/Basel/Wien 2003, S. 126 ff., und meine Kritik in meinen Buch *Joseph Ratzingers Rettung des Christentums,* a.a.O., S. 38 ff.

[11] Vgl. dazu mein Buch *Joseph Ratzingers Rettung des Christentums,* a.a.O., S. 44 ff., wo ich dem Leser den Ratzinger'schen Gedankengang schildere.

[12] Bekanntlich hat Arthur Schopenhauer seinerzeit diese Idee persifliert, vgl. sein Buch *Die vierfache Wurzel des Satzes vom zureichenden Grunde. Eine philosophische Abhandlung* (1847), Hamburg 1957, S. 25. Er spricht dort von einer „contradictio in adiecto", einem „frechen Machtwort", „die unendliche Kausalkette abzukürzen".

[13] Vgl. dazu Joseph Ratzinger, *Jesus von Nazareth. Erster Teil. Von der Taufe im Jordan bis zur Verklärung,* Freiburg/Basel/Wien 2007, sowie mein Buch *Joseph Ratzingers Rettung des Christentums,* a.a.O., S. 78-81.

[14] Vgl. dazu mein Buch *Joseph Ratzingers Rettung des Christentums* , a.a.O., S. 12 ff. Zum Theodizeeproblem vgl. Gerhard Streminger, *Gottes Güte und die Übel der Welt. Das Theodizeeproblem* , Tübingen 1992, und Norbert Hoerster, *Die Frage nach Gott,* 2. Auflage, München 2005.

[15] In meinem Buch *Joseph Ratzingers Rettung des Christentums,* a.a.O., S. 46-53, habe ich ihn wiedergegeben und analysiert.

[16] Vgl. dazu Hans Küng, *Existiert Gott? Antwort auf die Gottesfrage der Neuzeit,* München/Zürich 1978, S. 561 f, dazu meine Kritik in meinem Buch *Das Elend der Theologie. Kritische Auseinandersetzung mit Hans Küng,* zweite erweiterte Auflage, Aschaffenburg 2005, S. 126 ff.

[17] Vgl. Ratzinger, a.a.O., S. 53-65.

[18] Vgl. z.B. Helmut Groos, *Christlicher Glaube und intellektuelles Gewissen. Christentumskritik am Ende des zweiten Jahrtausends,* Tübingen, 1987, wo eine ausführliche Auseinandersetzung dieser Art zu finden ist, in der die vielen Aporien des christlichen Denkens aufgedeckt werden.

[19] Vgl. dazu Johannes Weiß, *Die Predigt Jesu vom Reiche Gottes,* 3. Auflage, Göttingen 1954; Albert Schweitzer, *Geschichte der Leben-Jesu-Forschung,* 6. Auflage, Tübingen 1951; und Helmut Groos, *Albert Schweitzer – Größe und Grenzen,* München/Basel 1974, Aufklärung und Kritik 3/2010, Schwerpunkt Atheismus.

[20] Vgl. dazu Helmut Groos, *Christlicher Glaube und intellektuelles Gewissen,* a.a.O., S. 352.

[21] Vgl. dazu mein Buch *Joseph Ratzingers Rettung des Christentums,* a.a.O., S. 61-65, wo ich darauf eingehe, sowie Helmut Groos, a.a.O., S. 182-245.

[22] Zu dieser Frage vgl. den Abschnitt über die religiöse Weltauffassung und den Sinn des Lebens in meinem Buch *Kritischer Rationalismus. Vier Kapitel zur Kritik illusionären Denkens,* Tübingen 2000.

[23] Vgl. Jürgen Habermas, *Von den Weltbildern zur Lebenswelt,* Vortrag, gehalten am 19.9.2008 auf dem XXI. Kongress der deutschen philosophischen Gesellschaft, S. 1 f. Wie aber, so fragt er dann, könne sie „dieser Forderung genügen, ohne zugleich den Bezug zum Ganzen preiszugeben?"

[24] Für eine interessante Analyse moderner philosophischer Auffassungen vgl. Martin Morgenstern, *Metaphysik der Moderne. Von Schopenhauer bis zur Gegenwart,* Stuttgart 2008.

[25] Vgl. dazu Habermas, a.a.O., S. 22 ff.

[26] Vgl. dazu mein Buch *Kritik der reinen Hermeneutik. Der Antirealismus und das Problem des Verstehens,* Tübingen 1994, S. 230-266.

[27] Vgl. dazu mein Buch *Kritik der reinen Erkenntnislehre. Das Erkenntnisproblem in realistischer Perspektive,* Tübingen 1987, S. 18-22 und passim.

[28] Vgl. dazu Gustav Bergmann, *The Metaphysics of Logical Positivism*, New York/London/Toronto 1954.
[29] In meinem Aufsatz *Die dualistische Metaphysik von Jürgen Habermas – eine kritische Untersuchung seines nachmetaphysischen Denkens* (in: Michael Baurmann / Bernd Lahno, Eds., *Perspectives in Moral Science. Contributions from Philosophy, Economics and Politics in Honour of Hartmut Kliemt*, Frankfurt 2009, S. 109-120) gehe ich im Detail auf seine Argumentation ein.
[30] Vgl. dazu Gerhard Vollmer, *Was können wir wissen? Band 1. Beiträge zur evolutionären Erkenntnistheorie*, Stuttgart 1985.
[31] Vgl. Jürgen Habermas, *Vorpolitische Grundlagen eines demokratischen Rechtsstaates!*, in Jürgen Habermas / Joseph Ratzinger: *Dialektik der Säkularisierung. Über Vernunft und Religion,* 7. Auflage, Freiburg/Basel/Wien 2005, S. 17.
[32] a.a.O., S. 28.
[33] a.a.O., S. 30.
[34] Vgl. Joseph Ratzinger, *Was die Welt zusammenhält. Vorpolitische moralische Grundlagen eines freiheitlichen Staates*, in: Jürgen Habermas / Joseph Ratzinger, *Dialektik der Säkularisierung. Über Vernunft und Religion,* 7. Auflage, Freiburg/ Basel/Wien 2005, S. 39-60.
[35] [Anmerkung des Herausgebers:] Jürgen Habermas: *Ein Bewusstsein von dem, was fehlt. Über Glauben und Wissen und den Defaitismus der modernen Vernunft*. In: Neue Zürcher Zeitung Online, 10.2.2007, http://www.nzz.ch/2007/02/10/li/articleEVB7X.htmld.
[36] Vgl. Jürgen Habermas, *Zwischen Naturalismus und Religion. Philosophische Aufsätze*, Frankfurt am Main 2005, S. 141-150.
[37] Die religionskritischen Bücher von John L. Mackie, *Das Wunder des Theismus. Argumente für und gegen die Existenz Gottes*, Stuttgart 1985, und von Norbert Hoerster, *Die Frage nach Gott*, 2. Auflage, München 2005, enthalten wie viele andere Arbeiten nach üblicher Einschätzung wohl philosophische Untersuchungen.
[38] Vgl. dazu schon William James, *Die Vielfalt religiöser Erfahrung. Eine Studie über die menschliche Natur*, Olten/Freiburg 1979; Georg Simmel, *Gesammelte Schriften zur Religionssoziologie*, herausgegeben von Jürgen Helle, Berlin 1989; Walter Kaufmann, *Religion und Philosophie,* München 1966; Wayne Proudfoot, *Religious Experience*, Berkeley/Los Angeles/London 1984.
[39] Vgl. dazu meinen Aufsatz *Der methodologische Revisionismus und die Abgrenzungsproblematik* , in: Dariuzs Aleksandrowicz / Hans Günther Ruß (Hrsg.): *Realismus – Disziplin –Interdisziplinarität*, Amsterdam/Atlanta 2001, S. 111-130.
[40] Albert Schweitzer hatte Philosophie, Theologie und Medizin studiert und er war offenbar nicht bereit, diese Disziplinen so sauber auseinanderzuhalten, wie es dem „nachmetaphysischen Denken" zufolge eigentlich nötig gewesen wäre.

Hans Küngs Rettung des christlichen Glaubens.

Ein Missbrauch der Vernunft im Dienste menschlicher Wünsche

Hans Küng und der kritische Rationalismus

Der Tübinger Reformtheologe und Kirchenkritiker Hans Küng hat sich in seinem Buch „Der Anfang der Dinge"[1] mit dem Verhältnis zwischen der wissenschaftlichen und der religiösen Weltauffassung beschäftigt und für ein Komplementaritätsmodell plädiert, in dem die legitimen Ansprüche der beiden Auffassungen als miteinander vereinbar erwiesen werden sollen. Er hatte schon früher die Ansprüche der religiösen Auffassung gegen die moderne Religionskritik verteidigt[2] und knüpft in diesem neuen Buch an die Resultate seiner früheren Argumentation an, und zwar in einer Weise, die den Eindruck erweckt, diese Argumentation sei ihm gelungen und sie sei mit dem vereinbar, was er dem Leser in diesem Buche bietet.

Wer sich Klarheit darüber verschaffen will, ob diese Vermutung zutrifft, tut allerdings gut daran, sich durch eine Lektüre der erwähnten früheren Bücher selbst darüber zu informieren, welche Problemlösungen der Autor damals angeboten hat und auf welche Weise er versucht hat, seine Leser von ihrer Adäquatheit zu überzeugen. Was ihm dann auffallen wird, ist die Tatsache, dass Küng damals mit dem kritischen Rationalismus, der philosophischen Auffassung, die auf Karl Popper zurückgeht, ganz anders verfahren ist als in seinem neuen Buch. Früher hatte er diese Auffassung als einen ideologischen Rationalismus dargestellt, der überwunden werden müsse, und er hatte sich bemüht, zu zeigen, dass ihm die von ihm selbst verteidigte religiöse Wirklichkeitsauffassung vorzuziehen sei. In seinem neuen Buch verwendet er dagegen Popper'sche Thesen, die von ihm offenbar akzeptiert werden, um andere Auffassungen einer Kritik zu unterwerfen.

Dagegen wäre natürlich nichts einzuwenden, wenn mit dieser Art des Vorgehens eine entsprechende Revision der von ihm früher vertretenen Auffassungen verbunden wäre. Dann wäre allerdings zumindest ein Hinweis darauf in seinem neuen Buch angebracht gewesen. Aber von einer solchen Revision kann keine Rede sein, denn der Autor weist in seinem neuen Buch wiederholt darauf hin, dass er in vollem Umfange auf seine früheren Ergebnisse zurückgreifen möchte. Er hat also gute Gründe, seine Leser im Unklaren über seine frühere Kontroverse mit dem kritischen Rationalismus zu lassen. Das ist vor allem deshalb der Fall, weil seine damalige Argumentation gerade unter Gesichtspunkten analysiert wurde, die dieser philosophischen Auffassung entstammen. Ich habe nämlich damals zu zeigen versucht, dass diese Argumentation unhaltbar ist.[3] Küng hat dann meine Kritik in einer längeren Anmerkung im dritten Band seiner Trilogie zurückgewiesen.[4] In der zweiten Auflage meines Buches, die ein weiteres Kapitel über Küng als Eschatologen enthält, bin ich auf diese Anmerkung eingegangen. Ich werde darauf zurückkommen.

Gleichgültig, ob man meine Auffassungen zu den betreffenden Problemen nun teilt oder nicht, hinsichtlich des Küng'schen Vorgehens scheint mir jedenfalls folgende Feststellung unausweichlich zu sein: Entweder dieser Autor akzeptiert die für seine Probleme relevanten Auffassungen Karl Poppers, die er ja in seinem neuen Buch zur Kritik anderer verwendet. Dann kommt er nicht daran vorbei, seine in den früheren Büchern vertretenen Auffassungen zu revidieren, es sei denn, er wäre imstande zu zeigen, dass meine damalige Argumentation nicht im Einklang wäre mit Poppers Auffassungen.[5]

Revidiert er die früheren Auffassungen, dann kann er sich nicht mehr in der Weise darauf berufen, wie er das in seinem neuen Buch getan hat. Oder aber er müsste einräumen, dass er sich in seinem neuen Buch teilweise auf philosophische Auffassungen stützt, die unvereinbar sind mit seinen früheren Auffassungen, ohne die er nicht auszukommen scheint. Es ist daher nur zu verständlich, dass er seinen Lesern die frühere Kontroverse verschweigt.

Zur Kritik der Küng'schen Trilogie über den christlichen Glauben

Zum Verständnis der Küng'schen Einstellung zum kritischen Rationalismus ist es vielleicht nützlich, darauf einzugehen, wie es zu seiner Auseinandersetzung mit dieser philosophischen Auffassung gekommen ist. Schon im ersten Band seiner oben erwähnten Trilogie, in dem er zwar die Gottesproblematik behandelt, vor allem aber die Besonderheiten des Christentums akzentuiert, geht Küng auf den kritischen Rationalismus ein und schreibt ihm allerlei Schwächen zu, die ihn zu dem Urteil führen, dieser vertrete „trotz aller Betonung von Fehlbarkeit und Revidierbarkeit bezüglich einzelner Problemlösungen insgesamt eine dogmatische Totaldeutung mit kritischem Anspruch", „die er gern der Theologie vorwerfe" und die „ihrerseits wahrhaftig nicht weniger unter Ideologieverdacht" stehe.⁶

Die Untersuchung der Gottesproblematik in erkenntnistheoretischer und ontologischer Hinsicht, die er in diesem Buche anstellt, erfolgt schon in der gleichen Weise wie später im zweiten Band seiner Trilogie. In diesem Band führt er uns denselben Gedankengang vor und reichert ihn mit historisch-biographischen Hinweisen und Exkursen an, ohne ihn – etwa als Resultat der Auseinandersetzung mit anderen Auffassungen – abzuändern. Dabei bringt er einige Argumente vor, die im ersten Buch nicht zu finden sind, Argumente, die er für geeignet hält, mit modernen philosophischen Auffassungen, vor allem mit dem kritischen Rationalismus, fertigzuwerden.

Inzwischen hatte er sich über diese philosophischen Richtung besser informiert, als das vorher der Fall war. Unter anderem hatte er mir brieflich eine Frage gestellt, die ihn, wie er sagte, „im Interesse einer fairen Auseinandersetzung mit dem kritischen Rationalismus" interessiere. Es ging ihm darum zu erfahren, wie in dieser Auffassung die Vernünftigkeit der Vernunft und darüber hinaus die Wirklichkeit der Wirklichkeit begründet werde. In meiner Antwort wies ich ihn darauf hin, dass nach Poppers und meiner Auffassung das Begründungsdenken des klassischen Rationalismus scheitern müsse, da es entweder zum Dogmatismus oder zum Skeptizismus führe, und dass der kritische Rationalismus trotzdem keineswegs auf eine irrationale Entscheidung zurückgreifen müsse. Außerdem machte ich ihn auf weitere Literatur aufmerksam, auf die er hätte zurückgreifen können.⁷

Die Lektüre seines Buches zur Gottesproblematik zeigte mir dann, dass Küng sich trotz weiterer Lektüre in der Lage gesehen hatte, an seiner früheren Vorgehensweise und dem damit erreichten Resultat festzuhalten. Er attackierte meine Auffassungen weiter als ideologischen Rationalismus und präsentierte darüber hinaus seine eigene Version des christlichen Glaubens als „einzige in Frage kommende rational verantwortbare Auffassung". Seine Verfahrensweise in diesem und auch im dritten Band seiner Trilogie macht deutlich, dass er der Meinung ist, die von ihm attackierte Auffassung sei für seine Sicht der Problemsituation unerheblich.

Ich habe in der ersten Auflage meines oben erwähnten Buches den Küng'schen Gedankengang auf der Grundlage seiner Äußerungen in den beiden ersten Bänden seiner Trilogie sorgfältig rekonstruiert und gezeigt, dass er sich wegen gravierender Mängel nicht halten lässt. Einer der zentralen Mängel ist sein Rückgriff auf eine „innere Rationalität", die dafür sorgen soll, dass man die grundsätzliche Begründetheit des Vertrauens, das Küng für seine Argumentation benötigt, im Vollzuge erfährt. Diese Art der Rationalität soll es ihm erlauben, die Konsequenzen des Münchhausen-Trilemmas zu umgehen.[8] Dieses Verfahren involviert aber einen Rückfall in den klassischen Rationalismus. Eine Pointe des kritischen Rationalismus besteht nämlich gerade darin, dass er die Kritikimmunität letzter Voraussetzungen ad absurdum führt, die Küng mit seinem Hinweis auf die innere Rationalität wieder zu rehabilitieren sucht.

In dem Kapitel, in dem es ihm um das Problem eines Grundvertrauens zur Wirklichkeit geht, arbeitet er mit einem Verfahren, das Leszek Kolakowski seinerzeit treffend eine Erpressung mit der einzigen Alternative genannt hat, einem Alternativradikalismus, in dem eine bei differenzierter Betrachtung erkennbare Fülle von Möglichkeiten auf ein dichotomes Schema reduziert wird. Diese Art des Denkens kommt auch in den anderen Büchern dieses Autors immer wieder vor. In seiner Auseinandersetzung mit dem Atheismus, die dann folgt, schiebt er dem Atheisten, nämlich Feuerbach – die Beweislast zu, obwohl für Existenzbehauptungen – auch die der Existenz Gottes – eigentlich derjenige die Beweislast tragen müsste, der sie vertritt.

Seine Behandlung der Gottesbeweise endet damit, dass er sich anheischig macht, weiter auszuholen und tiefer anzusetzen als Kant, und zu diesem Zweck auf dem von ihm postulierten Grundvertrauen in die Wirklichkeit aufbauen möchte. Dazu schlägt er ein induktives Verfahren und ein indirektes Verifikationskriterium vor.

Geradezu verblüffend ist aber dann sein Umgang mit dem Gottesbegriff und dem Postulat der Existenz Gottes. Was er sich dort leistet, zeigt, dass er mit der Logik auf Kriegsfuß steht. Er konstruiert mit Hilfe eines Gottesbegriffs, der die vom ihm gewünschten Eigenschaften enthält, eine Konditionalaussage, die er als „Hypothese" charakterisiert, die aber de facto analytischen Charakter hat und daher völlig gehaltlos ist. Bei der Frage nach der Wirklichkeit Gottes geht es nun darum, ob der Gott auch existiert, den er vorher per definitionem mit Eigenschaften ausgestattet hat, die seinen Wünschen entsprechen. Da zu diesen Eigenschaften auch die gehört, Wirklichkeit als Ganze „begründen" zu können, kann er sich nun damit begnügen, eine solche Wesenheit zu postulieren.

Dieses völlig willkürliche Verfahren steht natürlich jedem anderen für beliebige Nachweise zur Verfügung. So kann jeder, der die weniger angenehmen Aspekte der Wirklichkeit betont, einen Gott postulieren, der zornig und unbarmherzig ist und der bereit ist, die meisten Menschen der ewigen Verdammnis preiszugeben, also einen calvinistischen Gott, wie er in der christlichen Tradition ebenfalls zu finden ist. Dann wäre es allerdings bedeutend schwieriger, das „Grundvertrauen" zu rechtfertigen, das im Küng'schen Unternehmen eine so große Rolle spielt. Das von Küng praktizierte Verfahren darf man wohl mit einigem Recht als einen Missbrauch der Vernunft im Dienste seines Gottesglaubens und der mit ihm verbundenen menschlichen Bedürfnisse charakterisieren. Für die genaue Untersuchung dieses Verfahrens, das noch mit weiteren Mängeln behaftet ist, verweise ich auf mein oben erwähntes Buch.

Ganz abgesehen von der Frage, ob es einen Gott gibt, gibt es aber Eigenheiten des christlichen Glaubens, die besondere Schwierigkeiten bereiten, insoweit ihre Vereinbarkeit mit dem modernen Weltbild zur Debatte steht. Es ist verständlich, dass, Küng nun auch die Entscheidung für den spezifisch christlichen Gott als „rational verantwortbar" erweisen möchte. Er spricht in diesem Zusammenhang von „gegenseitiger Herausforderung" zwischen den Gottesauffassungen des Westens und des Ostens und meint, dass man auch die Anliegen des Ostens bedenken sollte. Um diesen Anliegen entgegenzukommen, räumt er ein, dass Gott durch keinen Begriff zu begreifen und durch keine Definition zu definieren sei. Dabei hatte er vorher doch selbst den Versuch gemacht, den Gottesbegriff, den er gebrauchen möchte, zu definieren. Wenn man das, was er nun hier und an anderen Stellen seiner Arbeiten zu solchen Problemen sagt, ernst nehmen müsste, dann müsste man darauf verzichten, mit ihm über Gott zu reden, und von Begründungs- oder Erklärungsleistungen mit Hilfe des Gottesbegriffs, um die es ihm geht, könnte keine Rede mehr sein.

Was nun den Gott der Bibel angeht, so hat er in starkem Maße anthropomorphe Züge, während der Küng'schen Entscheidung in der Existenzfrage ein abstrakter Gottesbegriff zugrunde gelegen hatte. Und Küng möchte verständlicherweise auch die Entscheidung für den Gott der Bibel vor der Vernunft verantworten.

Wie macht er das? Er stellt fest, dass der biblische Gottesglaube „in sich stimmig und ... zugleich rational verantwortbar" ist und dass er sich „in einer mehrtausendjährigen Geschichte bewährt" hat. Was er zur Bewährung dieses Glaubens in der Geschichte sagt, einer Geschichte voller Verbrechen und Katastrophen, die er an anderer Stelle selbst immer wieder erwähnt hat, sei dem Leser zur Lektüre empfohlen.

Soweit ich sehe, hat er für die rationale Verantwortung seiner Entscheidung nicht einmal die Spur eines plausiblen Grundes angegeben. Und was die kosmische Religiosität Einsteins angeht, die er nun ins Spiel bringt, so hätte er die Frage zu beantworten, wie man im Rahmen des modernen Weltbildes sinnvoll von einer Komplementarität zwischen dem „Gott" Einsteins – nämlich der Harmonie der Naturgesetzlichkeit, die keinerlei personale Züge trägt – und dem Gott der Bibel sprechen kann, der ohne anthropomorphe Züge nicht denkbar ist und daher in ein überholtes Weltbild gehört.

Um von der personalen Gottesvorstellung, die schon im Alten Testament auftritt, loszukommen, spricht er dann von dem „alle Kategorien sprengenden, völlig inkommensurablen Wesen Gottes", zu dem es gehöre, „dass er weder personal noch apersonal, weil beides zugleich und so transpersonal" sei. Es wäre da zu fragen, warum dieser Gott nicht auch den Begriff des „Transpersonalen" sprengen sollte. Nach dem, was Küng uns da erzählt, darf man wohl annehmen, dass es sich hier nicht mehr um einen Begriff handelt, sondern nur um ein Wort, dem er keinen fassbaren Sinn zu geben in der Lage ist. Dass er damit dem Gott der Bibel gerecht werden kann, wird vermutlich auch anderen Theologen kaum einleuchten, jedenfalls soweit sie bereit sind, die Bibel ernst zu nehmen, und das semantische Problem sehen, das hier vorliegt.

Küng sieht sich nun in der Lage, die „irrationalen Reaktionen" einiger Naturwissenschaftler zu kritisieren, die etwa die Frage „Warum gibt es überhaupt etwas und nicht nichts?" für unbeantwortbar halten. Er selbst hatte diese Frage durch den Versuch beantwortet, nachzuweisen, dass Gott die Bedingung der fraglichen Wirklichkeit sei. Er hatte allerdings nicht gesehen, dass diese Antwort die Frage nur um eine Stufe weiter verschiebt. Der Schluss von der Existenz der Welt auf eine Ursache, den Küng mit einem Hinweis auf eine entsprechende Aussage Heisenbergs bejaht, ist nämlich kein Schluss im Sinne der Logik, sondern er läuft, wie wir gesehen haben, auf ein willkürliches Postulat hinaus. Er ist ebenso viel wert wie der Schluss von der Existenz Gottes auf die einer Ursache Gottes.

Wie dem auch sei, was von dem „aufgeklärten Vertrauen" zu halten ist, mit dem Küng hier als „einzige ernsthafte Alternative" seinen Glauben an den biblischen Gott als schöpferischen Grund der Gründe präsentiert, darüber brauche ich wohl kein Wort mehr zu verlieren. Weitere Fragen wie die nach der Möglichkeit eines Eingreifens Gottes in das Weltgeschehen, nach der Möglichkeit von Wundern und nach den Verheißungen des Glaubens beantwortet er mit Hilfe ähnlicher Verfahrensweisen. Nicht einmal das ungelöste Theodizeeproblem, das anderen Theologen große Schwierigkeiten bereitet[9], nimmt er ernst.

Das Besondere des christlichen Glaubens ist bekanntlich vor allem seine Fixierung auf eine bestimmte historische Figur, nämlich auf Jesus. Es ist daher nicht uninteressant, wie sich Küng zur Frage der Bedeutung von Ergebnissen der historisch-kritischen Jesusforschung für seinen Glauben stellt. Diese Forschung kann seiner Auffassung nach den Glauben nicht begründen, aber auch nicht zerstören. Sie kann ihn nur reinigen und dabei helfen, Hindernisse für den Glauben auszuräumen und Bereitschaft zum Glauben zu wecken. Demnach scheint der Kern des christlichen Glaubens gegen jede möglich Kritik auf der Basis historischer Forschung immun zu sein.

Zur Kritik der Küng'schen Trilogie über den christlichen Glauben

Man kann sich anhand eines Gedankenexperiments leicht klarmachen, welche Konsequenzen Küng gegebenenfalls bereit ware, in Kauf zu nehmen, um diese Einstellung durchhalten zu können.[10] Es könnten zum Beispiel Dokumente gefunden werden, denen zufolge Jesus selbst den Kern seiner Botschaft als illusorisch, aber notwendig bezeichnet habe, um seine Anhänger zu einem bestimmten Verhalten zu bringen, also: als eine nützliche Lüge zur Stützung der Moral. Wohlgemerkt: Es geht hier nicht um die Wahrscheinlichkeit eines solchen Fundes. Aber die Resultate künftiger Forschungen sind nicht vorhersehbar. Immerhin hat die eschatologische Interpretation der Botschaft Jesu ausgereicht, andere Theologen zur Revision ihrer Glaubensvorstellungen zu bewegen.[11]

Wie stellt sich Küng nun zum Problem der sogenannten Parusieverzögerung und damit dazu, dass sich Jesus nach allem, was wir wissen, in einem wichtigen Punkt seiner Lehre geirrt hat? Wenn sich Jesus im Zusammenhang mit der Naherwartung geirrt habe, so meint er, könne man das zwar im Sinne des kosmischen Wissens einen Irrtum nennen. Es handele sich aber weniger um einen Irrtum als um eine „zeitbedingte, zeitgebundene Weltanschauung", die Jesus mit seinen Zeitgenossen geteilt habe. Dazu ist Folgendes zu sagen: Wenn Jesus sich in einem so zentralen Punkt geirrt hat und dabei zeitgebundenen Vorstellungen zum Opfer gefallen ist, dann ist wohl mit der Möglichkeit zu rechnen, dass ihm auch sonst in zentralen Fragen seines Glaubens Irrtümer unterlaufen sind. Auch den zeitgebundenen Gottesglauben seines Volkes hat er ja geteilt Auch hier könnte „im kosmischen Sinne" ein erheblicher Irrtum vorliegen. Dass dieser Gottesglaube ohne wesentliche Verluste in das heutige Wirklichkeitsverständnis „übersetzt" werden könne, ist eine ebenso merkwürdige Vorstellung wie die, dass die Botschaft Jesu in dieser Weise übersetzbar sei. Albert Schweitzer hat aus seinen Resultaten, wie wir wissen, höchst unangenehme Konsequenzen für seinen Glauben gezogen, an denen sich unsere „modernen" und „kritischen" Theologen, zu denen sich nun auch Küng gesellt hat, meist vorbeizudrücken suchen.

Eine weitere Besonderheit des Christentums ist der Osterglaube und das „historische Rätsel der Entstehung des Christentums". Es geht da um die Frage, wie es zu erklären ist, dass die sich auf Jesus berufende Bewegung erst nach seinem Tode ernsthaft angefangen hat, also nach einem so katastrophalen Ende ihres Meisters, dass die Jünger, wie Küng meint, eigentlich hätten völlig entmutigt sein müssen. Alle mit den sonst üblichen Verfahren arbeitenden Erklärungsversuche, so meint er, müssten an der offensichtlichen Paradoxie der Geschehnisse scheitern. Nur eine Erklärung, die die eigene Deutung der Jünger übernimmt, kommt daher für ihn in Betracht. Die einzig vertretbare Erklärung

– 203 –

besteht für ihn demach darin, dass Jesus wirklich auferweckt wurde und seinen Jüngern begegnet ist

Wenn man auch sonst in dieser Weise an historische Geschehnisse herangehen würde, dann müsste man laufend die eigene Weltauffassung in Richtung auf frühere Vorstellungen korrigieren. Offenbar kann Küng sich keinerlei Erklärungsmöglichkeiten vorstellen, die seine eigene Psychologie des gesunden Menschenverstandes überschreiten. Es gibt aber in der modernen Psychologie längst Theorien, die es erlauben, Vorgänge ganz ähnlicher Art wie die in der Bibel berichteten, nämlich solche, die dem gesunden Menschenverstand paradox erscheinen, zu erklären.[12] Jedenfalls ist das vorschnelle Beseiteschieben psychologischer Erklärungsmöglichkeiten zugunsten des schlichten Glaubens bestenfalls für Gläubige überzeugend.

Mit der Tatsache, dass eine Auferweckung eines Verstorbenen nach unserem heutigen Wissensstand nicht möglich ist, wird unser Autor dadurch fertig, dass er dieses Ereignis in eine andere Dimension verlegt. Es handelt sich demnach dabei nicht um eine Rückkehr in das raumzeitliche Leben, sondern um eine Aufnahme in jene „unfassbare und umfassende letzte Wirklichkeit..., die wir mit dem Namen Gott bezeichnen". Eine solche „Erklärung" ist aber nicht besser als seine Erklärung der ganzen Wirklichkeit, die wir schon kennen gelernt haben. Das Verfahren, eine andere Dimension zu bemühen, wenn sonst nichts mehr weiterhilft, hatte er früher schon ins Auge gefasst. Und wir werden es auch in seinen späteren Arbeiten immer wieder finden.

Zu den Denkern, die Küng besonders schätzt, gehört Blaise Pascal. Wie Pascal weist er immer wieder auf die Tatsache hin, dass die Existenz Gottes im strengen Sinne weder beweisbar noch widerlegbar sei, ebenso wie etwa der Atheismus. Dennoch glaubt er einen Weg gefunden zu haben, den Glauben an den christlichen Gott als einzige rational verantwortbare Entscheidung nachzuweisen. Pascal ist offenbar angesichts der gleichen Lage schon zu einem ähnlichen Ergebnis gekommen. Aber dieser Denker fühlte sich im Erkenntnisbereich offenbar an die Forderungen des klassischen Rationalismus gebunden und er stellte fest, dass sie zumindest in Bezug auf religiöse Fragen kaum eingehalten werden können. Das Verfahren, das er dann einschlug, die sogenannte Pascal'sche Wette, erscheint zwar auf dem Hintergrund der klassischen Erkenntnislehre verständlich, aber es enthüllt sich dennoch bei genauerer Betrachtung als bedenklich, und zwar schon deshalb, weil auch bei ihm offenbar der Wunsch zum Vater des Gedankens wurde.[13]

In mancher Hinsicht ging Pascal ganz ähnlich vor wie Küng. Bei der Bestimmung der Voraussetzungen für seine Glaubensentscheidung reduzierte er die Zahl der in Frage kommenden Möglichkeiten im Hinblick auf die Existenz Gottes auf zwei: Entweder der seinem Begriff entsprechende Gott existiert oder es gibt keinen Gott. Und auch mit der Bestimmung dieser beiden Alternativen war die Vorstellung der Befriedigung oder Nichtbefriedigung eines Bedürfnisses verbunden, nämlich des Verlangens nach der ewigen Seligkeit. Seine Wahl war ganz offen an den Gewinn- und Verlustchancen und damit am Nutzen des Menschen orientiert, der vor der betreffenden Entscheidung steht. Er entscheidet sich für den Glauben an die Existenz Gottes, weil ihm sein Interesse an der ewigen Seligkeit über alles geht. Dass schon bei der Reduktion der in Betracht kommenden Möglichkeiten offenbar seine Wünsche in bedenklicher Weise zum Zuge gekommen waren, war ihm merkwürdigerweise nicht bewusst.

Im Falle Küngs liegt die Sache in dieser Hinsicht ähnlich. Nur besteht für ihn, der sich der These der Fehlbarkeit der Vernunft angeschlossen hat, eigentlich kein Anlass, auf dem Hintergrund der Vorstellungen des klassischen Rationalismus zu operieren. Überdies scheint ihm die Bedeutung seiner Wünsche für seine Beweisführung nicht deutlich geworden zu sein, obwohl er immer wieder die „existentielle Komponente" seines Denkens betont. Er praktiziert wie Pascal einen Alternativ-Radikalismus, und zwar an drei zentralen Stellen seiner Beweisführung: einmal, wenn es um das Grundvertrauen, zum zweiten Mal, wenn es um den Gottesglauben, und zum dritten Mal, wenn es um die christliche Ausprägung dieses Glaubens geht. Dabei kommt ihm die Fragwürdigkeit dieses Verfahrens überhaupt nicht zum Bewusstsein. Jedem Unbefangenen wird aber – ebenso wie im Falle Pascals – die Reduktion auf jeweils gerade diese beiden Alternativen als äußerst problematisch erscheinen müssen. Im Gegensatz zu Pascal gesteht er sich aber nicht ein, dass für die Wahl zwischen diesen Alternativen seine „existentiellen" Bedürfnisse eine Rolle spielen. Er verschleiert diese Tatsache vielmehr durch die Erfindung der schon erwähnten „inneren Rationalität", die es erlaubt, dem Gläubigen einen privilegierten Zugang zur Wirklichkeit zu verschaffen. De facto kann man bei ihm einen Rückfall in den klassischen Rationalismus konstatieren.

Man braucht aber heute nicht mehr auf dem Hintergrund der klassischen Rationalitätsidee zu operieren, wie Küng das tut. Es ist seit langem bekannt, dass Beweise und Widerlegungen im Sinne dieser Idee nicht gefordert werden können. Auch in den Realwissenschaften müssen zum Beispiel Entscheidungen über die Annahme oder Ablehnung von Hypothesen getroffen werden, ohne dass man sich je einer so einfachen Alternative gegenübersähe. Die Forderung nach Gottesbeweisen ist heute schon deshalb nicht mehr akzeptabel, weil in ihr die illusionäre alte Rationalitätsauffassung zum Ausdruck kommt. Andererseits war der Glaube an Gott in der klassischen Weltauffassung nicht etwa deshalb schon irrational, weil er den utopischen Begründungsforderungen nicht genügte, die man damals stellen zu können glaubte. Soweit man zeigen konnte, dass die Verankerung des Glaubens in dieser Weltauffassung darauf beruhte, dass die Existenz Gottes für die Erklärung von Zusammenhängen in diesem Rahmen Bedeutung hatte, war dieser Glaube vielmehr keineswegs ohne weiteres von der Hand zu weisen. Die Küng'sche These, man habe die Annahme der Existenz Gottes mit einer Wirklichkeitsauffassung in Beziehung zu setzen und ihre Erklärungsleistung in Rechnung zu stellen, um sie angemessen beurteilen zu können, ist daher durchaus akzeptabel.[14] Diese These entspricht einem Vorschlag, den ich vor längerer Zeit gemacht habe[15], allerdings bis auf einen nicht unwesentlichen Punkt. Die Art und Weise, in der Küng diese Erklärungsleistung auffasst, sieht so aus, dass man den Bankrott dieses Unternehmens vorhersehen kann. Die Forderung nach einer Erklärung der Wirklichkeit überhaupt durch Aufweis der Bedingung ihrer Möglichkeit ist ebenso utopisch wie die Forderung nach einer Wahrheitsgarantie für irgendwelche Erkenntnisse.

Die Theologie ist im Rahmen einer Weltauffassung entstanden, innerhalb deren sie einen sinnvollen Beitrag zur Weltdeutung leisten konnte, einer Auffassung, derzufolge das gesamte Weltgeschehen in einem Sinnzusammenhang steht, von dem her auch der Sinn des menschlichen Lebens bestimmbar erschien. Ihre Annahmen über die Möglichkeiten des Wirkens göttlicher Mächte und damit auch göttlicher Offenbarungen waren in dieser Wirklichkeitsauffassung verankert.

Diese Kosmosmetaphysik ist aber durch die Entwicklung der neuzeitlichen Wissenschaften seit langem der Erosion ausgesetzt worden und ihre für den Gottesglauben bedeutsamen Bestandteile sind nicht mehr Komponenten der heutigen Weltauffassung. Man kann sie daher nur noch aufrechterhalten, wenn man sie gegen unser übriges Wissen isoliert, so dass sie für Erklärungen keine Rolle mehr spielen. Wir sind aber stets in der Lage, beliebige Komponenten unserer Auffassungen in dieser Weise zu behandeln, sie also gegen jede Kritik zu immunisieren, auch wenn sie problematisch geworden sind. Daher sind solche Verfahrensweisen ohne jeden Wert für die Erkenntnis.

Die Methoden, mit deren Hilfe moderne Theologen versuchen, den Gottesglauben an das moderne Weltbild anzupassen, haben, soweit ich sehe, durchweg den Charakter solcher Immunisierungsverfahren. Das gilt jedenfalls für diejenigen Versuche, mit denen ich mich bisher beschäftigt habe. Auch der Küng'sche Versuch gehört dazu, wie ich mich zu zeigen bemüht habe.

Man könnte die heutige Problemsituation auch durch die These beschreiben, dass es keine funktionierende natürliche Theologie mehr geben kann.

Aber gerade deshalb ist eine natürliche, und das heißt in diesem Falle eine naturalistische, Wissenschaft vom Glauben an Gott um so wichtiger. Dazu haben gerade auch einige Denker, mit deren Auffassungen sich Küng in seinem Buch befasst hat, wie zum Beispiel Sigmund Freud, interessante Beiträge verfasst. Allerdings hat Küng von ihnen erwartet, dass sie eine Begründung des Atheismus liefern, und ihnen damit ein Thema zugeschoben, das sie nicht behandeln wollten, weil sie es mit Recht für erledigt hielten.

Die Erosion der Kosmosmetaphysik auf Grund des Erkenntnisfortschritts in den Wissenschaften hat zwar die natürliche Theologie unterminiert. Aber die Gottesidee als archimedischer Punkt für die Begründung der Moral und eines letzten Sinnes der Wirklichkeit ist teilweise bis in die heutige Zeit erhalten geblieben, obwohl Kant zu zeigen versucht hat, dass eine theonome Moralauffassung unhaltbar ist.

Im Gegensatz dazu behauptet Küng, Theonomie sei die Bedingung der Möglichkeit der sittlichen Autonomie des Menschen in der säkularen Gesellschaft, und versucht dazu noch, Kant für diese Auffassung in Anspruch zu nehmen. Wie immer man die Kant'sche Behandlung des Begründungsproblems beurteilen mag, jedenfalls müsste Küng den Nachweis erbringen, inwiefern die von ihm ins Auge gefasste „Letztbegründung" der Ethik auf der Basis des Gottesglaubens möglich ist. Sein Hinweis auf die „Unbedingtheit" Gottes hilft da jedenfalls nicht weiter, denn er müsste begründen, dass man Gottes Forderungen erfüllen sollte. Auch wenn es ihm als Theologen natürlich erscheint, den Begründungsregress gerade an dieser Stelle abzubrechen, so kann er jedenfalls nicht erwarten, dass jemand, der seine Denkgewohnheiten nicht teilt, solche Machtworte der theonomen Vernunft ohne weiteres akzeptiert. Wer das Begründungsdenken des klassischen Rationalismus durchschaut hat, wird auch ethische Normen nicht mehr als Dogmen behandeln wollen. Der Rückgriff auf die Autorität Gottes verschafft dem Theologen jedenfalls keine Vorteile bei der Behandlung moralischer Probleme. Spätestens seit David Hume dürfte klar sein, dass derartige Probleme auch im Rahmen des Naturalismus behandelt werden können.

Es ist aber nicht uninteressant, auf die Frage einzugehen, wie es um die spezifisch christliche Ethik bestellt ist, die man im Neuen Testament findet. Nach Küng zielt die Bergpredigt auf das radikale Ernstnehmen des Willens Gottes und fordert einen Gehorsam der Gesinnung und der Tat. Nur durch die Erfüllung dieser Forderung wird der Mensch „der Verheißungen des Reiches Gottes teilhaftig". Gott appelliert also in sehr drastischer Weise an den Eigennutz der Menschen, um sie zum Gehorsam zu veranlassen. Auf den durchaus utilitaristischen Charakter dieser Ethik hatte schon Albert Schweitzer hingewiesen. Wie Walter Kaufmann sagt, ist der entscheidende Punkt, dass „die Ethik Jesu, wie sie uns in den Evangelien vorliegt, auf dem unablässigen Appell an die Hoffnung auf Lohn beruht. Jesus predigt zu solchen, die ins Himmelreich eingehen möchten, und sagt ihnen, wie sie es anstellen müssen"[16]. Ich beschränke mich hier auf diesen Hinweis und verweise für eine Analyse weiterer Aspekte der jesuanischen Ethik, die man bei Küng nicht findet, auf die vorliegende Literatur[17].

Es ist natürlich ein sehr wichtiges Problem, in welcher Weise eine Moral tatsächlich in einer Gesellschaft und ihrem Kulturmilieu verankert ist. Diese Frage ist aber keineswegs identisch mit dem oben erörterten Begründungsproblem. Es könnte natürlich der Fall sein, dass gewisse Illusionen über die Existenz Gottes und den Inhalt seines Willens sowie Drohungen und Verheißungen, die mit der Befolgung oder Nichtbefolgung seiner Gebote und Verbote verbunden sind, dabei eine erhebliche Rolle spielen.

Aber auch diese Idee der Notwendigkeit einer religiösen Untermauerung der Moral scheint mir auf schwachen Füßen zu stehen. Zunächst gibt es eine ganze Reihe von Atheisten, denen man beim besten Willen nicht vorwerfen kann, dass ihre Moral wegen mangelnder religiöser Untermauerung unzuverlässig sei. Und andererseits haben uns religiöse Begründungen in der Geschichte nie vor den perversesten Entwicklungen des moralisch-politischen Lebens geschützt. Es hat im Gegenteil gerade die Idee, dass man eine unerschütterliche Begründung zur Hand habe, nicht selten zur Intoleranz, zum Fanatismus und all den unangenehmen Konsequenzen geführt, die mit solchen Gesinnungen verbunden zu sein pflegen. Im Übrigen haben wir Anlass anzunehmen, dass es natürliche Grundlagen der Moral gibt, die den Glauben an transzendente Sanktionen überflüssig machen.

Den dritten Band der Küng'schen Trilogie, der seine Eschatologie enthält[18], hat Küng veröffentlicht, nachdem meine Kritik an den in den beiden ersten Bänden enthaltenen Thesen und Argumenten erschienen war. In diesem Band hat er, wie er sagt, auf die theologische Fundierung zurückgegriffen, die er in diesen beiden Büchern geliefert hatte. Daher tauchen darin auch zentrale Thesen wieder auf, die er in ihnen formuliert hatte. Von dem, was er vorher behauptet hatte, hat er offenbar nichts zurückgenommen.

Küng hatte also die Möglichkeit, meine Kritik an seinen Auffassungen zur Kenntnis zu nehmen, ehe er sich mit der eschatologischen Problematik beschäftigte. Und er hat das, wie zu erwarten war, auch getan. Von einer ernsthaften Auseinandersetzung mit dieser Kritik kann allerdings nicht die Rede sein. Er widmet ihr in diesem Buch nur eine längere Anmerkung, die dem Leser klarmachen soll, warum er sich bei der Behandlung der speziellen Frage nach dem ewigen Leben um meine Kritik nicht zu kümmern braucht.[19] Die „fällige Weiterführung der Diskussion mit Alberts kritischem Rationalismus" könne in diesem Buch nicht geleistet werden. Wenn man sein neues Buch über Naturwissenschaft und Religion liest, gewinnt man den Eindruck, dass er mit seinem Rückgriff auf Popper'sche Ideen diese Aufgabe erfüllt zu haben glaubt, obwohl er in diesem Buch mit keinem Wort auf meine Kritik eingeht.

Warum er glaubt, sich dieses Verfahren leisten zu können, ist aus der erwähnten Anmerkung zu entnehmen.[20] Was er in meinem Buch vermisst, ist nach seinen eigenen Worten offenbar eine an „neuralgischen Punkten kritisch argumentierende Auseinandersetzung". Da ich glaube, genau das geleistet zu haben, kann ich für seine Charakterisierung meines Verfahrens kein Verständnis aufbringen. Ich habe den ernsthaften Versuch unternommen, die Küng'sche Sicht seiner Problemsituation zu rekonstruieren, und bin auf alle wesentlichen Thesen und Argumente, die er zur Lösung seiner Probleme vorgebracht hat, im Detail eingegangen. Dabei habe ich unter anderem gezeigt, dass Küng an „neuralgischen Punkten" seines Gedankengangs in einer Weise verfährt, die für den klassischen Rationalismus charakteristisch ist. An keiner Stelle meiner Auseinandersetzung mit Küng ist, wie er mir unterstellt, ein „Verdikt" oder ein „Frageverbot" zu finden. Was er zu meinem Verfahren sagt, kann ich daher nur als eine Karikatur dessen betrachten, was in meinem Text zu finden ist.

Wie in den beiden anderen Bänden seiner Trilogie macht uns Küng auch in seinem Buch zum ewigen Leben mit keineswegs uninteressanten Forschungsergebnissen aus verschiedenen Wissensgebieten bekannt, die sich aber meist als wenig ergiebig für die Lösung seiner Probleme erweisen. Das ist deshalb der Fall, weil er darauf hinweisen kann, dass mit ihrer Hilfe weder ein Beweis noch eine Widerlegung der von ihm aufgezeigten Alternativen möglich ist. Wie schon früher, so kann er auch hier wieder eine Patt-Situation in bezug auf Feuerbachs atheistische Negierung eines ewigen Lebens und den Glauben an ein solches Leben konstruieren, nachdem er zuvor festgestellt hat, dass mit einer psychologischen Erklärung des Glaubens an ein ewiges Leben noch keineswegs gezeigt sei, dass es kein reales Objekt dieses Glaubens geben könne.

Da ich auf diesen Punkt in meiner Analyse seines Buches zur Gottesproblematik eingegangen bin, hätte er Gelegenheit gehabt, meine Einwände zu berücksichtigen. Im Zusammenhang mit der Forderung nach „Bewahrheitung des Ewigkeitsglaubens" geht Küng auf Kant ein, dessen Lehre schon bei seiner Behandlung des Gottesglaubens eine Rolle gespielt hat. Wie schon vorher stellt er im Anschluss an seine Kantinterpretation fest, dass offenbar eine deduktive Ableitung der betreffenden These aus der erfahrenen Wirklichkeit unmöglich zu sein scheint, nicht dagegen eine induktive Anleitung, „welche die einem jeden zugängliche Erfahrung der fraglichen Wirklichkeit auszuleuchten" suche. Wieder spricht er hier von einem indirekten Verifikationskriterium. Auf meine Analyse seiner Argumentation zu dieser Frage geht er nicht ein.

In seinem Buch zur Gottesproblematik folgt dann sein Versuch einer „Bewahrheitung" seiner These der Existenz Gottes, der, wie ich gezeigt hatte, völlig gescheitert ist. Eine Antwort auf meine Kritik an diesem Versuch hat er sich durch seine Pauschalverurteilung meines Verfahrens erspart. Wie er selbst feststellt, hängt seine Hoffnung auf ein ewiges Leben eng mit dem Glauben an Gott zusammen. Meine Kritik an der Küng'schen Existenzthese hat daher auch negative Konsequenzen für seine Behandlung der eschatologischen Problematik.

Wie schon im ersten Band seiner Trilogie geht er dann wieder auf den Glauben an Jesus und auf die Resultate der historisch-kritischen Jesusforschung ein. Wie zu erwarten, erledigt er dieses Problem in derselben Weise wie schon früher. Man sieht hier, dass Küng es für angebracht hält, im Interesse der Bewahrung des religiösen Glaubens einen Wahrheitsrelativismus zuzulassen, um zeitgebundene Weltauffassungen als irrtumsfrei hinstellen zu können. Da der Küng'sche Versuch, einen rational verantwortbaren Gottesglauben zu rechtfertigen, gescheitert ist, wäre es wohl plausibel gewesen, auch mit dem Problem der Naherwartung anders umzugehen, als das in seiner Analyse geschieht. Seine Behandlung des Problems ist jedenfalls ein Rückfall hinter das, was Weiß und Schweitzer dazu gesagt haben. Im Gegensatz zu ihnen versucht er, das Scheitern der Eschatologie mit allen ihm zur Verfügung stehenden sprachlichen Mitteln zu verschleiern.

Auch sein Umgang mit dem Osterglauben ist so zu beurteilen. Die Auferweckung, so meint er, sei kein historisches, wohl aber ein wirkliches Ereignis, und zwar deshalb, weil die historische Wissenschaft gerade jene Wirklichkeit methodisch ausschließe, die für die Erklärung der betreffenden Tatbestände allein in Frage komme, nämlich die Wirklichkeit Gottes.[21] Es gehe hier um eine radikale Verwandlung in einen neuen Zustand, der völlig unanschaulich und unvorstellbar sei. Da unsere Sprache hier an Grenzen stoße, könne man hier nur zu Bildern, Metaphern und Symbolen greifen oder aber mit widersprüchlichen, paradoxen Begriffen arbeiten. Indem die endliche Person ins Unendliche eingehe, also wohl in Gott, verliere sie ihre Grenzen, so dass der Gegensatz personal/apersonal ins Transpersonale hinein überstiegen werde. Auf diese Art des Vorgehens bin ich schon eingegangen. Wir haben sie schon bei der Küng'schen Behandlung des Gottesproblems kennen gelernt. Ebenso wie sein Gottesbegriff verliert auch sein Begriff des ewigen Lebens durch die Art, wie er damit umgeht, jede Bestimmtheit. Es handelt sich offenbar um ein Wort, dem er keinen fassbaren Sinn zu geben vermag.

Es geht mir hier nicht etwa darum, unserem Autor die Formulierung metaphysischer Thesen vorzuwerfen. Solche Aussagen können durchaus sinnvoll sein und sie können rational diskutiert werden. Es geht vielmehr darum, dass Küng nicht in der Lage ist, zentralen Bestandteilen seiner Aussagen überhaupt einen Sinn zu geben. Wer einem Gläubigen mitteilt, dass ihm mit seinem Tode eine Einkehr in das unaussprechliche Geheimnis unserer Wirklichkeit ermöglicht wird, gibt ihm de facto zu verstehen, dass er nicht in der Lage ist, ihm etwas über seinen zukünftigen Zustand zu sagen. Da der Auferweckungsglaube offenbar auf den Gottesglauben gegründet ist und die Küng'sche Argumentation für diesen Glauben fehlgeschlagen ist, hängt die Hoffnung auf das ewige Leben gewissermaßen in der Luft.

Nun kennt die christliche Tradition, wie unser Autor mit Recht feststellt, aber zwei Möglichkeiten menschlicher Existenz im Jenseits, nämlich Himmel und Hölle. Wie die Küng'sche Darstellung der damit verbundenen Probleme zeigt, lässt sich die Hölle nicht ganz aus dem christlichen Glauben eliminieren, denn sonst würde der biblische Gerichtsgedanke seine Pointe verlieren. Aber er gibt sich Mühe, die Aussagen des Neuen Testaments über die Ewigkeit der Höllenstrafe zu verharmlosen.

In seinem Epilog spricht unser Autor dann von der „großen, erhabenen und doch zugleich unendlich grausamen Geschichte des Kosmos mit seinen Katastrophen, von denen die Menschen so oft mitbetroffen sind"[22]. Aber auf die Idee, sich ernsthaft zu fragen, wie sich diese Tatsachen mit seinem Vertrauen auf Gott und das von ihm erwartete Heil vereinbaren lassen, scheint er nicht zu kommen. Das Theodizeeproblem spielt, wie wir gesehen haben, bei seiner Behandlung der Gottesproblematik kaum eine Rolle. Daher kann er ohne Skrupel davon sprechen, dass das Vertrauensvotum, das er fordert, nicht nur zumutbar, sondern „auch in ungeschmälerter intellektueller Redlichkeit zu verantworten" sei.

Auch im letzten Buch seiner Trilogie hat sich unser Autor unbeirrt dieselben Denkkunststücke geleistet, die ich in meiner Kritik an seiner Vorgehensweise in den beiden ersten Büchern aufgedeckt und moniert hatte. Seine Trilogie zur Problematik des christlichen Glaubens ist ein Musterbeispiel für illusionäres Denken im Dienste religiöser Vorstellungen, die mit dem modernen Weltbild unvereinbar sind.

Küngs Untersuchung des Verhältnisses von Naturwissenschaft und Religion

Damit komme ich zurück auf das neue Buch, in dem sich Küng mit dem Verhältnis von Naturwissenschaft und Religion befasst. Wie er in der Einleitung dieses Buches sagt, möchte er in ihm „in bescheidenem Ausmaß jenes Licht weitergeben, das die grandiosen Ergebnisse vor allem der Physik und der Biologie auf den Anfang von Welt, Leben und Mensch werfen, Licht, wie es in völlig anderer Weise nach wie vor das zeitgemäß verstandene Zeugnis der Bibel ausstrahlt, Licht wie es in demütigem Selbstbewusstsein eine aufgeklärte Philosophie und Theologie heute den Menschen zu vermitteln vermag"[23].

Und man findet in diesem Buch in der Tat eine populäre Darstellung wissenschaftlicher Resultate, eine Darstellung des Zeugnisses der Bibel und eine Darstellung philosophischer und theologischer Auffassungen, die vom Autor für die Lösung seiner Probleme verwertet werden. Das zentrale Problem, um dessen Lösung es ihm geht, wird von ihm folgendermaßen formuliert: Es gehe, so sagt er, „um nichts weniger als um Ursprung und Sinn des Weltalls als Ganzes, ja, der Wirklichkeit überhaupt"[24].

Man sieht also, dass seine Problemstellung an das anknüpft, was er in seiner Trilogie behandelt hatte, wo es, wie wir gesehen haben, um die Begründung der als sinnvoll vorausgesetzten ganzen Wirklichkeit ging und die Existenz des christlichen Gottes für diese Begründung herangezogen wurde. An dieser Grundposition wird sich, wie wir sehen werden, nichts ändern. Und wie er ausdrücklich betont, baut er auf den methodischen Grundlagen auf, die er in seinem Buch zum Gottesproblem entwickelt hatte.[25] Die Thesen und Argumente, die an zentralen Stellen seines neuen Buches vorkommen, stimmen zum Teil wörtlich mit denen überein, die in den drei Bänden seiner Trilogie zu finden sind. Nur bringt er sie in Zusammenhang mit Problemen und Resultaten der Wissenschaften, die er bisher nicht berücksichtigt hatte, und sucht deren Stärken und Schwächen herauszuarbeiten.

Da geht es zunächst um eine vereinheitlichte Theorie für alles, wie sie von Physikern ins Auge gefasst wurde. Er bietet in diesem Teil eine kurze Geschichte der Physik und der Reaktionen der Kirche auf neue Erkenntnisse, die ihm Gelegenheit gibt, die Fehlurteile der Kirche zu kritisieren. Er geht dabei auf Kopernikus, Kepler, Galilei, Einstein, Planck und andere Physiker ein, auf den Urknall und das expandierende Universum, auf Hawking und den Grundlagenstreit in der Mathematik, und schließt mit einer Mahnung zur Bescheidenheit und Selbstbesinnung, die mit der Aufforderung endet, die Physiker sollten die aus dem 19. Jahrhundert stammenden positivistischen Grundlagen ihres wissenschaftlichen Denkens überprüfen. Es folgt dann ein Abschnitt über das Ungenügen des Positivismus, der als ein Kernstück seines Buches anzusehen ist. Er geht darin auf Karl Poppers Positivismuskritik ein und schließt sich dieser Kritik an. Wie schon erwähnt, sieht es so aus, als ob Küng in diesem Abschnitt die „fällige Auseinandersetzung" mit dem kritischen Rationalismus unterbringen möchte. Aber diese Auseinandersetzung besteht eben im Wesentlichen darin, dass er den Popper'schen Fallibilismus und seine allgemeine methodische Orientierung akzeptiert, um sie zur Kritik anderer Auffassungen verwenden zu können. Darüber, dass auf dem Hintergrund dieser philosophischen Auffassung eine durchschlagende Kritik an den zentralen Thesen und Argumenten seiner früheren Bücher möglich war, wird der Leser an keiner Stelle seines Buches informiert, obwohl er diese Thesen und Argumente in diesem Buche wiederholt.

Was ihm für seine Argumentation wichtig erscheint, ist vor allem die Popper'sche Zurückweisung der positivistischen These von der Sinnlosigkeit metaphysischer Aussagen, Poppers These, dass eine rationale Behandlung metaphysischer Fragen grundsätzlich möglich ist und dass sogar metaphysische Ideen für die Entwicklung der Kosmologie von großer Bedeutung waren, und sein Nachweis, dass die Aussagen der Naturwissenschaften sich zwar bewähren können, dass sich aber ihre Wahrheit nicht mit objektiver Gewissheit zeigen lässt, so dass es kein absolut gesichertes Wissen gibt. Küng scheint also wesentliche Einsichten des kritischen Rationalismus übernommen zu haben. Sehen wir uns an, wie er sie verwendet.

In einem Abschnitt über die Fraglichkeit der Wirklichkeit weist er auf die Vieldimensionalität und Vielschichtigkeit der Wirklichkeit hin und warnt davor, einen bestimmten Aspekt der Wirklichkeit zu verabsolutieren. Andererseits, so meint er, müsse die Einheit und Wahrheit der Wirklichkeit immer wieder neu zur Sprache gebracht werden. Und neben dem methodisch-rationalen Denken möchte er auch dem intuitiv-ganzheitlichen Erkennen einen Platz einräumen. Schließlich lässt er uns im letzten Abschnitt dieses Kapitels wissen, dass Naturwissenschaft und Theologie unterschiedliche, aber gleichberechtigte Perspektiven eröffnen. Für beide Bereiche scheint er den von Popper vertretenen methodologischen Revisionismus zu akzeptieren. Nach einer kurzen, nicht sehr klaren Stellungnahme zur Kant'schen Erkenntnislehre, aus der nicht hervorgeht, ob er im Gegensatz zu Kant eine realistische Position vertreten möchte, stellt er dann fest, dass sich auch dem Naturwissenschaftler auf einer tieferen Ebene die Frage stellt, „was die Welt im Innersten zusammenhält, und damit auch die Frage nach Grund und Sinn des Ganzen der Wirklichkeit".

Am Schluss des Kapitels charakterisiert er seine Methode. Er tritt nicht für ein Konfrontationsmodell zwischen Naturwissenschaft und Religion ein und auch nicht für ein Integrationsmodell harmonistischer Prägung, sondern für ein Komplementaritätsmodell kritisch-konstruktiver Interaktion der beiden, „in dem die Eigensphären bewahrt, alle illegitimen Übergänge vermieden und alle Verabsolutierungen abgelehnt werden, in dem man jedoch in gegenseitiger Befragung und Bereicherung der Wirklichkeit als ganzer in allen ihren Dimensionen gerecht zu werden versucht"[26].

Im folgenden Kapitel, so sagt er dann, möchte er „tiefer bohren als nur bis zur mathematischen Struktur der physikalischen Welt", nämlich „nach einem zusammenhaltenden Sinn-Grund aller Dinge unserer Erscheinungswelt". Dieses Kapitel[27] enthält historische Berichte darüber, wie Philosophen und Wissenschaftler Probleme behandelt haben, die Küng mit seiner Frage nach dem absoluten Anfang in Zusammenhang bringen möchte. Dabei geht er auch wieder auf die Gottesbeweise ein und schließt sich der Kant'schen Auffassung an, dass diese Beweise zwar alle gescheitert, aber auch Gegenbeweise nicht möglich sind, so dass auch der Atheismus hier in seine Schranken gewiesen sei.

Nun hatte ich in meiner Untersuchung der Küng'schen Behandlung der Gottespropblematik schon darauf hingewiesen, dass für Existenzbehauptungen eigentlich derjenige die Beweislast trägt, der sie vertritt, ganz abgesehen davon, dass es hier ohnehin nicht um Beweise oder Gegenbeweise im klassischen Sinne gehen kann, wenn man den konsequenten Fallibilismus akzeptiert. Wer mit der These der Existenz Gottes operiert, hätte zu zeigen, welche Erklärungsleistung er damit erreichen kann. An dieser Aufgabe war Küng in seinen früheren Bemühungen jedenfalls gescheitert. Auch seine Untersuchung der Religionskritik des neunzehnten Jahrhunderts, die nun folgt, leidet unter den Schwächen, die sich schon in seinem Buch zur Gottesproblematik gezeigt hatten.

Die Naturwissenschaft, so stellt er dann fest, müsse Gott aus dem Spiel lassen. Aber auch das ist keineswegs selbstverständlich. Noch Newton hatte bekanntlich gute Gründe, Gott innerhalb seiner Wissenschaft zu berücksichtigen[28], obwohl dieser, wie Küng uns mitteilt, „nicht wie andere Objekte empirisch konstatiert und analysiert werden kann". Und erst Laplace konnte auf diese Hypothese verzichten. Newtons Physik war in eine realistische Metaphysik eingebettet, die sich auf die ganze Wirklichkeit bezog. Dass die Naturwissenschaft, wie Küng sagt, wenn sie ihrer Methode treu bleiben will, ihr Urteil nicht über den Erfahrungshorizont hinaus ausweiten darf, ist daher eine äußerst missverständliche These. Schon die realistische Interpretation physikalischer Theorien ist ein philosophisches Problem, das für die Diskussion

Küngs Untersuchung des Verhältnisses von Naturwissenschaft und Religion

innerhalb der Physik eine Rolle spielt. Und wie Popper gezeigt hat, haben metaphysische Auffassungen große Bedeutung für die Erkenntnisprogramme der Realwissenschaften. Kompetenzzuweisungen an bestimmte Disziplinen, wie sie in diesem Küng'schen Buch an vielen Stellen auftreten, sind geeignet, die Lösung der betreffenden Probleme zu erschweren. Die Forderung der „Offenheit gegenüber der gesamten Wirklichkeit" ist damit jedenfalls nicht vereinbar.

Anschließend an seine grundsätzlichen Erörterungen macht uns Küng wieder mit Ergebnissen der Naturwissenschaften bekannt und mit der Tatsache, dass bisherige Lösungen der betreffenden Probleme auch nach Auffassung bedeutender Physiker nicht befriedigend sind. Das gibt ihm Gelegenheit, diesen Physikern Pascals Wette vorzulegen, mit der dieser Philosoph angeblich deutlich machen wollte, dass in Bezug auf die Frage der Existenz Gottes „nicht ein Urteil der reinen Vernunft, sondern eine Entscheidung des ganzen Menschen gefordert wird, die von der Vernunft nicht bewiesen, wohl aber vor der Vernunft verantwortet werden kann." Tatsächlich handelte es sich bei dieser Wette aber um die Anwendung eines Nutzenkalküls auf der Basis des durchaus egoistischen Wunsches nach ewiger Seligkeit und einer unzulänglichen Analyse der vorliegenden Problemsituation.[29] Mir ist unverständlich, inwiefern es angebracht ist, hier von einer Entscheidung des „ganzen Menschen" zu sprechen.

Dann geht Küng auf das Problem der kosmischen Feinabstimmung ein und beschreibt zwei Reaktionen auf dieses Problem, die er als "kosmologische Spekulation" und als „kosmologische Demonstration" charakterisiert. Was die erste dieser Reaktionen angeht, so wendet er sich gegen ein von der Empirie nicht gedecktes Ausdenken bloßer Möglichkeiten, so dass man den Eindruck gewinnt, man müsse in der wissenschaftlichen Forschung bei der Entwicklung theoretischer Alternativen von vornherein alle Möglichkeiten empirischer Prüfung zu erkennen in der Lage sein. Das kann aber schon deshalb nicht gefordert werden, weil solche Theorien unendlich viele Konsequenzen enthalten.[30] Er bringt dann sein Bedauern darüber zum Ausdruck, dass man sich nicht „mit dem modernen Schöpfungsverständnis" auseinandersetzt, sondern den Schöpfungsgedanken „diskussionslos" übergeht. Man darf gespannt sein, was er selbst in dieser Hinsicht anzubieten hat.

Dann geht es um das, was er „kosmologische Demonstration" nennt. Er meint damit den Tipler'schen Versuch, Gott in die Kosmologie einzubauen. Wenn man sich allerdings die Art der Argumentation ansieht, die hier vorliegt, dann sieht man, dass der Ausdruck „kosmologische Demonstration" irreführend ist, denn abgesehen davon, dass dabei die Geltung bestimmter Gesetze vorausgesetzt wird, folgt offenbar die These der Existenz Gottes nicht aus diesen Voraussetzungen, und zwar schon deshalb, weil der jüdisch-christlich-muslimische Gott personalen Charakter hatte. Demnach handelt es sich hier wie in den vorher behandelten Fällen um eine reine Spekulation.

Was Küng in diesem ganzen Abschnitt diskutiert, sind mögliche Motive von Physikern, nämlich vor allem das Motiv, „der Herausforderung des Buches Genesis auszuweichen und die Gottesfrage ignorieren zu können". Aber ernsthafte Argumente zur Sache sind hier schon deshalb nicht zu finden, weil er sich als unzuständig für die Beurteilung der vorgeschlagenen Problemlösungen erklärt. Einerseits will er die Sachargumentation den Physikern überlassen und kann dazu auch nicht mehr sagen, als dass das Problem der empirischen Prüfbarkeit wichtig ist, also etwas, was, wie seine Analyse zeigt, die betreffenden Fachleute selbst schon wissen. Andererseits will er durch die Analyse des Motivationshintergrunds den Eindruck der Voreingenommenheit bei einigen Physikern erzeugen. In dieser Hinsicht hätte er allerdings Grund genug, sich an seine eigene Argumentation in seiner Trilogie zu erinnern.

Im letzten Abschnitt dieses Kapitels kommt er nun auf die „Kernfrage" zu sprechen, nämlich die Frage der „Letztbegründung der Wirklichkeit", mit der die Physik möglicherweise überfordert sei. Trotz phantastischer Erkenntnisfortschritte, so meint er, sei die Rätselhaftigkeit der Welt keineswegs verschwunden. In der Tat tauchen mit dem Fortschritt der Erkenntnis, wie schon Popper festgestellt hatte, immer neue Probleme auf. Nach Küng hat die wissenschaftstheoretische Diskussion Folgendes gezeigt: „Während die Argumente der Physik, auf Beobachtung, Experiment und Mathematik aufgebaut, einen logisch zwingenden Charakter haben, können die philosophisch-theologischen Argumente für die Annahme einer metaempirschen Wirklichkeit bestenfalls eine Hinführung und Einladung sein. Das heißt: In diesen letzten Fragen herrscht kein intellektueller Zwang, sondern Freiheit".

Das ist eine seltsame Feststellung. Tatsächlich werden ja in beiden Bereichen Argumente verwendet, so dass die Logik und insofern auch der von ihm so genannte Zwang in beiden eine Rolle spielt. Außerdem werden in beiden Bereichen alternative Problemlösungen diskutiert, sodass auch in der Physik und in den anderen Realwissenschaften die „Freiheit" da ist, die er für Philosophie und Theologie beansprucht. Auch er selbst formuliert immer wieder Argumente, wenn auch nicht gerade mit großem Erfolg.

Zugleich habe sich deutlich gezeigt, so meint er dann, dass das naturwissenschaftliche Instrumentarium angesichts der Frage nach dem letzten Woher dieser rätselhaften Wirklichkeit versage. Wir haben gesehen, dass diese Beurteilung der Sachlage keineswegs unproblematisch ist. Aber es kann durchaus zugestanden werden, dass es irgendwelche unüberwindliche Schranken für unsere Erkenntnis geben kann, die dann allerdings auch der Theologe kaum zu überwinden in der Lage ist. Jedenfalls zieht Küng die Konsequenz, dass man hier zu der Frage nach der Wirklichkeit überhaupt komme, für deren Beantwortung er sich bekanntlich zuständig fühlt: Warum gibt es überhaupt etwas und nicht vielmehr nichts? Das sei die Ur-Frage des Menschen, die der Naturwissenschaftler, der jenseits des Erfahrungshorizonts nicht mehr zuständig sei, nicht beantworten könne. Hier stoße der Mensch auf das Urgeheimnis der Wirklichkeit. Es sei die Frage nach einem möglichen Urgrund, Urhalt, Urziel dieser Wirklichkeit, die sich nicht nur für den Naturwissenschaftler, sondern für den Menschen als Menschen stelle.

Man sieht also, dass Küng hier bei der Frage angekommen ist, die er schon in seinem Buch zur Gottesproblematik gestellt und zu seiner eigenen Zufriedenheit beantwortet hatte. Was er bisher zeigen wollte, ist nur, dass die Naturwissenschaften diese Frage nicht beantworten können. Wenn man, wie Küng das in diesem Buche offenbar einräumt, vom kritischen Rationalismus ausgehen kann, dann haben wir es also mit einer metaphysischen Frage zu tun, die durchaus rational diskutierbar ist. Gerade der Naturwissenschaftler, so meint Küng nun, stehe vor der Alternative, angesichts dieser Fragen zu kapitulieren und Fragen nach Ursachen aufzugeben oder aber sich auf die Frage nach Gott einzulassen. Er möchte ihm empfehlen, Gott zumindest als Hypothese in Betracht zu ziehen.

Nun wird uns Küng in den beiden Abschnitten über Gott als Hypothese und Gott als Wirklichkeit mit einer Argumentation konfrontieren, die wir schon aus seinem früheren Buch kennen. Und wir bekommen als erstes eine Passage aus einem Text von Werner Heisenberg serviert, die wir ebenfalls schon kennen, nämlich die Aussage, der Schluss von der Existenz der Welt auf eine Ursache dieser Existenz sei mit unserer wissenschaftlichen Erkenntnis völlig vereinbar. Ich habe mich zu dieser Aussage in meiner Kritik der Küng'schen Theologie ausführlich geäußert.[31] An dieser Stelle hätte unser Autor, der in seinen früheren Büchern gezeigt hat, dass er mit der Logik auf Kriegsfuß steht, und der in diesem Buch immer wieder die Physiker zu mehr Demut auffordert, besser daran getan, einen Logiker zu Rate zu ziehen. Von ihm hätte er erfahren können, dass es sich hier nicht um einen Schluss handelt, und dass die Anwendung des Kausalprinzips, wenn man es als zusätzliche Prämisse einführen würde, sofort die Frage nach der Ursache dieser Ursache, also hier wohl nach der Ursache Gottes, nach sich ziehen würde. Um die Kausalkette abzuschließen, könnte er zwar auf den Begriff Gottes als einer „causa sui" zurückgreifen, müsste aber dann mit einer Kritik rechnen, die schon bei Schopenhauer zu finden ist.

Der Gottesglaube ist in der Tat, wie er dann feststellt, mit verschiedenen

Weltmodellen vereinbar. Wer wollte das bestreiten. Aber dasselbe gilt natürlich für den Glauben, dass es keinen Gott gibt. Es müsste also etwas hinzukommen, wenn man ihn, wie Küng das vorhat, begründen möchte. Und mit diesem Argument rückt er nun heraus: „In der Tat, wenn Gott existierte, dann wäre die Kernfrage nach dem Anfang aller Dinge beantwortet, warum überhaupt etwas ist und nicht nichts. Beantwortet wäre auch die Rahmenfrage nach den kosmischen Grundkonstanten, die von allem Anfang an die Entwicklung des Universums bestimmen".

Diese These wird möglicherweise einem Gläubigen einleuchten, aber der Skeptiker wird sich fragen müssen, wieso sie akzeptabel ist. Man müsste genauer wissen, welche Eigenschaften Gottes zu der Annahme berechtigen, dass damit diese Kernfrage beantwortet ist. Mit dieser Frage hatte sich Küng schon in seinem Buch zur Gottesproblematik beschäftigt und wir hatten gesehen, dass seine Bemühungen, sie zu beantworten, keinen Erfolg hatten.

In diesem Buch scheint er vorauszusetzen, er habe uns dort eine zufriedenstellende Antwort angeboten. Das geht auch daraus hervor, wie er die Frage beantwortet, wie man Gewissheit darüber erlangen könne, dass Gott nicht nur eine Hypothese, eine Idee, sondern Wirklichkeit sei. Er macht uns hier in aller Kürze damit bekannt, wie die Antwort auf diese Frage aussieht, die er in seinem früheren Buch schon gegeben hat. Da ist von einer vertrauenden, rational verantwortbaren Grundentscheidung und Grundeinstellung die Rede, einer Vertrauenshaltung, in der man trotz aller Zweifel das Wirklichsein der Wirklichkeit im Ganzen erfahren könne, also die grundlegende Identität, Werthaftigkeit und Sinnhaftigkeit dessen, was ist, bejahen könne. In einer solchen Vertrauenshaltung könne man auch das Wirklich-Sein Gottes, eines Urgrunds von allem, was ist, annehmen, was sich auf das ganze Erleben, Verhalten und Handeln auswirke.

Wer an der wissenschaftstheoretischen Diskussion interessiert sei, so sagt er dann, werde jetzt präzisieren können: Unmöglich sei sowohl ein induktiver Beweis als auch eine deduktive Ableitung Gottes aus dieser erfahrbaren Wirklichkeit von Welt und Mensch durch eine theoretische Vernunft, die Gottes Wirklichkeit in logischen Schlussfolgerungen demonstrieren möchte. Doch nicht unmöglich erscheine eine hinführende Anleitung, welche die einem jeden zugängliche Erfahrung der so sehr fraglichen Wirklichkeit auszuleuchten versuche, um den denkenden und handelnden Menschen vor eine freie, jedoch rational verantwortbare Entscheidung zu stellen. Dabei komme nur ein indirektes Verifikationskriterium in Frage, das Gott an der erfahrenen Wirklichkeit von Welt und Mensch zu verifizieren suche.

Man sieht, dass Küng hier in abgekürzter Form die Vorgehensweise reproduziert, die er früher schon ausführlicher vorgeführt und der ich eine gründliche Analyse gewidmet hatte. Allerdings hat er eine kleine Änderung vorgenommen, die wohl dem Umstand zu verdanken ist, dass er inzwischen die Popper'sche Kritik der Induktion zur Kenntnis genommen hat. Während er früher nur die „deduktive Ableitung" Gottes abgelehnt und eine „induktive Anleitung" für möglich erklärt hatte, lehnt er nun auch einen „induktiven Beweis" ab und spricht von einer „hinführenden" und nicht mehr wie früher von einer „induktiven Anleitung". Diese größere Vorsicht in der Wortwahl ist aber ohne Bedeutung für das von ihm vorgeschlagene Verfahren.

Meine Kritik an diesem Verfahren hat er zur Kenntnis genommen. Es mag ja sein, dass er sie nicht akzeptieren kann. Aber er geht auf keines meiner Argumente ein und verschweigt seinen Lesern, dass es eine solche Kritik gibt. Dabei hat er in diesem Buch ausdrücklich die auf Popper zurückgehende philosophische Auffassung akzeptiert, die die Grundlage dieser Kritik ist. Und er benutzt diese Auffassung, um andere Leute in die Schranken zu weisen. Angesichts dieser Sachlage darf man wohl von einer beachtlichen Dreistigkeit sprechen, die Küng hier im Umgang mit seinen Diskussionspartnern an den Tag legt.

Das Kapitel schließt mit einem Abschnitt über den archimedischen Punkt, in dem er feststellt, dass ein Ja zu Gott ein radikal begründetes Grundvertrauen zur Wirklichkeit ermögliche und dass das Gott-Vertrauen die Bedingung der Möglichkeit der fraglichen Wirklichkeit anzugeben vermöge. Insofern, so meint Küng, zeige es eine radikale Rationalität, die sich vom ideologischen Rationalismus, der die Ratio verabsolutiere, klar unterscheide. Man erinnere sich daran, dass er in den beiden ersten Büchern seiner Trilogie gerade den kritischen Rationalismus als ideologischen Rationalismus denunziert hatte, also die philosophische Auffassung, deren er sich in diesem Buche teilweise bedient.

Die letzten Abschnitte dieses Kapitels haben zentrale Bedeutung für die Küng'sche Auseinandersetzung mit den Naturwissenschaften, der dieses Buch gewidmet ist. Sie enthalten, wie er selbst sagt, die Antwort auf die Kernfrage, um die es ihm dort geht. Diese Antwort ist dieselbe, die er in den früheren Büchern schon gegeben hatte. Die Darstellung naturwissenschaftlicher Probleme und Resultate hat in dieser Beziehung nichts Neues ergeben. Küng hat sie nur benutzt, um den Vertretern dieser Wissenschaften Zensuren zu erteilen und ihnen Ratschläge zu geben. Einer dieser Ratschläge ist der, dass sie sich stärker mit Ergebnissen der modernen Theologie befassen sollten, um ihre Grundprobleme besser lösen zu können. Was ihnen diese Theologie zu bieten in der Lage ist, haben wir nun gesehen.

In den weiteren Kapiteln seines Buches beschäftigt sich Küng mit den Themen „Weltschöpfung oder Evolution?", „Leben im Kosmos?" und „Der Anfang der Menschheit". Dem schließt sich ein Epilog über das Ende aller Dinge an. Im Kapitel über „Weltschöpfung oder Evolution?" wird der Leser wie in den vorherigen Kapiteln mit den für dieses Thema relevanten Resultaten der modernen Naturwissenschaft, also mit der Darwin'schen Lehre, bekannt gemacht, mit Reaktionen auf diese Lehre und mit philosophischen Konzeptionen, die er in diesem Zusammenhang für diskussionswürdig hält. Die Darwin'sche Lehre wird von ihm akzeptiert und die negativen theologischen Reaktionen auf sie werden verurteilt. Er stellt dann fest, dass sich die Theologie inzwischen in dieser Frage von der unmittelbaren Erschaffung der ganzen Welt zurückgezogen und schließlich überhaupt auf einen unmittelbaren Eingriff Gottes in die Entwicklung von Welt und Mensch verzichtet habe. Und er gibt der bekannten Flew'schen These recht, dass die Hypothese Gott den Tod von tausend Einschränkungen sterbe. Man könne fragen, so meint er dann, ob eine solche Haltung glaubwürdiger Gottesglaube sei.

Dann geht er der Reihe nach auf die Auffassungen von August Comte, der einen Fortschritt ohne Gott ins Auge gefasst habe, von Pierre Teilhard de Chardin, bei dem es um eine Evolution zu Gott gehe, und von Alfred North Whitehead ein, der von einem Gott im Prozess, von einem Werden Gottes, spreche, um sich dann „unvoreingenommen der Sachfrage zu stellen", wie man heutzutage Gott denken solle. Man solle sich, so meint er, nicht davon abhalten lassen, neue Redeweisen von Gott zu erproben, damit der Kinderglaube erwachsen werde. Den von ihm erwähnten Autoren ist es allerdings, soweit ich sehe, nicht um die Erprobung von „Redeweisen" gegangen, sondern um einen akzeptablen Gottesbegriff und um seine Bedeutung für das wirkliche Geschehen.

Unser Autor stellt dann in aller Kürze fest, dass Gott weder ein innerirdisches, noch ein überirdisches, noch ein außerirdisches Wesen sei. Grundlegend sei, dass Gott in diesem Universum und dieses Universum in Gott und zugleich Gott größer als die Welt sei. Er sei zugleich weltimmanent und welttranszendent, eine allumfassende transempirische Beziehungswirklichkeit, seine Ewigkeit umgreife die Zeit, er sei die Dynamik selbst, schaffe die Welt in sich selbst, halte und bewege sie unsichtbar von innen. Er sei die nicht greifbare „Realdimension Unendlich" in allen Dingen. Man könne das Verhältnis Gott-Welt, Gott-Mensch nur dialektisch formulieren. Man fragt sich, warum er dem Begriffssalat, den er mit seinen Formulierungen geschaffen hat, nicht noch die These hinzugefügt hat, dass Gott zugleich gut und böse sei. Auf diese Weise hätte er sich jedenfalls die Lösung des Theodizeeproblems etwas erleichtern können.

Auf die Frage, ob Gott Person ist, antwortet er, ganz ähnlich wie schon in seinem Buch zur Gottesproblematik: Da Gott weder personal noch apersonal sei, könne der Theologe davon reden, dass er transpersonal sei. Aber er setzt gleich hinzu, dass mit diesem Begriff keineswegs Gott begriffen, mit dieser Definition keineswegs Gott definiert werden könne. Denn hätte man ihn begriffen oder definiert, so wäre er nicht Gott, der nun einmal der Unsichtbare, Unbegreifliche, Undefinierbare sei und bleibe.[32]

Ich bin in meinem oben erwähnten Buch schon ausführlich auf den Küng'schen Versuch eingegangen, dem Wort „Gott", das er für unersetzlich hält, einen einigermaßen verständlichen Sinn zu verleihen[33], und begnüge mich hier damit, auf meine Kritik hinzuweisen, auf die Küng bisher nicht eingegangen ist. Ich stelle nur fest, dass dieser Theologe den Anspruch macht, es könne ihm gelingen, mit Hilfe eines Wortes, dem er nicht in der Lage ist, einen Sinn zu verleihen, das „Ganze der Wirklichkeit" zu erklären, etwas, was der Physiker aufgrund seiner beschränkten Methode nicht leisten könne. Nun machen Physiker im Allgemeinen überhaupt keinen Anspruch dieser Art, und Theologen oder Philosophen, die diesen Anspruch machen, scheitern meist schon deshalb an dieser Aufgabe, weil sie weder Klarheit darüber zu schaffen in der Lage sind, um was für ein Problem es sich dabei handelt, noch wie sie es zu lösen gedenken. Genau das zeigt sich auch in den Bemühungen Küngs in dieser Sache.

Es folgt nun ein Bericht über die Schöpfungsmythen der Weltreligionen und ein Abschnitt, in dem er manchen Physikern bescheinigt, dass es ihnen schlicht an der für ein rationales Urteil notwendigen Basisinformation auf dem Gebiete der Religion fehle, wobei Carl Friedrich von Weizsäcker als hervorragendes Gegenbeispiel hingestellt wird, und zwar nicht, weil er ein Problem gelöst, sondern weil er eine Frage gestellt hat, die dem Theologen ins Konzept passt. Um die erwähnte Basisinformation zu bieten, geht er dann auf die biblischen Schöpfungsberichte ein, und zwar im Lichte der „höchst komplexen modernen Bibelforschung", um ein vernünftiges, gut begründetes Urteil in der Gottesfrage zu erleichtern,

Das Eigentümliche des ersten biblischen Schöpfungsberichts sei, so hören wir, die Transzendenz Gottes, der die Welt allein durch das Wort erschaffen habe, die Würde des Menschen, der als Ebenbild Gottes charakterisiert werde, und die Ordnung und Einheit der Schöpfung, die ein wohlgeordnetes, strukturiertes, harmonisches Ganzes sei. Der um Jahrhunderte ältere zweite Schöpfungsbericht konzentriere sich auf die Erschaffung des ersten Menschenpaares.

In einem zentralen Punkt gebe es in der Bibel keine Veränderung: Gott sei ein anredbares Gegenüber, ein Du. Das sei eine unaufgebbare, wenn auch immer wieder neu zu interpretierende Grundkonstante des biblischen Gottesglaubens. Die Bibel sei aber, so meint er, nicht einfach Gottes Offenbarung, sondern menschliches Zeugnis von ihr in einer Sprache von Bildern und Gleichnissen.

Küng nennt die Sprache der Bibel eine metaphorische Bildsprache und stellt die Frage, wie der verwissenschaftlichte Mensch gerade Gottes Schöpfertätigkeit anders hätte beschreiben sollen als durch Metaphern und Analogien, die dem Bereich menschlicher Tätigkeiten entnommen sind. Die wirkmächtigen Bilder und Metaphern der Bibel seien, so meint er, kein Beweis für einen „kosmischen Designer oder Architekten", sondern eine Einladung zum glaubenden Vertrauen auf den einen, nicht direkt konstatierbaren und beschreibbaren unsichtbaren Gott.

Es lässt sich meines Erachtens aber kaum leugnen, dass dieser Gott, mag er auch unsichtbar und schwer fassbar sein, dennoch personalen Charakter hat. Er hat einen Willen, er gibt Anweisungen, er droht und greift lenkend in das irdische Geschehen ein, man kann zu ihm beten und er kann Hilfe gewähren. Und ein solcher Gott passt sehr gut in das vorwissenschaftliche Weltbild. Ein erheblicher Teil des in der Bibel berichteten Geschehens wird keineswegs in metaphorischer Sprache beschrieben, sondern in einer alltäglichen „Faktensprache", die für uns gut zu verstehen ist. Wenn zum Beispiel Gott das Volk Israel dazu auffordert, ein anderes Volk zu vernichten, dann wüsste ich nicht, was daran metaphorisch ist. Der Gottesbegriff, der da verwendet wird, ist gut zu verstehen. Er hat allerdings wenig zu tun mit dem Küng'schen Gottesbegriff, der alle Begriffe sprengt, so dass man eigentlich nicht mehr von einem Begriff sprechen kann. Die Bibel, so sagt er, beschreibe keine naturwissenschaftlichen Fakten, sondern deute sie, auch für unser gegenwärtiges menschliches Leben und Handeln. Beide Sprach- und Denkebenen seien immer sauber zu trennen, wenn man fatale Missverständnisse vermeiden wolle. Wissenschaftliche und religiöse Sprache seien so wenig vergleichbar wie wissenschaftliche und poetische.

Nun kann sicher nicht die Rede davon sein, dass in der Bibel eine naturwissenschaftliche Sprache verwendet wird. Aber es kommen dennoch laufend Tatsachen oder vermeintliche Tatsachen vor, über die zwar in der Alltagssprache berichtet wird, die aber grundsätzlich wissenschaftlicher Beschreibung und Erklärung zugänglich sind. Die Rede von den beiden „Sprach- und Denkebenen", die darauf abzielt, die Inkommensurabilität von Urknalltheorie und Schöpfungsglaube, Evolutionstheorie und Erschaffung des Menschen zu begründen, um mögliche Widersprüche auszuschalten, ist nur ein Mittel, um den biblischen Glauben gegen jede mögliche Kritik auf Grund wissenschaftlicher Erkenntnisse zu immunisieren. Auf die gleiche Weise könnte man ohne weiteres das Weltbild jeder anderen Kultur dieser Erde sowie die in unserer Alltagssprache enthaltene Steinzeitmetaphysik vor einer solchen Kritik retten.[34]

Nicht einen Kern des naturwissenschaftlich Beweisbaren habe unsere Bibelinterpretation herauszuarbeiten, so hören wir nun, sondern das für Glauben und Leben Unverzichtbare. Nicht die Existenz oder Überflüssigkeit Gottes habe die Naturwissenschaft zu „beweisen". Sie habe vielmehr die physikalische Erklärbarkeit unseres Universums so weit wie möglich voranzutreiben und zugleich Raum zu lassen für das physikalisch prinzipiell Unerklärbare. Davon rede die Bibel. Man sieht, wie sich durch eine einfache Kompetenzregelung die Probleme lösen lassen.

Für eine solche Regelung kann Küng wieder einmal Werner Heisenberg bemühen, der sich, wie wir gesehen haben, schon einmal als hilfreich erwiesen hatte, als es um Gott als Ursache ging. Die Heisenberg'sche Zwei-Sprachen-These, die er da heranzieht, ist aber schon deshalb äußerst problematisch, weil es andere Realwissenschaften gibt als die Physik, in denen von einer Spaltung der Welt in eine objektive und subjektive Seite, wie sie von Heisenberg erwähnt wird, nicht die Rede sein kann. Subjektive Erlebnisse und Erfahrungen sind nämlich ohne weiteres einer wissenschaftlichen Analyse zugänglich, ohne dass sich der Physiker darum kümmern müsste. Das gilt sogar für religiöse Erfahrungen.[35] Georg Simmel hat sich seinerzeit mit dieser Frage beschäftigt und ist kritisch auf die Objektivierung solcher Erfahrungen und auf das Problem der Subjekt-Objektspaltung eingegangen].[36] Auch der normale religiöse Mensch pflegt religiöser Realist zu sein, über Gott zu sprechen und ihn damit zum Objekt seiner Rede zu machen, auch gerade dann, wenn er ihn als Person anspricht. Wenn der Darstellungssinn seiner religiösen Sprache verloren gehen würde, würde er zum religiösen Expressionisten.[37]

Es geht hier natürlich nicht um physikalische Probleme, sondern um die Darstellungsleistung der Sprache, und vielfach auch nicht um Erklärungen, sondern nur um Beschreibungen. Ob irgendwelche Tatsachen prinzipiell unerklärlich sind, kann man nicht a priori wissen. Frühere Personen glaubten an die Erklärungen der Bibel, in denen Gott eine Rolle spielt. Wenn wir diese Erklärungen heute nicht mehr akzeptieren können, sollten wir nicht so tun, als ob sie nicht ernst gemeint seien, und sie einer „Sprachebene" zuordnen, die sie immun macht gegen jede Kritik. Wir sollten jedenfalls den Zweifel daran zulassen, dass die Wesenheiten, auf deren Existenz für solche Erklärungen zurückgegriffen wird, überhaupt existieren, zumal solche Zweifel bekanntlich auch schon bei Personen aufgetreten sind, die damals gelebt haben. Jedenfalls könnte man nach alternativen Erklärungsmöglichkeiten suchen. Wenn die Annahme, dass es einen Gott gibt, nichts erklärt, sondern nur bestimmte Bedürfnisse befriedigt, sollte man überlegen, ob sie nicht reinem Wunschdenken entspringen könnte.[38]

Nun bekommen wir zu hören, dass der Schöpfungsakt ein zeitloser Akt sei, mit dem Gott Welt und Mensch samt Raum und Zeit aus dem absoluten Nichts geschaffen habe, so dass dies alles Gott zu verdanken sei und keiner anderen Ursache. Gott selbst aber verdanke sich keiner Ursache, so dass er nicht einmal causa sui, Ursache seiner selbst, sei. Er sei per definitionem die unverursachte, weil ewige und vollkommene Wirklichkeit. Auf diesen Versuch, den möglichen kausalen Regress per definitionem abzuschneiden, bin ich in meiner Küng-Kritik schon eingegangen.[39] Eine Antwort auf diese Kritik ist wieder bei ihm nicht zu finden. Er lässt sie, wie er das in seinem Buch immer wieder getan hat, gewissermaßen links liegen, ohne seine Leser darüber zu informieren.

Nun macht Küng uns mit dem heutigen Sinn des Schöpfungsglaubens bekannt. Dieser Glaube, so sagt er, füge dem Verfügungswissen, das die Naturwissenschaft so unendlich bereichert habe, nichts hinzu, schenke dem Menschen aber ein Orientierungswissen. Er lasse den Menschen einen Sinn im Leben und im Evolutionsprozeß entdecken und vermöge ihm letzte Geborgenheit in diesem unübersehbaren Weltall zu vermitteln. Die einzige ernsthafte Alternative, welche die reine Vernunft freilich nicht beweisen könne, weil sie ihren Erfahrungshorizont übersteige, wofür sie aber gute Gründe habe, sei die Auffassung, dass das Ganze nicht nur aus einem Urknall stamme, sondern aus einem Ursprung, aus jenem schöpferischen Grund der Gründe, den wir Gott, eben den Schöpfergott nennen. Wie schon in seinem Buch zur Gottesproblematik greift Küng hier auf sein „vernünftiges, geprüftes, aufgeklärtes Vertrauen" zurück, mit dem er schon Gott bejaht habe. In diesem ganzen Abschnitt ist wieder die Struktur seiner früheren Argumentation erhalten geblieben und kein neues Argument aufgetaucht. Das kann er sich leisten, weil er dem Leser die vorliegende Kritik an seiner Weise des Vorgehens unterschlägt.

Im nächsten Kapitel zum Thema „Leben im Kosmos?" stellt Küng wieder Ergebnisse der Naturwissenschaften dar, in denen man eine Antwort auf die Fragen findet, was Leben ist, seit wann es Leben gibt, ob es im Universum außerhalb unseres Planeten Leben gibt und wie Leben entstanden ist. Dann widmet er sich der Frage, inwieweit Zufall und Notwendigkeit für die Erklärung des Lebens eine Rolle spielen. Schließlich erörtert er die Frage, ob Gott in diesem Zusammenhang überflüssig sei, und weist darauf hin, dass man auf Grund der betreffenden Forschungsergebnisse weder die Existenz Gottes postulieren noch sie ausschließen könne. Dazu wäre es allerdings kaum nötig gewesen, auf diese Forschungen einzugehen, denn dieses Resultat ergibt sich schon daraus, dass die Hypothese der Existenz Gottes, wie wir schon vorher erfahren haben, im strengen Sinne weder beweisbar noch widerlegbar ist, ganz abgesehen davon, dass Küng seinen Gottesbegriff in einer Weise vorgeführt hat, die ihn für Erklärungen jeder Art unbrauchbar macht.

Wie zu erwarten, konfrontiert er uns dann mit der „existentiellen" Alternative, die er in seinem Buch zur Gottesproblematik konstruiert hatte. Entweder der Mensch sage Nein zu einem Urgrund, Urhalt und Urziel des Evolutionsprozesses, dann müsse er die Sinnlosigkeit dieses Prozesses und die totale Verlassenheit des Menschen in Kauf nehmen. Oder er sage ja zu einem Urgrund, Urhalt und Urziel, dann dürfe er die grundlegende Sinnhaftigkeit dieses Prozesses und der eigenen Existenz zwar nicht aus dem Prozess begründen, wohl aber sie vertrauend voraussetzen.

Wir bekommen hier also zum wiederholten Male das vorgesetzt, was er in dem erwähnten Buch schon gesagt hatte. Er bedient die Vertreter der Naturwissenschaften, auf die er eingeht, mit Argumenten, von denen von vornherein feststeht, dass sie von den Resultaten dieser Wissenschaften nicht beeinflusst werden können, gleichgültig, wie diese Resultate aussehen. Und er findet unter den Vertretern dieser Wissenschaften natürlich stets solche, die bereit sind, ihm zuzustimmen, wie zum Beispiel Rupert Riedl, der erklärt hat, der Glaube sei der unersetzliche Rahmen für das Unerklärliche.

Nachdem er uns mit dieser These bekannt gemacht hat, möchte Küng nun „noch tiefer bohren". Er stellt die Frage, warum es einen lebensfreundlichen Kosmos gebe, und kommt dabei natürlich auf die Feinabstimmung des Universums und auf das anthropische Prinzip zu sprechen. Es geht dabei um die Frage, ob in dieser Feinabstimmung ein Plan Gottes zu erkennen sei. Küng möchte hier auf jeden Fall „theologische Kurzschlüsse" vermeiden. Auf Grund seiner erkenntnistheoretischen Ausführungen, die wir schon kennen gelernt haben, kommt er zu dem Urteil, dass die Wissenschaft in dieser alle Empirie übersteigenden Frage wohl grundsätzlich keine „Letztbegründung" bieten könne. Dafür, so hören wir dann, sei die Philosophie und noch mehr die Religion zuständig. Und er zitiert zwei Physiker, die der Auffassung sind, dass wir hier kein sinnloses Schauspiel vor uns haben, sondern dass ein Zweck dahintersteckt. Aber der Küng'schen Kompetenzregelung entsprechend haben sie natürlich da nicht mitzureden und gestehen das auch zu. Wozu dann diese Zitate?[40]

Das Fazit unseres Autors läuft wie zu erwarten darauf hinaus, was er in seinem „Komplementaritätsmodell" vorgesehen hat: Naturwissenschaft und Religion können sich im Rahmen einer holistischen Gesamtsicht aller Dinge ergänzen: „Religion kann die Evolution als Schöpfung interpretieren, naturwissenschaftliche Erkenntnis kann Schöpfung als evolutionären Prozess konkretisieren und so kann Religion aber der ganzen Evolution einen Sinn vorschreiben, den die Naturwissenschaft von der Evolution nicht ablesen, bestenfalls verraten kann. Warum das so ist, erführe der Leser, wenn er Küngs Buch zur Gottesproblematik zur Kenntniss nimmt. Zur Klärung dieser Frage zieht er die Ergebnisse der Bibelkritik heran, die ernst zu nehmen seien.

Die historische Bibelkritik zeige, dass viele verwunderliche Ereignisse, über die in der Bibel berichtet wird, auf damals in Palästina oder den Nachbarländern übliche Naturereignisse zurückgeführt werden können, so dass hier die Naturkausalität in keiner Weise aufgehoben sei. Und die literarische Kritik habe gezeigt, dass man es bei den Wunderberichten nicht mit Protokollen von historischen Ereignissen zu tun habe. Es gebe da verschiedene Überlieferungen vom selben Ereignis. Und es gebe erhebliche Unterschiede zwischen verschiedenen literarischen Gattungen, und viele Erzählungen hätten offensichtich Legendencharakter. Das alles mache deutlich, dass Wunder als Durchbrechungen von Naturgesetzen sich in der Bibel historisch nicht nachweisen ließen.

Was ist dazu zu sagen? Zunächst kommt es offenbar hier nicht darauf an, wie heutige Theologen über die Wunder denken, sondern darum, wie frühere Gläubige damit umgegangen sind. Vermutlich haben diese keinen Unterschied zwischen literarischen Gattungen gemacht, sondern diese Wunder als das genommen, als was sie sogar heute noch von Bibelgläubigen angesehen werden, die nicht so aufgeklärt sind wie Hans Küng. Für viele Gläubige und auch für zahlreiche Theologen ist es auch heute noch eine Tatsache, dass Gott in die Geschichte Israels eingegriffen hat. Und vollends Ereignisse wie die Auferstehung Jesu werden von vielen noch als Tatsache betrachtet.

Man braucht nur die Geschichte des Bultmann'schen Versuchs der Entmythologisierung des Neuen Testaments heranzuziehen, um zu sehen, welche Schwierigkeiten dieser Versuch vielen Theologen bereitet hat. Ich habe diesen Versuch und die Reaktionen einer ganzen Reihe von Theologen auf diesen Versuch seinerzeit analysiert, und Hans Küng kennt das Buch, in dem diese Analyse enthalten ist.[41] Bultmann war offenbar der Ansicht, dass viele im Neuen Testament berichtete Ereignisse nicht mit Ergebnissen der Naturwissenschaften vereinbar sind, und war daher bereit, die betreffenden Erzählungen der Bibel als unglaubwürdig zurückzuweisen. Dazu gehörte interessanterweise auch die Auferstehung Jesu in der Deutung, die wir dem Apostel Paulus verdanken. An die Stelle dieser Deutung trat beim ihm die These, dass Jesus auferstanden sei „in die Verkündigung", eine These, die deshalb innerhalb der protestantischen Theologie auf Kritik stieß, weil sie offensichtlich mit dem biblischen Glauben unvereinbar ist.[42] Meine Kritik an dem Bultmann'schen

Versuch zielte nicht darauf, dass er viele Passagen der Bibel für unglaubwürdig hielt, sondern dass er seine Kritik im Interesse des Glaubens willkürlich eingeschränkt hat.

Ich habe seinen Versuch als ein hermeneutisches Unternehmen in apologetischer Absicht bezeichnet, ein Unternehmen, das darauf abzielt, den Kern des christlichen Glaubens durch eine mit dem heutigen Weltbild harmonierende Interpretation zu retten. Genau in dieser Weise kann man auch den hier vorliegenden Küng'schen Versuch charakterisieren, uns den Bibelglauben wieder nahezubringen. Nur dass sich die Immunisierungsstrategie, die Küng verwendet, von der Bultmann'schen dadurch unterscheidet, dass Küng fälschlicherweise glaubt, sich dabei auf den kritischen Rationalismus Karl Poppers stützen zu können, dass das von ihm gewählte Verfahren dreister und aggressiver ist als das Bultmann'sche und dass er den Glaubenskern, den er retten möchte, etwas anders abgrenzt als Bultmann.

Außerdem zeigt sich hier wieder, dass die oben erwähnte Küng'sche Zwei-Sprachen-These schon deshalb nicht brauchbar ist, weil die angebliche Vermischung der beiden Denk- und Sprachebenen, vor der er warnt, nach seiner eigenen Darstellung offenbar schon innerhalb der Bibel selbst stattgefunden haben muss. Wunder, so sagt er nun, sollen Zeichen der Macht Gottes sein. Nicht der wunderbare Durchzug durch das Meer sei bedeutsam, sondern die Botschaft von Gott, den das Volk als Befreiung erfahre. Demnach stünden die Wunder in der Bibel als Metaphern, so wie in der Poesie Metaphern auch nicht Naturgesetze aushebeln wollten.

Das ist aber wieder nur die Deutung des „aufgeklärten Theologen", die man nicht den Gläubigen von damals unterschieben sollte, die das betreffende Ereignis nur deshalb als Fingerzeig für die Macht Gottes deuten konnten, weil sie darauf vertrauten, dass es wirklich so geschehen ist.

Soweit ist der ebenfalls aufgeklärte Theologe Bultmann nicht gegangen, oder deutlicher ausgedrückt, so dreist ist er nicht gewesen, dass er seine existentiale Deutung den Gläubigen von damals als ihre eigene Auffassung hätte unterschieben wollen. Wie Küng dann selbst sagt, sind die Wundererzählungen als Hinweise auf Gottes Handeln in der Welt aufzufassen. Sie künden von einem Gott, der sich in die Geschicke der Welt einmischt. Nur pflegt der Gläubige das wörtlich zu verstehen und hat keinen Grund, sich dieses Verständnis dadurch nehmen zu lassen, dass er den Küng'schen Verweis auf den metaphorischen Charakter der biblischen Sprache akzeptiert

In einem Abschnitt darüber, wie Gottes Wirken zu denken ist, wirbt Küng dann für ein aufgeklärtes Gottesverständnis und spricht sich gegen eine allzu äußerliche, anthropomorphe Vorstellung aus wie die, Gott kontrolliere oder steuere die Ereignisse, also eine Vorstellung, die sich aus dem Bibelglauben, wie wir gesehen haben, nicht eliminieren lässt, ohne ihn zu verfälschen. „Wie stünde es dann", so fragt Küng mit Recht, „um all die Verschwendungen und Sackgassen der Evolution, wie um die ausgestorbenen Arten und die elend umgekommenen Tiere und Menschen? Und wie um die unendlichen Leiden und all das Böse in dieser Welt und Weltgeschichte?" Auf solche für den Gottesglauben unangenehme Tatsachen hatte ich ihn in meiner Kritik aufmerksam gemacht und hatte ihn in diesem Zusammenhang auf das ungelöste Theodizeeproblem hingewiesen. Statt uns hier nun einen Versuch zur Lösung dieses Problems anzubieten, weist er uns zum wiederholten Mal auf seinen dialektisch konstruierten Gottesbegriff hin, auf Gott als den alles durchwaltenden Sinn-Grund des Weltprozesses und darauf, dass die meisten Theologen erkannt haben, dass es hier um das unergründliche Geheimnis des Wirkens Gottes geht.

Im nächsten Kapitel geht es um den Anfang der Menschheit. Wieder werden wir mit den für diese Frage relevanten Ergebnissen der Realwissenschaften und mit Problemen der Philosophie, wie dem Leib-Seele-Problem und dem Problem der Willensfreiheit, und Versuchen der Lösung solcher Probleme bekannt gemacht. Natürlich ist für ihn die Frage besonders wichtig, ob die Willensfreiheit eine Illusion ist, eine Frage, die gerade wieder die Aufmerksamkeit der Öffentlichkeit auf sich gezogen hat. Bei Küng findet man zwar keine gründliche Untersuchung dieser Probleme[43], aber Hinweise auf einige Forschungsresultate und unterschiedliche Stellungnahmen dazu sowie auf problematische Konsequenzen, die von einigen Forschern gezogen wurden und auf die er mit Entrüstung über ihre Leichtfertigkeit reagiert. Es ist nicht zu leugnen, dass der Umgang mit den betreffenden Forschungsergebnissen oft zu wünschen übrig lässt. Aber die Leichtfertigkeit, mit der da oft argumentiert wird, ist sicher nicht größer als die Leichtfertigkeit, die Küng gerade bei der Behandlung theologischer Probleme an den Tag gelegt hat.

Wie dem auch sei, der Theologe hat einen Grund, auf die Grenzen der Hirnforschung einzugehen. Er bemüht dabei ein Gedankenexperiment von Kant, das er ebenso wie Otfried Höffe für überzeugend hält. Ich bin nicht in der Lage zu erkennen, wieso dieses Gedankenexperiment irgendetwas dazu beitragen kann, das Problem zu lösen. Denn die Haltung der Ehrlichkeit, die man unter dem Einfluss der Erziehung erworben hat, kann ohne weiteres als eine Disposition gedeutet werden, die zur Determination der betreffenden Handlungen beiträgt. Das betreffende Gedankenexperiment leistet überhaupt nichts zur Entscheidung des Problems, denn was darin beschrieben wird, ist ohne weiteres einer kausalen Deutung zugänglich, ganz abgesehen von den unbewältigten Schwierigkeiten, die sich ergeben, wenn man Kants transzendentalen Idealismus in Betracht zieht. Was die Habermas'sche Unterscheidung von Gründen und Ursachen angeht, auf die Küng hinweist, so ist schon vor längerer Zeit darauf hingewiesen worden, dass Gründe nur dann zur Erklärung geeignet sind, wenn sie als Ursachen aufgefasst werden können. Und die „Erfahrung der Freiheit" hat man, wie schon Hans Driesch in den 30er Jahren des vorigen Jahrhunderts festgestellt hat, auch wenn man in Experimenten, in denen mit posthypnotischer Suggestion gearbeitet wird, genau das tut, was einem in der Hypnose befohlen wurde. Experimente dieser Art wurden nicht von Hirnphysiologen angestellt, sondern von Psychologen.

Küng hat uns wieder Meinungen vorgeführt, denen er zustimmt oder die er für fragwürdig hält, und er hat Fragen gestellt. Eine genaue Untersuchung der Probleme und der vorgeschlagenen Lösungen ist er uns wieder schuldig geblieben. Aber warum sollte er auch eine solche Untersuchung liefern. Schließlich sind die Resultate einer solche Untersuchung ohnehin für die Lösung theologischer Probleme nicht relevant, wenn man seine Komplementaritätsthese akzeptiert.

Auch hinsichtlich der ethischen Problematik verfährt er in der gewohnten Weise. Er räumt zunächst ein, dass das ethische Verhalten des Menschen in seiner biologischen Natur verankert ist, und berichtet dann über relevante Resultate der biologischen, der sozialwissenschaftlichen und der historischen Forschung. Die fundamentalen Minimalforderungen für ein menschliches Zusammenleben liegen, wie er sagt, dem Jahweglauben voraus und sind nicht spezifisch israelitisch. Das Eigentümliche der biblischen Sittlichkeit bestehe nicht darin, dass man neue ethische Normen gefunden habe, sondern darin, dass die überlieferten Weisungen unter die legitimierende und schützende Autorität des einen wahren Gottes und seines Bundes gestellt wurden. Diese Normen seien daher für Israel kategorische Forderungen dieses Gottes. Auf den Inhalt dieser Normen geht Küng nicht ein, auch nicht auf die Tatsache, dass Gott in ihnen mit drastischen Strafen droht. Dass alle diese Normen fundamentale Minimalforderungen enthalten, kann man durchaus bezweifeln.

Wie dem auch sei, Küng stellt nun die Frage nach dem unterscheidend Christlichen in der Ethik. Es sei, so meint er, der konkrete gekreuzigte Jesus als der lebendige Christus, als der Maßgebende. Er könne für die glaubenden Menschen ein in vielen Weisen zu realisierendes Grundmodell einer Lebensschau und Lebenspraxis darstellen. Es ist auffallend, dass Küng hier sehr viel vager bleibt als in seinem Buch zur Gottesproblematik, in dem er noch auf die Bergpredigt hingewiesen hatte. Ich hatte ihn darauf aufmerksam gemacht, dass schon Albert Schweitzer und nach ihm andere Theologen und Philosophen den utilitaristischen Charakter der Ethik aufgewiesen haben, der in der Bergpredigt zum Ausdruck kommt. Hat er nun seine frühere Auffassung in diesem Punkte revidiert? Das hätte er uns zumindest mitteilen können.

Auch die anderen Äußerungen und Handlungen Jesu kommen bei ihm nicht vor, die sein Vorbild als problematisch erscheinen lassen. Wie Gerhard Streminger feststellt, hat Jesus nicht nur einmal, sondern etwa zwanzigmal von der Hölle gesprochen und er hat mit ewiger Verdammnis gedroht, mit Höllenfeuer, „wo der Wurm nicht stirbt und das Feuer nicht erlischt", mit Feueröfen, wo es „Heulen und Zähneklappern" geben wird, und auch die Bergpredigt sei mit Höllendrohungen durchsetzt. „Jemand", so meint dieser Autor, „der in Aussicht stellte, dass endliche Vergehen mit ewig währenden Qualen bestraft werden", könne „wohl nicht als der vorbildlichste Morallehrer aller Zeiten betrachtet werden."[44]

Es ist durchaus verständlich, dass Küng sich nicht die Mühe macht, die jesuanische Ethik auf Grund der in Betracht kommenden Bibelstellen im Detail zu rekonstruieren, sondern sich auf Appelle beschränkt, in denen Jesus als Vorbild hingestellt wird Dabei hatte er zuvor gerade darauf hingewiesen, dass Jesus als konkrete geschichtliche Person eine Anschaulichkeit, Vernehmbarkeit und Realisierbarkeit besitze, die einer ewigen Idee, einem abstrakten Prinzip, einer allgemeinen Norm, einem gedanklichen System abgehen. Aber gerade auf diese konkrete, geschichtliche Person und ihre in der Bibel verzeichneten Äußerungen und Handlungen geht er mit keinem Wort ein. Nicht einmal die Ausrede, dass man es auch hier mit einer metaphorischen Sprache zu tun habe, ist bei ihm zu finden.

Auf diese Ausrede greift er aber in dem nun folgenden Epilog zum Ende aller Dinge zurück, mit dem das Buch endet. Als Eschatologe hatte er sich ja früher schon einmal versucht.[45] Hier geht es ihm darum, die verständlichen Vorurteile von Naturwissenschaftlern zu überwinden, die durch theologische Kurzschlüsse über das Weltende hervorgerufen wurden. Er berichtet zunächst wieder über die hier in Betracht kommenden kosmologischen Hypothesen und geht dann auf apokalyptische Visionen vom Ende der Menschheit ein, die Wirklichkeit werden könnten, wenn man sich nicht energisch zu mehr Abwehr- und Reformmaßnahmen auf allen Gebieten aufraffe. Anschließend wendet er sich der christlichen Endzeitliteratur zu, die zahlreiche Leser hat, und den apokalyptischen Visionen, die man in der Bibel findet und die bei konservativen Christen heute großen Anklang finden. Diese bedürften, so meint er, dringend der Aufklärung über das, was die apokalyptischen Passagen der Bibel wirklich meinen.

Nach allem, was wir von Küng in diesem Buch gehört haben, lässt sich vorhersehen, wie er dieses Problem bewältigen wird. Die biblischen Erzählungen von Gottes Endwerk seien, so hören wir nun, „der zeitgenössischen Apokalyptik" entnommen worden, „einer von Endzeiterwartungen geprägten Zeitströmung um die Zeitenwende in Judentum und Christentum". Es handele sich dabei, so meint er, um „eine eindringliche Mahnung an die Menschheit und den einzelnen Menschen, den Ernst der Lage zu erkennen", aber „keine Prognose von End-Ereignissen". Die Bibel spreche deshalb auch hier „keine naturwissenschaftliche Faktensprache, sondern eine metaphorische Bildsprache". Auch hier seien die betreffenden Bilder nicht wörtlich zu nehmen, aber auch nicht abzulehnen, sondern sie müssten richtig verstanden werden. Sie wollten die „Tiefendimension, den Sinnzusammenhang der Wirklichkeit aufschließen". Es gelte also, „die von ihnen gemeinte Sache neu aus dem Verstehens- und Vorstellungsrahmen von damals in den von heute zu übersetzen". In den betreffenden biblischen Aussagen gehe es um „ein Glaubenszeugnis für die Vollendung des Wirkens Gottes an seiner Schöpfung". Nach der Botschaft der Bibel gehe „die Geschichte der Welt und das Leben des Menschen hin auf jenes letzte Ziel der Ziele, das wir Gott, eben den Vollender-Gott heißen", den man „mit gutem Grund bejahen" könne, in jenem „aufgeklärten Vertrauen", in dem man „schon Gottes Existenz bejaht" habe.

Wieder bedient sich Küng hier also seiner Zwei-Sprachen-These, die ich hinreichend analysiert habe. Dass frühere Gläubige und, wie er selbst feststellt, auch zahlreiche heutige Christen die apokalyptischen Visionen so verstehen, wie sie vermutlich gemeint waren, weil sie im Rahmen des damals herrschenden Weltbildes durchaus als Voraussagen wirklicher Ereignisse sinnvoll waren, zieht er nicht in Betracht. Sein Übersetzungsversuch gründet sich auch in diesem Falle auf seine Lösung der Gottesproblematik, deren Fragwürdigkeit ich gezeigt zu haben glaube.

Das Buch schließt mit einem persönlichen Bekenntnis des Autors. Er glaube nicht, so sagt er, „an die späteren legendarischen Ausgestaltungen der neutestamentlichen Auferstehungsbotschaft, wohl aber an ihren ursprünglichen Kern", nämlich dass „Jesus von Nazareth nicht ins Nichts, sondern in Gott hinein gestorben" sei. Auch er hoffe auf „ein Sterben in die allererste, allerletzte Wirklichkeit, in Gott hinein", was alle menschliche Vernunft und Vorstellung übersteige. Auch seine Behandlung der eschatologischen Problematik steht, soweit ich sehe, im Einklang mit dem, was er ausführlicher in seinem früheren Buch zu diesem Thema gesagt hatte. Ich verzichte darauf, nochmals auf diese Argumentation einzugehen.

Der Charakter der Küng'schen Bemühungen um die Rettung des Glaubens

Wir haben nun die Küng'schen Bemühungen um die Rettung des christlichen Glaubens im Detail kennen gelernt. Es ist in der Tat so, dass er in seinem neuen Buch die Auffassungen, die er in seiner Trilogie vertreten hatte, im Kern aufrechterhält. Seine Argumentation in seinem neuen Buch stützt sich im Wesentlichen auf die Resultate, die er in dieser Trilogie erreicht zu haben glaubt. Allerdings hat er in seinem neuen Buch ein Zugeständnis gemacht, das früher nicht bei ihm zu finden war. Er hat nämlich eingeräumt, dass es natürliche Grundlagen der Moral gibt, eine Tatsache, auf die ich in meiner Kritik hingewiesen hatte. Außerdem hat er versucht, die biblische Botschaft mit Hilfe einer Zwei-Sprachen-These abzuschirmen. Aber abgesehen davon, dass diese These unhaltbar ist, könnte sie nur brauchbar sein, wenn seine Analyse der Gottesproblematik erfolgreich gewesen wäre.

Er hat jedenfalls ausdrücklich nichts zurückgenommen, was er damals gesagt hatte, auch nicht sein Verdikt gegen den ideologischen Rationalismus, den ich angeblich vertrete. Andererseits hat er in diesem Buch auf den von Popper vertretenen kritischen Rationalismus zur Verteidigung seiner Auffassungen zurückgegriffen.

Nun unterscheiden sich die Auffassungen, von denen ich in meiner Kritik des Küng'schen Denkens ausgegangen bin, in keinem Punkte, der für diese Diskussion in Betracht kommt, von der Popper'schen Auffassung.[46] Küng hätte also Anlass gehabt, auf die Frage einzugehen, ob ich in meiner Kritik zu Unrecht auf diese Auffassung zurückgegriffen habe, zumal er eine Auseinandersetzung mit dem kritischen Rationalismus in Aussicht gestellt hatte. Er ist aber in seinem neuen Buch mit keinem einzigen Wort auf diese Frage eingegangen und hat seine Leser nicht einmal darüber informiert, dass die Grundlage, auf der er in diesem Buche argumentiert, einer kritischen Analyse unterzogen wurde, die von eben der philosophischen Auffassung ausgeht, die er nun akzeptiert zu haben scheint. Auch ist er auf keines der Argumente eingegangen, die ich ihm seinerzeit entgegengehalten habe. Er hat nicht darauf geantwortet, sondern er hat sich gewissermaßen daran vorbeigeschlichen.

Man wird verstehen, dass mir diese Art des Vorgehens als gleichzeitig unredlich und dreist erscheinen muss. Dass dieses Buch mit Demutsbekundungen, mit Aufforderungen zur Demut und Bescheidenheit an andere und mit Bekundungen der eigenen Redlichkeit gespickt ist und dass sein Autor wie schon früher unentwegt mit dem Anspruch auftritt, „tiefer zu bohren" als andere, wird man angesichts der von mir beschriebenen Küng'schen Verfahrensweise nur mit Verwunderung zur Kenntnis nehmen können.

In der Sache sind die Küng'schen Bemühungen zur Rettung des christlichen Glaubens eine Fortsetzung dessen, was wir auch sonst in der modernen Theologie nach Albert Schweitzer gewohnt sind. Sie können als ein hermeneutisches Unternehmen in apologetischer Absicht charakterisiert werden, so wie ich vor einiger Zeit die Bemühungen Bultmanns und seiner Anhänger, den Kern des Glaubens zu retten, charakterisiert hatte. Was das Küng'sche Verfahren von dem Rudolf Bultmanns unterscheidet, ist nur die Tatsache, dass Küng in seiner Argumentation eine Leichtfertigkeit an den Tag legt, die in diesem Maße nicht bei Bultmann zu finden war. Überdies hatte er die Möglichkeit, sich vor Augen zu führen, warum die Bultmann'schen Bemühungen damals gescheitert sind.

Was den kritischen Rationalismus angeht, so darf man unserem modernen Theologen jedenfalls raten, sich wie früher davon zu distanzieren. Die von ihm praktizierte Verfahrensweise ist mit dieser philosophischen Auffassung unvereinbar. Seine Auffassungen sind dagegen, soweit ich sehe, sehr gut vereinbar mit der universalen Hermeneutik Gadamers[47], die gerade seinem Bedürfnis, einen Sinn der Wirklichkeit zu finden, so weit entgegenkommt, dass man sich wundert, bei ihm keinen Hinweis auf diese philosophische Richtung zu finden. Ich nehme an, dass er sich mit seinem Anliegen in der universalen Hermeneutik oder auch im „nachmetaphysischen Denken" von Jürgen Habermas[48] besser aufgehoben fühlen würde als im kritischen Rationalismus und dass er seinen Rückgriff auf diese Auffassung nach eingehender Prüfung als ein Missverständnis erkennen würde.

Interessanterweise hat übrigens inzwischen auch Josef Ratzinger, Küngs alter Widersacher im Vatikan, der Popper'schen Philosophie sein Wohlwollen bekundet, ohne ihr allerdings soweit entgegenkommen zu wollen, wie das Küng getan hat. Die „Spannweite annehmbarer Theorien" reicht, wie er meint, „von Maritain bis Popper", wobei „Maritain ein Maximum an Vertrauen zur vernünftigen Evidenz der moralischen Wahrheit des Christlichen und seines Menschenbildes vertritt, während wir bei Popper vor dem wohl gerade noch ausreichenden Minimum stehen, um den Sturz in den Positivismus abzufangen"[49].

Im Übrigen gibt es in vieler Hinsicht Ähnlichkeiten zwischen der Küng'schen und der Ratzinger'schen Gedankenführung. Beide vertreten jedenfalls eine ganz ähnliche spiritualistische Metaphysik und auch in methodischer Hinsicht haben die beiden Denker vieles gemeinsam.[50] Da die Küng'sche Kritik an der Kirche sich stets weniger auf den Glauben als auf institutionelle Tat-

Hans Küngs Rettung des christlichen Glaubens.

bestände bezog, ist das nicht weiter erstaunlich. Es wäre daher nicht verwunderlich, wenn die beiden Theologen in Zukunft der modernen Religionskritik gemeinsam die Stirn bieten würden. Jedenfalls könnte Küng von seinem alten Widersacher lernen, dem kritischen Rationalismus vorsichtiger zu begegnen.

ANMERKUNGEN

[1] Vgl. Hans Küng, Der Anfang aller Dinge. Naturwissenschaft und Religion, München/Zürich 2005.

[2] Vgl. dazu Hans Küng, Christ sein, München/ Zürich 1974, Existiert Gott? Antwort auf die Gottesfrage der Neuzeit, München/Zürich 1978, Ewiges Leben?, München/Zürich 1982.

[3] Vgl. dazu mein Buch: Das Elend der Theologie. Kritische Auseinandersetzung mit Hans Küng, Hamburg 1979.

[4] Vgl. dazu Küng, Ewiges Leben?, a.a.O., S., 306 f., Anm. 4.

[5] Vgl. dazu aber Martin Morgenstern/Robert Zimmer (Hg.), Hans Albert/Karl Popper. Briefwechsel, Frankfurt 2005, S. 109 f. und S. 248.

[6] Vgl. dazu Hans Küng, Christ sein, a.a.O., S. 77.

[7] Vgl. dazu mein Buch: Das Elend der Theologie (1979), 2. Auflage, Aschaffenburg 2005, S. 12 ff.

[8] Dieses Trilemma entsteht, wenn man absolute Begründungen für irgendwelche Thesen sucht, vgl. dazu mein Buch: Traktat über kritische Vernunft (1968), 5. Auflage, Tübingen 1991, S. 14-18.

[9] Vgl. dazu Gerhard Streminger, Gottes Güte und die Übel der Welt. Das Theodizeeproblem, Tübingen 1992, und Norbert Hoerster, Die Frage nach Gott, München 2005.

[10] Vgl. dazu mein Buch, Das Elend der Theologie, a.a.O., S. 144.

[11] Vgl. Johannes Weiß, Die Predigt Jesu vom Reiche Gottes, 3. Auflage, Göttingen 1964, Albert Schweitzer, Geschichte der Leben-Jesu-Forschung (1906), 6. Auflage, Tübingen 1951, und Helmut Groos, Albert Schweitzer – Größe und Grenzen. Eine kritische Würdigung des Forschers und Denkers, München/Basel 1974.

[12] Vgl. dazu Leon Festinger, Theorie der kognitiven Dissonanz (1957), Bern/Stuttgart/Wien 1978, und Leon Festinger/Henry W.Riecken/Stanley Schachter, When Prophecy Fails, Minneapolis 1956, wo es um die Problematik des quasi-paradoxen Verhaltens von Gläubigen in Reaktion auf den Fehlschlag einer exakten Prophetie geht.

[13] Vgl. dazu mein Buch: Das Elend der Theologie, a.a.O., S. 199-202.

[14] Vgl. dazu Küng, Existiert Gott?, a.a.O., S. 621.

[15] Vgl. mein Buch: Traktat über kritische Vernunft, a.a.O., S 115ff., sowie: Theologische Holzwege: Gerhard Ebeling und der rechte Gebrauch der Vernunft, Tübingen 1973, S. 84-91.

[16] Vgl. dazu Walter Kaufmann, Religion und Philosophie, München 1966, S. 334.

[17] Vgl. dazu zum Beispiel Gerhard Streminger, Die Jesuanische Ethik, in: Edgar Dahl (Hg.), Die Lehre des Unheils. Fundamentalkritik am Christentum, Hamburg 1993, S. 120-143.

[18] Vgl. dazu Hans Küng, Ewiges Leben?, München/Zürich 1982.

[19] Für eine Kritik, die dem Küng'schen Versuch, eine positive Lösung der Gottesproblematik zu liefern, dieselben Mängel bescheinigt wie meine Kritik, vgl. J. L. Mackie, Das Wunder des Theismus. Argumente für und gegen die Existenz Gottes, Stuttgart 1985, S. 380-397.

[20] Vgl. Hans Küng, Ewiges Leben?, a.a.O., S. 305, Anm. 4, sowie mein Buch: Das Elend der Theologie, 2. Auflage, S. 185-188.

21 Das entspricht übrigens dem, was schon Joseph Ratzinger zu dieser Frage gesagt hatte, vgl. dazu sein Buch: Einführung in das Christentum. Vorlesungen über das Apostolische Glaubensbekenntnis München 1968, S. 226 ff. und passim.
22 Vgl. Hans Küng, Ewiges Leben?, a.a.O., S. 286 ff.
23 Vgl. Hans Küng, Der Anfang aller Dinge, a.a.O., S. 13.
24 Vgl. Küng, a.a.O., S. 16.
25 Vgl. dazu z.B. Küng, a.a.O., S. 231, Anm. 56, wo er sagt, dass er auf den schon früh entwickelten methodischen Grundlagen in seinem Buch „Existiert Gott?" aufbaut.
26 Vgl. Küng, Der Anfang aller Dinge, a.a.O., S. 57.
27 Vgl. Gott als Anfang?, in: Küng, a.a.O., S. 59-101.
28 Vgl. dazu zum Beispiel Harro Heuser, Der Physiker Gottes. Isaak Newton oder die Revolution des Denkens, Freiburg/Basel/Wien 2005.
29 Vgl. dazu meine Analyse in meinem Buch: Das Elend der Theologie, a.a.O., S. 199 ff., die Küng zugänglich war.
30 Vgl. dazu mein Buch: Kritik der reinen Erkenntnislehre. Das Erkenntnisproblem in realistischer Perspektive, Tübingen 1987, S. 81 f.
31 Vgl. dazu: Das Elend der Theologie, S. 140 f. und S. 127 f.
32 Vgl. dazu Ratzinger, a.a.O., S. 117, wo ähnlich verfahren wird.
33 Vgl. dazu mein Buch: Das Elend der Theologie, a.a.O., S. 102-113 u. S. 133-140.
34 Vgl. dazu Robin Horton, Tradition and Modernity Revisited, in: Martin Hollis/Steven Lukes (eds.), Rationality and Relativism, Oxford 1982, S. 201-260.
35 Vgl. dazu Wayne Proudfoot, Religious Experience, Berkeley/Los Angeles/London 1985.
36 Vgl. dazu Georg Simmel, Gesammelte Schriften zur Religionssoziologie, herausgegeben von Horst Helle, Berlin 1989, S. 103 f. und passim.
37 Vgl. dazu meine Analyse der Auffassungen Simmels in meinem Buch: Kritischer Rationalismus. Vier Kapitel zur Kritik illusionären Denkens, Tübingen 2000, S. 148-154.
38 Vgl. dazu meine Kritik an den Thesen und Argumenten in Küngs früheren Büchern, die den Kern der Auffassungen bilden, die er auch in diesem Buch wieder vertritt.
39 Vgl. dazu mein Buch: Das Elend der Theologie, a.a.O., S. 127 ff., wo ich auch auf die Schopenhauer'sche Kritik eines solchen Versuchs mit Hilfe der causa sui hingewiesen habe. Ob man nun auf die causa sui zurückgreift oder nicht, ein solcher Versuch, das Problem durch eine geeignete Definition zu lösen, macht, was die Willkür dieses Verfahrens angeht, keinen Unterschied.
40 Zu dieser Problematik vgl. Bernulf Kanitscheider, Die Feinabstimmung des Universums, in Edgar Dahl (Hg.), Brauchen wir Gott? Moderne Texte zur Religionskritik, Stuttgart 2005, S. 31-42, eine Analyse, die mit der Feststellung endet: „Das schwache anthropische Prinzip ist eine sterile logische Selbstverständlichkeit und die stärkeren Versionen davon sind metaphysische Spekulationen, für die nach dem gegenwärtigen Stande des Wissens nicht das Geringste spricht. Wenn jemand den seit langem toten Anthropozentrismus wieder zum Leben erwecken möchte, muss er sich etwas neues einfallen lassen". Küng hat sich dazu das einfallen lassen, was er schon in seinem Buch zur Gottesproblematik gesagt hatte.
41 Vgl. mein Buch: Traktat über kritische Vernunft, a.a.O., Kap. V. Glaube und Wissen, S. 124-155.
42 Dazu ist zum Beispiel auf die Diskussion zwischen dem Bultmannanhänger Ernst Fuchs und dem orthodoxen Theologen Walter Künneth in Sittensen hinzuweisen, vgl. Ernst Fuchs/Walter Künneth (Hg.), Die Aufweckung Jesu Christi von den Toten. Dokumentation eines Streitgesprächs, Neukirchen-Vluyn 1973, wo Künneth, dessen metaphysische Annah-

men ich allerdings nicht akzeptabel finde, mit Recht auf diese Unvereinbarkeit hingewiesen hat.

[43] Eine gründliche Untersuchung dieser Problematik und anderer Probleme enthält das Buch von Volker Gadenne: Philosophie der Psychologie, Bern 2004.

[44] Vgl. dazu Gerhard Streminger, Die jesuanische Ethik, a.a.O.

[45] Vgl. Hans Küng, Ewiges Leben?, a.a.O., und meine Kritik in meinem Buch: Das Elend der Theologie, a.a.O., Kap. 12: Die Hoffnung auf das Heil. Hans Küng als Eschatologe, S. 184-198.

[46] Möglicherweise glaubt Küng, es gebe da einen wesentlichen Unterschied, aber das hätte er mindest deutlich machen können. Karl Popper selbst hat meiner Kritik in der ersten Auflage meines Buches „Das Elend der Theologie" ausdrücklich zugestimmt, vgl. dazu Martin Morgenstern/Robert Zimmer (Hg.), a.a.O., S. 248.

[47] Vgl. dazu Hans Georg Gadamer, Wahrheit und Methode. Grundzüge einer philosophischen Hermeneutik, 2. Auflage, Tübingen 1965. Gadamer war bekanntlich ein Lieblingsphilosoph des früheren Papstes.

[48] Vgl. dazu etwa Jürgen Habermas, Religion in der Öffentlichkeit. Kognitive Voraussetzungen für den „öffentlichen Vernunftgebrauch" religiöser und säkularer Bürger, in seinem Buch: Zwischen Naturalismus und Religion. Philosophische Aufsätze, Frankfurt am Main 2005, S. 146 und passim, wo unter anderem zu lesen ist, das nachmetaphysische Denken enthalte sich der rationalistischen Anmaßung, selber zu entscheiden, was in der religiösen Lehre vernünftig und was unvernünftig ist. Man vergleiche das mit der Auffassung Albert Schweitzers zu dieser Frage.

[49] Vgl. Joseph Ratzinger, Werte in Zeiten des Umbruchs. Die Herausforderungen der Zukunft bestehen, Freiburg/Basel/Wien 2005, S. 62 f. Es geht dabei allerdings nur um sozialphilosophische Probleme.

[50] Vgl. dazu Joseph Ratzinger, Einführung in das Christentum, a.a.O., und meinen Aufsatz: Joseph Ratzingers Apologie des Christentums. Bibeldeutung auf der Basis einer spiritualistischen Metaphysik, Zeitschrift für Religions- und Geistesgeschichte, erscheint demnächst, sowie die Ratzinger'sche Behandlung der Evolutionslehre in seinem Buch: Glaube – Wahrheit – Toleranz. Das Christentum und die Weltreligionen, 2. Auflage, Freiburg/Basel/Wien 2003, S. 144-147.

JOSEPH RATZINGERS APOLOGIE DES CHRISTENTUMS

BIBELDEUTUNG AUF DER BASIS EINER SPIRITUALISTISCHEN METAPHYSIK

FRÜHE WELTAUFFASSUNGEN UND DAS WISSENSCHAFTLICHE WELTBILD

Das Alltagswissen, das sich auf unsere alltägliche Welt bezieht, eine anschauliche Welt der mittleren Dimensionen, pflegt keine wesentlichen interkulturellen Unterschiede aufzuweisen, bis auf die Tatsache, dass es für bestimmte Erfahrungsbereiche jeweils in unterschiedlichem Maße entwickelt und ausgearbeitet wurde. Die primäre Theoriebildung, die sich auf diese Welt bezieht, ist pragmatischer Natur. Sie ist auf die Bewältigung unserer alltäglichen Probleme zugeschnitten.[1] Hinsichtlich der darauf aufbauenden sekundären Theoriebildung gibt es aber auffallende Unterschiede zwischen den Kulturen. Während die für die meisten Kulturen charakteristische Weise dieser Theoriebildung mit einer spiritualistischen Ontologie verbunden ist und daher auf Götter und ähnliche personale Wesenheiten zurückgreift, ist das moderne Weltbild, das auf Grund der wissenschaftlichen Forschung entstanden ist, durch die Wirksamkeit unpersönlicher Faktoren charakterisiert.[2] Die sekundäre Theoriebildung pflegt auf die Erfassung von Wirkungszusammenhängen abzuzielen, die über das hinausgeht, was primäre Theorien leisten können. Sie dient der Vervollständigung des Weltbildes auf der Grundlage, die durch primäre Theorien geschaffen wurde, und involviert unter Umständen auch Korrekturen des Alltagswissens.

Es gibt nun einen Zug der Weltauffassungen, die sich auf der Grundlage einer spiritualistischen Metaphysik gebildet haben, der sie in besonderer Weise von der modernen Weltauffassung unterscheidet. Sie pflegen das Weltgeschehen nicht nur als einen Wirkungszusammenhang, sondern darüber hinaus als einen Sinnzusammenhang aufzufassen, der durch personale Wesen gestiftet wurde und in den das menschliche Leben eingebettet ist.[3] In einem derartigen Universum ist es dem Menschen eher möglich, sich geborgen zu fühlen, als in einer Welt, wie wir sie aus der wissenschaftlichen Forschung kennen. Und außerdem eröffnet eine Weltauffassung dieser Art die Möglichkeit, menschliche Handlungsweisen und Lebensordnungen durch Verankerung in einem kosmischen Sinn zu rechtfertigen und dadurch zu stabilisieren.

Auch die für das Abendland maßgebende Weltauffassung hatte durch das Christentum eine Prägung dieser Art erhalten. Aber diese Prägung ist unter dem Einfluss der modernen Wissenschaften verschwunden, so dass nun die Religion, die früher das Zentrum dieser Auffasssung bildete, gewissermaßen auf eine „kognitive Nische" angewiesen ist, deren Vereinbarkeit mit diesem Weltbild mit Recht angezweifelt werden kann. Und sogar die theologische Forschung hat dazu beigetragen, diese Vereinbarkeit in Frage zu stellen. Das ist der Hintergrund der Apologie des christlichen Glaubens, die uns Joseph Ratzinger in seiner „Einführung in das Christentum" liefert und der ich mich nun zuwenden werde.

RATZINGERS GRUNDENTSCHEIDUNG FÜR EINE SPIRITUALISTISCHE METAPHYSIK

Ratzinger präsentiert uns eine Deutung des christlichen Glaubens auf biblischer Grundlage und skizziert eine spiritualistische Metaphysik, die diese Deutung plausibel machen soll. Er geht in diesem Buch von einer Unterscheidung zwischen Glauben und Wissen aus, in der das Wissen als „Machbarkeitswissen" charakterisiert und der Glaube dem Bereich der Grundentscheidungen zugewiesen wird, „deren Beantwortung dem Menschen unausweichlich" sei und „die vom Wesen her nur in einer Form geschehen" könne.[4] Es handele sich um „die nicht auf Wissen reduzierbare, dem Wissen inkommensurable Form des Standfassens des Menschen im Ganzen der Wirklichkeit, die Sinngebung, ohne die das Ganze des Menschen ortlos bliebe, die dem Rechnen und Handeln des Menschen vorausliege und ohne die er letztlich auch nicht rechnen und handeln könnte, weil er es nur kann im Ort eines Sinnes, der ihn trägt". Sinn aber sei „nicht abkünftig von Wissen", ihn auf diese Weise herstellen zu wollen, „entspräche dem absurden Versuch Münchhausens, sich selbst an den Haaren aus dem Sumpf ziehen zu wollen".[5]

„Sinn, das heißt der Boden, worauf unsere Existenz als Ganze stehen und leben" könne, könne „nicht gemacht, sondern nur empfangen werden". Und christlich glauben bedeute „sich anvertrauen dem Sinn, der mich und die Welt trägt; ihn als festen Grund nehmen, auf dem ich furchtlos stehen kann", „unsere Existenz als Antwort verstehen auf das Wort, den Logos, der alle Dinge trägt und hält". Christlicher Glaube sei „das Bekenntnis zum Primat des Unsichtbaren als des eigentlich Wirklichen, das uns trägt und daher ermächtigt, mit gelöster Gelassenheit uns dem Sichtbaren zu stellen – in der Verantwortung vor dem Unsichtbaren als dem wahren Grund der Dinge". Schon vorher hatte er festgestellt, dass „Gott der für den Menschen wesentlich Unsichtbare" sei.[6]

Man sieht, dass die Grundentscheidung, die uns Ratzinger hier vorführt, eine metaphysische Auffassung involviert, die offenbar in Konkurrenz treten kann mit der wissenschaftlichen Weltauffassung, mit der sie nicht einfach inkommensurabel, sondern unter Umständen unvereinbar ist. Der angebliche Verzicht auf Wahrheit in den Wissenschaften, so dass sie an die Stelle der „Wahrheit des Seins in sich", die „Brauchbarkeit der Dinge für uns" getreten sei, verdankt sich einer positivistischen Missdeutung der wissenschaftlichen Forschung, wie wir sie von den hermeneutischen Richtungen der deutschen Philosophie her gewohnt sind. Das wissenschaftliche Wissen wird von Ratzinger hier als notwendigerweise „positivistisch" gedeutet, als auf das „Sichtbare", das „Erscheinende", das „Gegebene", das „Messbare" beschränkt. Eine realistische Deutung, die nicht unter solchen Beschränkungen leidet, scheint er nicht in Betracht zu ziehen. Dass man die „Erfahrung" zur Prüfung von Hypothesen heranzieht, dürfte ihm eigentlich solange keine Schwierigkeiten bereiten, wie auch er für seine Thesen letztlich auf Erfahrungen zurückgreifen muss.

Was die Entgegensetzung des „Sichtbaren" und des „Unsichtbaren" in diesem Zusammenhang angeht, so ist sie schon deshalb irreführend, weil auch zum Beispiel die Schwerkraft und vieles andere, was in den Realwissenschaften eine Rolle spielt, „unsichtbar" ist, obwohl natürlich ihre Wirkungen beobachtet werden können.[7] Und andererseits dürfte auch der christliche Gott, ebenso wie andere numinose Wesenheiten, nur dann für den Gläubigen erkennbar sein, wenn er in irgendeiner Weise „in Erscheinung" tritt und damit erfahrbar wird, sei es durch „Offenbarungen" oder andere religiöse Erlebnisse.[8] Solche Erlebnisse spielen denn auch tatsächlich im religiösen Leben eine erhebliche Rolle. Aber ihre Deutung ist unter Umständen problematisch,[9] ebenso wie es die Interpretation von Experimenten oder historischen Quellen ist. Man darf wohl zunächst davon ausgehen, dass der Ungläubige über dieselbe Ausstattung mit Organen zur Erfassung wirklicher Zusammenhänge verfügt wie der Christ.

Nun unterscheidet sich aber nach Ratzinger der Glaube vom Wissen dadurch, dass er ein „Verstehen" in einem speziellen Sinne dieses Wortes ist. Es geht hier nämlich nicht um das Erfassen des Sinnes einer Aussage oder des Zweckes einer Handlung, sondern darum, dass man den Grund, worauf man sich gestellt hat, „als Sinn und als Wahrheit ergreifen" lernt. Der „tiefste Grundzug christlichen Glaubens" sei aber „sein personaler Charakter". Seine „zentrale Formel" laute: „Ich glaube an Dich". Er sei „Begegnung mit dem Menschen Jesus" und erfahre „in solchem Begegnen den Sinn der Welt als Person". Jesus sei der „Zeuge Gottes", er sei darüber hinaus „die Anwesenheit des Ewigen selbst in dieser Welt". Der „Sinn der Welt" gewähre sich uns als „Liebe", die das „Leben lebenswert" mache. So seien „Glaube, Vertrauen und Lieben letztlich eins". Allerdings hebe dies „das Nachdenken nicht auf". Alle Überlegungen seines Buches sind, wie er sagt, der Frage zugeordnet, ob Jesus das wirklich sei. Man darf gespannt sein, wie die kritische Prüfung seiner Grundthese aussieht, ohne die seine spiritualistische Metaphysik offenbar haltlos wäre.

Nun folgt ein „Blick auf die konkrete Gestalt des christlichen Glaubens" unter Bezugnahme auf das Apostolische Glaubensbekenntnis, der unter anderem zeigen soll, dass der Glaube „eine Bewegung der ganzen menschlichen Existenz", eine „Bekehrung, Kehre der Existenz, Wende des Seins" sei. Er komme „aus dem Hören" und sei ein „Empfangen dessen", was man „nicht ausgedacht habe, so dass das Denken im Glauben letztlich immer Nachdenken des vorher Gehörten und Empfangenen" sei und sich damit von „privater Wahrheitssuche" unterscheide. Er sei „auf Gemeinschaft des Geistes hingeordnet", er verlange „Einheit", rufe „nach dem Mitglaubenden" und sei daher „vom Wesen auf Kirche bezogen". Christentum sei „nicht ein System von Erkenntnissen, sondern ein Weg", der Glaube sei „nicht Mystik der Selbstidentifikation mit Gott, sondern Gehorsam und Dienst".

Das alles also will Ratzinger in seinem Glaubensbegriff unterbringen. Vieles davon ist aber für die Antwort auf die uns interessierende Frage irrelevant, ob die kognitiven Ansprüche, die mit diesem Glauben verbunden sind, sich halten lassen, das heißt für das Wahrheitsproblem im üblichen Sinne dieses Wortes. Dabei geht es nur um die beiden Fragen, ob es den Gott gibt, der in der Ratzinger'schen Metaphysik eine zentrale Rolle spielt, und ob seine Auffassungen über Jesus zutreffen.

DIE LÖSUNG DES GOTTESPROBLEMS AUF BIBLISCHER GRUNDLAGE

Dem Gottesproblem ist der erste Hauptteil seines Buches gewidmet.[10] Seine Untersuchung des biblischen Gottesglaubens führt ihn zu der These, dass im biblischen Gottesbegriff zwei Komponenten identifizierbar sind. Einerseits gehe es immer „um den Gott von Menschen, den Gott mit Angesicht, den per-

Die Lösung des Gottesproblems auf biblischer Grundlage

sonhaften Gott". Auf ihn richte sich der Väterglaube, von dem aus ein Weg zum Gott Jesu Christi führe. Andererseits sei diese Zugänglichkeit „an nichts gebunden und alles an sich bindend", so dass er kein „Nationalgott Israels", sondern ein „Gott aller und des Ganzen" sei.[11]

Im frühen Christentum habe sich „die Wahl, die im biblischen Gottesbild getroffen ist", wiederholt, indem die frühe Christenheit sich „für den Gott der Philosophen, gegen die Götter der Religionen" entschieden habe, also für den Gott, den die Philosophen „als den Grund alles Seins" herausgestellt hatten. Diese Wahl bedeutete nach Ratzinger „die Option für den Logos gegen jede Art von Mythos, die definitive Entmythologisierung der Welt und der Religion".[12] Wir werden sehen, dass dieses Urteil zumindest auf eine Übertreibung hinausläuft, denn die übliche Deutung der Jesusbewegung enthält genügend mythologische Elemente, von denen auch seine Deutung nicht frei ist.

Wie dem auch sei, Ratzinger stellt in diesem Zusammenhang die These auf, der Zusammenbruch der antiken Religion sei darauf zurückzuführen, dass es damals nicht gelungen sei, Vernunft und Frömmigkeit zusammenzuhalten. Und er knüpft daran die weitere These, auch die christliche Religion hätte „kein anderes Schicksal zu erwarten, wenn sie sich auf eine gleichartige Abschneidung von der Vernunft und auf einen entsprechenden Rückzug ins rein Religiöse einließe, wie ihn Schleiermacher gepredigt" habe und „wie er in gewissem Sinn paradoxerweise auch bei Schleiermachers großem Kritiker und Gegenspieler Karl Barth" vorliege. Dass diese beiden Wege Sackgassen sind, ist meines Erachtens eine durchaus richtige Einschätzung.[13] Die Frage ist nur, ob es einen Ausweg gibt, wie ihn Ratzinger ins Auge fasst.

Er charakterisiert die heutige Problemsituation durchaus zutreffend, wenn er feststellt, dass sich im Kampf um das Christentum „gerade die beiden Methoden" wieder zeigen, „mit denen einst der antike Polytheismus seinen Todeskampf bestritten und nicht bestanden" habe: einerseits „der Rückzug aus der Wahrheit der Vernunft in einen Bereich bloßer Frömmigkeit, bloßen Glaubens, bloßer Offenbarung", und andererseits „ein Verfahren der Interpretation, mit Hilfe dessen „der Skandal des Christlichen aufgelöst und, indem es solchermaßen unanstößig gemacht" werde, „zugleich auch seine Sache selbst zur verzichtbaren Phrase gemacht" werde, „zu einem Umweg, der nicht nötig" sei, „um das Einfache zu sagen, das hier durch komplizierte Auslegungskünste zu seinem Sinn erklärt" werde. Die „ursprüngliche christliche Option", so meint Ratzinger, sei eine Option „für den Gott der Philosophen" und damit für die „Wahrheit des Seins" gewesen. Und diese Option möchte er uns, wie sein Buch zeigt, auch in der heutigen Problemsituation empfehlen.

Was diese Option angeht, so macht Ratzinger darauf aufmerksam, dass der christliche Glaube damals den Gott der Philosophen „folgerichtig als den Gott erklärte, zu dem man beten kann und der zum Menschen spricht". Er habe dadurch diesem Gott eine völlig neue Bedeutung gegeben. Er erscheine nun „als der Menschen Gott, der nicht nur Denken des Denkens, ewige Mathematik des Weltalls, sondern Agape, Macht schöpferischer Liebe" sei.[14] Das ist offenbar auch der Gott, den er uns heute plausibel machen möchte.

Dass man es hier mit einer anthropomorphen Vorstellung zu tun hat, bereitet dem Theologen keine Schwierigkeiten. Er verleiht dem Übergang zu diesem Gottesbild einen positiven Wertakzent, indem er von „zwei fundamentalen Überschreitungen des bloß philosophischen Denkens" spricht. Die „höchste Weise des Seins", so meint er, schließe nun „das Element der Beziehung ein". Und der „Gott des Glaubens" sei „als Denken Lieben", worin sich die „Uridentität von Wahrheit und Liebe" zeige. Dass diese Wende dem Gläubigen sympathisch ist, weil sie seinen Wünschen entgegenkommt, kann man verstehen. Inwiefern sie einen Beitrag zur Lösung von Erkenntnisproblemen leisten kann, ist eine andere Frage, die der Theologe noch zu beantworten hätte.

Er wendet sich nun der Frage zu, was das Bekenntnis zu Gott heute bedeutet. Es bedeute zunächst, so stellt er fest, „die Entscheidung für den Primat des Logos gegenüber der bloßen Materie", eine Entscheidung dafür, „dass alles Sein Produkt des Gedankens, ja selbst in seiner inneren Struktur Gedanke" sei. Somit bedeute er „Entscheidung zur Wahrheit, da für ihn das Sein selbst Wahrheit, Verstehbarkeit, Sinn" sei. In dieser Entscheidung sei „zugleich der Schöpferglaube mitgesetzt", denn er bedeute „nichts anderes als die Überzeugung, dass der objektive Geist, den wir in allen Dingen vorfinden [...], Abdruck und Ausdruck ist von subjektivem Geist und dass die gedankliche Struktur, die das Sein hat und die wir nachdenken können, Ausdruck eines schöpferischen Vordenkens ist, durch das sie sind".[15]

Vermutlich wird der Leser einige Mühe haben, zu verstehen, wie es möglich ist, Begriffe wie „Sein", „Gedanke", „Wahrheit", „Sinn" und „Verstehbarkeit" zu identifizieren, Begriffe, die im alltäglichen und auch im philosophischen Denken keineswegs als identisch angesehen zu werden pflegen, auch wenn sie miteinander zusammenhängen. Üblicherweise wird man sagen können, dass ein „Gedanke" „Sinn" haben und daher verstanden werden kann, also „verstehbar" ist, und dass er „wahr" oder „falsch" sein kann. Aber alle diese Ausdrücke haben hier verschiedene und nicht dieselbe Bedeutung, und nur deshalb ist diese Aussage, wie ich hoffe, zu verstehen. Um dahinterzukommen, was der Theologe uns eigentlich sagen will, muss man wohl die vom ihm vorgeführte Ketten-Identifikation vergessen. Wir werden sehen, dass er eine

Die Lösung des Gottesproblems auf biblischer Grundlage

Vorliebe für solche Identifikationen hat, die seine Argumentation nicht gerade verständlicher machen.

Warum es ihm vermutlich geht, ist die These, dass der subjektive Geist, also wohl der Schöpfergott, der als Person aufzufassen ist, durch sein Denken das Sein – also wohl die Welt – geschaffen hat, das infolgedessen eine gedankliche Struktur hat, die wir daher in der Lage sind, durch unser Nachdenken zu erfassen. Da man wohl davon auszugehen hat, dass dieser Gott existiert, ist der Begriff des Seins allerdings auch auf ihn anzuwenden. Soweit hoffe ich, dem durch begriffliche Konfusion ein wenig verschleierten Ratzinger'schen Denken gerecht geworden zu sein.

Nun verweist unser Theologe, wie das immer wieder in diesem Zusammenhang geschieht, auf Einsteins bekannte Formulierungen, die seine „kosmische Religiosität" zum Ausdruck bringen, und interpretiert sie im Gegensatz zur ausdrücklichen Ablehnung der anthropomorphen Vorstellung eines persönlichen Gottes im Sinne des von ihm selbst bevorzugten Schöpferglaubens. Die Einstein'sche Ablehnung dieser Vorstellung wird von ihm auf einen „nicht genügend reflektierten Personbegriff" zurückgeführt.

Bevor ich darauf eingehe, wie Ratzinger selbst mit dem Begriff der Person umgeht, weise ich darauf hin, dass die „Harmonie der Naturgesetzlichkeit", die Einsteins Bewunderung hervorgerufen hat, eine sehr spezielle Perspektive involviert, in der die Katastrophen, die im natürlichen Geschehen aufzutreten pflegen, keine Rolle spielen. Wenn Einstein einen persönlichen Gott angenommen hätte, hätte er sich mit dem Theodizeeproblem beschäftigen müssen, auf dessen Behandlung durch Ratzinger man gespannt sein darf.

Außerdem wäre zu fragen, wie das, was Ratzinger über die methodisch bedingte Beschränktheit des wissenschaftlichen Zugangs zur Wirklichkeit gesagt hatte, damit vereinbar ist, was er nun über die Einsicht in die „mathematische Struktur des Seins" sagt, eine Einsicht, die ja offensichtlich mit Hilfe der betreffenden Methoden erreicht wurde. Vorher hatte er behauptet, die Wissenschaft habe keinen Zugang zur „Wahrheit des Seins". Diese Behauptung müsste er nun eigentlich zurückziehen. Stattdessen bemüht er sich, das Resultat der wissenschaftlichen Forschung, auf das er hier eingeht, in seiner spiritualistischen Metaphysik unterzubringen und ihm damit gewissermaßen einen theologischen Hut aufzusetzen.

Seine bisherigen Betrachtungen zum Gottesproblem fasst er in folgender Weise zusammen. „Welt" sei, so meint er, „objektiver Geist", sie begegne uns „in einer geistigen Struktur", biete sich also „unserem Geist als nachdenkbar und verstehbar an". Der Gottesglaube drücke „die Überzeugung aus, dass objektiver Geist Ergebnis subjektiven Geistes" sei und „überhaupt nur als dessen

Deklinationsform bestehen" könne, „dass – anders ausgedrückt – Gedachtsein [...] nicht ohne Denken möglich" sei.

Wie man sieht, hat dieser Glaube hier zentrale Bedeutung, denn dass die Struktur der Welt durch Denken erfassbar, also „denkbar" ist, hat noch keineswegs die Konsequenz, dass sie in dem hier unterstellten Sinne „gedacht", also durch das Denken eines subjektiven Geistes geschaffen wurde.

Wie dem auch sei, das „Modell, von dem aus Schöpfung verstanden werden muss", ist nach Ratzinger „nicht der Handwerker, sondern der schöpferische Geist, das schöpferische Denken". „An den Anfang allen Seins" stelle der christliche Gottesglaube „nicht irgendein Bewusstsein, sondern eine schöpferische Freiheit, die wiederum Freiheiten schafft". Man könne also den christlichen Glauben als „eine Philosophie der Freiheit" bezeichnen. Die „Erklärung des Wirklichen insgesamt" gehe von einer Freiheit aus, „die denkt und denkend Freiheiten schafft und so die Freiheit zur Strukturform allen Seins werden lässt".

Wieder wird hier ein Begriff, nämlich der der „Freiheit", unnötigerweise mit dem des „Geistes" und dem des „Denkens" identifiziert, während es offenbar nur darum geht, dass Gott eine bestimmte Eigenschaft hat, die er durch sein Denken auf die Welt überträgt. Das gilt auch für die weitere These, dass der christliche Glaube „als Glaube an die Personhaftigkeit jenes Sinnes" – nämlich des die Welt tragenden schöpferischen Sinnes – „zugleich Glaube daran" sei, „dass der Urgedanke, dessen Gedachtsein die Welt darstellt, nicht ein anonymes, neutrales Bewusstsein, sondern Freiheit, schöpferische Liebe, Person" sei. Damit sei die christliche Option „zugleich Option für den Primat des Besonderen gegenüber dem Allgemeinen". Man fragt sich wieder, warum der Theologe darauf angewiesen ist, einen relativ schlichten Gedanken in dieser konfusen Weise auszudrücken.

Es folgen weitere Betrachtungen, in denen wieder derartige Identifikationen das Verständnis erschweren. Dabei kommt der Autor schließlich zu der Konsequenz, „dass man die Welt nur als unbegreifliche begreifen" könne, und wieder: „dass sie Unbegreiflichkeit sein" müsse. So sei mit „dem Kühnen und Großen einer Welt, die von der Struktur der Freiheit gezeichnet" sei, „aber auch das dunkle Geheimnis des Dämonischen gegeben", das uns in ihr begegne. Als „Raum der Liebe" sei die Welt „Spielraum der Freiheit" und gehe daher „das Risiko des Bösen" ein. Sie wage „das Geheimnis des Dunkels um des größeren Lichtes willen, das Freiheit und Liebe" seien. Wie ich vermute, ist dieses Wagnis wohl eher ihrem Schöpfer zuzuschreiben als der Welt selbst, aber eine einigermaßen klare Ausdrucksweise darf man offenbar von unserem Autor nicht erwarten. Immerhin geht er hier auf einen Tatbestand ein, mit dem

Die Lösung des Gottesproblems auf biblischer Grundlage

das Theodizeeproblem zusammenhängt, allerdings ohne dass er auf dieses Problem hinweist.

Nachdem der Autor als weiteres Verdienst der von ihm vertretenen Auffassung noch hervorgehoben hat, dass in ihr „die Einheit nicht das Einzige und das Letzte" sei, sondern in ihr „auch die Vielheit ihr eigenes und definitives Recht" habe, schließt er seinen Gedankengang mit der Behauptung ab, dass die „innere Logik des christlichen Gottesglaubens [...] zur Überschreitung eines bloßen Monotheismus" zwinge und „zum Glauben an den dreieinigen Gott" führe.

Diesem Glauben, der[16], wie man weiß, dem Denken besondere Schwierigkeiten bereitet, wendet er sich nun zu. Dass er sich dieser Schwierigkeiten bewusst ist, zeigt seine Einleitung, in der er darauf hinweist, dass es hier um einen Bereich geht, „in dem nur das demütige Geständnis des Nichtwissens wahres Wissen und nur das staunende Verbleiben vor dem unfassbaren Geheimnis rechtes Bekenntnis zu Gott sein" könne. Trotzdem, so sagt er mit Recht, müsse „die Frage gestellt werden, was eigentlich mit dem Bekenntnis zum dreieinigen Gott gemeint sei".

Um diese Frage zu beantworten, bietet er uns eine Deutung der Beziehung zwischen Gott und Jesus an, die angeblich „eine eigentümliche Paradoxie" involviert, eine Paradoxie, die er sich dann durch einen überaus merkwürdigen Umgang mit dem Gottesbegriff aufzulösen bemüht. Jesus, so sagt er, nenne Gott seinen Vater, er müsse also ein anderer sein als der Vater. Er sei aber der Vermittler Gottes an uns und seine Vermittlung würde „sich selbst aufheben und eine Abtrennung werden, wenn er ein anderer als Gott, wenn er ein Zwischenwesen werde". Daher müsse er „als der Vermittelnde Gott selber" und gleichzeitig Mensch sein. Das aber bedeute, „dass Gott mir hier nicht als Vater, sondern als Sohn und als mein Bruder" begegne, „womit – unbegreiflich und höchst begreiflich in einem – eine Zweiheit in Gott, Gott als Ich und Du in einem, in Erscheinung" trete. Und dieser neuen Erfahrung folge „schließlich als Drittes das Widerfahrnis des Geistes, der Anwesenheit Gottes in uns". Und wieder folge daraus, dass dieser Geist „weder mit dem Vater noch mit dem Sohn einfach identisch" sei, und „doch auch nicht ein Drittes zwischen Gott und uns" aufrichte, „sondern die Weise" sei, „wie Gott selbst sich uns gibt, wie er in uns eintritt".

Dieser Gedankengang sieht in der Tat paradox aus, aber das hängt offenbar teilweise damit zusammen, wie unser Autor mit seinen Begriffen umgeht. Wir haben ja schon früher die merkwürdige Art dieses Umgangs kennen gelernt. Zunächst ist nicht einzusehen, inwiefern die erwähnte Vermittlung sich selbst aufheben würde und eine Abtrennung wäre, wenn der Vermittelnde nicht Gott selbst wäre. Der im alltäglichen Leben übliche Begriff der Vermittlung legt eher das Gegenteil nahe. Und wenn nun Gott uns durch die Vermittlung Jesu geistig beeinflusst, warum muss dann die Art und Weise, wie er das tut, zu einem „Geist" hypostasiert werden? Alles das lässt sich verstehen, ohne dass man zur Zweiheit und dann zur Dreiheit Gottes übergeht. Und in der Tat ist dieser Übergang zwar im katholischen Denken geschehen, aber andere christliche Denker kamen ohne ihn aus. Sie brauchten sich wenigstens nicht mit der künstlichen Paradoxie zu beschäftigen, die sich katholische Theologen unnötigerweise aufgeladen haben.

Jedenfalls musste sich unser Autor als katholischer Denker wohl das Problem aufbürden, uns zu erläutern, wie das Trinitätsdogma zu verstehen ist und warum man es akzeptieren sollte. Er geht dazu auf frühere Lösungen ein, deren Schwächen er zu zeigen sucht. Dann führt er die negative Theologie[17] ins Gefecht, durch die die katholische Trinitätslehre zunächst einmal als „Erweis der Weglosigkeit aller anderen Wege" zu rechtfertigen" sei, als „Chiffre für die Unauflösbarkeit des Geheimnisses Gott". Wenn die „mühsame Geschichte des menschlichen und des christlichen Ringens um Gott" etwas beweise, so meint er, „dann doch dies, dass jeder Versuch, Gott in den Begriff unseres Begreifens zu nehmen, ins Absurde hineinführt". Die Trinitätslehre sei „eine Grenzaussage, eine verweisende Geste, die ins Unnennbare hinüberzeigt".

Das ist nun in der Tat ein bemerkenswertes Zugeständnis eines Theologen, der den Anspruch macht, seine Wirklichkeitsauffassung sei konkurrierenden Auffassungen vorzuziehen, denn der Gottesbegriff spielt in dieser Auffassung eine zentrale Rolle. Immerhin glaubt Ratzinger hier auf eine ähnliche Problemlage in den modernen Naturwissenschaften hinweisen zu können, wie sie zum Beispiel mit der Rolle der Komplementarität in der sogenannten Kopenhagener Interpretation der Quantentheorie gegeben ist. Aber diese Interpretation hat sich inzwischen als fragwürdig herausgestellt, und es gibt realistische Interpretationen, die nicht zu paradoxen Konsequenzen führen. Und die These, dass es in der Physik keine „reine Objektivität" gebe, weil die Antwort der Natur von der Frage abhänge, die an sie gerichtet werde, ist eine durchaus Missverständliche Deutung der Tatsache, dass Experimente alternative theoretische Interpretationen zulassen, eine Tatsache, die innerhalb einer realistischen Erkenntnistheorie so behandelt werden kann, dass die Objektivität wissenschaftlicher Forschungsresultate dadurch nicht beeinträchtigt wird.

Wie dem auch sei, Ratzinger zieht jedenfalls die Konsequenz, auch der Glaube habe den Charakter eines Experiments. Man könne, so sagt er, auch „die Wirklichkeit ‚Gott' [...] nur in den Blick" bekommen, wenn man „in das Experiment mit Gott" eintrete, „das wir Glaube nennen". Nur wer das Experiment mitmache, der frage überhaupt, und nur wer frage, erhalte Antwort. Selbstverständlich darf hier auch der Hinweis auf Pascal nicht fehlen.

Aber merkwürdigerweise erspart er sich eine Analyse der Pascal'schen Wette, die Pascal zu seiner Entscheidung für den Glauben benötigt, und beschränkt sich auf dessen Antwort auf die Frage, wie man sich nach dieser Entscheidung zum Glauben bringen kann.[18] Was er daran richtig findet, ist, dass „die bloße neutrale Neugier des Geistes [...] niemals sehend machen" könne. Soll das heißen, dass seine Argumentation sich nur an Gläubige richtet oder zumindest an solche, die darauf aus sind, gläubig zu werden, wie das in dem von Pascal erörterten Beispiel der Fall ist? Und wie steht es um die vielen, die gläubig waren und vom Glauben abgekommen sind?[19] Ist dieser negative Ausgang ihres Experiments mit dem Glauben für Ratzinger relevant?

Natürlich kann sich Ratzinger nicht mit der negativen Theologie zufriedengeben. Die Aussagen der Trinitätslehre müssen, wie er meint, als sinnvolle Aussagen verstanden werden können[20], die allerdings „Hinweise auf das Unsagbare und nicht dessen Einfügung in unsere Begriffswelt darstellen". Den Hinweis-Charakter der Glaubensformeln möchte er in in drei Thesen erläutern. Der ersten These zufolge ist das Paradox „ein Wesen in drei Personen" „der Frage nach dem Ursinn von Einheit und Vielheit zugeordnet". Das christliche Bekenntnis zu Gott als dem Dreieinigen bedeute „die Überzeugung, dass die Gottheit jenseits unserer Kategorien von Vielheit und Einheit" liege. Gott stehe „über Singular und Plural", er „sprenge beides", was zur Folge habe, dass die „maßgebende Höchstform von Einheit" nicht „die Unteilbarkeit des Atoms", sondern „jene Einheit" sei, welche „die Liebe" schaffe.

Der zweiten These zufolge stehe das erwähnte Paradox „in Funktion zum Begriff der Person" und sei „als innere Implikation des Personbegriffs zu verstehen". Indem „christlicher Glaube Gott, den schöpferischen Sinn, als Person" bekenne, bekenne er ihn „als Erkenntnis, Wort und Liebe". Demnach schließe dieses Bekenntnis „das Bekenntnis zu Gott als Bezogenheit, als Sprachlichkeit, als Fruchtbarkeit notwendig mit ein". Wenn „das Absolute Person" sei, sei es „nicht absolute Einzahl". Insofern sei „die Überschreitung der Einzahl im Personbegriff notwendig eingeschlossen". Damit sprenge das Bekenntnis zur Dreieinigkeit „einen naiven, anthropomorphen Personbegriff".

Der dritten These zufolge ist das erwähnte Paradox „dem Problem von Absolut und Relativ zugeordnet" und „stellt die Absolutheit des Relativen, des Beziehentlichen, heraus". Die Erläuterungen dieser These ziehen sich über mehrere Seiten hin. Sie enthalten Hinweise darauf, dass sowohl der Personbegriff als auch der Begriff der Relation durch das christliche Denken eine neue Bedeutung erhalten haben, wobei die Erfahrung des Gottes, der „nicht nur Logos, sondern Dialogos [...], nicht nur Gedanke und Sinn, sondern Gespräch und Wort im Zueinander der Redenden" sei, eine Rolle spiele. Während nun „Gott als Substanz [...] schlechthin eins" sei, seien die drei Personen, die in Gott bestehen, „das Bezogensein, dessen reine Aktualität [...] die Einheit des höchsten Wesens nicht aufhebt, sondern ausmacht". „Vater", so meint Ratzinger, sei „ein reiner Beziehungsbegriff" und „Person" sei „die reine Relation der Bezogenheit", und dergleichen mehr.

Wer durch diese Erläuterungen des Theologen Klarheit über das gewinnt, was er uns mit Hilfe seiner drei Thesen vermitteln will, dem darf man gratulieren. Wieder erweist sich hier seine Manier, unnötigerweise Begriffe miteinander zu identifizieren, die im üblichen Denken zwar zusammenhängen, aber nicht identisch sind, als Hindernis für ein Verständnis seiner Darlegungen. Dass „Vater" ein reiner Beziehungsbegriff ist, ist nicht neu, aber wenn Person „die reine Relation der Bezogenheit" ist, möchte man doch gerne erfahren, welche Wesenheiten miteinander in Beziehung stehen, wenn von Dreieinigkeit die Rede ist, denn Gott selbst ist ja als Substanz, als Wesen, schlechthin eins, wie Ratzinger uns zu verstehen gegeben hat. Die drei Personen als Wesenheiten, die dafür in Betracht kämen, sind ja durch seine begrifflichen Festlegungen inzwischen verschwunden. Man muss sich wohl damit zufriedengeben, dass Gott alle Begriffe sprengt und daher unbegreiflich ist.[21]

Nach dieser Behandlung der im Trinitätsdogma steckenden Problematik gibt der Theologe uns zu verstehen, dass in der christlichen Verwandlung des Personbegriffs ein Auftrag an das philosophische Denken enthalten sein könnte, der auf eine Revolutionierung des Weltbildes und eine Überwindung des objektivierenden Denkens hinausläuft. Die „Alleinherrschaft des Substanzdenkens" werde „gebrochen" und die „Relation" werde „als eine gleichrangige Urweise des Wirklichen" entdeckt. Nun hat eine solche Revolutionierung tatsächlich schon stattgefunden, und zwar erfreulicherweise, ohne dass dadurch das objektivierende Denken überwunden werden musste und auch ohne dass der christliche Personbegriff dabei eine Rolle gespielt hat. Die Art, in der Ratzinger mit diesem zentralen Begriff seines Ansatzes umgeht, erweckt jedenfalls kein Vertrauen zu einem Denken, das mit derartigen Ansprüchen verbunden ist.

Im letzten Abschnitt des Kapitels sucht er zu zeigen, dass das, was er zur Dreieinigkeit gesagt hat, „weitgehend schon im johanneischen Denken anwesend war". Seine Erläuterungen dieser These sind verständlicher als die zum Glauben an die Dreieinigkeit, aber auch hier treten wieder Aussagen der oben erwähnten Art auf, wie zum Beispiel die, dass es „das Wesen der trinitarischen Personalität" sei, „reine Relation und so absoluteste Einheit zu sein", oder dass Jesus „Wort" und „seine Lehre er selber" sei. Der Abschnitt schließt mit der Behauptung, dass sich durch die Trinitätslehre „ein neues Verständnis des Wirklichen" auftue, „dessen, was der Mensch [. . .] und dessen, was Gott" sei.

DAS PROBLEM DER GOTTESSOHNSCHAFT JESU

Im zweiten Hauptteil seines Buches geht es um Jesus Christus.[22] Mit dem zweiten Hauptstück des Credo, dem Bekenntnis zu Jesus Christus, geraten wir, wie Ratzinger zunächst mit Recht feststellt, zum eigentlichen Anstoß des Christlichen. Es scheine „Anmaßung und Torheit in einem" zu sein, „eine einzelne Gestalt, die mit wachsender Entfernung immer mehr in den Nebel der Vergangenheit entschwinden" müsse, „zur maßgebenden Mitte aller Geschichte zu erklären". In diesem zweiten Artikel des Credo geschehe „die geradezu ungeheuerliche Verknüpfung von Logos und Sarx, von Sinn und Einzelgestalt der Geschichte". Der Sinn, der alles Sein trage, sei „Fleisch geworden" und „in die Geschichte eingetreten".

Eine solche Vorstellung sei heute „wohl noch weiter oder mindestens auf andere Weise als früher erschwert durch die Form, in der das Geschichtliche nun wissenschaftlich vermittelt erscheint", nämlich „die historisch-kritische Methode". Es ergebe sich hier „auf der Ebene der Begegnung mit der Geschichte ein ähnliches Problem [. . .], wie es sich für das Suchen nach dem Sein und dem Grunde des Seins durch die physikalische Methode und die naturwissenschaftliche Form der Befragung der Natur ergeben" habe. Auf die Beschränkungen, die er der naturwissenschaftlichen Forschung zuschreibt, bin ich oben schon eingegangen. Seine diesbezügliche These beruht auf Missverständnissen.

Dass die Geschichtsforschung auf Urkunden zurückgreifen muss und insofern dem „Zufall der Urkunden" ausgesetzt ist, ist durchaus richtig. Schriftliche Quellen spielen in dieser Forschung eine bedeutende Rolle. Aber darüber hinaus gibt es Quellen anderer Art, mit deren Hilfe vielfach sogar das in Frage gestellt werden kann, was die schriftlichen Quellen herzugeben scheinen.[23] Dass man mit Hilfe der historischen Methode nicht in der Lage ist, die „volle Wahrheit der Geschichte" zu erreichen, braucht man nicht zu bestreiten. Aber auch der Theologe hat keine bessere Methode anzubieten, und er ist sogar darauf angewiesen, an Resultate der historischen Forschung anzuknüpfen. Das wird von Ratzinger auch nicht bestritten. Er möchte nur deutlich machen, dass daraus für das theologischen Denken eine Schwierigkeit erwächst, die er das „Dilemma der Gleichzeitigkeit von Glaube und Geschichte" nennt.

Dieses Dilemma besteht für ihn darin, dass man entweder versucht, „Christologie auf der Ebene des Historischen zu beweisen", oder sich dazu entschließt, sie „schlicht auf das Belegbare zu reduzieren", oder aber, da beide Wege nicht zum Erfolg führen können, „der Historie ganz zu entfliehen und sie als überflüssig für den Glauben hinter sich zu lassen". Dieses Dilemma, so meint er dann, „ließe sich präzis in die Alternative zusammenfassen, von der die moderne Theologie umgetrieben" werde: „Jesus oder Christus?" Diese Theologie wende sich zunächst von Christus ab und Jesus „als dem historisch Greifbaren" zu, um dann wieder zu Christus zurückzukehren und schließlich heute wieder die umgekehrte Richtung einzuschlagen. Er geht dann auf „diese Zickzackbewegung" ein und zieht daraus die Lehre, dass es Jesus ohne Christus nicht geben könne. Man müsse einen Schritt weitergehen und einfach zu verstehen versuchen, „was denn der Glaube" sage, „der nicht Rekonstruktion, sondern Gegenwart" sei, „nicht Theorie, sondern eine Wirklichkeit lebendigen Existierens".

Diese Charakterisierung des Glaubens übergeht allerdings die Tatsache, dass der Glaube zumindest theoretische Komponenten enthält, auf die der Autor selbst immer wieder zurückgreift. Wenn das nicht der Fall wäre, könnten wir uns unsere Auseinandersetzung ersparen, bei der es um die mögliche Wahrheit dieses Glaubens geht. Allerdings geht Ratzinger auch mit dem Begriff der Wahrheit in seiner Untersuchung in einer Weise um, die Zweifel daran erweckt, ob er dabei an der Wahrheit im üblichen Sinne dieses Wortes interessiert ist.[24]

Die „eigentliche Aussage des Glaubens" sei, so meint Ratzinger nun, dass bei Jesus Amt und Person nicht zu unterscheiden seien.[25] Jesus habe sich „so mit seinem Wort identifiziert, dass Ich und Wort ununterscheidbar" seien. Die „entscheidende Aussage des Glaubens über Jesus" liege „in der untrennbaren Einheit der zwei Worte ‚Jesus Christus', in der sich die Erfahrung der Identität von Existenz und Sendung" verberge. Man fragt sich da, wer wohl diese Erfahrung hatte, etwa die Jünger oder spätere Theologen, und woher Ratzinger von dieser Erfahrung weiß? Wie dem auch sei, vorläufig möchte er uns nur über den katholischen Glauben informieren, einen „personalen Glauben", der nicht „das Annehmen eines Systems" sei, sondern das „Annehmen dieser Person, die ihr Wort" sei, „des Wortes als Person und der Person als Wort".

Um die Frage nach dem Ursprung des christlichen Bekenntnisses zu beantworten, geht er zunächst auf ein Resultat der historischen Forschung ein. Er weist darauf hin, dass Jesus sich nicht selbst eindeutig als Christus verkündigt hat. Es sei vielmehr Pilatus gewesen, der sich damit der Anklage der Juden angeschlossen habe. So sei dessen Todesurteil paradoxerweise zum Ausgangspunkt des Glaubens geworden: „Als der Gekreuzigte" sei „dieser Jesus der Christus, der König". Ratzinger interpretiert dieses Geschehen dann im Sinne des Johannesevangeliums. Dass Johannes Christologie als „Bezeugung des Glaubens an den Christus, als Botschaft von der Geschichte Jesu" und „umgekehrt Jesusgeschichte als Christologie" betreibe, das zeige, so meint er, „die vollendete Einheit von Christus und Jesus an, die für die ganze weitere Geschichte des Glaubens konstitutiv" sei und bleibe.

Darüber hinaus bekenne sich das „entfaltete christologische Dogma" dazu, dass „das radikale Christussein Jesu das Sohnsein" und „das Sohnsein das Gottsein" einschließe. Nur so verstanden sei es „logoshafte verständige Aussage", während man sonst in Mythos absinke. Gleichzeitig bekenne es sich dazu, dass Jesus der wahre Mensch sei. Ratzinger spricht vom „Ineinsfall von Theologie und Anthropologie", in dem „das wahrhaft Erregende christlichen Glaubens" bestehe. Er fragt dann mit Recht, „ob uns der biblische Befund und das, was seine kritische Durchleuchtung der Tatsachen freigibt, dazu ermächtigt, das Sohnsein Jesu so zu fassen, wie wir es eben getan haben und wie das christologische Dogma es tut". Auf diese Frage wird heute, wie er einräumt, „immer entschiedener und immer selbstverständlicher mit Nein geantwortet". Er möchte aber „zu zeigen versuchen, dass man nicht nur mit Ja antworten kann, sondern sogar muss, wenn man nicht entweder in rationalistische Belanglosigkeiten oder in mythologische Sohnesideen abgleiten will, die vom biblischen Sohnesglauben und von seiner altkirchlichen Auslegung überholt und überwunden worden sind".

Wie verfährt unser Autor nun, um das zu zeigen. Er liefert uns zunächst auf knapp zwei Seiten eine Skizze des „Klischees", „das sich als Vulgarisierungsform moderner Theologie weithin auszubreiten" beginne. Dabei gesteht er zu, dass „die Dinge in den Fachuntersuchungen differenzierter und auch im Einzelnen vielfältig unterschiedlich gesehen werden". Da aber die Aporien die gleichen blieben, zähle, so meint er, die „Ausrede" nicht, „dass es so einfach auch wieder nicht sei." Das, was er da skizziert hat, sei, so meint er dann, „für den historisch Denkenden ein absurdes Gemälde". Er selbst sei von seinem Umgang mit der Geschichte her „lieber und leichter zu glauben imstande [...], dass Gott Mensch wird, als dass ein solches Hypothesen-Konglomerat zutrifft". Damit hat sich unser Autor natürlich die Auseinandersetzung mit einer ganzen Reihe von Theologen und Philosophen erspart, denen wir differenzierte Untersuchungen über sein Thema verdanken.[26]

Ratzinger glaubt jedenfalls, er könne sich „auf den entscheidenden Punkt beschränken, um den sich das Ganze dreht: die Rede von der Gottessohnschaft Jesu". Der folgende Text enthält im Wesentlichen Hinweise auf die biblische

Terminologie und ihren Unterschied zu anderen Terminologien. Dabei wird der Glaube an die Auferstehung und den Auferstandenen zwar berührt, aber nicht unter Berücksichtigung der vorliegenden Kritik auf seine Adäquatheit hin untersucht. Das „Recht des christologischen Dogmas", auf dessen Fragwürdigkeit ich oben schon eingegangen bin, wird von Ratzinger ohne Umschweife in die Geschichte hineingedeutet.

Davon, dass Jesus sich in einem zentralen Punkt seines Glaubens offenbar nach allem, was wir heute wissen, in einem fundamentalen Irrtum befunden hat, ist bei ihm nicht die Rede.[27] Ob dieses Ergebnis der historischen Forschung zu dem „Hypothesen-Konglomerat" gehört, von dem Ratzinger sich distanzieren möchte, sagt er uns nicht. Dass er es aber nicht berücksichtigt hat, macht seine Behandlung der christologischen Problematik zu einem unglaubwürdigen Unternehmen. Es geht ihm so sehr um den Einbau des christlichen Glaubens in seine spiritualistische Metaphysik, dass er Resultate der historischen Forschung nur dann gelten lässt, wenn sie sich für diesen Zweck verwerten lassen. Man darf daher hier mit Recht von einer nicht kritischen, sondern apologetischen Verwertung der Geschichte sprechen.

In einem Kapitel über die Entfaltung des Christusbekenntnisses in den christologischen Glaubensartikeln[28] geht er zunächst auf den Passus „empfangen vom Heiligen Geist, geboren aus Maria der Jungfrau" ein. Er teilt uns hier mit, dass „die sogenannten Kindheitsgeschichten des Matthäus- und des Lukasevangeliums" das „Herkommen Jesu aus dem Geheimnis Gottes" schildern, und zwar „nicht um es aufzuheben, sondern um es gerade als Geheimnis zu bestätigen". Es sei, so meint er, ein Missverständnis, in diesem Zusammenhang von einem biologischen Faktum zu sprechen, denn die Gottessohnschaft sei ein ontologisches Faktum. Offenbar haben sich also alle diejenigen, die bisher Anstoß an der Jungfrauengeburt genommen haben, insofern unnötige Sorgen gemacht, als sie die „metaphysische Gottessohnschaft" als „biologische Abstammung" missdeutet haben. Das ist natürlich eine erfreuliche Nachricht für heutige Katholiken.

Die Frage ist nur, ob man den erwähnten Evangelisten selbst diese feinsinnige Unterscheidung zweier Ebenen zutrauen darf, die der spiritualistischen Metaphysik unseres Theologen entstammt. Wer das heutige wissenschaftliche Weltbild anerkennt, hat ohnehin keine Schwierigkeit mit dem Zugeständnis, das man wohl dem Ratzinger'schen Text entnehmen kann, dass „Jesus aus einer normalen menschlichen Ehe hervorgegangen" ist.[29] Er hat allerdings Schwierigkeiten mit der Metaphysik, durch die dieses Ereignis ontologisch überhöht wird. Und er hätte dann noch die Frage, warum die Kirche bis zum

Das Problem der Gottessohnschaft Jesu

heutigen Tage so großen Wert auf die Jungfräulichkeit der Mutter des Gottessohnes gelegt hat.

Dann geht es um den Passus „gelitten unter Pontius Pilatus, gestorben und begraben". Es handelte sich hier darum, welche Stellung das Kreuz innerhalb des Glaubens einnimmt. In der Bibel, so meint dazu unser Autor, stehe das Kreuz da „als Ausdruck für die Radikalität einer Liebe, die sich gänzlich gibt [...] für ein Leben, das ganz Sein für die anderen ist". Der Frage, ob diese Auffassung auch dem Selbstverständnis Jesu entsprochen hat, widmet unser Autor keine Zeile, obwohl eine positive Antwort auf diese Frage keineswegs selbstverständlich ist. Nach Groos ist nämlich die Annahme, dass Jesus selbst den „für den Glauben allein in Betracht kommenden und entscheidenden Sinn in seinem Tod gesehen hat," nach allem, was wir wissen, „sehr unwahrscheinlich".[30] Darüber hinaus wäre die Frage zu beantworten, inwiefern der allmächtige und barmherzige Gott darauf angewiesen war, seinen Sohn einen derart grausamen Tod sterben zu lassen, um sein Ziel zu erreichen, eine Frage, die Ratzinger nicht einmal in Betracht zieht.[31]

Nun folgt sein Kommentar zu dem Passus „abgestiegen zur Hölle". Die Hölle sei, so meint Ratzinger, „jene Einsamkeit, in die die Liebe nicht mehr vordringen kann". Damit besage dieser Glaubensartikel, „dass Christus das Tor unserer letzten Einsamkeit durchschritten hat, dass er in seiner Passion eingetreten ist in diesen Abgrund unseres Verlassenseins". Aber „wo uns keine Stimme mehr erreichen" könne, so meint er dann, da sei „Er" und damit sei „die Hölle" überwunden. „Nur noch die gewollte Selbsverschließung" sei „jetzt die Hölle".

Dass diese für den modernen Menschen zurechtgemachte Interpretation dem biblischen Denken gerecht wird, das damit verständlich gemacht werden soll, ist, soweit ich sehe, eine abenteuerliche Vorstellung. Wenn man bedenkt, dass sie vom heutigen Oberhaupt einer Kirche stammt, in der es noch Teufelsaustreibungen gibt, stellt man sich die Frage, wie weit die Umdeutungen biblischer Texte, mit denen dieser Theologe uns bekannt macht, mit der „Heilstechnologie" vereinbar sind, durch die sie sich von anderen religiösen Gemeinschaften unterscheidet.[32]

In dem Glaubensartikel „auferstanden von den Toten" geht es um das Bekenntnis zur Auferstehung Jesu Christi, also dem zentralen Dogma des christlichen Glaubens. Jesus ist nach Auffassung Ratzingers „auferstanden ins endgültige Leben hinein, das nicht mehr den chemischen und biologischen Gesetzen eingefügt ist und deswegen außerhalb der Todesmöglichkeit steht, in jener Ewigkeit, welche die Liebe gibt".[33] Er ist daher „dem gewöhnlichen Auge unerkennbar" und „wird allein im Bereich des Glaubens entdeckt". Man begegne dem Auferstandenen „im Wort und im Sakrament". Die „Erfahrung des Auferstandenen" sei aber „etwas anderes als das Zusammentreffen mit einem Menschen dieser unserer Geschichte" und sie dürfe „erst recht nicht zurückgeführt werden auf Tischgespräche und auf Erinnerungen, die sich schließlich zu dem Gedanken verdichtet hätten, dass er lebe und seine Sache weitergehe". Der „allzu bequeme Versuch, der sich einerseits den Glauben an das Mysterium des mächtigen Handelns Gottes in dieser Welt sparen wolle und doch gleichzeitig die Genugtuung haben möchte, auf dem Boden der biblischen Botschaft zu bleiben – dieser Versuch", so meint er, führe „ins Leere". Er genüge „weder der Redlichkeit der Vernunft noch dem Anspruch des Glaubens".

Wenn man das liest, hat man den Eindruck, dass es unserem Theologen hier vor allem darum geht, die Auffassung Rudolf Bultmanns zurückzuweisen, der bekanntlich davon gesprochen hat, dass Jesus auferstanden sei „in die Verkündigung". Das war in der Tat ein Versuch der Rettung des Glaubens, der nicht erfolgreich sein konnte. Aber dieser Versuch beruhte auf einem Dilemma[34], über das sich Ratzinger nur auf der Grundlage seiner fragwürdigen Metaphysik hinwegsetzen kann.

Damit kommen wir zum nächsten Passus des Glaubensbekenntnisses: „aufgefahren in den Himmel, sitzet zur Rechten Gottes, des allmächtigen Vaters". In seinem Kommentar zu diesem Passus geht Ratzinger auf das „dreistöckige Weltbild" ein, das nach Bultmann in der Rede von der Himmelfahrt und vom Höllenabstieg zum Ausdruck komme und das dieser Theologe als „mythisch" und „definitiv überwunden" deklariert hatte. Seiner Auffassung nach geht es im biblischen Denken tatsächlich um die „Gesamtdimension des menschlichen Daseins", das nicht „drei kosmische Stockwerke", sondern „drei metaphysische Dimensionen" umspanne.

Die „beiden Möglichkeiten des Menschen", die „in den Worten Himmel und Hölle vor den Blick kommen, seien aber, so meint er, „von je völlig anderer Art". Die „Tiefe, die wir Hölle nennen", könne „nur der Mensch sich selber geben". Das hatte er schon in seinem Kommentar zu „abgestiegen zur Hölle" erläutert. Im Gegensatz dazu sei aber „das Wesen jenes Oben", das „Himmel" genannt werde, dass es „nur empfangen werden" könne. Der Himmel könne „als erfüllte Liebe dem Menschen immer nur geschenkt werden". Er entstehe „allererst durch das Ineinstreten von Gott und Mensch", das „in Christus mit seinem Überschritt über den Bios durch den Tod hindurch zum neuen Leben endgültig geschehen" sei. Himmel sei „demnach jene Zukunft des Menschen und der Menschheit, die diese sich nicht selbst geben" könne und die „erstmals und grundlegend eröffnet worden" sei „in dem Menschen, dessen Existenzort Gott war und durch den Gott ins Wesen Mensch eingetreten" sei. In diesem Zusammenhang geht Ratzinger auf die „sogenannte Naheschatologie" ein. Aber er lässt sich, wie zu erwarten war, nicht auf das oben erwähnte Problem ein, sondern er redet darüber hinweg.

Das Glaubensbekenntnis endet mit dem Passus: „von dannen er kommen wird, zu richten die Lebendigen und die Toten". In seinem Kommentar dazu beschäftigt sich Ratzinger wieder mit Bultmann, der behauptet hatte, dass auch der Glaube an das Ende der Welt „durch die richtende Wiederkunft des Herrn" für den modernen Menschen nicht mehr in Betracht komme. Nachdem er hier Teilhard de Chardin ins Spiel gebracht hat, kommt er zu der Konsequenz, dass sich der „Glaube an die Wiederkunft Jesu Christi und an die Vollendung der Welt in ihr" erklären ließe als „die Überzeugung, dass unsere Geschichte auf einen Punkt Omega zuschreitet, in dem endgültig deutlich und unübersehbar sein wird, dass jenes Stabile, das uns gleichsam als tragender Wirklichkeitsboden erscheint, nicht die bloße, ihrer selbst nicht bewusste Materie ist, sondern dass der eigentliche, feste Boden der Sinn ist". Der Sinn sei es, so meint er, der das Sein zusammenhalte, ihm Wirklichkeit gebe, ja er sei die Wirklichkeit. Daran schließen sich weitere Spekulationen dieser Art an, die ich dem Leser erspare.

Schließlich kommt Ratzinger wieder zu dem Text zurück, den er kommentieren wollte. Und zwar geht es um die „Rede vom Gericht", deren Sinn er definieren möchte. Sie besage „genau dies, dass das Endstadium der Welt nicht Ergebnis einer naturalen Strömung ist, sondern Ergebnis von Verantwortung, die in Freiheit gründet". Es sei nicht seine Aufgabe, so meint er dann, „im Einzelnen zu bedenken", wie die Rede vom Gericht „mit dem vollen Gewicht der Lehre von der Gnade zusammen bestehen" könne. Vielleicht werde man „letztlich auch gar nicht über ein Paradox hinauskommen, dessen Logik sich vollends nur der Erfahrung eines Lebens aus dem Glauben erschließen" werde.[35] Wieder geht er hier ohne Zögern über eine Aporie hinweg, mit der andere Denker große Schwierigkeiten haben.

DER HEILIGE GEIST UND DIE KIRCHE

Im dritten Hauptteil seines Buches[36] geht es um den Geist und die Kirche, wie sie im dritten Teil des Glaubensbekenntnisses vorkommen. Ratzinger beschäftigt sich zunächst mit dem Begriff des „Heiligen Geistes", den er schon im Zusammenhang mit dem Trinitätsdogma behandelt hatte. Nun geht es aber, wie er sagt, nicht um den „Heiligen Geist als dritte Person in der Gottheit", sondern um denselben „als Gabe Gottes an die Geschichte in der Gemeinde derer, die an Christus glauben", als „die Macht, durch die der erhöhte Herr inmitten der Weltgeschichte anwesend bleibt als Prinzip einer neuen Geschichte und einer neuen Welt". Das habe zur Folge gehabt, dass „im Bewusstsein der Betenden Bekenntnis zum ‚Geist' und Bekenntnis zur Kirche interferierten".

Die restlichen Aussagen des dritten Teils seien, so meint er „nichts anderes als Ausfaltungen seines Grundbekenntnisses", und zwar „in doppelter Richtung", und im „Wort von der Gemeinschaft der Heiligen" und in dem „von der Nachlassung der Sünden", die beide „eine unmittelbare sakramentale Bedeutung" hätten. Im ersten dieser beiden Worte sei „zunächst auf die eucharistische Gemeinschaft verwiesen, welche die über das Erdenrund verstreuten Kirchen vom Leib des Herrn her zu einer Kirche verbinde". Das zweite Wort ziele „auf das andere kirchengründende Sakrament", nämlich „die Taufe" als „das große Sakrament der Vergebung" und als „Anfang einer lebenslangen Bekehrung". Im Glaubensbekenntnis werde demnach „die Kirche vom Heiligen Geist her verstanden [...] als seine Wirkstätte in der Welt".

Auch „die abschließenden Worte des Symbols, das Bekenntnis zur ‚Auferstehung des Fleisches' und zum ‚ewigen Leben'", seien als „Ausfaltung des Glaubens an den Heiligen Geist und seine verwandelnde Macht zu verstehen, deren letzte Auswirkung sie schildern". Mit der Auferstehung sei „die Todesgrenze grundsätzlich durchbrochen und eine endgültige Zukunft für Mensch und Welt eröffnet". „Das Kreuz" sei „wirklich die Erlösung der Welt".

Schließlich behandelt Ratzinger noch zwei Hauptfragen dieses Artikels, nämlich die nach der Kirche und die nach der Auferstehung des Fleisches. Was die Heiligkeit der Kirche angeht, so sei sie angesichts des tatsächlichen Verlaufs der Kirchengeschichte fragwürdig geworden. Und das Gleiche gelte auch für ihre Katholizität. Aber die Heiligkeit der Kirche, so meint er dann, beziehe sich nicht auf menschliche Personen, sondern auf „jene Macht der Heiligung, die Gott in ihr trotz der menschlichen Sündigkeit" ausübe. Insofern könne sie „etwas unendlich Tröstendes an sich" haben. Und mit dem Wort „katholisch" sei „die bischöfliche Struktur der Kirche und die Notwendigkeit der Einheit aller Bischöfe untereinander" ausgedrückt. Dabei sei die „bischöfliche Verfassung" ein Mittel der Einheit, als deren Inhalt „zunächst Wort und Sakrament zu gelten" hätten.

Was die Auferstehung des Fleisches angeht, so scheint sie, wie Ratzinger feststellt, mit dem heutigen Weltbild kaum vereinbar zu sein. Um zu einem angemessenen Urteil darüber zu kommen, wendet sich Ratzinger der biblischen Aussage zu und stellt fest, dass sie mit der griechischen Lehre von der Unsterblichkeit der Seele nicht vereinbar sei, weil sie die „ungeteilte Einheit des Menschen", der „Person", voraussetze. Dabei handle es sich um eine „dialogische" Unsterblichkeit, weil sie aus der rettenden Tat Gottes, der „Auferweckung", hervorgehe. Und dass diese am „Jüngsten Tag", „am Ende der Geschichte und in der Gemeinschaft aller Menschen erwartet" werde, zeige „den mitmenschlichen Charakter" dieser Unsterblichkeit an. Der Inhalt der Aussage über die Unsterblichkeit bestehe also darin, dass das „Wesentliche des Menschen, die Person", erhalten bleibe. Das, „was in dieser irdischen Existenz leibhaftiger Geistigkeit und durchgeisteter Leiblichkeit gereift" sei, das bestehe „auf eine andere Weise fort", weil es „in Gottes Gedächtnis" lebe. Mit dieser Auskunft glaubt er im Wesentlichen auch das getroffen zu haben, was schon bei Johannes und Paulus zu finden ist. Allerdings wird damit nicht die Unvereinbarkeit der Auferstehung mit dem modernen Weltbild aus dem Wege geräumt, sondern nur der Anspruch erhoben, dieses Weltbild auf der Basis einer spiritualistischen Metaphysik überwunden zu haben.

RATZINGERS APOLOGIE DES CHRISTENTUMS IM LICHTE DER KRITIK

Wie ist dieser Anspruch zu beurteilen? Ist die Ratzinger'sche Deutung des biblischen Glaubens auf der Grundlage seiner spiritualistischen Metaphysik gelungen? Und ist diese Metaphysik selbst haltbar, das heißt: Hält sie einer kritischen Prüfung stand und erweist sie sich der modernen wissenschaftlichen Weltauffassung überlegen? Das sind offenbar zwei verschiedene Fragen, denn es könnte so sein, dass die erste Frage positiv und die zweite negativ beantwortet werden müsste.

Was die erste der beiden Fragen angeht, so kann zunächst zugestanden werden, dass eine spiritualistische Metaphysik jedenfalls dem biblischen Glauben mehr entgegenkommt als die wissenschaftliche Weltauffassung, die von Ratzinger in Frage gestellt wird. Die personalen Wesenheiten, deren Wesen und deren Rolle der Theologe uns plausibel machen möchte, gehören nach dem biblischen Glauben offenbar zur Ausstattung der Wirklichkeit, und der Versuch moderner Theologen, sie durch Umdeutungen mit dem modernen Weltbild vereinbar zu machen, so dass sie weniger anstößig erscheinen, sind äußerst problematisch. In diesem Punkt kann man dem Theologen sicher recht geben. Der Bultmann'sche Versuch der Entmythologisierung des christlichen Glaubens, der seinen kerygmatischen Kern retten sollte, war ein hermeneutisches Unternehmen in apologetischer Absicht, das misslungen ist.

Aber muss deshalb die Ratzinger'sche Deutung des biblischen Glaubens als adäquat akzeptiert werden? Ich habe den Eindruck, dass auch diese Deutung sich von dem, was Jesus selbst und was seine Zeitgenossen glaubten, erheblich unterscheidet. Auch die Ratzinger'sche Deutung ist darauf angelegt, den biblischen Glauben dem modernen Denken weniger anstößig erscheinen zu lassen, als das möglich wäre, wenn er weniger selektiv in der Auswahl der zitierten Bibelstellen vorgegangen und wenn er bei seinen hermeneutischen Bemühungen etwas disziplinierter verfahren wäre.

Vor allem seine Behandlung der eschatologischen Problematik involviert einen Rückfall hinter das, was Johannes Weiß und Albert Schweitzer schon erreicht hatten. Ich begnüge mich hier mit diesem Hinweis und verweise auf die Arbeiten anderer Theologen.[37] Eine andere Frage ist natürlich die, inwieweit Ratzinger eine der wissenschaftlichen Weltauffassung überlegene Sicht der Wirklichkeit entwickelt hat. Kann er mit Hilfe der Annahme, dass der von ihm postulierte Gott existiert, die wirklichen Zusammenhänge und unsere Erfahrungen besser erklären, als das mit Hilfe der Resultate der wissenschaftlichen Forschung möglich ist.

Er hat sich redlich bemüht, auf die Beschränkungen hinzuweisen, denen diese Forschung unterliegt, aber seine Bemühungen in dieser Hinsicht beruhen, wie ich zu zeigen versucht habe, auf Missverständnissen. Noch Newton kam bekanntlich bei seiner Erklärung natürlicher Phänomene nicht ohne die Annahme der Existenz Gottes aus[38], aber seit Laplace war diese Hypothese entbehrlich geworden.[39] Und Ratzinger ist nicht in der Lage zu zeigen, inwiefern durch diese Annahme eine Erklärungsleistung erbracht werden kann, die über das hinausgeht, was wissenschaftlich erklärt werden kann.

Die Argumentation, mit deren Hilfe er uns den für den Katholizismus erforderlichen dreieinigen Gott plausibel machen möchte, ist gänzlich misslungen, wenn man dafür keine auf religiöse Zwecke zugeschnittene besondere Logik in Anspruch nehmen möchte. Seine Bemühungen, zu einem brauchbaren Gottesbegriff zu kommen, zeichnen sich durch eine Konfusion aus, die um so fataler ist, als dieser Begriff von zentraler Bedeutung für seine Auffassung ist, denn auf die Annahme der Existenz Gottes gründet sich der erwähnte Erklärungsanspruch. Geradezu skandalös ist aber die Tatsache, dass Ratzinger es versäumt hat, das Theodizeeproblem zu behandeln, das für die christliche Gottesvorstellung schwerwiegende Konsequenzen hat.[40] Wer keine Lösung für dieses Problem hat, müsste wohl auch den Anspruch aufgeben, eine Antwort auf die Frage nach dem Sinn des Lebens geben zu können.[41]

Auch Joseph Ratzingers Versuch, den Kern des christlichen Glaubens zu retten, kann man mit einigem Recht als ein hermeneutisches Unternehmen in apologetischer Absicht charakterisieren, allerdings ein Unternehmen, das größere Ansprüche mit größerem Leichtsinn verbindet als der Versuch Rudolf Bultmanns und das ebenso gescheitert ist wie dieser Versuch.

ANMERKUNGEN

[1] Vgl. G. Vollmer, Mesokosmos und objektive Erkenntnis – Über Probleme, die von der evolutionären Erkenntnistheorie gelöst werden, in: K. Lorenz/F. M. Wuketits (Hg.), Die Evolution des Denkens, München/Zürich 1983, S. 51 ff.

[2] Vgl. R. Horton, Tradition and Modernity revisited, in: M. Hollis/S. Lukes (eds.), Rationality and Relativism, Oxford 1983, S. 228 ff., wo die Unterscheidung zwischen primären und sekundären Theorien eingeführt wird. Alle sekundären Theorien arbeiten mit „verborgenen" und damit unsichtbaren Wesenheiten und Prozessen,

[3] Vgl. H. Albert, Kritik der reinen Erkenntnislehre. Das Erkenntnisproblem in realistischer Perspektive, Tübingen 1987, S. 148-157.

[4] Er greift dabei charakteristischerweise auf Heideggers fragwürdige Unterscheidung zwischen rechnendem und besinnlichem Denken zurück, vgl. J. Ratzinger, Einführung in das Christentum. Vorlesungen über das Apostolische Glaubensbekenntnis, München 1968, S. 38 ff.

[5] Dieser Hinweis erinnert mich an das Münchhausen-Trilemma, das ich in meinem Buch: Traktat über kritische Vernunft (1968), Tübingen[5] 1994, S. 15 ff. – einem Buch, das einige Monate vor dem Ratzinger'schen Buch in Tübingen erschienen ist –, zur Kritik der Forderung nach sicherer Begründung benutzt habe. Ratzinger verwertet Münchhausen natürlich in anderer Weise, nämlich um seinen Übergang zum Glauben plausibel zu machen.

[6] Vgl. Ratzinger (wie Anm. 4), S. 21,

[7] Vgl. dazu Horton (wie Anm. 2), Vollmer (wie Anm. 1) und Albert (wie Anm. 3), S. 148-157.

[8] In diesem Sinne ist denn auch bei Ratzinger die Rede von „Offenbarungen", ohne dass er daraus die entsprechenden Konsequenzen zieht, vgl. Ratzinger (wie Anm. 4), S. 25.

[9] Vgl. W. Proudfoot, Religious Experience, Berkeley/Los Angeles 1985, wo gezeigt wird, wie solche Erlebnisse natürlich erklärt werden können.

[10] Vgl. Ratzinger (wie Anm. 4), S. 61-132.

[11] Ebd., S. 88 f.

[12] Ebd., S. 90 f.

[13] Vgl. das VII. Kapitel meines Buches: Kritik der reinen Hermeneutik. Der Antirealismus und das Problem des Verstehens, S. 198-229.

[14] Vgl. Ratzinger (wie Anm. 4), S. 95.

[15] Ebd., S. 101 ff.

[16] Vgl. ebd., S. 110 ff.

[17] Vgl. ebd., S. 117 ff.

[18] Für eine Analyse dieser Wette vgl. H. Albert, Kritischer Rationalismus. Vier Kapitel zur Kritik illusionären Denkens, Tübingen 2000, S. 166 ff.

[19] Vgl. zum Beispiel H. Groos, Christlicher Glaube und intellektuelles Gewissen. Christentumskritik am Ende des zweiten Jahrtausends, Tübingen 1987, ein Buch, in dem ein ehemals gläubiger Theologe und Philosoph die Bilanz seiner Erfahrungen mit dem Christentum präsentiert.

[20] Vgl. Ratzinger (wie Anm. 4), S. 122 ff.

[21] Die Information, dass Gott alle Begriffe sprengt, werden wir dann später wieder von Hans Küng, dem kirchlichen Widersacher Ratzingers, bekommen, der jedenfalls in dieser Beziehung mit ihm einig ist, vgl. H. Küng, Existiert Gott? Antwort auf die Gottesfrage der Neuzeit, München/Zürich 1978, dazu meine Kritik in: H. Albert, Das Elend der Theologie. Kritische Auseinandersetzung mit H. Küng (1979), 2. erweiterte Auflage, Aschaffenburg 2005, S. 139 und passim.

[22] Vgl. Ratzinger (wie Anm. 4), S. 135-242.
[23] Vgl. I. Finkelstein/N. A. Silberman, Keine Posaunen vor Jericho. Die archäologische Wahrheit über die Bibel, München 2002, vgl. auch meine Untersuchung der historischen Methode in: Albert (wie Anm. 13), IV. Kapitel, S. 113-135.
[24] Zum Wahrheitsproblem vgl. Albert (wie Anm. 3), I. Kapitel, S. 12-18, es geht dabei um Wahrheit im Sinne zutreffender Darstellung. Wenn man diesen Begriff verwendet, kann man zum Beispiel nicht, wie Ratzinger es tut, „Wahrheit" umstandslos mit „Sein" und dazu noch mit „Sinn" und „Verstehbarkeit" identifizieren.
[25] Vgl. Ratzinger (wie Anm. 4), S. 143.
[26] Vgl. Groos (wie Anm. 19), wo eine ausführliche und sorgfältige Auseinandersetzung dieser Art zu finden ist, in der die vielen Aporien des christlichen Denkens aufgedeckt werden. Die Groos'sche Untersuchung führt denn auch zu gänzlich anderen Konsequenzen als die Ratzinger'sche Apologetik.
[27] Die Bedeutung der eschatologischen Deutung des Glaubens für die Beurteilung, seiner Wahrheit kommt bei Ratzinger überhaupt nicht vor, er geht weder auf Johannes Weiß noch auf Albert Schweitzer in dieser Hinsicht ein. Auch wenn er sich schließlich mit Bultmanns diesbezüglichen Auffassungen beschäftigt, spielt dieser Irrtum dabei keine Rolle, vgl. Ratzinger (wie Anm. 4), S. 234 f. Vgl. dazu aber Groos (wie Anm. 19), S. 211-245.
[28] Vgl. Ratzinger (wie Anm. 4), S. 197-242.
[29] Ebd., S. 199 f., wo dieses Zugeständnis allerdings merkwürdigerweise in einem Konditionalsatz enthalten ist, der darauf nur als auf eine Möglichkeit hinweist.
[30] Vgl. Groos (wie Anm. 19), S. 352, der dem von Ratzinger behandelten Problem in seinem Buch eine gründliche Untersuchung gewidmet hat.
[31] Er sagt zwar, es sei „ein unwürdiger Gottesbegriff, sich einen Gott vorzustellen, der die Schlachtung seines Sohnes verlangt, damit sein Zorn besänftigt werde", vgl. Ratzinger (wie Anm. 4), S. 213, aber auf den naheliegenden Gedanken kommt er nicht, dass ein „Gott, der selbst der Akt der Liebe ist", wie er dann sagt, eigentlich „die Schlachtung seines Sohnes", die ja dann tatsächlich geschehen ist, wohl hätte vermeiden können.
[32] Zur Rolle der Heilstechnologien in den Religionen vgl. Albert (wie Anm. 18), S. 155 ff. und passim.
[33] Vgl. Ratzinger (wie Anm. 4), S. 226.
[34] Vgl. Albert (wie Anm. 5), S. 129-137, sowie Groos (wie Anm. 19), S. 246-317.
[35] Für eine gründliche Diskussion dieser Problematik vgl. Groos (wie Anm. 19), S. 182-245.
[36] Vgl. Ratzinger (wie Anm. 4), S. 245-267.
[37] Für eine gründliche Untersuchung der Probleme, in dem die betreffenden Theologen ausführlich zu Wort kommen und ihre Auffassungen kritisch gewürdigt werden, vgl. Groos (wie Anm. 19).
[38] Die Newton'sche Physik war offenbar in viel stärkerem Maße durch Newtons religiöse Auffassungen beeinflusst, als man früher angenommen hatte, vgl. H. Heuser, Der Physiker Gottes. Isaak Newton oder die Revolution des Denkens, Freiburg/Basel/Wien 2005. Allerdings hat Newton das Trinitätsdogma nicht nur abgelehnt, sondern sogar heftig bekämpft, ebd., S. 70 ff.
[39] Vgl. A. Koyre, Von der geschlossenen Welt zum unendlichen Universum, Frankfurt 1969.
[40] Vgl. G. Streminger, Gottes Güte und die Übel der Welt. Das Theodizeeproblem, Tübingen 1962, und N. Hoerster, Die Frage nach Gott, München 2005.
[41] Zu dieser Frage vgl. den Abschnitt: Die religiöse Weltauffassung und der Sinn des Lebens, in: Albert (wie Anm. 18), S. 178-188.

KRITISCHER RATIONALISMUS UND CHRISTLICHER GLAUBE

DER KRITISCHE RATIONALISMUS

Der kritische Rationalismus, wie ich ihn verstehe, lässt sich in aller Kürze charakterisieren als eine philosophische Auffassung, die drei zentrale Komponenten enthält:

1. eine bestimmte Version des kritischen Realismus, derzufolge es eine objektive, von unserem Erkenntnisvermögen unabhängige Wirklichkeit gibt, die der menschlichen Erkenntnis zugänglich ist, deren Eigenart also prinzipiell erkennbar ist, obwohl es Schranken unterschiedlicher Art für bestimmte Erkenntnisse geben kann;
2. einen konsequenten Fallibilismus, das heißt: die These, dass der Mensch nicht nur in seinem Erkenntnisstreben, sondern darüber hinaus in seinem Streben, Probleme aller Art zu lösen, prinzipiell fehlbar ist und dass es daher auch keine sichere Methode gibt, diese Fehlbarkeit zu umgehen, etwa dadurch, dass man Begründungen im klassischen Sinne dieses Wortes erreicht; und
3. einen methodologischen Revisionismus, demzufolge alle Problemlösungen prinzipiell revidierbar sind, so dass es immer möglich ist, sie in Frage zu stellen und alternative Lösungen anzustreben, die früheren Lösungen vorzuziehen sind. Um zwischen alternativen Problemlösungen zu entscheiden, ist es angebracht, diese Alternativen anhand bestimmter Kriterien kritisch zu prüfen.

Eine wichtige These, die daraus folgt, ist die der Negation der Kritikimmunität sogenannter letzter Voraussetzungen. Was Popper in seiner Kritik am „Mythos des Rahmens" formuliert hat, ist mit dieser These logisch äquivalent, das heißt seine diesbezügliche Argumentation läuft auf dasselbe hinaus wie meine Kritik der Kritikimmunität letzter Voraussetzungen[1].

Die erwähnten Thesen sind metaphysische Hypothesen, die natürlich selbst möglicher Kritik unterliegen. Wenn man das bestreiten würde, würde man sich in Widersprüche verwickeln.

Der kritische Rationalismus unterscheidet sich in mancherlei Hinsicht von anderen philosophischen Auffassungen, die sich heute vorfinden. Er steht im Gegensatz zu den vielen Formen des modernen Antirealismus, zum Beispiel dem weit verbreiteten Konstruktivismus, für den die Wirklichkeit eine menschliche Konstruktion ist, zum Wahrheitsrelativismus, zu den Versuchen einer Letztbegründung bestimmter Thesen, wie sie zum Beispiel in der Apel'schen Transzendentalpragmatik vorliegen, und zum sogenannten „nachmetaphysischen Denken", das die Illusion hegt – ganz ähnlich wie der Neopositivismus der 30er Jahre des vorigen Jahrhunderts –, durch bestimmte Setzungen könne man der Metaphysik entgehen.[2]

Die philosophische Auffassung, die ich skizziert habe, ist keineswegs von vornherein mit religiösen Auffassungen unvereinbar. Um zu einem Urteil über solche Auffassungen zu kommen, muss man auf zusätzliche Voraussetzungen zurückgreifen, die keineswegs sakrosankt, sondern revidierbar sind. Religiöse Auffassungen pflegen mehr oder weniger gehaltvolle metaphysische und andere kognitive Komponenten zu enthalten, die unter Umständen mit den oben skizzierten Auffassungen in Konflikt geraten können.

DER CHRISTLICHE GLAUBE UND SEINE VERSCHIEDENEN VERSIONEN

Damit komme ich zum Christentum. Die christliche Religion ist bekanntlich eine der drei abrahamitischen – monotheistischen – Religionen, die in der Geschichte der Menschheit seit mehr als 2000 Jahren eine außerordentlich wichtige Rolle gespielt und die einen erheblichen Teil der Kulturen unserer Welt geprägt haben. Zentraler Bestandteil dieser Religionen ist der Glaube an einen Gott, der bestimmte Eigenschaften und Wirkungsmöglichkeiten hat und der für das Leben der Menschen große Bedeutung hat. Eine metaphysische These dieser Art ist diesen drei Religionen also gemeinsam, wenn auch die Eigenart dieses Gottes und seines Wirkens teilweise verschieden beschrieben wird. Im Übrigen trifft das auch für die verschiedenen Ausprägungen des Christentums zu. Der kalvinistische, der lutherische und der katholische Gott unterscheiden sich voneinander. Und wenn man zum Beispiel die theologische Literatur des modernen Protestantismus untersucht, dann findet man ganz unterschiedliche Gottesvorstellungen, ganz abgesehen davon, dass uns in ihr teilweise ein mehr oder weniger verschleierter Atheismus begegnet.

Ein weiterer wesentlicher Bestandteil des Christentums, der diese Religion von den anderen abrahamitischen Religionen – also vom Judentum und vom Islam – unterscheidet, ist bekanntlich die Rolle, die Jesus in dieser Religion spielt. Durch seinen Kreuzestod hat Jesus, Gottes Sohn, der nach dem Tod auferstanden ist, diejenigen, die an ihn glauben, sich zu ihm bekennen und entsprechend handeln, erlöst und ihnen das ewige Leben gesichert. So könnte man die zentrale christliche Aussage formulieren.

Darüber berichten die Glaubenszeugnisse seiner Anhänger, die im Neuen Testament enthalten sind und in anderen Schriften, die nicht in das Neue Testament aufgenommen wurden. Die adäquate Interpretation dieser Schriften ist innerhalb der christlichen – soweit ich sehe, sogar innerhalb der katholischen – Theologie kontrovers. Die Kontroverse bezieht sich zum Beispiel darauf, inwieweit und in welcher Weise Jesus an der göttlichen Natur teilhat, wie seine Auferstehung zu deuten ist und wie seine Verkündigung des Reiches Gottes zu verstehen ist.

Um diese Fragen zu beantworten, wird teilweise auf Resultate historischer Forschung zurückgegriffen, die selbst wieder kontrovers sein können. Viele Theologen räumen ein, dass diese Forschung sich der auch sonst in der Geschichtswissenschaft üblichen Methoden zu bedienen hat.[3] Wenn das der Fall ist, können sich daraus unter Umständen Argumente gegen bestimmte Versionen im Christentum üblicher Auffassungen ergeben. Und das ist in der Tat immer wieder geschehen. Wer das zugesteht, erkennt die Revidierbarkeit religiöser Auffassungen an.

Der Charakter und die Leistung religiöser Auffassungen

Die Frage nach dem Wesen und der Existenz Gottes gehörte in der vorkantischen Philosophie zu den zentralen Problemen der Metaphysik und der Erkenntnislehre. Die Übereinstimmung von Denken und Wirklichkeit und damit die Wahrheit unserer Erkenntnis wurde damit erklärt und gerechtfertigt, dass beide Bereiche von Gott abhängig seien.[4] Und was die Kosmologie angeht, so glaubte bekanntlich noch Newton für sein Weltbild die Existenz Gottes voraussetzen zu müssen, und zwar schon deshalb, weil er sie für den Nachweis der Stabilität des Planetensystems benötigte.[5]

Aber die moderne Kosmologie geriet schon seit der kopernikanischen Revolution in Widerspruch zu Vorstellungen, die zum christlichen Weltbild gehörten, und seit Laplace spielte die These der Existenz Gottes keine Rolle mehr in der Kosmologie.[6] Und auch die Erkenntnislehre konnte für die Lösung ihrer Probleme auf diese These verzichten. Weder für die Erklärung wirklicher Zusammenhänge noch für die Erklärung ihrer Erkenntnis brauchte man auf sie zurückzugreifen. Und was die Person und die Rolle des Erlösers im christlichen Denken angeht, so hat die vom Neuprotestantismus inspirierte Leben-Jesu-Forschung zu Resultaten geführt, die das historische Fundament des Christentums in Frage stellen, zum Beispiel zur eschatologischen Deutung bestimmter Texte des Neuen Testaments.[7]

Aber bis in die neueste Zeit gab es immer wieder Versuche der Anpassung des religiösen Weltbildes an die Resultate der Wissenschaften. Dabei war es natürlich erforderlich, dass man althergebrachte Glaubensvorstellungen opferte, um zentrale Bestandteile des Glaubens retten zu können, die man für unentbehrlich hielt. Über die Frage, was zu diesen Bestandteilen gehört, wurde oft kein Konsens erzielt. Von einer einheitlichen christlichen Auffassung kann daher nicht die Rede sein.

Wie sind solche Anpassungsversuche des religiösen Denkens an unser modernes Weltbild zu beurteilen? Kann man sie nicht als verständliche und völlig berechtigte Bemühungen ansehen, zu einer widerspruchsfreien Wirklichkeitsauffassung zu gelangen, zu einer Auffassung, die wichtigen menschlichen Bedürfnissen eher gerecht wird als das moderne Weltbild, das wir der wissenschaftlichen Forschung verdanken?

In dieser Frage kommt die These zum Ausdruck, dass das wissenschaftliche Weltbild bestimmten menschlichen Bedürfnissen nicht genügt. Dabei muss es sich wohl um andere Bedürfnisse handeln als die, die dem Streben nach einer zutreffenden Darstellung und Erklärung wirklicher Zusammenhänge, also dem Wahrheitsstreben, zugrunde liegen, durch das sich die wissenschaftliche Forschung auszeichnet. Wenn man sich die Eigenart religiöser Anschauungen und der jeweils mit ihnen verbundenen Praxis deutlich macht, so gewinnt man den Eindruck, das es so etwas gibt wie Heilsbedürfnisse, die mit der Sehnsucht nach einem vollkommenen Zustand der Welt verbunden sind, einem Zustand nämlich, in dem das menschliche Heil erreicht wird.

Solche Bedürfnisse sind möglicherweise als kulturabhängige Ausprägungen eines allgemeinen Glücksstrebens anzusehen oder des Bedürfnisses, ein sinnvolles Leben zu führen. Wo religiöse Auffassungen herrschen, so könnte man annehmen, wird dieses Streben in ein jeweils spezifisches Heilsbedürfnis transformiert, das dann außerdem mit einer bestimmten Praxis verbunden ist. Religiöse Weltauffassungen pflegen nämlich das Verhalten der Gläubigen durch spezifische Heilstechnologien zu beeinflussen, durch Regeln, die ihnen sagen, wie sie sich zu verhalten haben, um das Heil zu erreichen, das ihnen unter bestimmten Bedingungen zugesagt wird. Die christliche Heilstechnologie wird vor allem durch Katechismen vermittelt, die mit mehr oder weniger großer Genauigkeit angeben, was der Gläubige zu tun und zu lassen hat, um die ewige Seligkeit zu erlangen.

Um die Leistung einer religiösen Weltauffassung für den Menschen deutlich zu machen, kann man meines Erachtens auf die Charakterisierung der Religion durch Sigmund Freud zurückgreifen.[8] Ihr zufolge ist die Religion in der Lage (1) den Ursprung der Welt und wichtige Ereignisse in der Welt zu erklären, (2) menschliche Einstellungen und Handlungen in bestimmter Weise zu beeinflussen, (3) den Gläubigen Hoffnung auf Schutz und Glück zu machen, und, um die Freud'sche Darstellung zu ergänzen: (4) menschliche Autoritäten und die soziale Ordnung zu legitimieren oder auch ihre Legitimierung in Frage zu stellen. Das erreicht sie offenbar durch eine Deutung der Wirklichkeit, die alle diese Leistungen dadurch integriert, dass sie die Welt als einen sinnvollen Kosmos erscheinen lässt.

Daraus geht hervor, dass religiöse Weltauffassungen an eine komplexe menschliche Bedürfnislage angepasst sind und mehrere Funktionen gleichzeitig erfüllen können. Die in Punkt (1) erwähnte Erklärungsfunktion wird dadurch erfüllt, dass göttliche und andere numinose Wesenheiten ins Spiel gebracht werden (Engel, Teufel, Dämonen), die auch für die in Punkt (3) und (4) erwähnten Funktionen wichtig sind. Die in Punkt (2) erwähnte Funktion wird durch die jeweiligen Heilstechnologien erfüllt, die darauf abzielen, die menschliche Praxis zu bestimmen.

DIE FRAGE DER BEURTEILUNG RELIGIÖSER AUFFASSUNGEN UND DIE IDEE DER REINEN RELIGION

Nun ist die Tatsache, dass eine Weltauffassung bestimmten menschlichen Bedürfnissen entgegenkommt, an sich noch kein Grund, sie auf bloßes Wunschdenken zurückzuführen und deshalb abzulehnen. Die Frage, ob eine solche Weltauffassung akzeptabel ist, muss unabhängig von dieser Tatsache beantwortet werden. Es geht vor allem darum, ob es die personalen Wesenheiten gibt, die in der betreffenden religiösen Weltauffassung zur Erklärung bestimmter Zusammenhänge verwendet werden. Es geht also um die Wahrheit der betreffenden metaphysischen Annahmen und damit um ein Erkenntnisproblem. Und um darüber zu entscheiden, ob diese Annahmen in dieser Hinsicht akzeptabel sind, ist es angebracht, zu untersuchen, ob mit ihrer Hilfe die betreffenden Zusammenhänge überhaupt erklärbar oder besser erklärbar sind, als das mit Hilfe von Annahmen geschieht, die innerhalb der wissenschaftlichen Weltauffassung dazu angeboten werden.

Oft werden diese metaphysischen Annahmen im Rahmen religiöser Auffassungen, wie sie für das Christentum charakteristisch sind, als Dogmen behandelt, teilweise so, dass die betreffende Kirche den Gläubigen dazu verpflichtet, sie zu akzeptieren, also einen Glaubensgehorsam einfordert. Es käme demnach zunächst darauf an, sie als Hypothesen zu behandeln, damit sie in der erwähnten Weise geprüft werden können. Es gibt übrigens Theologen, die sich prinzipiell dazu bereit erklärt haben, in dieser Weise zu verfahren.

Ehe ich auf diese Frage zurückkomme, möchte ich auf eine Richtung des protestantischen Denkens eingehen, die sich in Reaktion auf die Religionskritik der Aufklärung entwickelt hat. Diese Tradition geht auf Schleiermacher zurück, einen der einflussreichsten Theologen der letzten beiden Jahrhunderte. Schleiermacher wollte die christliche Religion sowohl von der Metaphysik und der Wissenschaft als auch von der Moral lösen. Er wollte ihr einen eigenen Bereich zuweisen, in dem das religiöse Bedürfnis befriedigt werden könnte, ohne sich durch die Resultate kritischer Untersuchungen stören zu lassen. Seine Religionsauffassung war an der Idee der reinen Religion orientiert. Das Wesen der Religion sei, so stellte er fest, weder Denken noch Handeln, sondern Anschauung und Gefühl, sie sei Sinn und Geschmack für das Unendliche.[9]

Bei ihm sind schon zwei Thesen zu finden, die später immer wieder auftauchen, wenn der Begriff der reinen Religion ins Spiel gebracht wird, nämlich die Immunitätsthese und die Unentbehrlichkeitsthese. Der Begriff taucht später, meist in Verbindung mit diesen beiden Thesen, in verschiedenen Versionen in den Arbeiten von Theologen, Philosophen, Psychologen und Soziologen auf, zum Beispiel bei Georg Simmel, Rudolf Otto, William James, Peter Berger und Hermann Lübbe. Die erste These behauptet, die reine Religion sei immun gegen jegliche Kritik von außen, also gegen wissenschaftliche, metaphysische und moralische Einwände aller Art. Die zweite behauptet, sie sei unentbehrlich für den Menschen, sie erfülle also eine notwendige Funktion, die von keiner anderen Instanz erfüllt werden könne. Beide Thesen werden, soweit ich sehe, äußerst erfolgreich zur Verteidigung religiöser Auffassungen im Rahmen des modernen Denkens benützt, gerade auch von Denkern, die eine positive Einstellung zur Aufklärung haben.

Die grundlegende Schwäche dieser Interpretation ist meines Erachtens die, dass ihr zufolge der Kern der Religion – ganz im Gegensatz zur oben erwähnten Freud'schen Auffassung – nicht kognitiver Natur ist. Soweit die Religionskritik bei den kognitiven Komponenten religiöser Überzeugungen ansetzt, scheint sich daraus ein strategischer Vorteil zu ergeben. Wenn sich dann noch die Unentbehrlichkeitsthese und die ihr zugunde liegende Annahme der Allgemeinheit des religiösen Bedürfnisses halten ließe, dann wäre, so könnte man meinen, die Religion immun gegen jede Kritik auf Grund von Resultaten der wissenschaftlichen Forschung.

Aber diese Kritikimmunität ist de facto durch kognitive Gehaltlosigkeit erkauft. Und diese Tatsache macht letzten Endes, wie schon Simmel erkannt hat, die Möglichkeit der Erfüllung der Bedürfnisse illusorisch, die die meisten Gläubigen mit ihren religiösen Überzeugungen verbinden. Wenn es nämlich die numinosen Wesenheiten nicht gibt, an die sich der Gläubige wendet, um Hilfe zu erhalten, dann ist seine Bitte um Hilfe sinnlos. Die Heilstechnologie, die mit dem betreffenden Glauben verbunden zu sein pflegt, hat keine Grundlage mehr. Das macht diesen Glauben für die meisten Gläubigen völlig irrelevant.[10]

Es ist übrigens nicht uninteressant, dass sowohl im analytischen Denken – im Zusammenhang mit der Spätphilosophie Ludwig Wittgensteins – als auch im hermeneutischen Denken – unter dem Einfluss Martin Heideggers – Deutungen modern geworden sind, in denen der kognitive Kern religiöser Auffassungen verschwunden ist. In beiden Fällen ist das damit verbunden, wie in beiden Richtungen mit metaphysischen Problemen umgegangen wurde, nämlich im Geiste eines Antirealismus, der im Gegensatz steht zu dem für die wissenschaftliche Weltauffassung charakteristischen kritischen Realismus, aber auch im Gegensatz zur christlichen Tradition.

Wie wir gesehen haben, ist die Idee der reinen Religion mit einem für den christlichen Glauben letzten Endes unbrauchbaren Versuch verbunden, der Religionskritik der Aufklärung zu entgehen. Sie kommt für die Beurteilung der metaphysischen Grundannahmen dieses Glaubens nicht in Betracht, weil sie keine solchen Annahmen involviert. Die Frage, inwieweit eine Wirklichkeitsauffassung, zu deren Kern diese Annahmen gehören, der wissenschaftlichen Weltauffassung überlegen ist, muss ohne Rückgriff auf diese Idee beantwortet werden.

ZUR KRITIK DES NATURALISMUS AUF DER BASIS SPIRITUALISTISCHER METAPHYSIK

Einen Versuch einer solchen Antwort verdanken wir dem Physiker Pierre Duhem, der eine positivistische Interpretation der Physik vorgeschlagen hat, die die Resultate der naturwissenschaftlichen Forschung mit der von ihm bevorzugten spiritualistischen Metaphysik und dadurch mit dem katholischen Glauben vereinbar machen sollte.[11] Die Physik war für ihn ein für einen speziellen Zweck konstruiertes Artefakt, während die katholische Metaphysik wahre Erklärungen liefern und die Natur der objektiven Realität enthüllen konnte. Mit seinem Versuch begann der Gegenangriff, in dem die Vernunft gegen die Ansprüche des wissenschaftlichen Weltbildes verwendet wurde, die mit religiösen

Auffassungen unvereinbar sind. Seine positivistische Deutung der Physik hat sich allerdings als unhaltbar erwiesen.

Auch Josef Ratzinger ist sich darüber klar, dass der christliche Glaube nicht ohne metaphysische Grundlage auskommen kann.[12] Er ist sich auch darüber klar, dass damit die Frage auftaucht, wie sich die metaphysischen Komponenten dieses Glaubens mit den Ergebnissen der wissenschaftlichen Forschung vereinbaren lassen, also die Frage, die Duhem durch seine positivistische Deutung der Physik bewältigt hatte. Und er bemüht sich, diese Frage zu beantworten. Seine Antwort geht in die von Duhem vorgeschlagene Richtung, allerdings ohne dass er sich auf Duhem beziehen würde. Er liefert uns nämlich eine Deutung des christlichen Glaubens auf biblischer Grundlage, eine spiritualistische Metaphysik, die diese Deutung plausibel machen soll, und eine positivistische Deutung der Wissenschaft. Ich habe seinen Versuch einer scharfen Kritik unterzogen, auf die ich hier nur hinweisen kann.[13]

Dieser Versuch ist nicht nur einer willkürlichen Einschränkung des Vernunftgebrauchs zu verdanken, die sich zugunsten seines Glaubens auswirkt, sondern er leidet darüber hinaus an gravierenden Mängeln anderer Art.

Auch Hans Küng, der vor allem als Reformtheologe und Kirchenkritiker bekannt geworden ist, hat zu zeigen versucht, dass der christliche Glaube auch heute noch der Kritik gewachsen ist. Er hat sogar behauptet, dass dieser Glaube „die einzige rational verantwortbare Auffassung" ist.[14] Wie Ratzinger bietet er uns eine spiritualistische Metaphysik an und versucht wie er den Nachweis zu erbringen, dass auf dieser Grundlage auch die Ergebnisse der modernen Wissenschaften verständlich zu machen sind.[15] Er geht auf den kritischen Rationalismus ein und charakterisiert ihn als „eine dogmatische Totaldeutung mit kritischen Anspruch". Seine eigene Wirklichkeitsauffassung, die im Übrigen mit einigem Recht in eben dieser Weise charakterisiert werden könnte und die er dem kritischen Rationalismus entgegensetzt, basiert wie die Ratzinger'sche auf dem Versuch einer Lösung der Gottesproblematik. Wie Ratzinger glaubt er nachweisen zu können, dass man nur dann, wenn man die Existenz Gottes voraussetze, die Wirklichkeit im Ganzen begründen könne.

Ich glaube gezeigt zu haben, dass sich die Küng'sche Argumentation ebenso wie die Ratzinger'sche wegen gravierender Mängel nicht halten lässt.[16] Seine Art des Vorgehens läuft auf reines Wunschdenken hinaus. Unter anderem verzichtet Küng an drei zentralen Stellen seiner Beweisführung auf eine genaue Analyse der vorliegenden Problemsiuation und praktiziert infolgedessen einen Alternativradikalismus, der keineswegs durch die Sachlage erzwungen ist. Im letzten der vier erwähnten Bücher erhebt er den Anspruch, dass seine theologische Auffassung schon deshalb mit bestimmten Forschungsresultaten vereinbar sein muss, weil beide Bereiche des Denkens inkommensurabel seien.[17] Wie bei Ratzinger resultiert daraus eine Kompetenzregelung, die sich zugunsten des theologischen Denkens auswirkt.

Im Übrigen ist dieser Theologe auf keines der Argumente eingegangen, die ich ihm entgegengehalten habe. Er hat sie bequemerweise einfach ignoriert. Nebenbei bemerkt, finden wir ein Plädoyer für die Beschränkung des Vernunftgebrauchs in Bezug auf religiöse Fragen, das mit einer entsprechenden Kompetenzregelung verbunden ist, neuerdings auch bei Jürgen Habermas[18], dessen „nachmetaphysisches Denken" offenbar mit den Auffassungen der beiden Theologen vereinbar ist.

Ein Problem, auf das ich bisher noch nicht eingegangen bin, ergibt sich daraus, dass das Christentum ein historisches Fundament hat, das verschieden interpretiert werden kann. Der Neuprotestantismus, der versucht hat, eine Deutung zu finden, die den üblichen Anforderungen des wissenschaftlichen Denkens genügt, hat, wie ich oben schon erwähnt habe, Forschungen inspiriert – zum Beispiel die Leben-Jesu-Forschung –, die teilweise glaubenskritische Konsequenzen gehabt haben, zum Beispiel die eschatologische Deutung bestimmter Passagen des Neuen Testaments.[19] Diese Deutung konfrontierte die Gläubigen unter anderem mit der These, dass sich Jesus in einem für den christlichen Glauben äußerst schwerwiegenden Irrtum befunden hat.

Hans Küng ist auf dieses Problem in der Weise eingegangen, dass er zu seiner Lösung einen Wahrheitsrelativismus zugelassen hat, um zeitgebundene Weltanschauungen als irrtumsfrei charakterisieren zu können.[20] Josef Ratzinger, der uns in seinem grundlegenden Werk zum Christentum eine Karikatur der betreffenden historischen Forschung liefert, zieht es vor, das Problem nicht einmal zu erwähnen. In seinem Jesusbuch weist er nun die These der Naherwartung zurück, allerdings ohne sich auf eine ernsthafte Diskussion darüber einzulassen.[21] Seine grundsätzliche Einstellung zur historisch-kritischen Methode erleichtert ihm offenbar diesen Umgang mit den betreffenden Texten. Seine „christologische Hermeneutik", die mit einem „Glaubensentscheid" verbunden ist, erlaubt keine Deutungen, die den Glauben in Frage stellen könnten.[22] Inwieweit diese Einstellung für katholische Theologen verbindlich ist, weiß ich natürlich nicht. Im Katechismus der katholischen Kirche wird jedenfalls ein Glaubensgehorsam eingefordert, der geeignet ist, den Spielraum möglicher Deutungen erheblich einzuschränken.

DAS THEODIZEEPROBLEM

Einer der wichtigsten Punkte, der meines Erachtens für die Beurteilung des christlichen Glaubens in Betracht gezogen werden muss, ist die Behandlung des Theodizeeproblems, also der Frage, wie ein Gott, der allgütig, allmächtig und allwissend ist, eine Welt geschaffen haben kann, in der alle die offenkundigen Übel vorkommen, mit denen wir ständig konfrontiert werden[23], also keineswegs eine vollkommene Welt, wie wir sie von einem solchen Wesen erwarten könnten. Während der protestantische Theologe Heinz Zahrnt, der sich seinerzeit ernsthaft mit diesem Problem beschäftigt hat, keine befriedigende Lösung finden konnte[24], hat Hans Küng dieses Problem in seinem Buch zum Gottesproblem buchstäblich beiseitegeschoben.[25] Und Josef Ratzinger hat es seinem Buch zur Einführung in das Christentum nicht einmal einer Erwähnung wert gehalten. In seinem neuen Jesusbuch geht er zwar darauf ein, aber nur, um alle diejenigen moralisch zu diffamieren, die sich ernsthaft mit diesem Problem beschäftigen und dadurch zu Zweifeln an der Existenz eines Gottes kommen, der die erwähnten Eigenschaften hat.[26] Andere Theologen haben es sich nicht so leicht gemacht wie Küng und Ratzinger.[27]

Nach meinem Dafürhalten ist eine adäquate Lösung dieses Problems nur möglich, wenn man einräumt, dass es einen solchen Gott nicht geben kann. Das ist einer der Gründe, die einen veranlassen können, zum Atheismus überzugehen. Da der Atheismus nach katholischem Verständnis, soweit ich sehe, als „Todsünde" zu betrachten ist, hat er dem amtlich geltenden Katechismus zufolge „den ewigen Tod in der Hölle" zur Folge, wo man dementsprechend ewige Qualen zu erwarten hat.[28] Ich nehme an, dass Ratzinger das vertritt, was in seinem Katechismus zu finden ist, also auch diese nicht gerade barmherzige Auffassung. Inwieweit andere katholische Theologen sich daran gebunden fühlen, kann ich natürlich nicht wissen.

FAZIT: WARUM ICH KEIN CHRIST BIN

Aus meiner bisherigen Untersuchung ergibt sich, dass ich den christlichen Glauben, und zwar alle Versionen dieses Glaubens, die ich bisher kennen gelernt habe, nicht akzeptieren kann. Dasselbe gilt für die anderen monotheistischen Religionen. Aber auch sonst kenne ich keine religiöse Auffassung, der ich zustimmen könnte. Ich möchte meine Gründe in folgender Weise kurz zusammenfassen:

1. Was den christlichen Glauben angeht, so sehe ich nicht, dass die spiritualistische Metaphysik, die mit diesem Glauben verbunden ist, irgendetwas erklären könnte, was nicht besser auf andere Weise erklärbar wäre, nämlich im Rahmen eines kritischen Realismus, der die Resultate wissenschaftlicher Forschungen ernst nimmt.

2. Außerdem führen die Annahmen über die Eigenart und die Wirkungsmöglichkeiten des christlichen Gottes zum Theodizeeproblem, für das es im Rahmen dieser Annahmen keine akzeptable Lösung gibt.
3. Und schließlich sind die mit dem christlichen Glauben verbundenen Vorstellungen über die Eigenart und die Rolle des Erlösers nicht akzeptabel, wenn man die Ergebnisse der in Betracht kommenden historischen Forschungen berücksichtigt.

Die ersten beiden Gründe gelten, soweit ich sehe, auch für die beiden anderen monotheistischen Religionen. Für ihre Ablehnung und für die anderer religiöser Auffassungen gibt es weitere Gründe, auf die ich in unserem Zusammenhang nicht eingehen konnte.

ANMERKUNGEN

[1] Vgl. dazu meinen Aufsatz: Das Rahmenproblem und die disziplinäre Arbeitsteilung, in: Rainer Born/Otto Neumaier (Hrsg.), Philosophie Wissenschaft Wirtschaft. Akten des VI. Kongresses der Österreichischen Gesellschaft für Philosophie, Wien 2001.

[2] Diese Parallele ist umso erstaunlicher, als Jürgen Habermas, der ein solches Denken vertritt, früher einmal Karl Popper als Positivisten attackiert hat, also einen Philosophen, der in seiner Positivismuskritik diesen Versuch der Mitglieder des „Wiener Kreises" als unhaltbar nachgewiesen hatte.

[3] Josef Ratzinger hat dieses Zugeständnis mit einer Einschränkung versehen, indem er die adäquate Deutung der betreffenden Texte von einem „Glaubensentscheid" abhängig macht, vgl. sein Buch: Jesus von Nazareth. I. Teil. Von der Taufe im Jordan bis zur Verklärung, Freiburg/Basel/Wien 2007, und meine Kritik in meinem Beitrag: Josef Ratzingers Jesusdeutung. Kritische Bemerkungen zu einigen Aspekten seiner Untersuchung, [in: *„Jesus von Nazaret" kontrovers. Rückfragen an Joseph Ratzinger*, LIT, Berlin 2007, S. 129-141, wieder abgedruckt in: Giuseppe Franco, Hrsg., *Alla ricerca della Verità. Discussioni sul Gesù di Nazaret di Joseph Ratzinger – Benedetto XVI.*, . Lupo, Copertino 2009, S. 131-148 (n.d.c.)

[4] Vgl. dazu Wolfgang Röd, Der Gott der reinen Vernunft. Die Auseinandersetzung um den ontologischen Gottesbeweis von Anselm bis Hegel, München 1992.

[5] Harro Heuser hat in seinem Buch: Der Physiker Gottes. Isaak Newton oder die Revolution des Denkens, Freiburg/Basel/Wien 2005, gezeigt, dass die Newton'sche Physik in stärkerem Maße durch den Glauben an den christlichen Gott geprägt war, als man bisher angenommen hatte.

[6] Vgl. Alexandre Koyre, Von der geschlossenen Welt zum offenen Universum, Frankfurt 1969.

[7] Vgl. dazu Johannes Weiß, Die Predigt Jesu vom Reiche Gottes (1892), 3. Auflage, Göttingen 1954, und Albert Schweitzer, Geschichte der Leben-Jesu-Forschung (1906), 6. Auflage, Tübingen 1951, dazu Helmut Groos, Albert Schweitzer, Größe und Grenzen, München/Basel, 1974, S. 116-266.

[8] Vgl. dazu Sigmund Freud, Über eine Weltanschauung, in: Freud, Neue Folge der Vorlesungen zur Einführung in die Psychoanalyse, Frankfurt 1978, S. 130.

[9] Vgl. dazu Friedrich Schleiermacher, Über die Religion. Reden an die Gebildeten unter ihren Verächtern (1799), Hamburg 1958, S. 27-30.

[10] Für eine ausführliche Kritik der Idee der reinen Religion vgl. das Kapitel VII: Hermeneutik, Theologie und religiöser Glaube, meines Buches: Kritik der reinen Hermeneutik. Der Antirealismus und das Problem des Verstehens, Tübingen 1994, S. 198-229.

[11] Vgl. dazu Pierre Duhem, Physics of a Believer (1905), in seinem Buch: The Aim and Structure of Physical Theory (1914), Princeton 1954, S. 273-311.

[12] Vgl. dazu Josef Ratzinger, Einführung in das Christentum. Vorlesungen über das Apostolische Glaubensbekenntnis, München 1968, Neuausgabe 2000 mit einem neuen Vorwort.

[13] Vgl. meinen Aufsatz: Josef Ratzingers Apologie des Christentums. Bibeldeutung auf der Basis einer spiritualistischen Metaphysik, Zeitschrift für Religions- und Geistesgeschichte 59, 1 (2007), S. 14-35, und meinen Aufsatz: Der religiöse Glaube und die Religionskritik der Aufklärung. Beschränkungen des Vernunftgebrauchs im Lichte kritischer Philosophie, Zeitschrift für allgemeine Wissenschaftstheorie, 2006, 37, S. 355-371.

[14] Vgl. Hans Küng, Christ sein, München/Zürich 1974, derselbe, Existiert Gott? Antwort auf die Gottesfrage der Neuzeit, München/Zürich 1978, derselbe, Ewiges Leben? München/Zürich 1982, und derselbe, Der Anfang aller Dinge. Naturwissenschaft und Religion, München/Zürich 2005.

[15] Vgl. dazu mein Buch: Das Elend der Theologie. Kritische Auseinandersetzung mit Hans Küng, Hamburg 1979, 2. erweiterte Auflage, Aschaffenburg 2005.

[16] Vgl. auch das Buch von J. L. Mackie. Das Wunder des Theismus. Argumente für und gegen die Existenz Gottes, Stuttgart 1985, wo der Küng'schen Untersuchung der Gottesproblematik die gleichen Mängel bescheinigt werden wie in meinem Buch.

[17] Vgl. dazu meinen Aufsatz: Hans Küngs Rettung des christlichen Glaubens. Ein Missbrauch der Vernunft im Dienste menschlicher Wünsche, Aufklärung und Kritik, 13, 2006, S. 7-39.

[18] Vgl. dazu meinen oben erwähnten Aufsatz: Der religiöse Glaube und die Religionskritik der Aufklärung, S. 366-369.

[19] Vgl. dazu Johannes Weiß, Die Predigt Jesu vom Reiche Gottes (1892), a.a.O., und Albert Schweitzer, Geschichte der Leben-Jesu-Forschung (1906), a.a.O., und Helmut Groos, Albert Schweitzer. Größe und Grenzen, a.a.O., S. 116-266, wo die „konsequente Eschatologie" Schweitzers kritisiert, aber die eschatologische Interpretation verteidigt wird.

[20] Vgl. Hans Küng, Ewiges Leben?, a.a.O., S. 121-126 und passim, dazu meine Kritik in meinem Buch: Das Elend der Theologie, a.a.O., S. 192 ff

[21] Vgl. Josef Ratzinger, Jesus von Nazareth, a.a.O., S. 81 ff., S. 87 und S. 226.

[22] Vgl. dazu meine Kritik in meinem Beitrag: Josef Ratzingers Jesusdeutung, a.a.O.

[23] Vgl. dazu Gerhard Streminger, Gottes Güte und die Übel der Welt. Das Theodizeeproblem, Tübingen 1992.

[24] Vgl. dazu den Abschnitt 5, Heinz Zahrnt und das Theodizeeproblem, in meinem Buch: Die Wissenschaft und die Fehlbarkeit der Vernunft, Tübingen 1982, S. 153-158.

[25] Vgl. dazu mein Buch: Das Elend der Theologie, a.a.O., S. 142.

[26] Vgl. dazu Josef Ratzinger, Jesus von Nazareth, a.a.O., S. 194. Dazu und zu anderen bedenklichen Passagen dieses Buches vgl. meinen Beitrag, Josef Ratzingers Jesusbuch. Kritische Bemerkungen zu einigen Aspekten seiner Untersuchung, a.a.O.

[27] Zum Beispiel Armin Kreiner, der diesem Problem ein gründliches Buch gewidmet hat: Gott im Leid. Zur Stichhaltigkeit der Theodizee-Argumente, 2. Auflage, Freiburg/Basel/Wien 1998. Ich bin allerdings nicht in der Lage, seine Lösung des Problems plausibel zu finden. Vgl. dazu Norbert Hoerster, Die Frage nach Gott, München 2005.

[28] Vgl. dazu den Katechismus der katholischen Kirche, deutsche Ausgabe, München 2005, S. 295, S. 488 f., S. 538 und S. 547. Dieser Katechismus wurde von Josef Ratzinger in Zusammenarbeit mit dem Wiener Kardinal Christoph Schönborn verfasst.

Die dualistische Metaphysik von Jürgen Habermas

Eine kritische Untersuchung seines „nachmetaphysischen Denkens"

Jürgen Habermas hat vor längerer Zeit zusammen mit Karl-Otto Apel eine philosophische Auffassung entwickelt, die als eine Transformation der Scheler'schen Lehre von den Wissensformen anzusehen ist.[1] Diese philosophische Auffassung war mit der Idee der Letztbegründung verbunden, die schon Edmund Husserl und Hugo Dingler vertreten hatten. Er ist dann im Gegensatz zu Apel von dieser Idee abgerückt.[2] Und schließlich ist er zu einer Auffassung übergegangen, die er selbst als „nachmetaphysisches Denken" charakterisiert.[3]

In „der Gestalt des nachmetaphysischen Denkens", so stellt Habermas nun fest, halte die Philosophie „von bloßer Weltbildproduktion Abstand" (Habermas 2008, 1 f.). Wie aber, so fragt er dann, könne sie „dieser Forderung genügen, ohne zugleich den Bezug zum Ganzen preiszugeben"? Vorher hatte er behauptet, wir wendeten die Ausdrücke „Weltbild" oder „Weltanschauung" heute, wenn wir sie nicht pejorativ gebrauchten, lieber „retrospektiv auf die ‚starken' Traditionen der Vergangenheit an, die in der einen oder anderen Weise auf die kosmologischen und theozentrischen Weltbilder der Achsenzeit zurückgehen". Dazu gehöre „in wesentlichen Teilen auch die griechische Philosophie".

Die Habermas'sche These und die an sie anschließende Frage bezieht sich also zunächst nur auf die Philosophie in der Gestalt des „nachmetaphysischen Denkens", also auf die Habermas'sche Selbstdeutung seiner Philosophie. Andere zeitgenössische Philosophen knüpfen durchaus in der Weise an diese „starken Traditionen" an, dass sie Weltanschauungen zu produzieren suchen, nämlich Auffassungen der Wirklichkeit, die mit einem Wahrheitsanspruch verbunden sind. Was das Habermas'sche „nachmetaphysische Denken" angeht, so ist es aber, wie ich meine, nichts anderes als eine metaphysische Konzeption, und zwar, wie sich bei näherer Betrachtung herausstellt, ein metaphysischer Dualismus, der im Gegensatz steht zu anderen metaphysischen Auffassungen, nämlich zum Beispiel zu dem metaphysischen Naturalismus, der von vielen anderen Philosophen heute vertreten wird.[4]

Dieser Dualismus ist, wie mir scheint, im Wesentlichen darauf zurückzuführen, dass Habermas in einer bestimmten Weise auf den transzendentalen Idealismus Kants zurückgreift.[5] Er stellt fest, dass „Kants Ideenlehre [...] allgemein einen performativ gegenwärtigen Hintergrund" beleuchtet, „der nur dann vergegenständlicht wird, wenn die theoretische Vernunft die Grenzen des legitimen Verstandesgebrauchs überschreitet". „In der Unterscheidung zwischen Ideen der praktischen und der theoretischen Vernunft", so meint er, lasse „sich schon der Vorgriff auf die Differenz zwischen Lebenswelt und objektiver Welt" entdecken. In dieser Lesart biete „Kants Ideenlehre Anschlussstellen für den detranszendentalisierten Begriff einer weltentwerfenden, aber in der kommunikationstheoretisch beschriebenen Lebenswelt situierten Vernunft".[6] „Allerdings mussten", wie er dann sagt, „die Engpässe des mentalistischen Paradigmas erst überwunden werden, bevor hinter der Fassade des transzendental begriffenen subjektiven Geistes die Lebenswelt entdeckt werden konnte". Dabei denkt er an die „sprachpragmatische Aufhebung" der Transzendentalphilosophie, die mit Humboldt begann und dann über Hegel, Peirce und Dewey sowie über Husserl und Dilthey zu Heidegger und Wittgenstein führte.

Soweit ich sehe, will Habermas auf diese Weise den Unterschied zwischen der für die Naturwissenschaften charakteristischen Denkweise und dem hermeneutischen Denken als Resultat einer geistesgeschichtlichen Entwicklung erweisen, die in den Dualismus des „nachmetaphysischen Denkens" führt, den er heute vertritt.

Die Geistes- und Sozialwissenschaften nutzen nach Habermas „die alltagssprachlichen Erfahrungen und Kenntnisse [...] entweder als ‚Quelle' einer philologisch aufgeklärten historisch-kritischen Forschung oder sie modellieren daraus Bereiche von empirisch zu erhebenden und unter theoretischen Gesichtspunkten auszuwertenden Daten". „Mit diesem Schub zur wissenschaftlichen Objektivierung der *lebensweltlich konstituierten Ausschnitte der Alltagswelt*"[11], werde, so meint er, „der monolithische Begriff der objektiven Welt, der sich der Erkenntnistheorie unter dem Eindruck der Newton'schen Physik aufgedrängt hatte, noch problematischer". „Während sich die Naturwissenschaften der Idee unparteilicher Beurteilung auf dem Wege der Eliminierung lebensweltlicher Qualitäten der Alltagswelt nähern und kontraintuitives Wissen produzieren", so stellt Habermas fest, „können die Geistes- und Sozialwissenschaften *dasselbe* Ziel nur auf dem Wege der hermeneutischen Vergewisserung und vertiefenden Rekonstruktion von lebensweltlichen Umgangserfahrungen und Praktiken anstreben".

Damit wiederholt er eine Auffassung über die Geistes- und Sozialwissenschaften, die ich seinerzeit einer durchschlagenden Kritik unterzogen habe, auf die er, soweit ich sehe, nie eingegangen ist. Ich habe zu zeigen versucht, dass die Praxis dieser Wissenschaften durchaus naturalistisch verstanden werden kann und dass das Modell kommunikativen Handelns, das Habermas damit verbindet, unhaltbar ist.[7]

Habermas stellt dann die Frage, wie sich „die transzendentale Grundeinsicht in die normative Verfassung und den gesetzgebenden Charakter des menschlichen Geistes gegen die empirischen Evidenzen der geschichtlichen Vielfalt soziokultureller Lebensformen verteidigen lässt" (Habermas 2008, 28). Diese Grundeinsicht[4] möchte er offenbar nicht aufgeben. Insofern knüpft er an die Kant'sche Idee der konstitutiven Funktion der Vernunft und damit an den erkenntnistheoretischen Antirealsimus des Kant'schen Denkens an, der sich als inakzeptabel erwiesen hat.[8] Die Gesetzesaussagen der Naturwissenschaften lassen sich auf bestimmte Aspekte der Wirklichkeit beziehen, die unabhängig vom menschlichen Denken existieren, wie unter anderem Karl Popper gezeigt hat,[9] dessen Argumente zu dieser Problematik Habermas zwar teilweise zur Kenntnis genommen, aber nicht berücksichtigt hat. Stattdessen hat er den sogenannten „internen Realismus" Hilary Putnams bevorzugt, der de facto auf eine neue Version des Idealismus hinausläuft,[10] eine Position, die Putnam selbst inzwischen aufgegeben haben dürfte.

Die „kommunikationstheoretische Fassung von Husserls Konzept der Lebenswelt" erlaubt, wie Habermas dann feststellt, eine „Detranszendentalisierung der leistenden Subjektivität, ohne diese ihrer welterzeugenden Spontaneität zu berauben". Diese Fassung verdanken wir bekanntlich Jürgen Habermas, der in dieser Formulierung den idealistischen Charakter seines Denkens offenbart. Seine Auffassung involviert also, wie ich schon erwähnt habe, eine metaphysische Position. Insofern kann man das „nachmetaphysische Denken", das da von Habermas propagiert wird, zweifellos als „metaphysisch" im üblichen Sinne dieses Wortes charakterisieren. Und zwar vertritt er eine idealistische Metaphysik, wie das auch andere moderne Konstruktivisten tun. Es ist nicht uninteressant, dass dieser Philosoph ebenso wie die logischen Positivisten des „Wiener Kreises" nicht wahrhaben will, dass er eine metaphysische Auffassung vertritt.[11]

Am Ende seines Essener Vortrags kommt Habermas auf seine Ausgangsfrage zurück, „wie nun die fortschreitende Versachlichung unseres Bildes von der objektiven Welt zu verstehen ist" (Habermas 2008, 30 ff.). „Erweist sich am Ende", so fragt er nun, „auch das reflexiv zugängliche Wissen der performativ gegenwärtigen Lebenswelt als eine naturwissenschaftlich durchschaute Illusion, oder zieht die epistemische Rolle der Lebenswelt einer naturwissenschaftlich angelegten Revision des im Alltag operativen Selbstverständnisses vergesellschafteter Subjekte *als lernender, rational motivierter und verantwortlich handelnder Personen* Grenzen"?

Der „lebensweltliche Hintergrund" der „kommunikativ Handelnden" sei, so räumt er zunächst ein, „dem innerweltlichen Geschehen *nicht grundsätzlich* entzogen. Sonst könnten lebensweltliche Praktiken und Artefakte auch nicht als Entitäten in der Welt behandelt sowie zu Gegenständen der Humanwissenschaften bzw. der Philosophie gemacht werden." Was spreche „dann aber gegen die Aussicht, den performativ gegenwärtigen Hintergrund unserer Praktiken *vollständig,* also einschließlich der Forschungspraktiken selber, auf die Objektseite zu bringen, und dies in den *Kategorien* der – ihrer Art nach bekannten – *Naturwissenschaften"*?

Wir seien, so meint er dann, mit einem „semantisch unüberbrückbaren epistemischen Dualismus, d.h. mit einem gespaltenen Bild von der objektiven Welt konfrontiert. Das humanwissenschaftliche Vokabular" lasse „sich nicht ans naturwissenschaftliche anschließen, Aussagen des einen Vokabulars" ließen „sich nicht in Aussagen des anderen übersetzen".

„Wenn wir die objektive Welt als Gesamtheit physikalisch messbarer Zustände und Ereignisse konzipieren, nehmen wir", so sagt er dann, „eine versachlichende Abstraktion in der Weise vor, dass dem innerweltlichen Geschehen im Umgang mit manipulierbaren Gegenständen alle bloß subjektiven oder lebensweltlichen Qualitäten abgestreift werden. Dieses verliert alle Qualitäten, die ihm aus *sonstigen* Umgangserfahrungen (z.B. als Werkzeug oder Hindernis, als Gift oder Nahrung, als Behausung oder unwirtliche Umgebung) projektiv anhängen. Auf der anderen Seite" müsse „sich ein Interpret, der Zugang zu kulturellen Äußerungen, zu Handlungen, Texten, Märkten usw. sucht, wesentlich auf die Praktiken selbst einlassen, denen die lebensweltlich konstituierten Ausschnitte der Alltagswelt ihre Qualitäten verdanken. Die Interpretin" schöpfe „dabei aus einem Vorverständnis, das sie auf der Basis einer Umgangssprache, das heißt als Teilnehmerin an einer kommunikativen Alltagspraxis und als Angehörige einer intersubjektiv geteilten Lebenswelt *vorgängig* erworben" habe.

In diesen Aussagen unseres Autors zeigt sich, dass die Schwierigkeit, die er sieht, darauf zurückgeht, dass er offenbar in seiner Betrachtung eine Naturwissenschaft vergessen hat, deren Berücksichtigung ihm geholfen hätte, seine dualistische Auffassung zu überwinden, nämlich die Biologie. Alle von Habermas erwähnten lebensweltlichen Qualitäten kommen nämlich im biologischen Denken und in der biologischen Forschung vor. Die durch Darwin begründe-

Die dualistische Metaphysik von Jürgen Habermas

ten biologischen Auffassungen sind seit einiger Zeit dabei, die Humanwissenschaften zu revolutionieren. Dass sie auch epistemologische Bedeutung haben, zeigt die evolutionäre Erkenntnistheorie.[12] Was Habermas die „Lebenswelt" nennt, ist der natürliche Gegenstand von biologisch fundierten Untersuchungen. Auch die kulturelle Evolution hat letzten Endes biologische Grundlagen. Damit erweist sich der epistemische Dualismus, den Habermas als unüberbrückbar postuliert, als Resultat einer Betrachtung, in der die Bedeutung einer der wichtigsten Naturwissenschaften für unsere Wirklichkeitsauffassung übersehen wurde.[13]

Habermas räumt ein, dass die „natur-und humanwissenschaftliche Doppelperspektive", die er uns anbietet, „einer tiefsitzenden Intuition" widerspricht (Habermas 2008, 33). Der „Begriff der ‚objektiven Welt' fungiert", wie er sagt, „immer noch als eine *einheitsstiftende* Idee". „Die Vernunft", sagt er, sei „unzufrieden mit einem ontologischen Dualismus, der in der Welt selbst aufbricht und nicht nur epistemischer Natur ist". „Andererseits" sei „die bipolare Versachlichung Ergebnis einer eigensinnigen Weltbildentwicklung". Jene „semantisch befestigte Doppelperspektive" sei „lebensweltlich tief verankert und" ziehe „der naturwissenschaftlichen Selbstobjektivierung des menschlichen Geistes konzeptuelle Grenzen. Eine Person würde sich unter einer noch so genauen naturalistischen Beschreibung weder als Person überhaupt noch als diese individuelle Person (als ‚sie selbst') wiedererkennen können."

Dass jede naturalistische Beschreibung einer Person selektiven Charakter hat, ist sicher richtig. Aber dasselbe gilt bekanntlich für jede andere Beschreibung. Das daran anknüpfende Habermas'sche Argument für die konzeptuelle Begrenztheit naturalistischer Beschreibungen ist daher irrelevant. Die These, dass sich eine Person unter einer solchen Beschreibung nicht wiedererkennen würde, gilt also entweder für jede andere Beschreibung auch, oder sie ist ungültig.

Das „Dilemma, dass uns die Unterstellung einer objektiven Welt zu einer monistischen Beschreibung drängt, an der uns ein epistemischer Dualismus hindert", ist, wie ich oben erwähnt habe, Konsequenz eines Defizits im Habermas'schen Denken, das in ähnlicher Weise bei Heidegger zu finden ist. Wer davon ausgeht, dass es eine „objektive Welt" gibt, ist keineswegs, wie Habermas meint, darauf angewiesen, „das naturwissenschaftlich monopolisierte Weltwissen vom lebensweltlichen Welt- und Selbstverständnis" zu „entkoppeln". Die Annahme einer solchen Welt ist nämlich mit einem „lebensweltlichen Welt- und Selbstverständnis" ohne weiteres vereinbar.

Dieses Welt- und Selbstverständnis war ursprünglich mit einem naiven Realismus verbunden, an den der kritische Realismus anknüpfen konnte, der für die Entwicklung der Wissenschaften maßgebend war. Die Resultate der Wissenschaften haben dann immer wieder zu Korrekturen des Alltagsdenkens und damit zu Änderungen dieses Welt- und Selbstverständnisses geführt.[14] Das Problem der Willensfreiheit und das der möglichen Verantwortung von Personen für ihre Handlungen, das für unser Selbstverständnis von großer Bedeutung ist, ist im Rahmen des kritischen Realismus keineswegs unlösbar.[15]

„Andere suchen" nach Habermas „am Leitfaden der objektbereichsspezifischen Grundbegriffe von Physik und Biologie, Psychologie und Humanwissenschaften nach den Konstitutionsbedingungen des Weltwissens in der Lebenswelt. Dann" stelle „sich über welterschließende Theoriesprachen, Methodologien und lebensweltliche Praktiken wiederum ein erkenntnistheoretischer Zusammenhang zwischen den objektspezifischen ,Weltausschnitten' her" (Habermas 2008, 34). Wie aber „lassen sich", so fragt er dann, „die weltentwerfenden Praktiken selber noch als in der Welt Vorkommendes denken? Weil sich die entworfenen Wahrheitsmöglichkeiten nur an einem uns kontingent widerfahrenden Geschehen bewähren können, müssen wir von einer Art Wechselwirkung zwischen unseren Praktiken und diesem Geschehen selbst ausgehen. Im Scheitern unserer Projekte zeigt sich diese Verbindung; ohne eine Konfrontation könnten wir nichts von der Welt lernen."

Schon in der Habermas'schen Fragestellung kommt der idealistische Charakter seines Denkens zum Vorschein. Er spricht von „weltentwerfenden" Praktiken, wo es sich de facto um Praktiken des Entwurfs von Auffassungen über die Welt handelt. Dass sich solche Entwürfe als etwas in der Welt Vorkommendes denken lassen, ist unter realistischen Voraussetzungen selbstverständlich. Und dass diese Praktiken in Wechselwirkung mit dem Geschehen stehen und sich daran bewähren müssen, versteht sich unter diesen Voraussetzungen ebenso von selbst. Nur die idealistische Metaphysik unseres „nachmetaphysischen" Denkers lässt diese Zusammenhänge als seltsam erscheinen.

„Wer das ontologische Folgeproblem der erkenntnistheoretischen Wende als falsch gestellte Frage" abweise „und auch die Sprachstufen nicht im Sinne der Schichtenontologie Nicolai Hartmanns in die Realität selbst hineinprojizieren" wolle, so stellt Habermas nun fest, der müsse „sich mit dem Plural von einigen tief verankerten welterschließenden Perspektiven abfinden", dann „zerfalle die Welt selbst in den Partikularismus lebensweltlich relevanter Weltausschnitte".

Zu diesen Ansätzen gehört, wie er sagt, „auch die Theorie der Erkenntnisinteressen", die er zusammen mit Karl-Otto Apel seinerzeit entwickelt habe. Ich habe diese Theorie damals einer durchschlagenden Kritik unterzogen, in der ich gezeigt habe, dass das für die Realwissenschaften maßgebende Inter-

Die dualistische Metaphysik von Jürgen Habermas

esse an der Erkenntnis wirklicher Zusammenhänge in ihr nicht berücksichtigt wird und dass die in ihr auftretenden Wissensformen von Apel und Habermas de facto als technologische Disziplinen gedeutet werden.[16] Man braucht sich also keineswegs, wie Habermas sagt, mit einer Pluralität welterschließender Perspektiven abzufinden. Diese These ist nur eine Konsequenz der Habermas'schen Fehldeutungen, die ich seinerzeit kritisiert hatte.

Wer „an dem schwarzen Loch der ontologischen Frage nach Herkunft und Existenz der Lebenswelt nicht verharren" möchte, so bekommen wir nun zu hören, habe Optionen, die meist „auf spekulative Wege" führen. Zu den Alternativen, die er dann nennt, gehört die „Wiedergewinnung religiöser Erfahrungen, das religiös-metaphysische Einheitsdenken und der szientistische Naturalismus". Das seien aber „nicht die einzigen Wege, auf denen wir versuchen können, den epistemischen Dualismus mit einem ontologischen Monismus zu versöhnen". „Nach der vorgeschlagenen kommunikationstheoretischen Lesart", so teilt er uns mit, „verschwindet die transzendentale Spontaneität der leistenden Subjektivität in den lebensweltlichen Praktiken, über die sich die Reproduktion der Lebenswelt mit den Ergebnissen innerweltlicher Lernprozesse verschränkt. Dieser Kreisprozess" lasse „sich gewiß auch an Vorgängen im sozialen Raum [...] exemplifizieren. Aber diese Detranszendentalisierung" sei „nicht radikal genug, um aus der selbstbezogen rekonstruktiven Analyse der allgemeinen Strukturen möglicher Lebenswelten in eine andere Richtung auszubrechen, in Richtung einer evolutionären Entstehung soziokultureller Lebensformen überhaupt". Wenn ich recht verstehe, ist demnach die von Habermas selbst gewählte Alternative nicht imstande, den von ihm vertretenen epistemischen Dualismus mit dem ontologischen Monismus zu versöhnen. Dafür habe ich natürlich volles Verständnis. Das Problem, dass er hier nicht lösen kann, geht auf die Schwächen zurück, die mit seinem „nachmetaphysischen Denken" verbunden sind.

Schließlich möchte Habermas „wenigstens in heuristischer Absicht die Frage nach der Möglichkeit einer empirisch angelegten Theorie aufwerfen, mit der ein in dieser Weise charakterisierter Geist seine naturgeschichtliche Genese so einholt, dass er sich darin wiedererkennen kann" (Habermas 2008, 37 f). „Aus evolutionärer Sicht", so erfahren wir nun, biete „sich die Perspektive einer ‚Naturgeschichte des Geistes' an". „Aus dieser Sicht erscheinen", wie er sagt, „die philosophisch beschriebenen allgemeinen Strukturen der Lebenswelt als die empirischen Ausgangsbedingungen für beschleunigte kulturelle Lernprozesse. Die Aufgabe bestünde darin, die Konstellation von Eigenschaften, die diese Bedingungen erfüllen, naturgeschichtlich zu identifizieren und aus einer natürlichen Evolution zu erklären, die ihrerseits als ‚Lernprozess' begriffen" werde. „Die reflexiv, also ‚von innen' rekonstruierten allgemeinen Strukturen der Lebenswelt müssten sich wie die emergenten Eigenschaften anderer evolutionärer Stufen aus einer empirisch beschriebenen Ausgangskonstellation ‚erklären' lassen". Natürlich schwebe „ein solches Unternehmen in der Gefahr, eine metaphysisch angelegte Naturphilosophie bloß in ein nachmetaphysisches Gewand zu kleiden".

Ich bin mir nicht klar darüber, inwieweit Habermas hier die Möglichkeit einräumen möchte, dass die Probleme, die er aufgeworfen hatte, sich als im Rahmen eines metaphysischen Realismus lösbar erweisen könnten, wie er zum Beispiel von Karl Popper vertreten wurde. Dass sich ein solches Unternehmen „in ein nachmetaphysisches Gewand kleiden" würde, wäre allerdings kaum zu befürchten. Das ‚nachmetaphysische Denken' von Jürgen Habermas ist, wie ich anfangs schon festgestellt habe, in Wirklichkeit eine metaphysische Konzeption, und zwar ein metaphysischer Dualismus und darüber hinaus eine moderne Version des Idealismus.

Was den idealistischen Charakter der Habermas'schen Konzeption angeht, so ist er schon in den Arbeiten zu finden, die aus der Zeit seiner engen Zusammenarbeit mit Karl-Otto Apel stammen. Der Dualismus, den er in seinem Essener Vortrag vertritt, geht, wie schon erwähnt, auf die Art seines Rückgriffs auf die Kant'sche Ideenlehre zurück. Meine Untersuchung hat gezeigt, dass er nicht imstande war, die Probleme zu lösen, die er sich dadurch eingehandelt hat. Mit seinem „Karl Ottonachmetaphysisches Denken" ist er nicht besser gefahren als mit seinen früheren philosophischen Bemühungen. Die Produkte dieses Denkens leiden unter denselben Schwächen wie diese Bemühungen. Das hängt damit zusammen, dass er die Kritik an seinen früheren Versuchen nicht ernst genommen hat.

Es ist vielleicht angebracht, noch auf eine weitere Frucht seines „nachmetaphysischen Denkens" einzugehen, die unter anderem in seinem oben erwähnten Buch zu finden ist. Es handelt sich dabei um die Behandlung der Religionsproblematik. Schon in seiner Rede in der Paulskirche im Jahre 2001 hatte sich eine Wende in seinem Denken über diese Problematik angedeutet. Er hatte damals von der säkularen Gesellschaft ein neues Verständnis von religiösen Überzeugungen gefordert, die nicht nur Relikte der Vergangenheit seien, sondern eine kognitive Herausforderung für die Philosophie darstellten. In dem Gespräch mit Joseph Ratzinger im Jahre 2004 machte er dann den Vorschlag, „die kulturelle und gesellschaftliche Säkularisierung als einen doppelten Lernprozeß zu verstehen, der die Traditionen der Aufklärung ebenso wie die religiösen Lehren zur Reflexion auf ihre jeweiligen Grenzen nötigt" (Habermas 2005a, 17). Die Philosophie müsse das Fortbestehen der Religion „gleichsam von innen her als eine kognitive Herausforderung ernst nehmen". Sie trete nicht mit dem Anspruch auf, selber zu bestimmen, „was von den Gehalten religiöser Traditionen [...] wahr oder falsch ist". Er plädiert dann dafür, „den Gehalt biblischer Begriffe einem allgemeinen Publikum von Andersgläubigen und Ungläubigen" durch eine „rettende Übersetzung" zu erschließen. Als Beispiel führt er die „Übersetzung der Gottebenbildlichkeit des Menschen in die gleiche und unbedingt zu achtende Würde aller Menschen" an. Wie dieses Beispiel zeigt, ist der Ausdruck „rettende Übersetzung" eine jener Habermas'schen Wortschöpfungen, die geeignet sind, wichtige Unterscheidungen unter den Teppich zu kehren. Was durch diese „Übersetzung" verloren geht, ist eben die für den biblischen Begriff zentrale Gottesidee. Überdies mutet unser Autor „säkularisierten Bürgern" zu, religiösen Weltbildern grundsätzlich „ein Wahrheitspotential" zuzugestehen. Habermas ist offenbar ebenso wie Ratzinger davon überzeugt, dass religiöse Auffassungen Einsichten enthalten, die den Wissenschaften nicht zugänglich sind und die sich daher auf der Grundlage wissenschaftlicher Forschungsresultate nicht kritisieren lassen.

Drei Jahre später wendet sich Habermas „einerseits gegen die borniette, über sich selbst unaufgeklärte Aufklärung, die der Religion jeden vernünftigen Gehalt abstreitet", und andererseits auch „gegen Hegel, für den die Religion sehr wohl eine erinnerungswürdige Gestalt des Geistes darstellt, aber nur in der Art eines der Philosophie untergeordneten ‚vorstellenden Denkens'".[17] „Der Glaube", so sagt er dann, „behält für das Wissen etwas Opakes, das weder verleugnet noch bloß hingenommen werden darf. Das von ihm vertretene ‚postmetaphysische Denken' könne, wie er meint, mit „dem Vernunftdefätismus, der uns heute sowohl in der postmodernen Zuspitzung der ‚Dialektik der Aufklärung' wie im wissenschaftlichen Naturalismus" begegne, alleine fertig werden.

In seinem oben erwähnten Buch geht Habermas dann auf die Konsequenzen seiner Auffassungen für die Religionsproblematik ein. Das „nachmetaphysische Denken", so teilt er uns mit, „enthält sich [...] der rationalistischen Anmaßung, selbst zu entscheiden, was in den religiösen Lehren vernünftig und was unvernünftig ist" (Habermas 2005, 141-150). „Eine Apologie des Glaubens mit philosophischen Mitteln" sei „nicht Sache der agnostisch bleibenden Philosophie". Den ihm fremden „opaken Kern der religiösen Erfahrung" muss dieses Denken offenbar unberührt lassen, denn es „enthält [...] sich [...] des Urteils über religiösen Wahrheiten" und wendet sich „gegen eine szientistisch beschränkte Konzeption der Vernunft", die dazu neigt, „die Grenze zu verwischen zwischen theoretischen Erkenntnissen der Naturwissenschaften, die für die Selbstdeutung des Menschen und seine Stellung in der Natur relevant sind" und „einem daraus synthetisch hergestellten naturwissenschaftlichen Weltbild".

Was nun die Charakterisierung der Philosophie als „agnostisch" angeht, so beruht sie auf einer Entscheidung, deren Berechtigung schwerlich plausibel zu machen ist. Es gibt bekanntlich im philosophischen Denken heute wie früher auch ausdrücklich atheistische Positionen. Man denke zum Beispiel an die religionskritischen Arbeiten von John L. Mackie und von Norbert Hoerster.[18] Und es gibt offenbar auch philosophische Positionen theistischen Charakters. Dazu gehört zum Beispiel die Position Richard Swinburns,[19] aber auch die von Joseph Ratzinger, dem Gesprächspartner von Habermas. Dass Ratzinger seine philosophischen Auffassungen im Rahmen seiner Theologie entwickelt, ist kein Grund, sie undiskutiert beiseitezuschieben.[20]

Das religiöse Denken pflegt mit metaphysischen Auffassungen verbunden zu sein, die mit anderen Auffassungen dieser Art konkurrieren, wobei es um die Lösung der gleichen Probleme geht. Und was den „opaken Kern der religiösen Erfahrung" angeht, so handelt es sich um ein Phänomen, das sich keineswegs, wie Habermas meint, der Analyse entzieht.[21] Als Verfechter des „nachmetaphysischen Denkens" braucht er sich natürlich nicht an der Lösung solcher Probleme zu beteiligen. Allerdings ist es sehr interessant, dass ein Denker, der so großen Wert auf die hermeneutische Kompetenz des von ihm vertretenen philosophischen Ansatzes legt, sich nicht imstande sieht, auf religiöse Erfahrungen einzugehen, und ihren Kern als „opak" deklariert.

Was die „strikte Grenzziehung zwischen Glauben und Wissen" angeht, die Habermas vornimmt, so entspricht sie den von Ratzinger vertretenen Auffassungen, in denen eine ähnliche Kompetenzregelung zwischen Theologen und den Vertretern anderer Disziplinen vorgenommen wird. Er vertritt offenbar wie Ratzinger die These, dass die betreffenden Problembereiche inkommensurabel seien, so dass sich diese Kompetenzregelung aus der Natur der Sache ergibt. Tatsächlich handelt es sich aber um eine künstliche Grenzziehung, die bestenfalls dafür sorgen kann, dass mögliche Widersprüche zwischen Resultaten des Denkens in verschiedenen Bereichen unter den Teppich gekehrt werden. Abgrenzungen zwischen Disziplinen sind lediglich Tatbestände der wissenschaftlichen Arbeitsteilung, die sich bekanntlich als Hindernisse für den Erkenntnisfortschritt erweisen können.[22]

Man kann dem Verfechter des „nachmetaphysischen Denkens" daher eine willkürliche Einschränkung des Vernunftgebrauchs bescheinigen, wie sie im philosophischen Denken ungewöhnlich ist. Er verzichtet ohne jede Not auf eine zentrale philosophische Aufgabe und glaubt damit einem Konflikt zwischen Wissenschaft und Religion aus dem Wege gehen zu können. Dass im Rahmen des theologischen Denkens selbst immer wieder Probleme aufgetaucht sind, die damit zusammenhängen, dass Glaubenswahrheiten durch Ergebnisse der wissenschaftlichen Forschung in Frage gestellt wurden, muss nach dieser Auffassung wohl auf Missverständnissen beruhen. Offenbar war zum Beispiel Albert Schweitzer nicht in der Lage zu erkennen, dass Resultate seiner Forschungen für seinen religiösen Glauben irrelevant waren. Er hatte Philosophie, Theologie und Medizin studiert und sah sich nicht in der Lage, diese Disziplinen so sauber auseinanderzuhalten, wie das eigentlich nötig gewesen wäre. Hätte er das „nachmetaphysische Denken" gekannt, dann hätte er sich die Habermas'sche Grenzziehung zunutze machen können. Allerdings hätte er dann seine kritische Einstellung gegen die Illusion eingetauscht, man könne durch geeignete hermeneutische Setzungen der Metaphysik entkommen.

Wer nicht bereit ist, die willkürlichen Grenzziehungen und Kompetenzregelungen zu honorieren, die uns von einem philosophischen Ansatz zugemutet werden, der eine pragmatisch motivierte Beschränkung des Gebrauchs der Vernunft für richtig hält, darf die Konsequenz ziehen, dass die Religionskritik der Aufklärung keineswegs überholt ist. Nur eine korrupte Hermeneutik, die die Suche nach Wahrheit dem Streben nach Konsens opfert, kann einen anderen Eindruck erwecken. Wer die Dominanz des Konsensmotivs in seinem Denken zur Kenntnis genommen hat, den Geburtsfehler seiner philosophischen Auffassung, wird nicht überrascht sein, dass Habermas bereit ist, dieses Opfer zu bringen. Er ist mit seinem „nachmetaphysischen Denken" der Religionskritik der Aufklärung buchstäblich in den Rücken gefallen.

LITERATUR

Albert, H. (1971), „Hermeneutik und Realwissenschaft. Die Sinnproblematik und die Frage der theoretischen Erkenntnis", in Hans Albert (Hrsg.), *Sozialtheorie und soziale Praxis*, Meisenheim: A. Hain, 42-77.
– (1975), *Transzendentale Träumereien. Karl-Otto Apels Sprachspiele und sein hermeneutischer Gott*, Hamburg: Hoffmann u. Campe.
– (1987), *Kritik der reinen Erkenntnislehre. Das Erkenntnisproblem in realistischer Perspektive*, Tübingen: Mohr Siebeck.
– (1994), *Kritik der reinen Hermeneutik. Der Antirealismus und das Problem des Verstehens*, Tübingen: Mohr Siebeck.
– (2001), „Der methodologische Revisionismus und die Abgrenzungsproblematik", in: D. Aleksandrowicz und H. G. Ruß (Hrsg.), *Realismus – Disziplin – Interdisziplinarität*, Amsterdam-Atlanta: Rodopi, 111-130.

- (2003), „Jürgen Habermas und das Problem der Letztbegründung. Notizen zum Begründungsprogramm der Diskursethik", in: *Kritik des transzendentalen Denkens. Von der Begründung des Wissens zur Analyse der Erkenntnispraxis*, Tübingen: Mohr Siebeck, 176-182.
- (2008), *Joseph Ratzingers Rettung des Christentums. Beschränkungen des Vernunftgebrauchs im Dienste des Glaubens*, Aschaffenburg: Alibri.

Bergmann, G. (1954), *The Metaphysics of Logical Positivism*, New York/London/Toronto: Longmans.

Gadenne, V. (1998) (Hrsg.), *Kritischer Rationalismus und Pragmatismus*, Amsterdam/Atlanta: Rodopi.
- (2004), *Philosophie der Psychologie*, Bern: Huber.

Habermas, J. (2005), *Zwischen Naturalismus und Religion: Philosophische Aufsätze*, Frankfurt: Suhrkamp.
- (2005a), „Vorpolitische Grundlagen eines demokratischen Rechtsstaates?", in: J. Habermas und J. Ratzinger, *Dialektik der Säkularisierung. Über Vernunft und Religion*, 7. Auflage, Freiburg/Basel/Wien: Herder.
- (2008), „Von den Weltbildern zur Lebenswelt", Vortrag gehalten am 19.9.2008, XXI. Deutscher Kongress für Philosophie, 15.9.2008-19.9.2008, Universität Duisburg-Essen.

Hoerster, N. (2005), *Die Frage nach Gott*, 2. Auflage, München: Beck.

James, W. (1979), *Die Vielfalt religiöser Erfahrung. Eine Studie über die menschliche Natur*, Olten/Freiburg: Walter-Verlag.

Mackie, J. L. (1985), *Das Wunder des Theismus. Argumente für und gegen die Existenz Gottes*, Stuttgart: Reclam.

Morgenstern, M. (2008), *Metaphysik der Moderne. Von Schopenhauer bis zur Gegenwart*, Stuttgart: Franz Steiner Verlag.

Musgrave, A. (1999), *Essays on Realism and Rationalism*, Amsterdam/Atlanta: Rodopi.

Vollmer, G. (1985), *Was können wir wissen?*, Band 1, Beiträge zur Evolutionären Erkenntnistheorie, Stuttgart: Hirzel.

Proutfoot, W. (1984), *Religious Experience*, Berkeley/Los Angeles/London: University of California Press.

Swinburne, R. (1977), *The Coherence of Theism*, Oxford: Clarendon Press.

ANMERKUNGEN

[1] Vgl. dazu Albert 1994, 82 ff. und passim.

[2] Ich habe mich schon mit der merkwürdigen Art und Weise beschäftigt, in der Habermas dabei vorgeht, vgl. dazu Albert 2003.

[3] Vgl. dazu Jürgen Habermas 2005.

[4] Für eine interessante Analyse moderner philosophischer Auffassungen vgl. Morgenstern 2008, ein Buch in dem sein Autor auf eine ganze Reihe von Autoren eingeht, die auch für Habermas eine Rolle spielen.
[5] Vgl. dazu Jürgen Habermas 2008, 22 ff.
[6] Das hat Habermas schon in Habermas 2005, 27-83, zu zeigen versucht.
[7] Vgl. dazu Albert 1994, 230-262.
[8] Vgl. dazu Albert 1987, 18-22 und passim.
[9] Das hat schon Einstein betont, der eine realistische Interpretation seiner Relativitätstheorie vertreten hat. Diese Theorie ist mit der Kant'schen Auffassung unvereinbar.
[10] Für eine Kritik dieser Auffassung vgl. Musgrave 1999, 181 f, sowie die Aufsätze von E. Tegtmeier und A. Musgrave in Gadenne 1998, 157-201.
[11] Vgl. Bergmann 1954.
[12] Vgl. dazu Vollmer 1985.
[13] Damit zeigt sich im Habermaschen Denken ein ähnliches Defizit wie im Denken Martin Heideggers, vgl. dazu Albert 1994, 28 ff., wo ich auf die Heidegger-Kritik Karl Löwiths eingehe, die sich darauf bezieht.
[14] Vgl. dazu Albert 1987, 45 ff.
[15] Vgl. dazu zum Beispiel Gadenne 2004, Kapitel 7, Freiheit und Determinismus, 123-153. Wie Gadenne zeigt, ist die Sprachspielkonzeption, die der Wittgenstein'schen Spätphilosophie entstammt, völlig ungeeignet, das Problem der Willensfreiheit zu lösen (147 f.).
[16] Vgl. dazu Albert 1971 sowie 1975.
[17] Vgl. seinen Artikel in der *Neuen Zürcher Zeitung* vom 10. Februar 2007.
[18] Vgl. Mackie 1985 und Hoerster 2005.
[19] Vgl. dazu Swinburne 1977.
[20] Ich habe mich jedenfalls bemüht, sie zu analysieren und sie einer kritischen Prüfung zu unterziehen, vgl. Albert 2008. In Ratzingers Arbeiten spielen übrigens ebenso wie in den Arbeiten anderer Theologen wissenschaftstheoretische Argumente eine große Rolle.
[21] Vgl. dazu zum Beispiel James 1979 und Proutfoot 1984.
[22] Vgl. dazu meinen Aufsatz: Der methodologische Revisionismus und die Abgrenzungsproblematik (Albert 2001).

Personenregister

Abraham, 87, 88
Adorno, Theodor W., 45, 155
Anaximander, 51
Apel, Karl-Otto, 182, 183, 185, 262, 273, 278–280, 283
Apoll, 102
Aquin, Thomas von, 94, 96, 97
Aristarch, 51
Aristoteles, 11
Augustinus, 48, 53
Avila, Therese von, 123

Balthasar, Urs von, 48, 138
Barth, Karl, 48, 161, 241
Benedikt XVI., 61, 124, 137, 138
Benjamin, Walter, 152
Berkeley, Thomas, 95
Binswanger, Ludwig, 90
Bonhoeffer, Dietrich, 110
Bruno, Giordano, 100
Buggle, Franz, 103, 107, 112, 113, 127, 133, 141
Bulgakow, Sergej, 54
Bultmann, Rudolf, 20, 36, 48, 53, 72, 77, 89, 100, 106, 131, 140, 161–163, 167, 170, 174, 226, 227, 233, 254, 255, 257, 258, 260

Calvin, Jean, 119
Celsus (Kelsos), 99, 100, 105

Dürr, Hans Peter, 121
Darwin, Charles, 9, 10, 51–55, 64, 83, 84, 93, 98, 175, 184, 220, 276
Dawkins, Richard, 1–3, 7–11, 14, 15, 17, 19–21, 94, 102, 103, 111, 112
de Chardin, Teilhard, 220, 255
Decius, 12
Descartes, Rene, 48, 49, 91
Deschner, Karlheinz, 77, 94, 113, 135, 141
Dewey, John, 274

Dilthey, Wilhelm, 274
Dingler, Hugo, 273
Dionysios Areopagita, 123
Ditfurth, Hoimar von, 61
Dostojewski, Fiodor, 57, 79
Duhem, Pierre, 162, 163, 174, 267, 268, 272

Echnaton, 88, 123
Einstein, Albert, 8, 13, 52, 55, 61, 83, 84, 122, 141, 164, 179, 201, 212, 243, 285

Fehlhaber, Alois, 270, 271
Feuerbach, Ludwig, 16, 200, 209
Fischer, Erwin, 74, 77
Frerk, Carsten, 94, 101
Freud, Sigmund, 79, 91, 143, 156, 159, 207, 265, 266, 271

Galilei, Galileo, 51, 52, 82, 83, 91, 212
Grün, Anselm, 129–131, 133–135, 138–142
Groos, Helmut, 22, 23, 41, 50, 66, 106, 128, 139, 140, 142, 156, 174, 194, 234, 253, 259, 260, 271, 272
Grotius, Hugo, 17

Habermas, Jürgen, iii, 79–81, 91, 103, 104, 170–173, 175, 177, 182–186, 188–195, 229, 236, 271, 273–285
Harris, John, 94
Hartmann, Nicolai, 278
Hegel, Georg Friedrich, 4, 16, 40, 127, 138, 152, 156, 174, 186, 189, 271, 274, 281
Heidegger, Martin, 45, 90, 144, 147, 149, 155, 156, 259, 267, 274, 277, 285
Heisenberg, Werner, 202, 217, 223

Personenregister

Heuser, Harro, 23, 105, 110, 126, 174, 235, 260, 271
Hick, John, 153
Himmler, Heinrich, 138, 142
Hiob, 31
Hitchens, Christopher, 94
Hitler, Adolf, 81, 102, 119, 127, 128, 138, 142
Hoerster, Norbert, 23, 40, 50, 66, 77, 106, 127, 157, 174, 194, 195, 234, 260, 272, 282, 284, 285
Horkheimer, Max, 90
Huber, Wolfgang, 25–41, 284
Humboldt, Wilhelm von, 274
Husserl, Edmund, 183, 184, 273–275

Isaak, 15, 87, 88, 174, 235, 260, 271

Jakob, 64, 87, 88
Jesus Christus, 32, 61, 84, 88, 129, 130, 134, 136, 138, 139, 165, 249
Johannes, 21, 23, 32, 41, 47, 50, 62, 100, 123, 134, 145, 174, 181, 194, 234, 251, 257, 258, 260, 271, 272
Johannes vom Kreuz, 123
Johannes Paul II, 97
Jonas, Hans, 23, 63, 99, 106, 116, 151

Küng, Hans, 29, 31, 36, 40, 69, 91, 127, 130, 140, 145, 165, 167–170, 172, 174, 175, 181, 191, 194, 197–236, 259, 268–270, 272
Kahl, Joachim, 94
Kant, Immanuel, 7, 8, 15, 22, 28, 30, 31, 35, 36, 63, 86, 87, 110, 118, 144, 152, 153, 160, 175, 183–186, 200, 207, 209, 213, 214, 228, 274, 275, 280, 285
Kasper, Walter, 43–50, 138
Kelsos (Celsus), 12
Kepler, Johann, 51, 212
Kierkegaard, Sören, 89, 91, 144, 152
Kissler, Alexander, 93–107
Kolakowski, Leszek, 200

Kopernikus, Nikolaus, 52, 144, 212
Kriele, Martin, 109–128

Lübbe, Herrmann, 160, 173, 266
Lütz, Manfred, 88
Laplace, Simon, 83, 160, 214, 258, 263
Lorenz, Konrad, 66
Lorenzen, Paul, 4
Lukas, 121, 131
Luther, Martin, v, 18, 38, 119

Münchhausen, 53, 178, 238, 259
Mackie, John Leslie, 14, 91, 105, 110, 152–154, 174, 175, 195, 234, 272, 282, 284, 285
Mao, 81, 102
Marcel, Gabriel, 89
Marx, Karl, 10, 16
Mittelstraß, Jürgen, 4, 6
Morgenstern, Oskar, 8, 22, 127, 194, 284, 285
Moses, 88
Musgrave, Alan, 14, 22, 106, 156, 175, 284, 285

Neuhaus, Gerd, 139
Neumann, John von, 8
Newton, Isaak, 5, 15, 17, 21, 23, 28, 51, 52, 91, 93, 105, 110, 126, 144, 160, 174, 214, 235, 258, 260, 263, 271, 274
Nietzsche, Friedrich, 17, 49, 50, 81

Origines, 100
Overbeck, Franz, 47

Pannenberg, Wolfgang, 28, 40
Pascal, Blaise, 81, 91, 146, 204, 205, 215, 247
Paulus, 25, 56, 61, 114, 120, 124, 132, 139, 226, 257
Peirce, Charles Sanders, 95, 152, 274
Pilatus, Pontius, 250, 253
Planck, Max, 93, 212
Platinga, Alvin, 153

Platon, 123
Pol Pot, 102
Popper, Karl Raimund, 10, 14, 20, 51, 60, 65, 66, 82, 83, 110, 156, 157, 169, 175, 197–199, 209, 213, 215, 216, 219, 227, 232–234, 236, 261, 271, 275, 280
Putnam, Hilary, 170, 175, 275
Pythagoras, 123

Rahner, Karl, 48, 138
Ratzinger, Joseph, 29, 31–33, 36, 40, 52, 57, 58, 62–66, 71, 77, 80, 84, 91, 92, 98–101, 103, 104, 106, 107, 109, 113, 115, 116, 127, 135, 137, 140, 141, 145, 156, 161, 163–170, 172, 174, 177–182, 185, 187, 188, 190–195, 233, 235–241, 243, 244, 246–260, 268–272, 280–282, 284, 285
Rentsch, Thomas, 143, 144, 147, 148, 151–154, 156, 157
Russell, Bertrand, 14, 16, 49, 71, 141

Scheler, Max, 183, 273
Schmidt-Salomon, Michael, 94, 101, 107
Schneider, Werner, 98
Sokrates, 100
Spaemann, Robert, 98
Stalin, Josef, 81, 102
Streminger, Gerhard, 23, 40, 41, 50, 73, 74, 77, 92, 106, 127, 134, 136, 141, 157, 174, 194, 230, 234, 236, 260, 272

Theresa, 57
Tomberg, Valentin, 123

Vollmer, Gerhard, 40, 60, 66, 106, 195, 259, 284, 285

Weber, Max, 4, 65
Weiß, Johannes, 21, 23, 32, 41, 47, 50, 100, 145, 166, 174, 181, 194, 210, 234, 258, 272

Wittgenstein, Ludwig, 95, 144, 147, 149, 150, 152, 153, 155 157, 173, 192, 267, 274, 285
Wolf, Notker, 69–73, 76, 77

Zehrfasel, Igor, 273, 274, 284

Hans Albert
In Kontroversen verstrickt
Vom Kulturpessimismus zum kritischen Rationalismus
Kontroversen machten einen wesentlichen Aspekt von Hans Alberts Leben aus. Daß er in seiner Jugend Anhänger der Geschichtsphilosophie Oswald Spenglers wurde, verwickelte ihn in Diskussionen mit Verfechtern der herrschenden Weltanschauung. Nach dem zweiten Weltkrieg, an dem er als Soldat und Offizier teilgenommen hatte, studierte er Wirtschafts- und Sozialwissenschaften in Köln und wurde 1963 Ordinarius für Soziologie und Wissenschaftslehre in Mannheim.
Als Verfechter einer an der Soziologie Max Webers und der Philosophie Karl Poppers orientierten Auffassung geriet er in Kontroversen mit Verfechtern anderer Anschauungen im Bereich der Philosophie, der Soziologie, der Ökonomik, der Theologie und anderer Disziplinen, auf die er in diesem Buch eingeht.
Wissenschaftliche Paperbacks, Bd. 28, 2. Aufl. 2010, 264 S., 19,90 €, br., ISBN-DE 978-3-8258-0433-6, ISBN-AT 978-3-7000-0673-2, ISBN-CH 978-3-03735-161-1

LIT Verlag Berlin – Münster – Wien – Zürich – London
Auslieferung Deutschland / Österreich / Schweiz: siehe Impressumsseite

Robert Zimmer; Martin Morgenstern (Hg.)
Gespräche mit Hans Albert
Hans Albert, der bedeutendste Vertreter des kritischen Rationalismus im deutschen Sprachraum, kompromissloser Aufklärer und Religionskritiker, wird hier in seinen Ansichten zu einem Themenspektrum porträtiert, das weit über seine veröffentlichten Schriften hinausreicht. Neben dem Soziologen und Philosophen Albert wird hier auch der homo publicus sichtbar, der dezidiert zu Fragen der Politik, Gesellschaft und Geschichte Stellung bezieht.
Philosophie: Forschung und Wissenschaft, Bd. 35, 2011, 176 S., 19,90 €, br., ISBN 978-3-643-10957-6

LIT Verlag Berlin – Münster – Wien – Zürich – London
Auslieferung Deutschland / Österreich / Schweiz: siehe Impressumsseite

Thomas Rießinger
Joseph Ratzinger – Ein brillanter Denker?
Kritische Fragen an den Papst und seine protestantischen Konkurrenten
Joseph Ratzinger genießt den Ruf eines bedeutenden und tiefgründigen Theologen und Denkers. Ist dieser Ruf gerechtfertigt? Thomas Rießinger kommt anhand der Texte zu einem anderen Ergebnis. Eine gedankliche Tiefe kann er nicht feststellen. Die angeblichen Resultate beruhen auf einer Kombination von Wunschdenken und Ausblendung.
Ergänzend werden protestantische Theologen betrachtet (Moltmann, Huber, Käßmann). Das Ergebnis ist nicht erfreulicher.
Aufklärung, Bd. 4, 2013, 224 S., 29,90 €, br., ISBN 978-3-643-12129-5

LIT Verlag Berlin – Münster – Wien – Zürich – London
Auslieferung Deutschland / Österreich / Schweiz: siehe Impressumsseite

Werner Schüßler; Christine Görgen
Gott und die Frage nach dem Bösen
Philosophische Spurensuche: Augustin – Scheler – Jaspers – Jonas – Tillich – Frankl
Im Horizont von Augustins klassischer Position in der Theodizeefrage – Stichwort „Privationslehre" – kommen in diesem Band moderne Denker zur Sprache, deren Stellungnahmen in dieser Frage z.T. nur sehr wenig oder überhaupt nicht bekannt sind: Max Schelers und Hans Jonas' dualistische Standpunkte, Karl Jaspers' agnostische Position, Paul Tillichs Anknüpfung an die Kategorie des Dämonischen sowie Viktor E. Frankls Versuch einer Pathodizee. Auf diese Weise wird das Spektrum philosophischer Antwortversuche auf die Theodizeefrage nicht unwesentlich erweitert und vertieft.
Herausforderung Theodizee – Transdisziplinäre Studien, Bd. 1, , 168 S., 19,90 €, br., ISBN 978-3-643-10956-9

LIT Verlag Berlin – Münster – Wien – Zürich – London
Auslieferung Deutschland / Österreich / Schweiz: siehe Impressumsseite

Ulrich Kutschera
Design-Fehler in der Natur
Alfred Russel Wallace und die Gott-lose Evolution
Da bei oberflächlicher Betrachtung der Natur die Pflanzen und Tiere geordnet und geplant erscheinen, haben christliche Theologen im 18. Jh. die Existenz eines „Designer-Gottes" postuliert. Ausgehend von Leben und Werk von Alfred Russel Wallace (1823 – 1913) wird dargelegt, dass es in der Natur weder eine übergeordnete Intelligenz, noch einen Plan gibt. Lebewesen sind die Produkte einer nach Zufall und Notwendigkeit verlaufenden, richtungslosen Evolution. Das „Wallace-Prinzip der Eigeninitiative und Freidenker-Mentalität" wird vorgestellt, und das populäre „Intelligent Design-Konzept" als christlich-religiöser Wunderglaube enttarnt.
Science and Religion – Naturwissenschaft und Glaube, Bd. 12, 2013, ca. 320 S., ca. 19,90 €, br.,
ISBN 978-3-643-12133-2